HISTÓRIA DA IDADE MÉDIA
TEXTOS E TESTEMUNHAS

FUNDAÇÃO EDITORA DA UNESP

Presidente do Conselho Curador
Mário Sérgio Vasconcelos
Diretor-Presidente
José Castilho Marques Neto
Editor-Executivo
Jézio Hernani Bomfim Gutierre
Assessor Editorial
João Luís Ceccantini
Conselho Editorial Acadêmico
Alberto Tsuyoshi Ikeda
Áureo Busetto
Célia Aparecida Ferreira Tolentino
Eda Maria Góes
Elisabete Maniglia
Elisabeth Criscuolo Urbinati
Ildeberto Muniz de Almeida
Maria de Lourdes Ortiz Gandini Baldan
Nilson Ghirardello
Vicente Pleitez

Editores-Assistentes
Anderson Nobara
Jorge Pereira Filho
Leandro Rodrigues

HISTÓRIA DA IDADE MÉDIA
TEXTOS E TESTEMUNHAS

MARIA GUADALUPE PEDRERO-SÁNCHEZ

Copyright © 1999 by Editora UNESP
Direitos de publicação reservados à:
Fundação Editora da Unesp (FEU)
Praça da Sé, 108
01001-900 – São Paulo – SP
Tel.: (0xx11) 3242-7171
Fax: (0xx11) 3242-7172
www.editoraunesp.com.br
www.livrariaunesp.com.br
feu@editora.unesp.br

Dados Internacionais de Catalogação na Publicação (CIP)
(Câmara Brasileira do Livro, SP, Brasil)

Pedrero-Sánchez, Maria Guadalupe
  História da Idade Média: textos e testemunhas
/ Maria Guadalupe Pedrero-Sánchez. – São Paulo:
Editora UNESP, 2000.

Bibliografia.
ISBN 85-7139-296-X

1. Idade Média – História I. Título.

00-1351   CDD-909.07

Índice para catálogo sistemático:
1. Idade Média: História   909.07

Editora afiliada:

Asociación de Editoriales Universitarias
de América Latina y el Caribe

ASSOCIAÇÃO BRASILEIRA
DAS EDITORAS UNIVERSITÁRIAS

SUMÁRIO

Apresentação 7
Introdução 15

1 O mundo mediterrâneo na Idade Média 27

A herança romana 27
As invasões bárbaras 29
O Império Bizantino 47
O mundo islâmico 58
A reorganização germânica 68
Bibliografia 74

2 A cristandade medieval 77

O Ano Mil 77
As Cruzadas 83
A sociedade estamental 91
A organização feudal 94
A Ordem da Cavalaria 99
Dos servos 105
Bibliografia 110

3 A catedral, a cidade, a escola — 113

A catedral — 113
O renascimento arquitetônico: românico e gótico — 113
O conflito entre o poder temporal e o espiritual — 120
As teorias conciliaristas e o Cisma — 140
Religiosidade popular e movimentos heréticos — 145

A cidade — 149
O surgimento das cidades — 149
As atividades comerciais — 152
As cidades se organizam: comunas e guildas — 162

A escola — 170
Das escolas carolíngias às catedralícias e citadinas — 170
As universidades — 181
Bibliografia — 190

4 A gênese medieval do Estado moderno — 193

As crises da Baixa Idade Média (peste, fome, guerra) — 193
As revoltas populares — 203
A reconstrução do poder real — 211
A teoria do poder real — 211
A prática do poder real — 222
Gestos, ritos e símbolos da realeza — 228
As limitações do poder real: assembleias e parlamentos — 233
O caminho das instituições permanentes — 243
Administração, finanças, fisco — 243
Diplomacia e relações internacionais — 258
Bibliografia — 264

Glossário de autores, protagonistas e obras — 267
Mapas — 329
Índice de documentos — 339

APRESENTAÇÃO

A experiência adquirida no exercício da docência da disciplina História Medieval, no ensino médio e, posteriormente, na universidade, motivou a gestação deste trabalho.

Frequentemente, o ensino da História não ultrapassa a barreira de uma disciplina carente de interesse, memorizada, monótona e aborrecida, que ocupa os últimos lugares nas preferências escolares. Haverá que atribuir isso tanto à organização do ensino quanto aos métodos didáticos que se aplicam, aos recursos disponíveis e, em última instância, aos próprios professores de História, que se mostram incapazes de aproveitar as imensas potencialidades que oferece o estudo dessa disciplina, a qual deveria ser transformada em instrumento de reflexão crítica que ajudasse o estudante a compreender melhor a sociedade em que vive.

E quando se trata do estudo da Antiguidade ou da Idade Média, os questionamentos se multiplicam. Nesses casos são frequentes as perguntas: Para que serve? Qual é o seu sentido e o seu valor? Porém, o ensino da História – toda ela – resulta imprescindível para pôr em relevo o caráter que melhor define o ser humano, a sua historicidade. Sem essa perspectiva, como compreender que o mundo no qual vivemos não é nem o único possível nem o final da história humana, mas somente o estágio de um processo?

Pode ser que entre "os novos povos" essa disciplina não tenha um caráter imperativo, mas sempre poderá contribuir para potencializar o pluralismo e aceitar a diversidade de culturas e civilizações tanto no mundo atual como no passado.

No que tange à nossa realidade, atrevemo-nos a afirmar que a História do Brasil somente será compreendida partindo-se dos antecedentes da sua inserção na chamada Civilização Ocidental. Dessa maneira, sem boas aulas de História Medieval – ou Antiga – o futuro investigador, no Brasil, deixará de captar aspectos diversos e relevantes da própria história.

A tendência a considerar a História no marco das Ciências Sociais, presente nas normativas de 1º e 2º graus, indica que o seu papel como ciência social deve assumir a responsabilidade de fomentar as capacidades, os hábitos e as atitudes sociais dos alunos, justificando a existência de qualquer disciplina histórica, inclusive a Medieval, como espaço cívico-social.[1] Não discutimos aqui esse critério, apenas o constatamos para destacar um dos condicionamentos do ensino da História na busca de uma utilidade pragmática e imediata.

Cumpre aqui registrar que o prestígio paradigmático que a historiografia medieval vem adquirindo nas últimas décadas está contribuindo para a reabilitação do espaço dado à História Medieval no âmbito das universidades.

Mas o conteúdo de qualquer disciplina é inseparável dos métodos para o seu ensino, daí a importância que deve ser dada à didática e à metodologia, que implicam meios instrumentais e técnicos, atualização historiográfica, leituras assíduas e constantes.

Entendemos por metodologia o conjunto de técnicas concretas que todo historiador deve empreender para realizar um trabalho de investigação ou docente e a visão global do aparelho conceptual, sempre presente, consciente ou inconscientemente, no seu trabalho.

Existe abundante bibliografia destinada a orientar o investigador que se inicia e obras que adquiriram a condição de paradigmáticas, porém a simples normativa não dá origem a um bom trabalho. É preciso conhecimento, treinamento e prática e, ao mesmo tempo, ter presente que qualquer pesquisa histórica, embora focalize um

---

1 Proposta Curricular para o Ensino de História de 1º Grau. Secretaria do Estado de São Paulo, Coordenadoria de Estudos e Normas Pedagógicas. São Paulo, 1992.

tema restrito, não pode renunciar a uma visão integradora. Não há histórias paralelas da economia, da sociedade, da cultura ou dos acontecimentos políticos ou militares. Somente por razões práticas se justifica o parcelamento e a especialização que devem estar referidos a um contexto mais amplo.

Dessa perspectiva, a preocupação didática foi um dos fatores principais que motivaram a elaboração deste trabalho e o seu objetivo, oferecer um instrumental básico para o treinamento e o exercício de análise, apresentando uma série de documentos – textos – organizados sistematicamente em forma de proposta programática, abrangentes no seu conteúdo, capazes de dar uma visão global da Idade Média, contando com o auxílio da numerosa produção bibliográfica existente.

Para a seleção dos documentos, foram utilizadas versões já existentes em português ou traduzidas de coletâneas em francês, espanhol ou inglês.[2] Em alguns casos, foram cotejadas com fontes originais dos grandes repertórios clássicos como a MGH, buscando sempre completar o conteúdo temático proposto.

A seleção de documentos que se apresenta não pretende ser exaustiva nem definitiva. Na escolha de um ou de outro documento houve sempre que realizar uma opção entre várias alternativas. Somos conscientes de que, se o exercício historiográfico se enriquece e se renova ao longo do tempo, o documento permanece.

Os documentos – os textos – são a expressão viva do passado, fonte para o historiador e instrumento didaticamente útil. Ele permite um elevado número de operações mentais: compreensão, aplicação, comparação, análise, síntese, evolução e outros.

Por isso, o comentário de texto, inicialmente limitado à disciplina de Literatura, tem-se generalizado nas aulas de História. Os textos permitem o acesso ao passado por meio das próprias testemunhas – embora fragmentárias –, proporcionando ao aluno o ensejo de exercitar-se no trabalho de investigação, além de possibilitar que a aula seja mais ativa e, por isso, mais atrativa.

Os documentos escritos que conservamos do passado, contudo, não são a História, mas instrumentos válidos para construí-la. E a

---

2   Todas as traduções são nossas.

relação que existe entre os textos literários e a Literatura não é similar à que existe entre os textos históricos e a História. O texto histórico, para o historiador, e mais ainda para o estudante que se inicia na História, somente tem sentido imerso em categorias prévias, numa série de pressupostos de partida: contexto, autor, finalidade, destinatário, mentalidade do fabricante e dos receptores etc., que ajudem a identificar não só o que se diz, mas como, quando e por quê.

Nesse sentido, como aspecto necessário à contextualização dos documentos, incluímos no fim deste volume um "Glossário de autores, protagonistas e obras" que permite localizá-los no tempo e no espaço, contribuindo para a sua compreensão e interpretação.

Os destinatários contemplados são os estudantes universitários e os professores de História, que poderão elaborar os seus programas adaptados aos alunos para os quais se destinem. A inclusão do termo "Testemunhas" no título responde a essa perspectiva.

Este trabalho está organizado em quatro grandes unidades temáticas – capítulos – que, sem se prender totalmente à cronologia, supõem uma diferenciação temporal e fazem referência, em certa medida, à periodização tradicional da Idade Média. Cada unidade pode ser subdividida em tópicos diversos e dar origem a diferentes propostas programáticas.

1 O MUNDO MEDITERRÂNEO NA IDADE MÉDIA

Entre o Édito de Milão (313), a morte de Teodósio (395) e a coroação de Carlos Magno (800) "nascera no Ocidente um mundo novo, resultado da convergência e fusão das estruturas romanas e dos povos bárbaros".[3] Transformação essa que se realiza sob a égide do cristianismo.

Esse capítulo apresenta cinco subtítulos: "A herança romana" [1 e 2],[4] "As invasões bárbaras" [3 a 23] e "A reorganização germânica" [49 a 56] – nos quais se reúnem documentos que intro-

---

3 LE GOFF, J. *A civilização do Ocidente medieval*. Lisboa: Estampa, 1983. v.I, p.48.
4 Os números referem-se aos documentos apresentados.

duzem a história da Idade Média; o Mediterrâneo é o cenário que dá unidade a essas mudanças, mas o *Mare Nostrum* acolhe outros protagonistas e intentos organizativos –, "O Império Bizantino" [24 a 34] e "O mundo islâmico" [24 a 48] – cuja participação na história não é nem periférica nem complementar; bizantinos e árabes são criadores de civilizações que interagem positivamente na História do Ocidente e na História Universal, e representam duas das construções culturais mais brilhantes da Idade Média.

Os éditos de Milão [1] e de Tessalônica [2] dão início à seleção. "A herança romana" compreende: os processos de instalação [3 a 14], aculturação, romanização ou cristianização dos bárbaros [15 a 23] e o estabelecimento de novas estruturas organizativas, geradas no âmbito da sociedade política e religiosa, que dão origem ao confronto entre o poder espiritual e o temporal, tema que ocupa protagonismo destacado ao longo da Idade Média. "A reorganização germânica", mantendo viva a ideia de *renovatio imperii* [49 a 56] e do *imperium chistianum* do Ocidente, faz do seu titular, como os bizantinos, o depositário da dupla função de *rex* – política e sagrada – [50], como aparece na instituição dos *missi dominici* e na legislação eclesiástica emanada de Carlos Magno [55].

2 A CRISTANDADE MEDIEVAL

Esse capítulo é constituído por seis subtítulos: "O Ano Mil" [57 a 61], "As Cruzadas" [62 a 70], "A sociedade estamental" [71 a 73], "A organização feudal" [74 a 79], "A ordem da Cavalaria" [80 a 88] e "Dos servos" [89 a 93], que focalizam o amplo conceito encerrado no termo feudalismo.

"A imagem do Ano Mil, como a de todo milenarismo, não perdeu o seu poder de sedução na consciência coletiva. Diversos medievalistas têm demonstrado que por trás da imagem ou miragem do terror que acompanha a passagem de século subjaz uma esperança de otimismo exultante.[5] É o que demostram as palavras do cronista Raul Glaber.

---

5 DUBY, G. *O Ano Mil*. Lisboa: Estampa, 1986. p.11.

As manifestações desse despertar podem ser encontradas em Cluny e na irradiação dos seus mosteiros [61]; nas Cruzadas [62 a 70], com sua carga positiva [62, 63], negativa [65, 67] e de intercâmbio [69], que lançam a Cristandade para fora das suas fronteiras. Com relação ao tema da Sociedade Feudal, reconhecida hoje a sua complexidade, uma vez que permite diversas leituras, são oferecidos vários exemplos. Sobre o sistema de ordens [71], fórmulas [75, 76, 87, 88, 89], privilégios [72, 81, 82, 93], direitos e deveres do cavaleiro [74, 80, 83, 84] e do servo [90, 91, 92]

3 A CATEDRAL, A CIDADE, A ESCOLA

Nesse capítulo os três grandes tópicos são contemplados da seguinte forma. No primeiro, a Catedral, apresentam-se os aspectos artístico-culturais que deram origem aos estilos românico e gótico [94 a 101]. Atribuindo ao termo um sentido mais abrangente, consideram-se aspectos que permitem acompanhar a atuação da Igreja não só como instituição, mas como detentora e reguladora do sistema de crenças. Este tópico apresenta ainda "O conflito entre o poder temporal e o espiritual" [102 a 120], "As teorias conciliaristas e o Cisma" [121 a 125] e "A religiosidade popular e movimentos heréticos" [126 a 129].

O segundo tópico está voltado para a Cidade, a *civitas*, que não está nas pedras, mas nos homens, segundo o conceito de origem clássico agostiniano e isidoriano, e, considerando que "se a cidade é um estado de espírito, uma encruzilhada protegida e circunscrita por muralhas ou, nos tempos presentes, por simples fronteiras administrativas, nenhum elemento só por si deve ser negligenciado, mas nenhum basta para determiná-la".[6]

Dessa perspectiva apresentam-se textos relativos a: "O surgimento das cidades" [130 a 133] e a forma do seu enquadramento físico-espacial; "As atividades comerciais" [134 a 145], que partindo do "fabricar melhor" dos artesãos levara ao controle das cidades pelos mercadores; e, finalmente, a expressão externa da

---

6 LOPEZ, R. *A cidade medieval*. Lisboa: Presença, 1988. p.12 e 21.

autoconsciência, a aquisição do certificado individual e coletivo da cidadania expresso em "As cidades se organizam: comunas e guildas" [146 a 154].

Em relação ao terceiro tópico, Escola, apresentam-se documentos que permitem acompanhar o despertar dos intelectuais da Idade Média: "Das escolas carolíngias às catedralícias e citadinas" [155 a 164], bem como o desenvolvimento e a vida das "Universidades" [165 a 175].

4 A GÊNESE MEDIEVAL DO ESTADO MODERNO

Nesse capítulo, que inclui cinco tópicos com perspectivas diversas, selecionou-se uma série de documentos que focalizam o dinamismo da Baixa Idade Média. A época, compreendida entre meados do século XIII e os anos finais do século XV, teve, durante muito tempo, uma consideração injustamente pejorativa na história do Ocidente. Quando, em 1929, Huizinga intitulava o seu famoso livro sobre os séculos XIV e o XV como *O outono da Idade Média*, introduzia uma via explicativa e uma valorização cultural que haviam sido esquecidas, porém pelo sentido crepuscular e decadente que o título imprimiu no conhecimento dessa época, de grandes crises, a ideia de decadência acabou sendo reforçada.[7] Os temas contemplados aqui, no seu conjunto, de forma semelhante ao acontecido com outras etapas históricas, consideradas de transição e de crises, permitem, entretanto, recobrar uma valorização da Idade Média como "primavera dos novos tempos",[8] de forma que essa etapa possa ser contemplada, mais do que como o final amargo da Idade Média, como uma etapa geradora, como início de uma nova era com personalidade própria, que, apesar das dificuldades inescrutáveis de câmbios, transformações e reajustes violentos,

---

7   HUIZINGA, J. *O declínio da Idade Média*. São Paulo: Verbo, Edusp, 1978.
    (O título original era *O outono da Idade Média*. Após a edição francesa da Payot: 1967, apareceu com o título *Le déclin du Moyen Age*, que prevaleceu em edições posteriores.)
8   WOLFF, P. *Outono da Idade Média ou primavera dos novos tempos?* Lisboa: Edições 70, 1988.

prepara realidades tão significativas como a incorporação dos espaços atlânticos à geopolítica europeia, as economias de grande escala e o Estado moderno.

Os séculos XIV e XV vinculam-se diretamente aos séculos XVI e XVII quanto à evolução das suas estruturas econômicas, políticas e aos novos comportamentos nas relações sociais e de mentalidade, apesar dos testemunhos de recessão e das catástrofes naturais e humanas ali verificados.

Os tópicos tratados nesse capítulo referem-se a: "As grandes crises da Baixa Idade Média (peste, fome e guerra)" [176 a 185]; "As revoltas populares" [186 a 192]; "A reconstrução do poder real", com suas subdivisões: "A teoria do poder real" [193 a 198], "A prática do poder real" [199 a 204] e "Gestos, ritos e símbolos da realeza" [205 a 207]; "As limitações do poder real: Assembleias e Parlamentos" [208 a 213]; "O caminho das instituições permanentes", compreendendo: "Administração, finanças, fisco" [214 a 225] e "Diplomacia e relações internacionais" [226 a 228].

Cada capítulo é acompanhado da bibliografia correspondente, procurando citar, sempre que possível, traduções, obras básicas e de fácil aquisição, levando em conta as condições existentes no Brasil sobre os estudos medievais.

INTRODUÇÃO

Entre dois momentos do acontecer histórico sempre há um período de transição, uma época média, e sobre essa etapa volta-se toda uma série de conjeturas, matizes e restrições que dificultam endossar totalmente um ou outro dos extremos que se aproximam e se confundem. O que se denomina Idade Média designa uma longa etapa da história da humanidade, ou mais concretamente da Europa, entre os séculos IV e XV. Não será algo injusto designar esse longuíssimo período com essa cômoda terminologia? Ao longo desses mil anos não existe nada de original, de criativo?

Evidentemente, não, responderia um humanista do *Cinquecento*, convencendo facilmente os homens da Reforma, da Ilustração ou da Revolução Francesa. Todos eles encontraram nesse milênio ignorância, obscurantismo, servidão, feudalismo. Para eles, entre o esplendor de Roma e a Renascença, interpunham-se séculos de decadência e trevas que não mereciam a atenção dos espíritos cultivados.

Com o passar do tempo, e como resultado de um conceito cunhado ao longo de séculos, o termo Idade Média e seus derivados, como "medieval" ou "medievalismo", adquiriram conotações carregadas de significado pejorativo assumidas até pela linguagem popular.

Utilizando uma imagem cara aos escritores da Idade Média, Valdeón Baruque afirma: *"a roda da Fortuna, que brinca com os* homens, o tempo e as civilizações, deu mais uma volta. E tudo o que era escuridão inundou-se de luz, e a ignorância encheu-se de sabedoria e a servidão cedeu o passo à liberdade. Por obra da magia romântica, a 'idade sombria e tenebrosa' transformou-se em 'aurora luminosa da civilização cristã do Ocidente'".[1]

Entre uma e outra vertente situa-se o percurso do historiador do Medievo. O desejo de objetividade não está quase nunca no ponto médio desse difícil caminho pela simples razão de que o historiador nunca escolhe totalmente a própria senda, frequentemente dada pelos níveis metodológicos, pelo lugar sociopolítico ou mental que lhe fornecem os instrumentos de análise e as novas formas de descrição.

Segundo Le Goff, a Idade Média "*é, pelo menos para as sociedades ocidentais, não um vazio ou uma ponte, mas um grande impulso criador cortado por crises, graduado por deslocações no espaço e no tempo, segundo as regiões, as categorias sociais, os setores de atividade, diversificada nos seus processos*".[2] É, ainda, para o mesmo autor, o momento de criação da Idade Moderna, e ele enumera uma série de contribuições das mais diversas índoles: a cidade, a nação, o Estado, a universidade, o moinho, a máquina, o relógio, o livro, o garfo, o vestuário, a pessoa, a consciência, a revolução.

A História Medieval, como as demais histórias, foi ampliando a sua esfera de observação: da exaltação ou narrativa linear dos episódios bélicos à explicação causal destes; das relações internacionais à busca das essências nacionais por meio das instituições; das capitulares ou dos forais consuetudinários à teoria política; do mundo da corte ao claustro monacal, às universidades ou às coletividades anônimas.

Nessa busca renovada, porém, permanece uma constante: como chegar até os homens? Como encontrar os homens que cultivam a própria terra ou, mais frequentemente, a alheia, aqueles que cortam e transportam a lenha na aldeia ou corte senhorial, aqueles que vivem pescando nos pequenos rios, ceifando as messes, tosquiando os carneiros, se eles, na sua maioria, não tiveram acesso

---

1 VALDEÓN BARUQUE, J. *Edad Media*. Madrid: Nájera, 1987, p.19.
2 LE GOFF, J. *Para um novo conceito de Idade Média*. Lisboa: Estampa, 1980, p.12.

à escrita e não deixaram documentação explícita da sua passagem pela Terra? E, ainda, como fazer generalizações do número reduzido dos que aparecem endossando letras de câmbio, navegando pelos rios e costas marítimas ou negociando nas feiras da Champagne, de Flandres ou da Itália?

Investigações brilhantes e agudas no campo das ideias têm sido oferecidas por historiadores alemães e ingleses, no âmbito das instituições. Outros historiadores, como H. Pirenne, M. Postan, R. S. Lopez, L. White, se endereçaram para um certo determinismo materialista. Ciências como a etnografia, a arqueologia, a topografia, a bio-história podem contribuir e o estão fazendo para aproximar-nos das estruturas de campos e redes viárias, da toponímia de aldeias e centros populacionais. Assim, à busca da harmonia – espiritual, intelectual e institucional – sucede o impacto das constantes geográficas, os conflitos econômicos, o desnível tecnológico, a longa duração das estruturas de todo tipo, a começar pelas materiais.

Nessa empresa de reconstrução de aspectos mais vitais da realidade do Medievo, a chamada "escola francesa" tem contribuído de maneira sistemática para abrir novos caminhos, ultrapassando, aliás, os limites da história medieval. Dentro dela, nomes como Marc Bloch e seus discípulos – R. Boutrouche, G. Duby, P. Wolff – preencheram extensas páginas da historiografia atual. A sua penetração no estudo das condições econômicas regionais, fundamentalmente rurais, abriu sulcos profundos difíceis de serem ignorados. A inclusão "de novos objetos, novos problemas, novas abordagens" renovou as possibilidades não somente críticas, mas de compreensão do passado.

A História confronta-se, entretanto, em última instância, com o problema de realizar uma síntese coerente entre as diversas e valiosas aproximações historiográficas, entre as diferentes épocas e lugares.

A História da humanidade é um *continuum* e, assim, todas as divisões que se realizam sobre ela resultam artificiais. Somente a impossibilidade de abranger no seu conjunto o passado da humanidade impôs a necessidade de estabelecer divisões, tanto por razões de fundo – o conteúdo imenso da prodigiosa história da humanidade – quanto por motivos pragmáticos, entre os quais os didáticos ocupam um papel de destaque.

Porém, a continuidade essencial no devir das sociedades não contradiz a realidade de sucessão de formas diversas de organização das coletividades humanas, nem de mudanças acontecidas nas estruturas, de um ou de outro tipo, com relação ao tempo e ao espaço. Dessa forma, admitindo a periodização como algo inevitável, resulta inteligível a existência do que denominamos Idade Média.

A expressão "Idade Média" data do século XV, mas, a História Medieval propriamente dita nasceu no século XIX. A gênese do conceito situa-se no contexto italiano da Renascença, embora possamos nos perguntar se foi compreendida historicamente. Apesar de, nessa época, existirem obras importantes de caráter isolado sobre a Idade Média, somente nas condições europeias da primeira década do século XIX é que foi possível a autêntica gênese da Historia Medieval.

O humanista Flavio Biondo já havia indicado a existência de uma unidade no período compreendido entre os séculos V e XV, mas foi o bispo de Alesia, Giovanni Andrea dei Busi, quem utilizou o termo pela primeira vez em 1469: "*sed mediae tempestatis tum veteris, tum recentiores usque ad nostra tempora*", tempos médios que serviam de ponte entre a gloriosa Antiguidade Clássica, a qual se mitificava, e os novos tempos que tinham se voltado para aquele período de esplendor.

Expressões como *medium aevum, media tempestas, mediae aetas* aparecem depois em historiadores e especialmente em filólogos ao longo dos séculos XVI e XVII; Joaquin de Wat (1501), João de Heerwager (1532), Marco Welser (1575), Adriano Junius (1575), Conisius (1601), Goldats (1604), Vassius (1662). Du Cange (1678), no seu célebre *Glossário*, fala da *mediae et infimae latinitatis*, e Jorge Horn (1663) denomina *medium aevum* o período compreendido entre os anos 300 a 1500. Foi Cristóvão Keller, no final do século XVII, com a sua obra *Historia medii aevi a temporibus Constantini Magni ad Constantinopolim a Turcis captam*, quem contribuiu para a consolidação e generalização da expressão com o sentido que permanece até os nossos dias.

O termo, pois, já havia nascido, porém não se tinha produzido um autêntico interesse por esse período da história da humanidade. Pelo contrário, a nota dominante durante os séculos XVI e XVII foi o desprezo por essa época, a qual não era compreendida. Os homens da Renascença desprezavam uma época que, segundo eles, tinha esquecido a tradição clássica greco-latina e adulterara a língua de Horácio e de Cícero. Assim sendo, por motivos diferentes, embora convergentes, a Idade Média identificava-se com o obscurantismo e a intolerância. Os defensores da reforma luterana, por razões óbvias, rejeitam igualmente uma etapa que esteve sujeita ao domínio da Igreja.

O momento culminante de desprezo pela Idade Média foi o século XVIII. A Ilustração e o Racionalismo acreditavam orgulhosamente no progresso ilimitado da espécie humana, acusando a Igreja de paralisia, imobilismo e irracionalidade. Para os homens do Iluminismo, a Idade Média era sinônimo de idade das trevas e, ao fechar-se o século XVIII, sob a égide da Revolução, identificava-se com a época da opressão feudal.

Do século XVI ao XVIII, portanto, não houve inteligência histórica sobre essa época. Se algo se salvava daqueles séculos tenebrosos – Dante, Petrarca ou Giotto – era pela sua condição de precursor dos novos tempos, da Renascença.

Apesar disso, seria falso afirmar que não houve nenhuma preocupação pelo conhecimento histórico da época, tida como sinônimo de "barbárie e opressão". No campo da erudição e na busca de um método crítico iam reunindo-se muitos e importantes materiais desde o século XVI. Entre outros, caberia lembrar os *Annales ecclesiastici* de César Barônio (1588-1607), a *Historia normannorum scriptores antiqui* de Duchesne (1619), a *Italia Sacra* de Ughelli (1644), as *Capitularia regum Francorum* de Beluze (1677), bem como o desenvolvimento da Diplomática que buscava uma apuração técnica mais precisa na análise dos documentos e que recebeu um impulso importante entre os beneditinos de Saint Maur. Os trabalhos de Moret, em Navarra, e os *Anales de la Corona de Aragón*, de Zurita, expressam uma preocupação semelhante. Ao longo dos séculos XVII e XVIII, as formidáveis publicações de fontes medievais que estavam sendo realizadas por alguns eruditos não alteram o panorama geral.

No século XVIII, na Inglaterra, publicam-se os *Foedera* por Rymer; e na Espanha, a *Hispaniae Sacrae* do Pe. Florez. É Muratori, em *Herum italicarum scriptores*, na Itália, o primeiro que, no meio da incompreensão geral, afirma que a Idade Média não foi um período de trevas, mas o início do processo de reconstrução da Europa.

Somente no século XIX é que se assiste a uma mudança radical em relação à valorização da Idade Média. Da incompreensão e desprezo passou-se à admiração e exaltação daqueles tempos. As correntes de pensamento dominantes na Europa, nacionalismo, romantismo, cientifismo e liberalismo, após a Revolução Francesa, contribuíram para uma verdadeira renovação.

As Guerras Napoleônicas, despertando por toda parte sentimentos nacionalistas, contribuíram para que cada povo buscasse as suas raízes no passado, afirmando as suas peculiaridades, à procura da própria identidade, e encontrando na Idade Média a verdadeira origem das entidades nacionais.

Não eram motivos científicos, mas razões políticas as que impulsionavam essa renovação. Essas caraterísticas aparecem nitidamente na Alemanha, que busca a própria grandeza nas origens germânicas, no Sacro Império Romano-Germânico, como ordenador do espaço europeu e cabeça da Cristandade.

Nacionalismo, pois, que conduz, durante o século XIX, à busca apaixonada do espírito peculiar de cada povo, de cada nação. Romantismo que surge como oposição ao racionalismo da Ilustração, dando primazia à sensibilidade e ao sentimento e, através da exaltação do indivíduo e da liberdade criadora, volta-se para a natureza.

Se o século XVIII condenou a Idade Média como irracional, o romantismo a mitificou, até limites imprevistos. Para os românticos, a Idade Média representa o triunfo das virtudes do indivíduo: o cavalheirismo, a paixão e o amor cortês. Manifesta-se um grande entusiasmo pela arte medieval, o gótico, pela literatura, que, exumando poemas nacionais e anônimos, busca heróis e santos, cruzados e cavaleiros, lendas maravilhosas. Produzem-se obras como o *Fausto* de Göethe, *O corcunda de Notre-Dame* de Victor Hugo, *Ivanhoé* de Walter Scott, *Don Álvaro o la fuerza del sino* do Duque de Rivas e outros inúmeros romances, chamados históricos, cujos protagonistas são procurados na Idade Média.

Assim, o nacionalismo e o romantismo são correntes fundamentais que impulsionam o medievalismo. Mas também existem outras vias. Para a Igreja, a Idade Média foi a época da cristalização do tomismo como filosofia diretriz e do desenvolvimento do direito canônico, entendendo-a como "a época mais feliz da História da humanidade, caraterizada pela unidade, a harmonia e a paz".

Pela via das instituições, o estudo da Idade Média recebe, também, um significativo incremento, especialmente no mundo anglo-saxão, que, ao considerar o século XIX como época do máximo poderio da Grã-Bretanha, orgulha-se das suas instituições, exemplo de equilíbrio e liberdade perante os governos despóticos, e busca as suas raízes na época da *common law*, do Parlamento, e da *Carta Magna*.

Na França, como exemplo dessa reviravolta geral, os reacionários começam a situar na Idade Média o nascimento das nacionalidades, a aliança do trono e do altar, a ordenação hierárquica da sociedade. Os progressistas evocam-na como o momento do desenvolvimento das comunidades rurais e urbanas e como germe do liberalismo, destacando as sublevações dos camponeses e a exaltação da massa oprimida e anônima pela nobreza. A *comuna medieval* torna-se modelo e símbolo da rebelião popular contra a opressão, sendo utilizada para designar o movimento revolucionário parisiense de 1870. A Idade Média, antes ignorada ou desprezada, que se tinha convertido no século XIX em campo de experimentação de nacionalistas, de românticos e em certa medida da própria Igreja católica, também o seria dos políticos.

O resultado não se faz esperar e manifesta-se pela aparição de importantes escolas historiográficas de medievalistas e pela publicação de grandes coleções de textos.

Trabalhos como o de Mabillon e discípulos, orientados para aplicar uma técnica apurada sobre os textos, centros filológico-humanistas como o da Universidade de Göttingen, na Alemanha, ou a série de seminários promovidos por Ranke, em Berlim (1833), contribuem para a preparação sistemática e erudita pela qual professores e universitários se iniciam e se exercitam no estudo crítico do passado.

Em 1821, funda-se a École Nationale de Chartes, na França; em 1854, o Institut für Österreichische Geschichtsforschung, na Áustria; em 1834, a Commission Royale d'Histoire, patrocinada pelo Estado belga; e ao longo de todo o século XIX assiste-se ao surgimento de numerosas sociedades regionais e locais, que se multiplicam.

Quanto à publicação de grandes coleções documentais, cabe destacar a *Monumenta Germaniae Historica*, símbolo indiscutível de toda essa atividade renovadora que constitui a mais importante coleção de textos sobre a História Medieval. No ambiente nacionalista alemão ante as aspirações napoleônicas, figuras notórias como Eichhorn, Heeren, Niebuhr, Humboldt e J. Grimm preparam o campo para o bibliotecário e arquivista Georg Heinrich Pertz, que inicia a publicação em 1826, continuada posteriormente por Georg Waitz, discípulo de Ranke.

A *Monumenta Germaniae Historica* compreende, de forma ordenada e crítica, todas as fontes sobre História Medieval da Alemanha, em sentido amplo, pois abrange documentos relativos a todos os povos germânicos, de 500 a 1500, inclusive, às vezes, documentos anteriores ao século VI.

Na França, aparece em 1835 o primeiro volume da *Collection de documents inédits relatifs à l'histoire de France*, publicado por Guizot, que, embora não seja exclusivamente dedicada à História Medieval, apresenta numerosos documentos dessa época. De 1844 a 1864, Migne prepara a *Patrologiae Latinae*, outra das fontes principais relativas à Idade Média. Em 1868 apareceu outra importante coleção documental da École Pratique des Hautes Études, à qual se seguem publicações com finalidade pedagógica como a *Collection de textes pour servir à l'étude et à l'enseignement de l'histoire*, em 1886.

Na Inglaterra, preparam-se coleções documentais como a *Patent rolls*, *Close rolls*, *Rerum Britannicarum medii aevi scriptores*, além das publicações fomentadas por associações particulares como a Cadmen Society, ou a Pipe Roll Society.

Na Espanha, em 1841 aparece a *Colección de documentos inéditos para la Historia de España*, respondendo a um projeto mais amplo que o puramente medieval. Em 1851, o *Memorial histórico español*, e, em 1861, a Real Academia de la Historia inicia a publicação das *Atas de las Cortes de los antiguos reinos de Castilla y de León (1861-1882)*; Cayetano Rossel publica *Crónicas de los reyes de Castilla* e Próspero Bafarrul, uma coleção de documentos do Arquivo da Coroa de Aragão.

Idêntico processo verifica-se em outros países. Pode-se dizer que, ao finalizar o século XIX, os estudos sobre a Idade Média podiam progredir consideravelmente, pois se dispunha de material abundante e de primeira mão.

Em geral, a imagem que vai se configurando sobre a Idade Média é radicalmente diferente daquela oferecida pelos Enciclopedistas. Em primeiro lugar, descobre-se uma certa insistência sobre aspectos político-militares, embora também sobre instituições; iniciam-se os estudos das estruturas econômicas e da vida do espírito, destacando-se um apaixonado estudo da literatura e da arte. Böhmer, em visita a Estrasburgo, em 1818, pôde dizer ao contemplar a catedral: "ninguém me convencerá nunca de que a Idade Média que criou tais obras foi uma época de barbárie".

No século XX, o rumo seguido pelo medievalismo é paralelo ao experimentado pela ciência histórica em geral. O progresso das ciências sociais e a sua incidência na investigação histórica será um dos destaques principais. Embora a História Medieval, pela limitação de fontes, ofereça certos obstáculos para a aplicação de postulados específicos das ciências sociais, como a estatística, o desenvolvimento dessas ciências afetou os estudos medievais, e começam a surgir tratados de história econômica, história demográfica, história social, história das ideias políticas, história das instituições e, mais recentemente, história das mentalidades e história cultural.

Teorias e métodos gerais, do marxismo até o estruturalismo, da Escola dos Annales até a *New Economic History*, não serão alheias aos medievalistas, imersos nas grandes correntes do pensamento e da prática historiográfica. Por isso o medievalismo, no nosso século, é inseparável da história da historiografia geral.

Para Barraclough, "aquilo que – com precisão duvidosa – se chama Idade Média é em substância o estudo dos alicerces sólidos sobre os quais a civilização europeia existente hoje no Oriente e no Ocidente foi erigida; é a matriz onde as tradições profundas e os valores inerentes da civilização moderna foram moldados".[3] Isso porque, segundo o mesmo historiador, quando se busca saber "o que realmente sucedeu" é para avaliar sua relação e "significado"

---

3 BARRACLOUGH, G. *Europa:* uma revisão histórica. Rio de Janeiro: Zahar, 1964. p.41.

conosco. Nesse sentido, toda a História – com significado – é História contemporânea. Trata-se de uma atitude que leva a reviver a ligação entre passado e presente, entre a história e a vida. Essa atitude permite superar, também, o conceito de que uma época seja mais importante do que a outra. Basta ver que são diferentes, tanto em si mesmas como em seus efeitos e em sua relação conosco.

Quanto à delimitação cronológica relativa à Idade Média, do ponto de vista prático, as diversas propostas mantêm uma coincidência fundamental com o marco estabelecido por Keller: da queda do Império Romano à Renascença, à ruptura religiosa da Cristandade pelo protestantismo ou à expansão europeia na América.

Pirenne oferece uma perspectiva diferente ao considerar que a Idade Média surge como reação da Cristandade à presença do Islã no Mediterrâneo, aglutinada em torno de Carlos Magno, que dá origem ao sistema feudo-vassalático; segundo esse historiador, até o século VIII houve continuidade, manifestada pela língua, pelas instituições e pelo comércio. Novas investigações – M. Lombartd, Lynn White – demonstraram que o mundo muçulmano, mais que ruptura, foi estímulo que acelerou o despertar do Ocidente.

O surgimento do conceito do materialismo histórico alcançou mais transcendência ao considerar a História da humanidade, em particular a europeia, como uma sucessão de modos de produção, sendo o feudal o característico da Idade Média. Dessa perspectiva, a etapa medieval prolonga-se até o século XIX, já que o modo de produção feudal subsistiu até a época das revoluções burguesas, porém nem os mais entusiastas defensores do materialismo histórico levaram esses princípios até as últimas consequências, paliando-se a situação com a terminologia de "transição do feudalismo para o capitalismo".

O destaque conferido à Renascença como possível limite de referência advém especialmente de Burckhardt, cuja obra *Civilização da Renascença na Itália*, publicada em 1860, foi assumida como ortodoxia durante algum tempo. Nas primeiras décadas do século XX assiste-se ao arquivamento dessa tendência. Ferguson, em *A Renascença no pensamento histórico*,[4] apresenta uma análise

---

4 FERGUSON, W. K. *La Renaissance dans la pensée historique*. Paris: Payot, 1950. A versão original em inglês é de 1917.

exaustiva sobre as interpretações e concepções da Renascença. Isso interessa sobretudo porque todas as revisões sobre o conceito de Renascença se encontram estreitamente associadas "às interpretações da Idade Média, e às atitudes tomadas pelos historiadores sobre a cultura do seu tempo".

Nessa obra, de maneira especial no capítulo intitulado "A revolta dos medievalistas: A Renascença interpelada como uma continuidade à Idade Média", o autor sintetiza as teorias de pesquisadores como Hanskins, Gilson, Thorndike, Sarton e Huizinga, entre outros, vinculados tanto à história cultural e intelectual como à história da arte. Obra considerada pelo autor como "uma contribuição à história da Historiografia, ou à história intelectual moderna, apresenta uma lição de relativismo histórico", no sentido de que "todo fenômeno histórico não será compreendido plenamente senão em relação com a tradição da qual o fenômeno procede",[5] destacando ainda que as duas expressões – Idade Média e Renascença – devem a sua origem à mesma noção de desenvolvimento histórico de civilização ocidental, e somente se justificam porque foram consagradas pela tradição em ausência de uma denominação equivalente unanimemente aceita.

Ferguson propõe como resultado da sua análise comparativa algumas conclusões que podem servir tanto para o estabelecimento de uma cronologia como para o tratamento metodológico. Entre as conclusões, destacam-se as seguintes: 1) Os traços que podem servir de pontos centrais para uma síntese histórica não são necessariamente os característicos para toda a civilização da época; 2) Por causa da natureza da evolução histórica, cada época veicula grande número de ideias, instituições, formas de atividade, provenientes da época precedente; não se pode pretender encontrar sobre nenhum ponto entre duas etapas sucessivas um contraste absoluto; 3) Toda periodização constitui um problema difícil, porque está inserido no contínuo desenvolvimento histórico, tanto no interior de cada época como de uma a outra. Daí que toda descrição geral deva necessariamente submeter-se a uma constante determinação

---

5 Ibidem, p.347-8.

cronológica. A síntese que apenas apresente uma seção estática desligada da história resultará necessariamente não histórica.⁶

Nenhuma dessas considerações é nova, como destaca Barraclough, porém, elas não passaram do estudo do historiador profissional à história que se apresenta ao homem comum. Ele propõe uma nova nomenclatura, uma cronologia mais "racional" que contemplaria quatro períodos principais: o primeiro, "pré-história dos povos europeus", estendendo-se ao ano 800 ou 900; o segundo, o período de "formação das sociedades europeias", entre 900 a 1300; em seguida, a "Idade Média da Europa", que abrange de 1300 a 1789; e logo após, nossa "História Moderna", iniciada na Revolução Francesa e estendendo-se à nossa frente "sabe-se lá por quantos séculos futuros".⁷

Contudo, o longo período de mil anos compreendido entre os limites convencionalmente aceitos para a Idade Média não representa uma situação estática e homogênea. O traço mais óbvio da Idade Média não é a unidade, mas a dicotomia, a mobilidade; considerando ainda que jamais compreenderemos o desenvolvimento da Europa medieval se ignorarmos a interação Oriente e Ocidente.

As diferenças econômicas, políticas, sociais, e as mentalidades dos homens do século VIII, por exemplo, tornam esses homens consideravelmente diferentes dos homens do século XIV. É por isso, aliás, que se estabelecem as subdivisões: Antiguidade Tardia ou Primeira Idade Média (IV-VII); Alta Idade Média (VIII-X), Idade Média Central ou Plena Idade Média (XI-XIII) e, finalmente, Baixa Idade Média (XIV-XV). Mais do que uma divisão ou ruptura, essas denominações servem de referência, de parâmetros para a localização espaço-temporal dos homens.

É nessa perspectiva que aceitaremos a referência tradicional, para determinar o início da Idade Média, marcada pela desagregação do Império Romano, pela implantação do cristianismo e pela migração dos povos germânicos, todos eles fatores do processo de gestação da sociedade feudal. E como referência final, consideraremos o século XV, embora reconhecendo a continuidade de numerosos elementos de longa duração que dificultam determinar limites exatos entre o Medievo e a Modernidade.

---

6 Ibidem, p.356.
7 BARRACLOUGH, op. cit., 1964, p.84-5.

I O MUNDO MEDITERRÂNEO NA IDADE MÉDIA

A HERANÇA ROMANA

1 ÉDITO DE MILÃO (313)

Eu, Constantino Augusto, e eu também, Licíno Augusto, reunidos felizmente em Milão para tratar de todos os problemas que se relacionam com a segurança e o bem público, cremos ser o nosso dever tratar junto com outros assuntos, que merecem a nossa atenção para o bem da maioria, tratar também daqueles assuntos nos quais se funda o respeito à divindade, a fim de conceder tanto aos cristãos quanto a todos os demais a faculdade de seguirem livremente a religião que cada um desejar, de maneira que toda a classe de divindade que habita a morada celeste seja propícia a nós e a todos os que estão sob a nossa autoridade. Assim temos tomado esta saudável e retíssima determinação de que a ninguém seja negada a faculdade de seguir livremente a religião que tenha escolhido para o seu espírito, seja a cristã ou qualquer outra que achar mais conveniente; a fim de que a suprema divindade a cuja religião prestamos esta livre homenagem possa nos conceder o seu favor e benevolência. Por isso é conveniente que vossa excelência saiba que temos resolvido anular completamente as disposições que lhe foram enviadas anteriormente com relação ao nome dos cristãos, por encontrá-las hostis e pouco apropriadas à nossa Clemência, e temos resolvido permitir a todos os que queiram observar a religião cristã, de agora em diante, que o façam livremente sem ter que sofrer nenhuma inquietação ou moléstia. Assim, pois, acreditamos ser o nosso dever dar a conhecer com clareza estas decisões à vossa solicitude, para que saiba que temos concedido aos cristãos a plena e livre facilidade de praticar sua religião... Levou-nos a agir assim o desejo de não aparecer como responsáveis por diminuir em nada qualquer religião ou culto... E além disso, no que diz respeito aos cristãos, decidimos que lhes sejam devolvidos os locais onde anteriormente se reuniam, sejam eles propriedade do nosso fisco, ou tenham sido comprados por particulares, e que os cristãos não tenham de pagar por eles nenhuma classe de indenização... E como consta que os cristãos possuíam não só locais de reunião habitual, mas também outros pertencentes à sua comunidade... ordenamos que lhes sejam devolvidos sem nenhum tipo de equívoco nem de oposição... Em todo o dito anteriormente (vossa excelência) deverá prestar o apoio mais eficiente à comunidade dos cristãos, para que as nossas ordens sejam cumpridas o mais depressa possível e para que também neste assunto a nossa Clemência vele pela tranquilidade pública. Desta maneira, como já temos dito anteriormente, o favor divino que em tantas e tão importantes ocasiões nos tem sido propício, continuará ao nosso lado constantemente, para o êxito das nossas empresas e para a prosperidade do bem público ...

> Lactancio. (*De mortibus persecutorum*) *Sobre la muerte de los perseguidores*. Introd., trad. espanhola e notas de R. Teja. Madrid: Gredos, 1982. XLVIII, p.2-3.

2 ÉDITO DE TESSALÔNICA (380)

Os imperadores Graciano, Valentiniano e Teodósio Augustos: édito ao povo da Cidade de Constantinopla.

É a nossa vontade que todos os povos regidos pela administração de nossa Clemência pratiquem a religião que o divino apóstolo Pedro transmitiu aos romanos, na medida em que a religião por ele introduzida tem prosperado até os nossos dias. É evidente que esta é a religião que professam também o pontífice Dâmaso, e Pedro, bispo de Alexandria, homem de apostólica santidade; isto é, que de acordo com a disciplina apostólica e a doutrina evangélica, devemos acreditar na divindade do Pai, do Filho e do Espírito Santo com igualdade de majestade e sob (a noção) da Santa Trindade. Ordenamos que todas aquelas pessoas que seguem esta norma tomem o nome de cristãos católicos. Porém, o resto, aos quais consideramos dementes e insensatos, assumirão a infâmia dos dogmas heréticos, os lugares de suas reuniões não receberão o nome de igrejas e serão castigados em primeiro lugar pela divina vingança, e, depois, também, (por justo castigo) pela nossa própria iniciativa, que providenciaremos de acordo com o juízo divino.

Dado no terceiro dia das calendas de março, no ano do quinto consulado de Graciano e do primeiro consulado de Teodósio Augusto. (28 de fevereiro de 380).

> Código Teodosiano. XVI, 1-2. In: Tuñón de Lara, M. *Textos y documentos de Historia Antigua, Media y Moderna*. Barcelona: Labor, 1984. p.127 (Historia de España XI)

AS INVASÕES BÁRBARAS

3 PERFIL DE ÁTILA (406-453)

Homem vindo ao mundo em um entrechoque de raças, terror de todos os países, não sei como ele semeava tanto pavor, a não ser pela ligação que se fazia de sua pessoa com um sentimento de terror. Tinha um porte altivo e um olhar singularmente móvel, se bem que cada um de seus movimentos traduzisse o orgulho de seu poder. Amante da guerra, era senhor de sua força, muito capaz de reflexão, acessível às petições, fiel à palavra dada; sua pequena estatura, seu peito largo, sua cabeça grande, seus olhos minúsculos, sua barba rala, sua cabeleira eriçada, seu nariz muito curto, sua tez escura eram sinais de suas origens. Embora fosse de sua natureza ousar sempre grandes coisas, sua audácia aumentava ainda mais pelo fato de haver ele encontrado o gládio de Marte, sempre tido por sagrado pelos reis Citas, nas circunstâncias que o historiador Priscos relata desta maneira: um pastor, tendo observado que uma novilha de seu rebanho mancava sem que fosse possível encontrar a causa de tal ferimento, guiado pelos vestígios de sangue, pôs-se a segui-los até descobrir a lâmina sobre a qual o animal, passando, havia inadvertidamente posto a pata; e desenterrando-a, ele a entregou imediatamente a Átila, que se felicitou por ser instituído de alguma maneira, por esse dom, príncipe do mundo inteiro; pois que, possuindo o gládio de Marte, havia obtido o poder militar.

Jordanes. Romana et Getica. In: M. G. H. *Auctores Antiquissimi*. t.V, 1. Berlim, 1877. p.105-6.

4 O ASPECTO E OS COSTUMES DOS HUNOS (330-391)

... O povo dos Hunos, pouco conhecido pelos antigos monumentos, vivendo por trás da lagoa Meótis,[1] perto do oceano Glacial, excede todos os modos de ferocidade ...

Todos eles têm membros compactos e firmes, pescoços grossos, e são tão prodigiosamente disformes e feios que os poderíamos tomar por animais bípedes ou pelos toros desbastados em figuras que se usam nos lados das pontes.

Tendo porém o aspecto de homens, embora desagradáveis, são rudes no seu modo de vida, de tal maneira que não têm necessidade nem de fogo nem de comida saborosa; comem as raízes das plantas selvagens e a carne semicrua de qualquer espécie de animal que colocam entre as suas coxas e os dorsos dos cavalos para aquecer um pouco.

Vestem-se com tecidos de linho ou com as peles de ratos-silvestres cosidas umas às outras, e estas servem tanto para uso doméstico como de fora. Mas uma vez que meteram o pescoço numa túnica desbotada, não a tiram ou mudam até que pelo uso cotidiano se faça em tiras e caia aos pedaços.

---

1 O mar de Azov.

Cobrem as cabeças com barretes redondos e protegem as pernas hirsutas com peles de cabra; os seus sapatos não têm forma nenhuma e por isso impedem-nos de caminhar livremente. Por esta razão não estão nada adaptados a lutas pedestres, vivendo quase fixados aos cavalos, que são fortes, mas disformes e por vezes sentam-se à amazona e assim executam as suas tarefas habituais. É nos seus cavalos que de dia e de noite aqueles que vivem nesta nação compram e vendem, comem e bebem e, inclinados sobre o estreito pescoço do animal, descansam num sono tão profundo que pode ser acompanhado de sonhos variados. Ninguém entre eles lavra a terra ou toca um arado. Todos vivem sem um lugar fixo, sem lar nem lei ou uma forma de vida estabilizada, parecendo sempre fugitivos nos carros onde habitam; aí as mulheres lhes tecem as horríveis vestimentas, aí elas coabitam com os seus maridos, dão à luz os filhos e criam as crianças até à puberdade. Nenhum deles se for interrogado poderá dizer donde é natural, porque, concebido num lugar, nasceu já noutro ponto e foi educado ainda mais longe.

>Amiano Marcelino. Trad. inglesa de John C. Rolfe, liv.XXXI, 2, 1-11. Harvard University Press, 1939.
>Apud Espinosa, F. *Antologia de textos medievais.* 3.ed. Lisboa: Sá da Costa, 1981. p.4-5.

5 AS CARACTERÍSTICAS DOS ALANOS (330-391)

Quase todos os Alanos são altos e formosos, com os cabelos quase louros, um olhar terrível e perturbador, ligeiros e velozes no uso das armas. Em tudo são semelhantes aos Hunos, mas na maneira de viver e nos costumes, menos selvagens. Roubando e caçando, andam de um lado para o outro, até lugares tão distantes como a lagoa Meótis e o Bósforo Cimério[2] e também até à Armênia e à Média.

Assim como para os homens sossegados e plácidos o repouso é agradável, assim eles encontram prazer no perigo e na guerra. É

---
2 O atual estreito de Kertch, ligando o mar Negro ao mar de Azov.

considerado feliz aquele que sacrificou a sua vida na batalha, enquanto que àqueles que envelheceram e deixaram o mundo por uma morte fortuita atacam com terríveis censuras de degenerados e cobardes; e não existe nada de que mais se orgulhem de que matar um homem, qualquer que ele seja: como glorioso despojo do assassinato, cortam-lhe a cabeça, arrancam-lhe a pele e colocam-na sobre seus cavalos de guerra como jaez.

Não se vê entre eles nem um templo, nem um lugar sagrado, nem mesmo se pode discernir um tugúrio com tecto de colmo, mas com um ritual bárbaro enterram no chão uma espada desembainhada e adoram-na reverentemente, como ao seu Marte, a divindade principal destas terras por onde vagueiam.

Ignoram o que seja a servidão, tendo nascido todos de sangue nobre, e mesmo agora escolhem como chefes aqueles que se distinguem na experiência cotidiana da guerra.

Amiano Marcelino. Apud Espinosa, op. cit., p.6.

6 REIS E CHEFES SAXÕES (S. VII)

Os chamados Velhos Saxões não têm rei, mas um grande número de chefes colocados à cabeça de sua nação. Em caso de guerra iminente, havia um sorteio com critérios iguais para todos; e aquele que a sorte favorecesse, era seguido como general todo o tempo de guerra; obedeciam-no, mas, finda a guerra, todos os chefes tornavam a ser iguais em poder.

Beda, o Venerável. *Historia Ecclesiastica Gentis Anglorum*, v.10. Plummer (Ed.). Oxford, 1896. Apud Calmette, J. *Textes et Documents d'Histoire: Moyen Âge*. Paris: Presses Universitaires de France, 1953. p.15.

7 SOBRE A ORIGEM DOS FRANCOS (S. VI)

Sobre os reis dos Francos, ignora-se qual tenha sido o primeiro dentre eles: com efeito, se bem que na sua *História* Sulpício

Alexandre[3] fale muito destes povos, todavia não nomeia de maneira alguma seu primeiro rei: diz apenas que eles tinham duques [...] Muitos autores contam que estes povos saíram da Panônia e que se estabeleceram primeiro na margem do Reno; tendo em seguida atravessado este rio, passaram à Turíngia e aí nas aldeias ou nas cidades escolheram reis cabeludos, que foram buscar na primeira, e, se assim posso dizer, à mais nobre das suas famílias. Isto foi provado mais tarde pelas vitórias de Clóvis, que contaremos em seguida. Lemos nos *Fastos consulares* que o rei dos Francos, Teodomiro, filho de Ricimer e de Áscila, e sua mãe, morreram pela espada. Diz-se também que então Clódio, notável entre o seu povo, tanto por méritos próprios como por nobreza, foi feito rei dos Francos. Ocupava no termo dos Turíngios a fortaleza de Dispargum (Diest, no Brabante). Nessas mesmas partes, ou seja em direção ao sul e até ao rio Loire, habitavam os Romanos. Para lá do Loire dominavam os Godos; os Burgúndios, seguidores da seita dos Arianos, habitavam do outro lado do Ródano que banha a cidade de Lyon. Clódio, tendo enviado batedores para a cidade de Cambrai e mandado explorar toda a região, pôs-se ele próprio em seguida a caminho, esmagou os Romanos e apoderou-se da cidade, residindo aí por pouco tempo, ocupou tudo até o rio Saône. Há quem pretenda que o rei Meroveu, de quem Childerico foi filho, era da sua estirpe.

Mas este povo mostrou-se sempre entregue a cultos fanáticos sem ter qualquer conhecimento do verdadeiro Deus. Fez imagens das florestas e das águas, dos pássaros, dos animais selvagens e dos outros elementos aos quais tinha por hábito prestar um culto divino e oferecer sacrifícios [...]

        São Gregório de Tours. *Historiae Ecclesiasticae Francorum*. lib.II, IX-X. Trad. de Guadet e Taranne. Paris, 1836. Apud Espinosa, op. cit., p.13.

8 A INSTALAÇÃO DOS VISIGODOS NO IMPÉRIO (S. IV)

Os visigodos, ou seja, aqueles outros aliados e cultivadores do solo ocupado, estavam aterrados como o haviam estado seus parentes e

---
3 Este historiador só é conhecido através de Gregório de Tours.

não sabiam que fazer, por causa do povo dos Hunos. Porém, depois de longas deliberações, de comum acordo, enviaram embaixadores à România, ao imperador Valente,[4] irmão de Valentiniano I,[5] o imperador mais velho, para dizer que se lhes desse uma parte da Trácia ou da Mésia a fim de a cultivarem, eles se submeteriam às suas leis e decisões. E para que pudesse ter maior confiança neles, prometeram tornar-se cristãos, se lhes dessem professores que falassem a sua língua.

Quando Valente ouviu isto, concedeu alegre e prontamente o que ele próprio havia tencionado pedir. Recebeu os Getas[6] na região da Mésia e colocou-os aí como uma muralha de defesa para seu reino contra outras tribos. E como naquele tempo o imperador Valente, contaminado pela perfídia ariana, tivesse fechado todas as igrejas da nossa fé, enviou-lhes como pregadores os que favoreciam a sua seita.[7] Eles foram e imediatamente infundiram nesse povo rude e ignorante o veneno da sua perfídia. Assim os Visigodos foram feitos, por meio do imperador Valente, arianos em vez de cristãos. Além disso, pregaram o Evangelho tanto aos Ostrogodos como aos seus parentes Gépidas, ensinando-os a reverenciar esta perfídia, e convidaram todos os povos da sua língua, de onde quer que fossem, a ligarem-se à mesma seita. Eles próprios, como dissemos, atravessaram o Danúbio e estabeleceram-se na Dácia Ripense,[8] na Mésia e na Trácia, com autorização do príncipe.

Em breve a fome e a indigência caíram sobre eles, como muitas vezes acontece a um povo que ainda não está bem estabelecido numa região [...] Assim este dia pôs fim à fome dos Godos e à segurança dos Romanos, porque os Godos, não mais como estrangeiros e peregrinos, mas sim como cidadãos e senhores, começaram a governar os habitantes e a dominar, sob o seu próprio senhorio, todas as regiões do Norte até o Danúbio.

Quando o imperador Valente soube disto em Antioquia, aprestou imediatamente um exército e partiu para a região da

---

4 Imperador do Oriente de 364 a 378.
5 Imperador do Ocidente de 364 a 375.
6 Jordanes confunde os Getas, povo da Trácia, com os Godos.
7 Na realidade, a arianização dos visigodos iniciara-se alguns anos antes, pela pregação do bispo godo Ulfila.
8 Atual Bulgária.

Trácia. Aí deu-se uma terrível batalha[9] e os Godos venceram [...] O próprio imperador ficou ferido e fugiu para uma herdade perto de Hadrianópolis.[10] Os Godos, não sabendo que um imperador estava escondido numa cabana tão pobre, lançaram-lhe fogo como é habitual proceder com um inimigo cruel, e assim ele foi cremado em esplendor real [...]

> Jordanes. Romana et Getica. In: M. G. H. *Auctores Antiquissimi*. t.V, 1. Berlim, 1877. p.92-4.

9 O SAQUE DE ROMA POR ALARICO (410) E AS INCURSÕES BÁRBARAS NA GÁLIA E NA ESPANHA

No ano 1164 depois da fundação da cidade, foi realizado (contra Roma) um ataque por Alarico: embora a memória deste fato ainda seja recente, nenhuma pessoa que veja a multidão dos romanos e que os ouça falar admitirá, como eles próprios dizem, que alguma coisa tenha acontecido, salvo se, por acaso, tomar conhecimento do fogo pelas ruínas que ainda existem. Nesta invasão, Placídia, filha do príncipe Teodósio e irmã dos imperadores Arcádio e Honório, foi capturada e tomada como mulher por Ataúlfo, parente de Alarico, como se, devido a um juízo divino, Roma a tivesse entregue à maneira de refém e penhor especial. Com efeito, unida pelo casamento ao mais poderoso rei bárbaro, ela foi de grande utilidade para a república. Entretanto, dois anos antes do ataque a Roma, excitados por Estilicão, como já disse, os povos dos Alanos, dos Suevos, dos Vândalos, e muitos outros com eles, esmagaram os Francos, atravessaram o Reno, invadiram as Gálias e com um rápido ímpeto chegaram até aos Pirinéus: retidos durante um tempo por esta barreira, disseminaram-se pelas províncias vizinhas.

> Paulo Orósio. *Historiarum adversus Paganos*. In: J. P. Migne, *Patrologiae Cursus Completus*, Series Prima, t.XXXI, Paris, 1846, cols. 1166-1167. Apud Espinosa, op. cit., p.8.

---

9 A batalha de Adrianopla, 378.
10 Adrianopla. É hoje a cidade turca de Edirne.

10 A INVASÃO DA PENÍNSULA IBÉRICA PELOS VÂNDALOS, SUEVOS E ALANOS (409-411)

Os Alanos, os Vândalos e os Suevos entraram nas Espanhas no ano 447 da era:[11] uns, o quarto dia das Calendas de Outubro, outros, o dia três dos Idos de Outubro, na terça feira, no oitavo consulado de Honório e o terceiro de Teodósio, filho de Arcádio. Os bárbaros que tinham entrado nas Espanhas depredaram-nas com matança hostil. E a peste, por sua parte, não fez menos estragos.

Enquanto os bárbaros cometiam atrocidades na Espanha e o flagelo da peste atacava com não menos intensidade, o tirânico arrecadador de impostos espoliava as riquezas e as provisões armazenadas nas cidades e os soldados as consumiam. Uma fome cruel prolongou-se até o ponto de que a carne humana chegou a ser devorada pelo gênero humano pela necessidade da fome; inclusive as mães alimentaram-se com os corpos de seus filhos mortos ou cozinhados pelas suas próprias mãos. Os animais selvagens, acostumados aos cadáveres dos que morriam pela espada, a fome ou a peste, matavam os homens mais fortes e, alimentados com a sua carne, lançavam-se por toda parte para perdição do gênero humano. E assim, fazendo estragos por todo o orbe as quatro pragas, a do ferro, da fome, da peste e dos animais selvagens, alcançaram o seu cumprimento as profecias anunciadas pelo Senhor por meio dos seus profetas.

O ano de 457 da era, abatidas as províncias da Espanha pelo ataque memorável das pragas, os bárbaros, convertidos à ideia do estabelecimento da paz pela misericórdia do Senhor, dividiram entre eles, por sorteio, as regiões das províncias para habitá-las. Os Vândalos ocuparam a Galiza e os Suevos o território situado no extremo que dá ao mar Oceano; os Alanos sortearam as províncias Lusitana e Cartaginense e os Vândalos chamados Silingos repartiram-se a Bética. Os hispanos das cidades e dos *castela* que

---

11 Refere-se à era de César ou Hispânica, na qual o ano 447 corresponde ao ano 409 da era Cristã.

tinham conseguido escapar à praga dos bárbaros apoderados das províncias, submeteram-se à servidão.

Hidácio. Crônica, 42,46-49. In: Tuñón de Lara, op. cit., p.150.

11 OS VÂNDALOS NA ÁFRICA (560-636)

Na era de 467 (429 d. C.) Genserico, irmão de Gunderico, sucedeu-lhe no reino por quarenta anos. Este, que de católico se havia tornado apóstata, foi o primeiro levado a transitar para a perfídia ariana. Tendo abandonado a Espanha, atravessou com todos os vândalos e as suas famílias, desde o litoral da província da Bética até à Mauritânia e África. Valentiniano Júnior,[12] imperador do Ocidente, não se lhe podendo opor, fez a paz e concedeu pacificamente a parte da África que os Vândalos possuíam, aceites por um juramento as condições de que nada mais invadiriam. [Genserico] porém, sobre cuja amizade ninguém duvidava, profanada a inviolabilidade do juramento, invadiu Cartago com o engano da paz e transferiu em seu próprio proveito todos os poderes depois de ter afligido os cidadãos com diversos gêneros de tormentos. Em seguida devastou a Sicília, cercou Panormo, introduziu a pestilença ariana por toda África, afastou os sacerdotes das igrejas, fez muitos mártires e, de acordo com a profecia de Daniel, transmutados os mistérios, entregou as igrejas dos santos aos inimigos de Cristo [...]

[...] Genserico, não contente com as devastações da terra de África, passou a Roma, transportado por navios, destruiu os bens dos romanos durante catorze dias e trouxe consigo a viúva de Valentiniano, as suas filhas e muitas mulheres de cativos; e pedida a paz, por meio de enviados, ao imperador, remeteu a viúva de Valentiniano para Constantinopla e uniu pelo matrimônio uma das filhas (de Valentiniano) com seu filho Huguerico.

Isidoro de Sevilha. In: Migne, Patrologiae Cursus Completus, Series Latina, t.LXXXIII. Paris, 1862, cols. 1077 e 1078. Apud Espinosa, op. cit., p.10-1.

---

12 Valentiniano III (423-455). Realizou acordo com os vândalos em 435, embora Genserico, em 439, se tenha tornado independente.

12 A FIXAÇÃO DOS ANGLOS E DOS SAXÕES NA BRETANHA (S. V)

No 449º ano da Encarnação do Senhor, tendo Marciano[13] com Valentiniano[14] obtido o reino, o 46º ano a partir de Augusto, deteve--se por sete anos. Então o povo dos Anglos ou Saxões, convidado pelo rei citado, arribou à Bretanha em três longos navios e por ordem do mesmo rei recebeu como local de permanência a parte oriental da ilha, como para combater a favor da pátria, mas na realidade a fim de a conquistar. Iniciada a batalha com os inimigos que do norte tinham vindo para a luta, os Saxões obtiveram a vitória. Por isso mandaram para casa a notícia tanto da fertilidade da ilha como da inércia dos Bretões e imediatamente lhes foi enviada uma frota maior, transportando um grupo mais forte de homens de armas, os quais juntos à coorte anterior constituíram um exército invencível. Os que chegaram, obtiveram, por doação dos Bretões, um lugar para habitarem entre eles, com a condição de que uns lutariam contra os adversários pela paz e salvação da pátria e outros contribuiriam com o estipêndio devido para os que combatiam. Vieram porém os povos mais fortes das tribos da Germânia, ou seja Saxões, Anglos e Jutos. Dos Jutos são originários os [habitantes] de Cantuária e de Victuária, ou seja aquele povo que detém a ilha Vecta e aqueles que até hoje são chamados a nação dos Jutos na província dos Saxões Ocidentais, junto da própria ilha Vecta. Dos Saxões, ou seja daquela região que agora é chamada dos Antigos Saxões (Holstein), vieram os Saxões Orientais, os Saxões Meridionais e os Saxões Ocidentais. Mais adiante, dos Anglos, isto é, daquela terra que se chama Angulus (Schleswig) e desde aquele tempo até hoje se diz permanecer deserta, entre as províncias dos Jutos e dos Saxões, descendem os Anglos Orientais, os Anglos Mediterrâneos, os Mércios e toda a geração dos Northumbrianos, ou seja daqueles povos que habitam para norte do rio Humber e dos restantes Anglos.

Beda, o Venerável. Historia Ecclesiastica Gentis Anglorum. lib.I, cap.XV. Apud Espinosa, op. cit., p.14-5.

---

13 Imperador do Oriente de 450 a 457.
14 Valentiniano III, imperador do Ocidente de 423 a 455.

13 A INVASÃO DA ITÁLIA PELOS LOMBARDOS (568)

Na verdade, Alboíno,[15] antes de partir para a Itália com os Lombardos, pediu auxílio aos seus velhos amigos Saxões a fim de entrar naquela espaçosa terra e ocupá-la com maiores efetivos. Acudiram ao apelo mais de vinte mil saxões, acompanhados pelas mulheres e os filhos, para com ele penetrarem na Itália. Tendo conhecimento disto, Clotário e Sigeberto, reis dos Francos, colocaram os Suevos e outros povos nos locais de onde tinham saído os Saxões. Então Alboíno entregou a seus amigos, os Hunos, os próprios territórios, ou seja a Panônia, sob a condição de que, se em qualquer altura fosse necessário aos Lombardos voltar para trás, tornariam a pedir aquelas terras.[16]

Portanto os Lombardos, abandonada a Panônia, com as mulheres, os filhos e todas as alfaias, precipitaram-se na Itália para a ocupar. Tinham habitado a Panônia durante quarenta e dois anos. Dela saíram no mês de Abril, pela primeira indicção,[17] no dia seguinte à santa Páscoa, cuja festividade se deu naquele ano de acordo com os cálculos da razão no próprio dia das Calendas de Abril, quinhentos e sessenta e oito anos depois da encarnação do Senhor.

Paulo Diácono, Historia Langobardorum. In: M. G. H. *Scriptores Rerum Langobardicarum et Italicarum.* Saec. VI – IX. Hannover, 1878. Apud Espinosa, op. cit., p.17.

14 A QUEDA DO IMPÉRIO ROMANO DO OCIDENTE (476)

Orestes,[18] tendo tomado o comando do exército, partiu de Roma ao encontro dos inimigos e chegou a Ravena, onde parou para fazer imperador seu filho Augústulo. [...][19]

---

15 Rei dos Lombardos de 561 a 572.
16 Este acordo foi feito por um prazo de 200 anos, não com os hunos, mas sim com os Ávaros.
17 No primeiro ano de um ciclo de quinze anos.
18 Romano nascido na Panônia. Foi secretário do rei huno Átila.
19 Rômulo Augústulo, imperador de 475 a 476, último romano, destronado em 476 por Odoacro.

Porém, pouco depois de Augústulo ter sido estabelecido imperador em Ravena, por seu pai Orestes, Odoacro, rei dos Turcilingos,[20] tendo consigo ciros, hérulos e auxiliares de diversas tribos, ocupou a Itália. Orestes foi morto e o seu filho Augústulo, expulso do reino e condenado à pena de exílio no Castelo Luculano, na Campânia. Assim, o Império do Ocidente do povo romano, que o primeiro dos augustos, Otaviano Augusto, tinha começado a dirigir no ano 709 da fundação da cidade de Roma, pereceu com este Augústulo no ano quinhentos e vinte e dois (476 d. C.) do reinado dos seus antecessores imperadores. Desde aí Roma e a Itália são governadas pelos reis dos Godos [...]

> Jordanes. Romana et Getica. In: M. G. H. *Auctores Antiquissimi*, t.V, 1. Berlim, 1877. p.44.

15 A POLÍTICA DE ATAÚLFO EM RELAÇÃO A ROMA (S. V)

O rei Ataúlfo era então o rei do povo godo. Depois da invasão da Cidade (410 d. C.) e da morte de Alarico tomou por esposa, como já disse, a irmã do imperador, Placídia, que estava prisioneira, e sucedeu a Alarico na direção do reino. O rei, como muitas vezes ficou dito e como o provou o seu fim,[21] era um zeloso partidário da paz; desejava servir fielmente o imperador Honório e consagrar as forças dos Godos à defesa da República romana [...]

Tinha principalmente desejado com ardor apagar o nome romano e fazer de todo o território um império dos Godos, que deles usasse o nome, para que, falando claramente, a Gótica fosse o que tinha sido a România e Ataúlfo se tornasse agora o que outrora havia sido César Augusto. Mas a sua muita experiência provara-lhe que os Godos eram absolutamente incapazes de obedecer às leis

---

20 Odoacro, possivelmente um Rúgio (lat. Rugii), tornou-se chefe dos exércitos mercenários no Norte da Itália. Se alguns autores o cognominaram "Rei dos Rúgios", outros chamam-lhe "Príncipe dos Ciros". Os Turcilingos são um povo de origem obscura, arrastado para Ocidente pela invasão huna.
21 Ataúlfo foi assassinado em Barcelona, em 415.

por causa da sua barbárie desenfreada. Ora, como não se podem suprimir, numa república, as leis sem as quais uma república não é república, preferiu glorificar-se restaurando na sua integridade [a Românica] e erguendo o nome romano com as forças dos Godos, para aparecer à posteridade como o restaurador do Império Romano, visto que o não tinha podido transformar.

Paulo Orósio, *Historiarum adversus Paganos*. In: Migne, *Patrologiae Cursus Completus*, Series Prima, t.XXXI. Paris, 1846. Apud Espinosa, op. cit., p.34.

16 TEODORICO, REI DOS OSTROGODOS, VENCE ODOACRO E SE ESTABELECE NA ITÁLIA (493)

Quando o imperador Zenão[22] ouviu que Teodorico tinha sido nomeado rei do seu povo (473 d. C.), recebeu com prazer a notícia da nomeação e convidou-o a vir ao seu encontro na cidade. Recebendo-o com todas as honras, colocou-o entre os grandes do seu palácio. Algum tempo depois [Zenão], para lhe aumentar as honrarias, adotou-o como filho e concedeu-lhe, à sua custa, uma homenagem na cidade.

[*Teodorico*] foi também feito cônsul ordinário, o que se considera como a benesse suprema e a mais alta honra no mundo. Mas isto não foi tudo, pois [Zenão] ergueu diante do palácio real uma estátua equestre daquele como glória de tão grande homem.

[*Entretanto Teodorico, sabendo que a sua tribo, estabelecida na Ilíria, estava passando por dificuldades, pediu licença ao imperador para abandonar Constantinopla e dirigir-se ao Ocidente para liberá-lo do rei dos Turcilingos e dos Rúgios. O imperador achou a oportunidade excelente para desembaraçar-se dos Ostrogodos e simultaneamente liquidar Odoacro*]

Teodorico deixou, pois, a cidade real e voltou para junto dos seus. Em companhia de toda a tribo dos Godos, que lhe deu o seu consentimento unânime, partiu para o Ocidente. Caminhou em

---
22 Imperador do Oriente de 474 a 491.

direção a Sirmium (Mitronica: Iugoslávia) até à vizinhança da Panônia e, avançando no território da Venécia até junto da Ponte de Sontius (Izonzo), acampou aí. Tendo feito alto por algum tempo, a fim de dar descanso aos corpos dos homens e aos animais de carga, Odoacro enviou contra ele uma força armada, com a qual se encontrou nos campos de Verona, destruindo-a e fazendo nela grande mortandade. Então desfez o acampamento e avançou pela Itália com a maior ousadia. Atravessando o rio Pó, assentou campo perto da cidade real de Ravena, cerca do terceiro marco miliário a partir da cidade, no lugar chamado Pineta. Quando Odoacro viu isto, fortificou-se dentro da cidade. Frequentes vezes atacou o exército dos Godos durante a noite fazendo saídas furtivamente com os seus homens, e não uma ou duas vezes, mas muitas; e assim combateu durante quase três anos completos. Mas trabalhou em vão, porque toda a Itália por fim chamou a Teodorico o seu senhor e a República obedeceu aos seus desejos. Mas (Odoacro), com os seus poucos partidários e os romanos que estavam presentes sofria cotidianamente com a guerra e a fome em Ravena. Visto que nada conseguia, enviou uma embaixada e pediu clemência. Teodorico primeiro concedeu-lha, mas depois tirou-lhe a vida.

Foi o terceiro ano depois da sua entrada na Itália, como dissemos, que Teodorico, por conselho do imperador Zenão, pôs de lado o traje de cidadão privado e o vestuário da sua raça e adoptou uma veste com um manto real, visto ter-se transformado, agora, no dirigente tanto dos Godos como dos Romanos.

Jordanes. Romana et Getica. In: M. G. H. *Auctores Antiquissimi*, t.V, 1 Berlim, 1877. p.132-34.

17 SOBRE A DECADÊNCIA DA CULTURA ROMANA (S. V)

O vosso amigo Eminêncio, honrado senhor, entregou uma carta por vós ditada, admirável no estilo [...] Tivestes contactos com os bárbaros e no entanto não permitis que nenhum barbarismo atravesse os vossos lábios; em eloquência e valor igualais aqueles antigos generais cujas mãos podiam manejar o estilo com não menos habilidade do que a espada. A língua romana foi há muito tempo banida da Bélgica e do Reno; mas se o seu esplendor sobreviveu de qualquer maneira, foi certamente convosco; a nossa jurisdição entrou em decadência ao longo da fronteira, mas enquanto viverdes e preservardes a vossa eloquência, a língua latina permanecerá inabalável. Ao retribuir as vossas saudações o meu coração alegra--se dentro de mim por a nossa cultura em desaparição ter deixado tais traços em vós [...]

Sidônio Apolinário. Epistolae: XVII. In: M. G. H. *Auctores Antiquissimi*. t.VIII, 1. Berlim, 1877. p.68.

18 O DESCALABRO DA CIVILIZAÇÃO ROMANA NA GÁLIA (S. VI)

Extinguia-se a cultura das letras, ou melhor, definhava nas cidades das Gálias, enquanto o bem e o mal igualmente se acometiam. Aí se desencadeava a ferocidade dos povos ou o furor dos reis, as igrejas eram atacadas pelos heréticos e defendidas pelos católicos, a fé cristã, fervorosa ainda no maior número, definhava em alguns, as igrejas eram enriquecidas por homens piedosos e despojadas por ímpios, e não se podia encontrar um único gramático conhecedor da dialética para descrever todas estas coisas, quer em prosa, quer em verso. A multidão lamentava-se disto dizendo: "Desgraçado seja o nosso tempo, pois o estudo das letras pereceu entre nós e já não se encontra ninguém que possa traduzir por escrito os acontecimentos presentes". Decidi-me, movido por estas queixas e outras semelhantes, repetidas todos os dias, a transmitir aos tempos vindouros a memória do passado; e, se bem que falando uma linguagem inculta, não pude no entanto calar nem os empreendimentos dos maus, nem a vida dos homens de bem. O que sobretudo me excitou foi ter muitas vezes ouvido dizer, entre nós, que poucos homens compreendem um reitor que fale como filósofo; quase todos, pelo contrário, compreendem um narrador falando como vulgar [...]

São Gregório de Tours. *Historiae Ecclesiasticae Francorum*. lib.I, t.I, p.3-5. Apud Espinosa, op. cit., p.35-6.

19 INSTABILIDADE DO IMPÉRIO ROMANO (440)

Os pobres são despojados, as viúvas gemem, os órfãos são esmagados, a tal ponto que muitos dentre eles, incluídas gentes de bom nascimento que tinham recebido uma educação superior, refugiam-se entre inimigos. Para não perecer sob a perseguição injusta, vão buscar entre os bárbaros a humanidade dos romanos, porque não podem suportar mais, entre os romanos, a inumanidade dos bárbaros. Não se parecem em nada aos povos entre os quais buscam refúgio. As suas maneiras são diferentes, não conhecem a sua linguagem, e, atrevo-me a dizê-lo, carecem assim mesmo do cheiro fétido que impregna os corpos e as vestes dos bárbaros. Preferem, porém, submeter-se a essas diferenças de costumes a sofrer entre os romanos a injustiça e a crueldade. Emigram, pois, até os Godos ou até os Burgúndios ou até outros bárbaros que dominam por toda parte. E não têm motivo algum para se arrepender deste desterro. Porque preferem viver livres sob a aparência de escravidão a serem escravos sob a aparência de liberdade.

> Salviano. *De Gubernatione Dei.* V, 5. Apud Falcon, M. I. et al. *Antología de textos y documentos de Edad Media.* Ed. bilíngue: latim-espanhol. Valencia: Anubar, 1976. p.19.

20 A CONVERSÃO DE CLÓVIS (496, 498 OU 506)

Todavia a rainha[23] não deixava de pedir ao rei que reconhecesse o verdadeiro Deus e abandonasse os ídolos; mas nada o podia levar a essa crença, até que, tendo surgido uma guerra contra os Alamanos, ele foi forçado pela necessidade a confessar o que sempre tinha negado obstinadamente [...]

Então a rainha chamou em segredo São Remígio, bispo de Reims, suplicando-lhe que fizesse penetrar no coração do rei a palavra da salvação. O sacerdote, tendo-se posto em contato com

---
23 Clotilde, princesa burgúndia católica.

Clóvis, levou-o pouco a pouco e secretamente a acreditar no verdadeiro Deus, criador do céu e da terra, e a renunciar aos ídolos, que não lhe podiam ser de qualquer ajuda, nem a ele nem a ninguém [...] O rei, tendo pois confessado um Deus todo-poderoso na Trindade, foi batizado em nome do Pai, do Filho e do Espírito Santo e ungido do santo Crisma com o sinal da cruz. Mais de três mil homens do seu exército foram igualmente batizados [...]

São Gregório de Tours. *Historiae Ecclesiasticae Francorum.* lib.II. Trad. Gaudet, J. Paris: Société de Histoire de France. 1836. Apud Espinosa, op. cit., p.27.

21 A LEI DOS VISIGODOS E A APROXIMAÇÃO DAS RAÇAS (649-672)

Liv. III, Tit. I – Sobre as disposições do casamento: Código de Recesvinto
A solícita preocupação de um príncipe está cumprida quando foram providenciados os benefícios para futura utilidade dos povos. Nem a ingênita liberdade [do príncipe] deve deixar de exultar quando, quebradas as forças da antiga lei, tiver sido abolida a sentença que pretende impedir sem razão o casamento de pessoas que são iguais por dignidade e linhagem. E por isto, removida a sentença da antiga lei [...] sancionamos esta lei que há de valer para sempre: que o godo possa, se quiser, ter uma mulher romana e que a goda possa casar com um romano [...] e que o homem livre possa casar com qualquer mulher livre [...] obtido o solene consenso dos parentes e a licença do conde.

Corpus Iuris Germanici Antiqui. Walter, F. (Ed.). Berlim, 1824. Apud Espinosa, op. cit., p.23-4.

22 A CONVERSÃO DOS VISIGODOS (580-587)

O Santo Sínodo dos bispos de toda a Espanha, Gália e Galiza, por ordem do príncipe Recaredo, reuniu-se na cidade de Toledo em número de setenta e dois bispos, no qual sínodo esteve presente o cristianíssimo rei Recaredo, mostrando aos bispos, escrita num livro da sua própria mão, a declaração da sua conversão e a profissão de fé de todos os bispos e do povo godo e tudo o que corresponde à fé ortodoxa; o santo sínodo dos bispos, tendo tomado consciência da declaração do tal livro, decidiu apoiá-lo canonicamente. Por outro lado, o desenvolvimento sinodal foi obra de São Leandro, bispo da Igreja Hispalense [...] O referido Recaredo, como já dissemos, assistiu ao santo concílio, repetindo em nossos tempos o que o antigo príncipe Constantino, o Grande, tinha feito no santo sínodo de Niceia [...] No presente sínodo toledano, a perfídia de Ario foi cortada de raiz, após prolongadas matanças de católicos e sofrimento de inocentes, a instâncias do príncipe Recaredo, de tal maneira que já não pululará mais por nenhum lugar onde se tenha dado às igrejas a paz católica.

João de Biclara. Chronicon, a.a.590.1. In: Tuñón de Lara, op. cit., p.178.

23 APÓS O BATISMO DE CLÓVIS (S. V)

[...] A Providência Divina descobriu o árbitro de nosso tempo. A escolha que haveis feito por vós mesmo é válida para todos. Vossa fé é nossa vitória. Muitos outros, quando os pontífices ou seus sacerdotes lhes solicitam aderir à verdadeira doutrina, ousam objetar com as tradições de sua raça e o respeito pelo culto de seus ancestrais [...] De toda vossa antiga genealogia, vós não quisestes reter outra coisa que vossa nobreza, vós quisestes que vossa descendência fizesse começar em vós todas as glórias que ornam uma alta origem. Vós marchais sobre a trilha de vossos ancestrais governando aqui, vós abris a estrada a vossos descendentes querendo reinar no céu. A Grécia pode se alegrar em haver eleito imperador um dos nossos: não será mais só ela, a partir de agora, a gozar de tal graça. Vossa parte, graças a vós, brilha com esplendor próprio, e o Ocidente vê um de seus soberanos resplandecer com uma luz renovada [...]
Que dizer da gloriosa solenidade de vossa regeneração? Eu não a pude assistir pessoalmente, mas participei de coração de

vossa alegria [...] vossa cabeça temida pelos povos, curvando-se à voz dos padres de Deus; vossa cabeleira real habituada ao corte do guerreiro cobrindo-se do elmo salutar da unção santa; vosso peito sem mácula desembaraçado da couraça e brilhando com a mesma brancura de vossa túnica de catecúmeno...

Lettre de Saint Avit à Clovis. In: M. G. H. Auctores Antiquissimi, VI, 2, p.75. Apud Calmette, op. cit., p.4-5.

O IMPÉRIO BIZANTINO

24 CONSTANTINOPLA NO SÉCULO VI

Visto que o imperador [Justiniano] mantém aqui [em Constantinopla] a sua residência, resulta da grandeza do Império que uma multidão de homens das mais variadas condições chegam à cidade, vindos de todas as partes do mundo. Cada um deles é levado a vir ou por alguma necessidade de negócios ou por qualquer esperança ou por acaso; e muitos na verdade vêm por os seus negócios não se encontrarem em feliz situação na terra natal a fim de fazerem uma petição ao imperador; e todos estes passam a residir na cidade por qualquer obrigação urgente, iminente ou ameaçadora. A juntar às outras dificuldades estas pessoas têm também necessidade de alojamentos, sendo incapazes de pagar o aluguel de qualquer residência aqui. Esta dificuldade foi-lhes totalmente resolvida pelo imperador Justiniano e pela imperatriz Teodora. Muito perto do mar, no local chamado Estádio (porque em tempos antigos, suponho, se destinava a jogos de qualquer espécie), construíram uma muito grande hospedaria destinada a servir de alojamento temporário àqueles que assim se encontrassem embaraçados.

Procópio de Cesareia. De aedificiis, I, XI - 23 - 27. Trad. inglesa de H. B. Dewing. Londres, 1940. Apud Espinosa, op. cit., p.48-9.

25 DESCRIÇÃO DE CONSTANTINOPLA PELO GEÓGRAFO IDRISI (S. XII)

Esta capital está construída sobre uma língua de terra de forma triangular. Dois dos seus lados são banhados pelo mar; o terceiro compreende o terreno sobre o qual se ergue a Porta Áurea.[24] O comprimento total da cidade é de 9 milhas.[25] Está rodeada por uma forte muralha cuja altura é de vinte e um côvados[26] e revestida de um parapeito com a altura de dez côvados, tanto do lado da terra como do mar. Entre este parapeito e o mar existe uma torre que se ergue à altura de cerca de cinquenta côvados. A cidade tem cerca de cem portas, das quais a principal é a que chamam a Porta Áurea; é de ferro coberto de lâminas de ouro e não se conhece nenhuma que lhe seja comparável na grandeza, em toda a extensão do Império Romano.

Esta cidade encerra um palácio[27] afamado pela sua altura, vastidão e beleza das suas construções e ainda um hipódromo pelo qual se chega a esse palácio, o mais espantoso circo que existe no universo. Caminha-se nele entre duas ordens de estátuas de bronze de um trabalho precioso, representando homens, cavalos, leões, etc., esculpidos com uma perfeição capaz de causar o desespero dos artistas hábeis. Estas figuras são de uma estatura mais elevada que a grandeza natural. O palácio contém igualmente um grande número de objetos de arte infinitamente curiosos [...]

Géographie D'Idrisi. Amédée e Jambert (Trad.). Paris, 1840. Original árabe. Apud Espinosa, op. cit., p.51.

26 O FAUSTO IMPERIAL EM 949

No dia 1º de agosto deixei Pavia[28] e navegando pelo Pó cheguei ao fim de três dias a Veneza. Aí encontrei um enviado grego, o eunu-

---
24 No canto sudoeste da cidade.
25 A milha tem cerca de 1.500 m.
26 O côvado corresponde a 0,70 m.
27 Refere-se ao Palácio Imperial, conhecido pelos viajantes ocidentais por Palácio de Boucoleon, a sudeste da cidade. Os imperadores da dinastia Comnena viveram, no entanto, quase sempre no Palácio de Blachernae, no extremo noroeste de Constantinopla.
28 O narrador é o lombardo Liutprando, então servidor do rei Berengário I (888-923).

co Salemo, camareiro do palácio que acabava de voltar da Espanha e da Saxónia. Estava ansioso por navegar para Constantinopla levando consigo um enviado do meu presente senhor, que então era rei e agora é imperador.[29] Este homem, que era portador de presentes faustosos, era um rico mercador de Mogúncia chamado Liutefredo. Finalmente deixamos Veneza no oitavo dia das Calendas de Setembro (25 agosto) e alcançamos Constantinopla no décimo-sexto dia das Calendas de Outubro (17 setembro). Será tarefa agradável descrever a maravilhosa e inaudita forma da nossa recepção.

Perto da residência imperial em Constantinopla há um palácio de notável tamanho e beleza que pelos gregos é chamado *Magnaura* [Μαγυαγρα], tomando a letra "λ" o lugar de "ρ", como se dissessem *Magna Aula*. Constantino,[30] a fim de receber alguns enviados espanhóis recentemente chegados, assim como a mim próprio e a Liutefredo, ordenou as seguintes preparações.

Diante da sede do imperador havia uma árvore feita de bronze dourado, cujos ramos estavam cobertos de pássaros igualmente de bronze dourado, cantando de diversas maneiras segundo as suas espécies.

O próprio trono do imperador era feito com tal arte que num dado momento parecia uma construção baixa e noutro erguia-se alto no ar. Era de um tamanho imenso e estava guardado por leões de bronze ou de madeira coberta de ouro, os quais fustigavam o chão com a cauda e emitiam um rugido de boca aberta e agitando a língua.

Reclinado sobre os ombros de dois eunucos fui levado à presença do imperador. À minha chegada os leões rugiram e as aves cantaram de acordo com as suas espécies sem eu me aterrorizar nem impressionar de espanto, porque me tinha previamente informado sobre todas estas coisas com pessoas que as conheciam bem. Assim, depois de me ter prostrado por três vezes em adoração ao imperador, levantei a cabeça e aquele que primeiramente tinha visto sentado a uma distância moderada do solo havia agora mudado de vestuário e estava sentado ao nível do teto. Como isto foi feito não consigo imaginar a não ser que ele fosse puxado para

---

29 Otão I, imperador da Alemanha de 936 a 973.
30 Constantino VII Porfirogeneta (944-959).

cima por qualquer espécie de engenho, como o que usamos para levantar as traves de uma prensa.

Todavia nunca se me dirigiu diretamente, e, mesmo que tivesse desejado fazê-lo, a grande distância entre nós teria tornado a conversa impossível, mas por intermédio de um secretário informou-se sobre os atos e a saúde de Berengário. Tendo eu dado a resposta conveniente, a um sinal do intérprete deixei a sua presença e retirei-me para os aposentos que me foram dados [...]

Liutprando de Cremona. *Historia Gestorum Regum et Imperatorum sive Antapodosis*, lib. VI. In: Migne, P. L., t.CXXXVI. Apud Espinosa, op. cit., p.49-50.

27 O IMPERADOR JUSTINIANO ENCARREGA TRIBONIANO DE ORGANIZAR O *DIGESTA* (530)

O imperador César Flávio Justiniano Pio, Feliz, célebre conquistador e triunfador, sempre Augusto, a Triboniano seu questor, saúde.

Governando sob a autoridade de Deus o nosso Império, o qual nos foi concedido pela Majestade Celestial, empreendemos guerras com sucesso, ornamentamos a paz, sustentamos a estrutura do Estado [...]

1 – Portanto, atendendo a que não se pode encontrar em todas as coisas nada tão digno de respeito como a autoridade da lei decretada, a qual ordena bem as coisas tanto divinas como humanas e repele toda a iniquidade e embora nós encontremos todo o curso dos nossos estatutos assim como vieram desde a fundação da cidade de Roma e desde os dias de Rómulo, num estado de confusão que alcança uma dimensão infinita e ultrapassa os limites de toda a capacidade humana, é todavia nosso primeiro desejo começar com os mais sagrados imperadores dos velhos tempos, corrigir os seus estatutos e colocá-los, numa ordem clara, de tal maneira que possam ser coligidos num só livro; e, sendo expurgados de todas as repetições supérfluas e da maior parte das iníquas discordâncias, possam oferecer a todo o gênero humano o completo recurso do seu caráter íntegro. [...]

3 – A este respeito, considerando o excelente serviço do vosso devotado caráter, encarregamo-vos antes de qualquer outro deste trabalho adicional, tendo recebido provas da vossa habilidade pela composição do nosso código[31] e ordenamo-vos que escolhais como companheiros no vosso trabalho quem quer que penseis servir de entre o número dos competentes professores como de entre os mais eloquentes homens de toga do foro, homens da mais honrosa posição. As pessoas acima, tendo sido reunidas e tendo sido apresentadas no nosso palácio e favoravelmente aceites por nós ao abrigo do vosso testemunho, encarregamo-las da execução de todo o plano, estando todavia entendido que tudo será organizado sob a orientação do vosso muito avisado espírito [...]

Justiniano. *The Digest of Justinian*. Trad. inglesa de Ch. H. Monro. Cambridge: University Press, 1909. Apud Espinosa, op. cit., p.68.

28 PROÊMIO DAS *INSTITUTIONES* DE JUSTINIANO

Em nome de Nosso Senhor Jesus Cristo.

À juventude ávida [do estudo das leis], o Imperador César Flávio Justiniano, Alamânico, Gótico, Frâncico, Germânico, Antico, Alânico, Vandálico, Africano, Pio, Feliz, Ínclito, Vitorioso e Triunfador, sempre Augusto.[32]

Não convém à majestade imperial ser apenas decorada pelas armas, mas também fortalecida pelas leis, para que possa governar retamente, quer em tempo de guerra quer de paz [...]

1 – Alcançamos estas duas finalidades com sumas vigílias, suma providência e a proteção de Deus [...]

2 – E quando erguemos a uma brilhante consonância as sacratíssimas constituições anteriormente confusas, então estendemos o nosso cuidado aos imensos volumes da velha jurisprudência; e já completamos, com o favor celeste, como se caminhantes fôssemos em meio de pélagos, a obra de que desesperávamos.

---

31 O *Codex Justinianus* publicado em 529.
32 Justiniano acrescentou ao seu título o nome dos povos por ele dominados.

3 – Quando sendo Deus propício, isto ficou terminado, convocados o magnífico varão Triboniano, mestre e ex-questor do nosso sacro palácio, com os varões ilustres Teófilo[33] e Doroteu,[34] nossos antecessores (dos quais já conhecemos, entre muitas outras coisas, a habilidade, a ciência das leis e a fidelidade às nossas ordens), ordenamos-lhes especialmente que compusessem sob a nossa autoridade e os nossos conselhos as *Institutiones* para que vos seja possível discernir as fontes primeiras das leis, não pelas antigas fábulas, mas através do esplendor imperial; e assim os vossos ouvidos e os vossos espíritos não receberão nada inútil nem deslocado, mas aquilo que se obtém nas próprias razões das coisas [...] Desta maneira, enquanto no tempo passado mal resultava aos melhores, depois de quatro anos, a leitura das constituições imperiais, vós agora as recebeis de início, tornados dignos de tanta honra e de tanta felicidade que o princípio e o fim do conhecimento das leis vos procede da voz do príncipe.

4 – Portanto, depois dos cinquenta livros das *Digesta* ou *Pandectas*, nos quais todo o direito antigo está coligido e que fizemos graças ao mesmo excelso varão Triboniano e aos outros homens ilustres e fecundíssimos, ordenamos que as mesmas *Institutiones* fossem divididas em quatro livros para que se tornassem os primeiros elementos de toda a legítima ciência.

5 – Nos quais [livros] se expõe com brevidade tanto o que anteriormente se conhecia como o que posteriormente, ensombrecido pelo desuso, foi pela decisão imperial iluminado.

6 – Os quais [livros], formados por todas as antigas Instituições e principalmente pelos comentários do nosso Gaio,[35] tanto os das *Institutiones* como os das coisas quotidianas e de outros muitos comentários, foram-nos apresentados pelos três supraditos varões prudentes. Lemos, tomamos conhecimento e concedemos-lhes a força das nossas Constituições mais plenas.

---

33 Teófilo era então professor de Direito na escola de Constantinopla.
34 Doroteu, professor na escola de Beirute.
35 Gaio, jurisconsulto romano que viveu na época de Antonino Pio e Marco Aurélio. Pouco se sabe dele, perdendo-se quase toda a sua obra. Conhecem-se apenas alguns fragmentos dispersos, coligidos no *Digesta*, e os Comentários ou *Institutiones*, tratado de direito civil romano que serviu de base às *Institutiones* de Justiniano.

7 – Aceitai, pois, estas nossas leis com a maior diligência e o mais cuidadoso estudo e mostrai-vos de tal forma eruditos que vos favoreça a belíssima esperança de, uma vez completado todo o vosso estudo das leis, poderdes também governar a nossa república nas partes que vos forem confiadas.

Dado em Constantinopla no undécimo dia das Calendas de Dezembro, no terceiro consulado do divino Justiniano pai da pátria, Augusto.

Justiniano. *The Institutes of Justinian*. Trad. inglesa, introd. e notas de T. C. Sandars. 7.ed. London, 1883. p.1-3. Apud Espinosa, op. cit., p.69-70.

29 EXTRATOS DA EPANAGOGE (879)

Título II – *Sobre o Imperador e o que ele é*

§ 1 – O imperador [*Basileus*] é uma autoridade legal, uma benção comum a todos os seus súbditos, que nunca castiga com antipatia nem recompensa com parcialidade, mas se comporta como um árbitro tomando decisões num jogo.

§ 2 – Os objetivos do imperador são conservar e segurar pela sua habilidade os poderes que já possui; recuperar esforçando-se sem descanso, aqueles que se perderam; e adquirir com sabedoria e por meios e costumes justos aqueles que [ainda] não estão nas suas mãos.

§ 3 – O imperador tem por missão defender e manter em primeiro lugar tudo o que está registrado nas sagradas escrituras; em seguida, as doutrinas legadas pelos sete sagrados concílios;[36] além disto e em acréscimo, as leis romaicas aceites.

In: Barker, E. *Social and Political Thought in Byzantium*. Oxford, 1957, p.89-90. Apud Espinosa, op. cit., p.73.

---

36 Concílios de: Niceia (325), I Constantinopla (381), Éfeso (431), Calcedônia (451), II Constantinopla (533), III Constantinopla (680-681) e II Niceia (787).

30 LEI DE LEÃO VI, O SÁBIO, LIMITANDO A AUTORIDADE DO SENADO (886-912)

Antigamente, quando a organização da República era outra, a ordem dos assuntos também era diferentemente arrumada. Com efeito, nem todas as matérias ficavam sujeitas à deliberação do príncipe: cabia ao Senado considerar e tomar decisões acerca de alguns assuntos, e era através dele que as pessoas eram propostas para os seus cargos. Eram assim nomeados por ele [o Senado] três pretores na cidade para a administração dos assuntos, e este ato dependia de um decreto legal. Não se passava isto apenas na cidade [que era a sede do Governo]: também em outras cidades, pessoas usando o mesmo nome de decuriões nomeavam os prefeitos (que todavia não correspondiam ao que hoje entendemos por prefeitura militar, sendo de categoria mais elevada e encarregados de outras obrigações).

Como portanto naquele tempo as coisas se processavam de outra maneira, o uso comum exigia esta lei.

Porém, agora todas as coisas dependem da administração do príncipe e são examinadas e julgadas pela sua providência com a ajuda de Deus.

Logo esta lei não preenche nenhuma finalidade necessária e por isso determinamos que seja abolida com as outras leis que foram excluídas da República.

Leonis Philosophi. *Novellae Constitutiones, Constitutio XLVII*. In: Migne, P. L. Series Graeca, t.CVII. Apud Espinosa, op. cit., p.72.

31 SANTA SOFIA (527-565)

Alguns homens da ralé, toda a escória da cidade, ergueram-se numa dada altura contra o imperador Justiniano em Bizâncio, quando provocaram o levantamento conhecido por Insurreição da "*Nika*" [...] E a fim de mostrarem que não era só contra o imperador que tinham tomado as armas mas também contra o próprio Deus, miseráveis e ímpios como eram, tiveram a ousadia de incendiar

a igreja dos cristãos,[37] a que o povo de Bizâncio chama "Sofia", epíteto que muito apropriadamente inventaram para Deus e pelo qual nomeiam o seu templo; e Deus permitiu-lhes a realização desta impiedade, sabendo em que objeto de beleza esta relíquia estava destinada a transformar-se. Assim, essa transformou-se em monte de ruínas calcinadas [...]
O imperador, não medindo despesas, instou entusiasticamente que se iniciasse o trabalho de construção[38] e começou a reunir artífices de todo o mundo. E Antémio de Tralles, o homem mais sabedor na difícil profissão que é conhecida por arte de construir, não apenas entre todos os seus contemporâneos, mas também quando comparado com aqueles que viveram muito antes dele, veio ao encontro do entusiasmo do Imperador, coordenando devidamente as tarefas dos vários artífices e preparando adiantadamente os planos da futura construção; e associado com ele estava outro mestre de obras, de nome Isidoro, milesiano por nascimento, inteligente e capaz de assistir ao imperador Justiniano [...]
Assim a igreja tornou-se um espetáculo de maravilhosa beleza, esmagando aqueles que a viam e completamente impensável para aqueles que a conheciam só por ouvir dizer. Porque ela ergue-se a uma altura de tocar no céu e surgindo entre os outros edifícios domina-os de alto e mira o resto da cidade, adornando-a, visto que constitui uma parte dela, mas glorificando-se na sua própria beleza, porque, embora seja uma parte dela e a domine, ao mesmo tempo ergue-se a tal altura que toda a cidade é vista daí como de uma torre de vigia.
Tanto a largura como o comprimento foram tão cuidadosamente proporcionados que não se pode dizer com propriedade que seja excessivamente longa e ao mesmo tempo invulgarmente larga. E exulta numa indescritível beleza.

        Procópio de Cesareia. *De aedificiis*, I, I, 12-29. Trad. inglesa de H. B. Dewing. London, 1940. Apud Espinosa, op. cit., p.76-7.

---

37 Edificada por Constantino, o Grande.
38 Em 532. A igreja conhecida hoje como Santa Sofia foi inaugurada cinco anos mais tarde. A nave central tem altura de 55 metros. Sobre ela ergue-se uma cúpula com 31 metros de diâmetro.

32 O PALÁCIO IMPERIAL (S. VI)

Não muito longe desta praça do mercado fica a residência do imperador. Praticamente todo o palácio é novo e, como eu disse, foi construído pelo imperador Justiniano.[39] Todo o tecto se orgulha das suas pinturas, que não foram fixadas com cera derretida e aplicada à superfície, mas engastadas com pequenos cubos de pedra lindamente coloridos em todos os tons, os quais representam figuras humanas e vários outros assuntos. Os temas destas pinturas, descrevê-los-ei agora. Em ambos os lados há guerras, batalhas e muitas cidades a serem conquistadas, algumas na Itália e outras na Líbia; o imperador Justiniano está alcançando vitórias através do seu general Belisário e o general regressando para junto do imperador com todo o exército intacto e entregando-lhe os despojos, tanto reis como reinos e todas as coisas que mais são prezadas entre os homens. No centro estão o imperador e a imperatriz Teodora ambos parecendo regozijar-se e celebrar as vitórias sobre o rei dos Vândalos e o rei dos Godos, que deles se aproximam como prisioneiros de guerra para serem conduzidos ao cativeiro. À sua volta está o Senado Romano todo, com aspecto festivo. Este espírito é dado pelos cubos de mosaico que pelas suas cores exprimem o júbilo nas suas muitas facetas [...]
E todo o interior do edifício [...] está revestido com belos mármores, não apenas nas superfícies das fachadas, mas também no pavimento. Alguns destes mármores são de pedra Espartana, a qual rivaliza com a esmeralda, enquanto outros simulam as labaredas do lume, mas a maioria deles são de cor branca, se bem que o branco não seja puro, mas adornando com veios ondulantes azuis, que se misturam com o branco [...]

Procópio de Casareia. *De aedifíciis*, liv.I, X, 10-20.
Trad. inglesa de H. B. Dewing, p.83-7. Apud Espinosa, op. cit., p. 79-80.

---

[39] Trata-se do Palácio de Boucoleon, o qual sofreu muitos acréscimos posteriores a Justiniano.

33 SANTA SOFIA VISTA POR UM OCIDENTAL (S. XIII)

Ora, vos direi como era a basílica de Santa Sofia. Santa Sofia em grego quer dizer Santa Trindade em francês. A basílica era, em todas as partes, redonda. Tinha no seu interior umas abóbadas formando um círculo que eram suportadas por grossas colunas muito ricas; e não havia coluna que não fosse ou de jaspe ou de pórfido ou de ricas pedras preciosas [...] Nessa basílica não havia porta, nem gonzos, nem ferrolhos, nem outros elementos que fossem de ferro, porque tudo era de prata. O altar-mor da basílica era tão rico que não se podia avaliar. Porque a mesa do altar era de ouro e de pedras preciosas, quebradas e moídas, tudo fundido duma só vez [...] tinha essa mesa aproximadamente catorze pés de comprimento. Em volta do altar havia umas colunas de prata que suportavam, sobre o mesmo, um pavilhão que era construído como se fosse um campanário de prata maciça, tão rico que não se pode calcular o valor. Os lugares em que se lia o evangelho eram tão ricos e tão nobres que nós não saberíamos descrevê-los. Logo após, estendendo-se por toda a basílica, pendiam, na certa, cem candeeiros; e não havia candeeiro que não pendesse de uma grossa corrente de prata, tão grossa como o braço de um homem; havia em cada candeeiro vinte e cinco lâmpadas ou mais e não havia candeeiro que valesse menos de duzentos marcos de prata.

Robert de Clari. La conquête de Constantinople. In: Pauphilet, A. (Org.) *Historiens et Chroniqueurs du Moyen Âge*. Paris: Bibliothèque de La Pleiade, 1952. p.74.

34 AS MARAVILHAS DE CONSTANTINOPLA: OS JOGOS DO IMPERADOR (S. XIII)

Noutra parte da cidade havia outra maravilha. Era uma praça que ficava perto do Palácio da Boca de Leão[40] a que chamavam

---
40 Boucoleon. Este palácio foi assim cognominado pelos viajantes ocidentais por se debruçar sobre uma enseada onde se encontrava a estátua de um leão combatendo um touro.

os Jogos do Imperador. Esta praça tinha de comprimento mais de um tiro e meio de besta e quase um de largura. Ao redor da praça havia trinta ou quarenta degraus onde os Gregos costumavam subir a fim de ver os jogos, e por cima destes degraus havia um camarote, muito elegante e nobre, no qual o imperador e a imperatriz se sentavam quando havia jogos, assim como os outros homens e damas da alta jerarquia. E se houvesse dois partidos jogando ao mesmo tempo, o imperador e a imperatriz apostariam mutuamente em como um lado jogaria melhor do que o outro e assim fariam os demais que observavam os jogos. Em volta desta praça havia um muro com quinze pés de altura e dez de largura como mínimo. Sobre esse muro havia figuras de homens e mulheres, de cavalos, bois, camelos, ursos, leões e muitas outras espécies de animais, todas de cobre, tão bem feitas e tão naturalmente formadas que não há nenhum mestre no mundo pagão ou na Cristandade que assim saiba reproduzir e construir imagens.

Robert de Clari. La conquête de Constantinople. In: Pauphilet, op. cit., p.77.

O MUNDO ISLÂMICO

35 A EXISTÊNCIA DE UM SÓ DEUS, ALLAH

– Tudo o que existe nos céus e na terra glorifica Allah; e Ele é o Onipotente, o Onisciente.

– A Ele pertence o senhorio dos céus e da terra: Ele é o que dá a vida e o que ordena a morte, Ele tem poder sobre todas as coisas.

– Ele é o Primeiro e o Último, o Visível e o Invisível, Ele é o Conhecedor de todas as coisas.

– Ele é O que criou os céus e a terra em seis dias; depois subiu ao Trono. Ele conhece tudo o que entra na terra e tudo o que dela sai e tudo o que desce do céu e tudo o que a ele ascende, Ele está convosco onde quer que vós estejais. E Allah vê tudo o que vós fazeis.

– É seu o Reino dos céus e da terra, e a Allah todas as coisas voltam.

– Ele faz que a noite penetre no dia e que o dia penetre na noite, Ele conhece os pensamentos dentro dos corações.

Corão. Sura 57, 1-6. In: *El Corán*. Introd., trad. e notas de J. Vernet. Barcelona: Planeta, 1991. p.491.

36 A ORAÇÃO

Quando se recita o Corão, escutai-o e calai-vos. Talvez (Deus) tenha misericórdia de vocês. Lembrai-vos internamente do Senhor com humildade e temor, *rezai* em voz baixa pela manhã e pela tarde, não estejais entre os descuidados. Aqueles que estão próximos a Deus, não desdenham de adorá-lo, louvam-no e postergam-se diante dele (7, 204-206).

[...] Ó crentes, não vos aproximeis à oração estando ébrios, sem saberdes o que dizeis; nem impuros, a menos que estejais a caminho, até lavar-vos [...] e se não encontrardes água, esfregai-vos com pó que seja bom – *areia* – e lavai-vos o rosto e as mãos. Deus é tolerante e indulgente (4,46).

Corão. Sura 7, 204-206 e 4, 46. In: Vernet, op. cit., p.146 e 73.

37 O JEJUM DO RAMADÃ

Ó vós que acreditais, o jejum vós é prescrito como foi prescrito àqueles que vos precederam. Assim são os piedosos! [...] Aquele que dentre vós estiver doente ou de viagem, jejuará um número igual de outros dias. Quem, podendo jejuar, não o fizer, dará como resgate comida a um pobre. Quem voluntariamente der mais, isso será um bem para ele [...] É no mês de Ramadã, no qual o Corão foi enviado como guia para os homens [...] Allah deseja o que é fácil e não o difícil para vós. Completai o período de jejum! Glorificai a Allah pela maneira como Ele vos guia! Sede agradecidos!

Corão. Sura 2, 179-181. In: Vernet, op. cit., p.26.

38 A ESMOLA

A piedade não consiste em voltar a cara para leste ou para oeste; piedoso é acreditar em Allah e no Último Dia, nos Anjos, no Livro, nos Profetas; é dar a própria fortuna, por amor dele, aos parentes, aos órfãos, aos necessitados, ao caminhante, aos mendigos e para remir os cativos; piedoso é quem faz oração e dá esmola. [...] Se dais esmolas em público, elas vos são proveitosas; se as dais ocultamente aos pobres, são melhores e vos servirão como expiação das vossas maldades. Allah está bem informado do que fazeis.

Corão. Sura 2, 172 e 274. In: Vernet, op. cit., p.25 e 41.

39 A PEREGRINAÇÃO A MECA

Quem não acredita afasta-se da senda de Allah e da Mesquita Sagrada. Ela foi doada igualmente para quem reside nela e para o nômade. [...] E lembra-te de que quando estabelecemos para Abraão o lugar do Templo[41] [dissemo-lhe]: Não associarás nada comigo! Purifica o meu templo para aqueles que o circunvalam, para aqueles que estão de pé, para aqueles que se inclinam e para aqueles que se prosternam. Convida, anuncia aos homens a peregrinação. E eles virão até junto de ti a pé, ou em qualquer espécie de montaria, vindos das ravinas mais remotas para testemunharem os benefícios que possuem e para invocar o nome de Allah, nos dias estabelecidos.

Corão. Sura 22, 25, 27-29. In: Vernet, op. cit., p.289-90.

40 A GUERRA SANTA OU *JIHAD*

Ó crentes! Ponde-vos em guarda! Lançai-vos contra os nossos inimigos em grupos ou em bloco. Há entre vós quem vai lentamente.

---

41 A Kaaba (cubo), tenda que encerra a "pedra negra".

Se os aflige uma desgraça dirão "Allah me fez bem, porque não fui testemunho para eles". Se os atinge um favor procedente de Allah dirão, como se não existisse amizade entre vós e Ele "oxalá tivesse estado com eles e teria obtido uma grande vitória".
Combatei na senda de Allah contra os que compram a vida mundana com a última! Àqueles que combatem na senda de Allah, quer estejam mortos, quer estejam vitoriosos, conceder-se-á uma enorme recompensa.
Como não combatereis na senda de Allah, em favor dos homens débeis, das mulheres e das crianças que dizem: "Senhor nosso! Tirai-nos deste povo cujas sendas são injustas! Dai-nos um chefe designado por Vós! Dai-nos um defensor designado por Vós!".
Os que acreditam, combatem na senda de Allah. Os que não acreditam combatem na senda de Tagut: combatei os inimigos do demônio [...]
Não vistes aqueles aos que foi dito: "deixai em repouso as vossas mãos! Cumpri a prece e dai esmola"? Quando se lhes prescreveu o combate, uma parte deles temeu os inimigos como se fossem Deus, ou talvez com maior temor, e disseram entre si: "Senhor nosso! Por que nos ordenastes o combate? E se nós o atrasássemos um pouco?". Respondei: "O gozo da vida é ínfimo e a última vida é melhor para quem é piedoso: não serão defraudados nem na quantidade da casca de uma tâmara".

Corão. 4, 73-79. In: Vernet, op. cit., p.76-7.

41 OS RITUAIS RELIGIOSOS EM MECA (S. XIV)

[...] Tendo chegado ao amanhecer à fiel cidade de Meca, cuja nobreza Deus aumente, penetramos por ela para o sagrado terreiro da sua mesquita, lugar da morada de Abraão, escolhido de Deus, e do enviado Maomé, seu sincero amigo; e entramos pela nobre mesquita, cuja magnificência Deus aumente [...] e tendo dado nela o giro (devido), tocado com a mão a nobre pedra, feita a oração com duas inclinações no lugar do assento de Abraão, olhando a cortina da Kaaba junto do Almoltazam, que medeia entre a porta e a pedra negra onde se ouve o chamamento, bebemos da água [do poço] de Zamzam,[42] a qual, quando se bebe, é como se chegasse do Profeta. Andamos depois entre os montes Safa e Marwah[43] e aí nos hospedamos em uma casa na proximidade da Porta de Abraão. A Deus seja dado o louvor por nos enobrecer e honrar com a chegada a esta nobre mesquita; e Ele nos faça do número daqueles a quem chegou o chamamento do amigo de Deus [Abraão], sobre o qual desça a mais exuberante e pura saudação; e o mesmo Senhor nos faça gozar dos lugares de afluência, a saber: da nobre Kaaba, da magnífica mesquita, do terreno que a cerca, da pedra negra, do poço de Zamzam e do muro que rodeia a Kaaba.

> *Viagens extensas e dilatadas do célebre árabe Abu-Abdallah mais conhecido pelo nome de Ben-Batuta.* Trad. de J. de Santo Antônio Moura. Lisboa, 1940, t.I, p.140-1. Apud Espinosa, op. cit., p.94.

42 O CORÃO E A INSTRUÇÃO DA CRIANÇA MUÇULMANA (1332-1404)

É sabido que o ensino do Corão às crianças é um símbolo do Islã. Os muçulmanos têm e praticam tal ensino em todas as cidades, porque ele imprime nos corações uma firme crença nos artigos da fé, os quais [derivam] dos versos do Corão e de certas tradições proféticas. O Corão tornou-se a base da educação, o fundamento de todos os hábitos que podem ser adquiridos mais tarde [...] Os métodos de instruir as crianças no Corão variam de acordo com as diferenças de opinião quanto aos hábitos que devem resultar dessa instrução. O método do Maghreb restringe a educação das crianças à instrução no Corão e à prática, no decurso (da instrução), da ortografia do Corão e nas suas questões, assim como às diferenças entre os especialistas do Corão nesse domínio. Os (habitantes do Maghreb) não trazem para as suas

---

42 Segundo a tradição islâmica, Allah teria feito brotar esta nascente para saciar Ismael e sua mãe, Agar. Ainda hoje os peregrinos bebem dessa água depois de terem visitado a Kaaba.

43 Colinas de Safa e Marwah, junto de Meca, às quais Agar teria subido para ver se descobria água ou alguém, nas proximidades. Hoje ascende-se a essas quase insensíveis elevações por alguns degraus.

aulas quaisquer outros assuntos, como as tradições, a jurisprudência, a poesia ou a filologia arábica, até o aluno se tornar hábil (no Corão) [...] Consequentemente (os habitantes do Maghreb) conhecem a ortografia do Corão e sabem-no de cor, melhor do que qualquer outro (grupo muçulmano).

O método hispânico é instruir lendo e escrevendo. É a isso que prestam atenção ao educar (as crianças). Todavia, visto que o Corão é a base e o fundamento de tudo isto e a fonte do Islã e de todas as ciências, fazem dele o ponto de partida da educação, mas não restringem exclusivamente a ele a instrução das crianças. Juntam-lhe também (outros assuntos) especialmente a poesia e a composição; dão às crianças um profundo conhecimento do árabe e ensinam-lhes uma boa caligrafia [...]

O povo de Ifriqiyah combina usualmente a instrução das crianças no Corão com o ensino das tradições. Ensinam também normas científicas básicas e certas questões científicas. Todavia, preocupam-se mais com dar às crianças um bom conhecimento do Corão e oferecer-lhes as suas várias recensões e leituras do que com qualquer outra coisa. Em seguida insistem na caligrafia. Em geral o seu método de instrução pelo Corão está mais perto do método hispânico [do que dos métodos do Maghreb ou dos orientais], porque a sua [tradição educativa] deriva dos *shaykhs*[44] espanhóis que fugiram quando os cristãos conquistaram a Espanha e pediram hospitalidade em Túnis. De então para cá eles são os professores das crianças (tunisinas).

O povo do Oriente, tanto quanto sabemos, parece ter um currículo misto [...] Disseram-nos que se preocupa com ensinar o Corão e depois os trabalhos e normas básicas do ensino (religioso) à medida que (as crianças) crescem. Não combinam (a instrução pelo Corão) com a aprendizagem da escrita [...] Aqueles que desejam aprender uma boa caligrafia têm de o fazer mais tarde com (calígrafos) profissionais, segundo o grau do seu interesse e desejo [...]

Ibn-Khaldûn. *The Muqaddimah*. In: Dawood, N. J. (Ed.). 2.ed. Trad. do árabe e introd. de F. Rosenthal. New Yersey: Bollingen Foundation, Princeton University Press, 1969. p.421-3.

---

44 Chefes de tribo.

43 A EDUCAÇÃO DE AVICENA (980-1037)

Chegou então a Bukhara[45] um homem chamado Abud Allah al-Natilí que dizia ser um filósofo; o meu pai convidou-o a vir a nossa casa, esperando que eu pudesse aprender algo com ele. Antes da sua chegada já me tinha ocupado com a jurisprudência muçulmana [...] Comecei então a ler o *Isagoge*[46] com al-Natilí: quando me mencionou a definição de *genus* como um termo aplicado a um número de coisas de diferentes espécies, em resposta à pergunta "Que é isto?", apliquei-me em verificar esta definição de uma maneira como ele nunca tinha ouvido. Ele admirou-se muitíssimo comigo e preveniu o meu pai de que eu não me deveria entregar a nenhuma outra ocupação salvo o estudo [...] Daí por diante pus-me a ler textos por mim; estudei os comentários até ter por completo dominado a ciência da Lógica. Da mesma maneira em relação a Euclides; li com ele as primeiras cinco ou seis figuras e em seguida tomei por minha própria conta resolver todo o resto do livro. Em seguida passei para o *Almagesto* [...][47]

Ocupei-me então em dominar os vários textos e comentários sobre as ciências naturais e as metafísicas até se abrirem para mim todas as portas do saber. Em seguida, desejei estudar medicina e empreendi a leitura de todos os livros que tinham sido escritos sobre esse assunto. A medicina não é uma ciência difícil e naturalmente em muito pouco tempo me distingui nela, de maneira que físicos qualificados começaram a ler medicina comigo. Comecei também a tratar doentes e os métodos de tratamento derivados da experiência prática revelaram-se superiores a qualquer descrição. Continuava entretanto a estudar e discutir leis, tendo então 16 anos de idade.

> Avicena. In: Dahmus, J. H. *A History of Medieval Civilization*. New York: Odyssey Press, 1964. Apud Espinosa, op. cit., p.119-20.

---

45 Cidade natal de Avicena, no Turquestão.
46 Obra do filósofo neoplatônico Porfírio (233-304).
47 Tratado de geografia e astronomia de Ptolomeu (século II).

44 ARISTÓTELES VISTO POR AVERRÓIS (1126-1198)

Aristóteles foi o mais sábio dos gregos; instituiu e completou a Lógica, a Física e a Metafísica. Digo que instituiu estas ciências porque todos os trabalhos anteriores a ele sobre estes assuntos não merecem ser mencionados e foram completamente eclipsados pelos seus escritos. Digo que ele pôs os últimos retoques nestas ciências, porque nenhum dos que lhe sucederam até à nossa época, a saber, durante perto de quinhentos anos, foi capaz de acrescentar nada aos seus escritos ou de neles encontrar qualquer erro de importância. Que tudo isto possa ser reunido num só homem é uma coisa estranha e milagrosa, merecendo este ente privilegiado ser considerado mais divino que humano.

Averróis. In: Dahmus, op. cit. Apud Espinosa, op. cit., p.120.

45 A FINALIDADE DA HISTÓRIA (1332-1404)

A História é uma disciplina largamente cultivada entre as nações e as raças. É avidamente procurada. O homem da rua e o povo vulgar aspiram a conhecê-la. Os reis e os chefes disputam-na.

Tanto os doutos como os ignorantes são capazes de a compreender, porque à superfície a história não é mais do que a informação acerca de acontecimentos políticos, dinastias e ocorrências do passado remoto, elegantemente apresentada e temperada com provérbios. Serve para entreter grandes assembleias e traz-nos uma compreensão dos negócios humanos; (mostra) como a mudança de certas condições afetou (a humanidade), como certas dinastias vieram ocupar um lugar cada vez mais importante no mundo e como dominaram a terra até ouvirem o chamamento e o seu tempo ter terminado.

O sentido profundo da História, contudo, envolve especulação e uma tentativa de alcançar a verdadeira e sutil explicação das causas e origens das coisas existentes e um conhecimento profundo do como e do porquê dos eventos. Por isso a História está firmemente enraizada na Filosofia. Merece ser considerada um ramo dela.

Ibn Khaldûn. *The Muqaddimah*, op. cit., p.5.

46 SOBRE A MEDICINA: A EXISTÊNCIA DO CONTÁGIO (1313-1374)

Para aqueles que dizem: "como poderemos nós admitir a possibilidade da infecção, quando a lei religiosa a nega", replicamos que a existência do contágio é estabelecida pela experiência, a investigação, a evidência dos sentidos e os relatos dignos de fé. Estes fatos constituem um argumento válido. O fenômeno do contágio torna-se claro para o investigador que verifica como aquele que entra em contacto com os enfermos apanha a doença, enquanto o que não está em contacto permanece são, e como a transmissão se efetua através do vestuário, vasilhame e atavios.

Ibn al-Khatib de Granada. In: Hitti, P. K. *History of the Arabs*. 8.ed. London, 1964. p.576. Apud Espinosa, op. cit., p.115.

47 OS SÁBIOS MUÇULMANOS SÓ POR EXCEÇÃO FORAM ÁRABES (1332-1404)

É digno de nota o fato de, com poucas exceções, a maioria dos sábios muçulmanos, tanto nas ciências religiosas como nas intelectuais, não terem sido árabes. Quando um sábio é de origem árabe, não é árabe de linguagem e criação e não teve professores árabes. Isto é assim, a despeito de o Islã ser uma religião arábica e o seu fundador ter sido um árabe.

A razão deste fato foi o Islã não ter tido de início ciências, nem indústrias, o que era devido às condições simples da vida no deserto. As leis religiosas, que eram os mandamentos e proibições de Deus, estavam inscritas no coração das autoridades. Conheciam as suas fontes, o Corão e os Sunnah,[48] por informação que tinham recebido diretamente do próprio Maomé e dos homens que

---

48 Compilação das tradições e costumes de acordo com as quais atua a comunidade muçulmana.

o rodeavam. A população nessa altura era árabe. Não sabia nada acerca da instrução científica, da escrita de livros ou de trabalhos sistemáticos. Não havia incentivos ou necessidades para isso. Esta era a situação na época dos homens que rodeavam Maomé e dos homens da segunda geração [...] No reinado de al-Rashid,[49] a tradição (oral) estava já muito distante. Foi necessário escrever comentários ao Corão e fixar por escrito as tradições, porque se temia que elas se perdessem [...] Além do mais, a língua (arábica) começava a corromper-se e era necessário estabelecer regras gramaticais.

Os fundadores da gramática foram Sîbawayh e depois dele al-Fârisî e al-Zajjâj. Nenhum deles era de ascendência árabe [...][50] Muitos dos doutores dos *hadiths*[51] que preservaram as tradições para os muçulmanos também não eram árabes, mas persas, ou persas na língua ou educação, porque a disciplina era profundamente cultivada no Iraque e nas regiões vizinhas. Também todos os doutores que trabalharam na ciência dos princípios da jurisprudência não eram árabes, mas persas, como é bem sabido. O mesmo se aplica aos teólogos especulativos e à maioria dos comentadores do Corão.

[...] Os árabes que entraram em contato com esta florescente cultura sedentária e trocaram por ela a sua atitude beduína eram afastados da escolaridade e do estudo pela sua posição de chefia na dinastia Abássida e pelas tarefas que lhes cabiam no governo. Eram os homens da dinastia, simultaneamente os seus protetores e os executores da sua política. Além do mais, nessa época, eles consideravam como uma coisa desprezível ser um mestre, porque o ensino é um ofício e os chefes políticos são sempre desdenhosos dos ofícios e profissões e de tudo o que a eles conduz [...]

Ibn Khaldûn. *The Muqaddimah*, op. cit., p.428-30.

---

49 Herun al-Rashid, califa de Bagdad entre 786 e 809.
50 Eram todos muçulmanos de origem persa.
51 Registro escrito dos ditos e ações do Profeta e, num sentido mais genérico, de alguns dos seus companheiros e sucessores.

48 A EXTENSÃO DO IMPÉRIO MUÇULMANO NO ÚLTIMO TERÇO DO SÉCULO X

O comprimento do Império do Islã nos nossos dias estende-se desde os limites de Farghana (Pérsia), passando através do Khurasan (Média), al-Jibal,[52] o Iraque e a Arábia até à costa do Iêmen, o que constitui uma viagem de quase quatro meses; quanto à largura, toma início na terra de Rum (Império Bizantino), passando através da Síria, Mesopotâmia, Iraque, Pars e Kirman,[53] até o território de al-Mansura nas costas do mar de Fars,[54] o que são quase quatro meses de viagem. Na declaração anterior sobre a extensão do Islã omiti a fronteira do Maghreb e o al-Andalus (Espanha), por serem como a manga de um vestido. Para oriente e ocidente de Maghreb não há Islã [...].

Ibn-Hawqal. In: Arnold, T. W., Guillaume, A. *El legado del Islam*. Madrid: Pegaso, 1947. p.102.

A REORGANIZAÇÃO GERMÂNICA

49 CARLOS MAGNO CONFIRMA DOAÇÃO DE PEPINO AO PAPA (774)

[...] Porém, na quarta-feira, o pontífice (Adriano I, 772-795) acompanhado pelos seus dignitários, tanto eclesiásticos como militares, encontrou-se com o rei na Igreja de S. Pedro apóstolo para uma entrevista. Suplicou urgentemente ao rei, lembrou-lhe e tentou persuadi-lo com paternal afeto a que cumprisse todas as promessas feitas pelo seu pai Pepino, de sagrada memória, e pelo próprio Carlos e o seu irmão Carlomano e todos os magnates francos a S. Pedro e ao seu vigário, o Papa (Estêvão II, 752-757) de santa memória, quando ele foi à França, de outorgar as várias

---

52 A região da antiga Média, com as cidades de Hamadhan (Ecbátana) e Ispahan.
53 Províncias do Irã. Pars deu origem à denominação grega "Persia"; Kirman é confinante com a anterior.
54 Província iraniana banhada pelo oceano Índico.

cidades e territórios daquela província italiana e confiá-las a S. Pedro e a todos os seus vigários, em posse perpétua. Quando foi lida a promessa feita na França num lugar chamado Kiersy, Carlos e os seus magnates apreciaram-na, aprovando também as adições. E por sua livre vontade o muito excelente e cristianíssimo rei dos Francos, Carlos, fez uma nova promessa de doação, segundo o modelo da que anteriormente havia sido escrita pelo seu religioso e muito prudente capelão e escriba Etério. Nela confirmava a S. Pedro as mesmas cidades e territórios e ele próprio defendia a sua entrega ao citado pontífice, dentro dos limites contidos nessa doação, ou seja, *Luna* (Luni) com a ilha da Corsica, *Surianum (Zarzana)*, o *Mons Bardo*, isto é, *Vercetum* (Berceto), *Parma, Rhegium, Mantua*, o *Mons Silicum* (Monselice) e ao mesmo tempo todo o exarcado de Ravena, como era antigamente, as províncias venezianas, a Ístria e os ducados *Spoletinum* e *Benaventanum*.

Anastácio Bibliotecário. *Historia de Vitis Romanorum Pontificum – S. Adrianus*. In: Migne, P. L., t.CXXVIII, cols. 1179 - 1180. Paris 1880. Apud Espinosa, op. cit., p.142-3.

50 DEVERES DE CARLOS MAGNO E DO PAPA (796)

[...] Assim como fiz um pacto com o bem-aventurado predecessor (Adriano I) de vossa Santa Paternidade, desejo estabelecer com Vossa Santidade um pacto inviolável de fé e caridade, a fim de que a graça divina obtida pelas preces de Vossa Santidade apostólica e a vossa benção apostólica me possam seguir por toda parte, para que, se Deus quiser, a Santíssima Sé da Igreja Romana seja sempre defendida pela nossa devoção. O nosso dever é, com o auxílio da divina piedade, defender por toda a parte com as armas a Santa Igreja de Cristo, tanto das incursões dos pagãos como das devastações dos infiéis, e fortificá-la no exterior e no interior pela profissão da fé católica. É vosso dever, Santíssimo Padre, levantar as mãos para Deus, como Moisés, para auxiliar o nosso exército de maneira que, por vossa intercessão e pela vontade e graça de Deus, o povo cristão obtenha para sempre a vitória sobre os inimigos do Seu Santo nome, e o nome de Nosso Senhor Jesus Cristo seja glorificado em todo o mundo.

Carlos Magno. Epistolae ad Leonem III Papam. In: *Charlemagne*. Textos, introd. e notas de Tessier, G. (Org.). 2.ed. Verviers: Marabout, 1982. p.181.

51 SOBRE OS "TRÊS MAIS ALTOS PODERES DO MUNDO"

Ao Pacífico Senhor rei David,[55] o Fraco Albino, Saúde.

Até hoje três pessoas têm ocupado as mais altas posições neste mundo: a sublimidade apostólica que, como vigária do bem-aventurado Pedro, príncipe dos apóstolos, rege o seu cargo; a vossa veneranda bondade teve o cuidado de me informar sobre a atuação do que tem sido a administração da aludida sede.[56] Outra é a dignidade imperial, poder secular da Segunda Roma; a fama da maneira impiedosa como o dirigente do Império foi deposto, não por estrangeiros, mas por parentes e concidadãos, espalhou-se por toda a parte.[57] A terceira é a dignidade real da qual o desígnio de Nosso Senhor Jesus Cristo vos encarregou, como condutor do povo cristão: excede as outras dignidades apontadas em poder e renome pela sabedoria e sublime autoridade real. A salvação das igrejas de Cristo agora em perigo repousa apenas em vós: sois o vingador das más ações, o guia daqueles que andam perdidos, o consolador dos que estão tristes, a exaltação dos bons [...]

Alcuíno. Epístola, 174. In: M. G. H. *Epistolarum*. IV,1: *Karolini Aevi*, II. Berlim, 1881. p.288.

52 A COROAÇÃO DE CARLOS MAGNO (800)

Naquele dia santíssimo da Natividade do Senhor, quando o rei se ergueu depois de orar na missa em frente do túmulo do

---

55 Todos os frequentadores da "Escola Platina" adotaram um pseudônimo literário. Carlos Magno usava o de "Rei David". "Fraco Albino" era o de Alcuíno.
56 Referência aos distúrbios havidos em Roma após a eleição do Papa Leão III e como consequência desta eleição.
57 Alusão à deposição do imperador Constantino VI, em julho de 797, pela sua própria mãe, a imperatriz Irene.

bem-aventurado Pedro apóstolo, o Papa Leão[58] colocou-lhe uma coroa na cabeça e todo o povo dos Romanos o aclamou: "Vida e Vitória para Carlos Augusto, coroado por Deus grande e pacífico Imperador dos Romanos!", E depois deste louvor foi adorado pelo apostólico à maneira dos antigos príncipes e, posta de parte a denominação de patrício, foi chamado imperador e augusto.

Annales Laurissenses. In: M. G. H. – Scriptores, t.I. Hannover, 1826. p.188. Apud Espinosa, op. cit., p.145.

53 A FUNDAÇÃO DE ESCOLAS MONACAIS E CATEDRALÍCIAS (789)

Cap. 71 – E imploramos também de Vossa Santidade que os ministros do altar de Deus adornem os seus ministérios com boas maneiras, e igualmente no que respeita às outras ordens que observam uma regra e às congregações de monges [...] e seja-lhes permitido agregar, reunir e associar a si próprios, não apenas os meninos de condição servil, mas também os filhos dos homens livres. E que se estabeleçam escolas onde as crianças aprendam a ler. Emendai cuidadosamente, em cada mosteiro ou bispado, os salmos, os sinais da escrita, os cantos, o cômputo, a gramática e os livros católicos; porque muitas vezes alguns desejam rezar a Deus corretamente, mas rezam mal por os livros não estarem corrigidos. E não permitais que as vossas crianças os corrompam ao ler ou ao escrever. Se for necessário escrever o Evangelho, o Saltério e o Missal, que homens de idade madura os escrevam com toda a diligência.

M. G. H. – Legum. t.I. Hannover, 1835. p.64-5. Apud Espinosa, op. cit., p.152.

54 O RENDIMENTO DE UMA VILA CAROLÍNGIA (800)

Cap. 62 – Que cada mordomo faça um relatório anual de todos os nossos rendimentos agrícolas: um rol do que nossos boiadeiros

---
58 Leão III (795-816).

cultivam com os bois e dos *mansos* que devem lavrar: um rol dos leitões, das rendas, das obrigações e multas; da caça apanhada nas nossas florestas, sem licença; das várias composições; dos moinhos, das florestas, dos campos, das pontes e barcos; dos homens livres e das *centenas*[59] que têm obrigações para com o nosso fisco; dos mercados, das vinhas e daqueles que nos devem vinho; do feno, da lenha, varas, tábuas e outras espécies de madeiras; das terras vedadas; dos vegetais, milhete e painço; da lã, linho e cânhamo; dos frutos das árvores, das aveleiras, tanto das maiores como das mais pequenas; das árvores enxertadas de todas as espécies; dos hortos; dos nabos, dos viveiros de peixes; das peles e coiros; do mel e cera; da gordura, sebo e sabão; do vinho de amoras, vinho cozido, hidromel, vinagre, cerveja, vinho novo e velho; do trigo recente e antigo; das galinhas e ovos; dos gansos; dos pescadores, ferreiros, armeiros e sapateiros; das arcas e cofres; dos torneiros e seleiros; das forjas e covas, ou seja das minas de ferro e outras e das minas de chumbo; dos tributários; dos poltros e éguazinhas. Dar-nos-ão conta de tudo isto, descrito separadamente e em ordem, na Natividade do Senhor, a fim de podermos saber o que temos de cada coisa e em que quantidade.

M. G. H. – *Capitularia Regum Francorum*. t.I. Hannover, 1883. p.85. Apud Espinosa, op. cit., p.161.

55 NORMATIVA CAROLÍNGIA:
CAPÍTULOS REFERENTES A TODOS EM GERAL (801)

Em último lugar, pois, de todas as nossas disposições, desejamos saber em nosso reino inteiro, tanto de nossos legados (missi) como entre os eclesiásticos, dos bispos, abades, presbíteros, diáconos, cônegos, de todos os monges e monjas, de que maneira cada um, tanto em seu cargo como na promessa que nos fizeram, tem cumprido a ordem ou decreto; onde couber dar graças aos cidadãos por sua boa vontade ou conceder-lhes ajuda e, onde houver alguma

---

59 Centena: unidade administrativa nos domínios do fisco.

necessidade, remediá-la. O mesmo queremos saber dos seculares em todas as partes, onde quer que seja. De que maneira obedecem à nossa autoridade e vontade acerca da proteção às santas igrejas, às viúvas, órfãos e necessitados, acerca da talha, da reunião da hoste e na administração da justiça; como têm cumprido o nosso preceito e como cada um se esforça em perseverar com relação a todos eles no santo serviço. E se tudo estiver bem para glória de Deus onipotente, lhes mostraremos nossa gratidão como é de justiça, mas ali onde pensemos que algo está mal dedicaremos todo nosso empenho e vontade em endireitá-lo com a ajuda de Deus, para eterna recompensa nossa e de todos os fiéis. Igualmente desejamos conhecer o bom andamento de tudo o que foi dito em relação aos condes e aos centenários, nossos funcionários.

Capitularia Karoli Magni. In: Baluzius: *Capitularia Regum Francorum*. Apud Artola, M. *Textos fundamentales para la Historia*. Madrid: Alianza, 1978. p.50.

56 A CATEDRAL DE AACHEN (S. VIII-IX)

(Carlos Magno) Praticava em toda a sua pureza e com o maior fervor a religião cristã, cujos princípios lhe tinham sido inculcados desde a infância. Foi por esta razão que mandou construir uma magnífica basílica que ornamentou de ouro e de prata, de candelabros, de grades e de portas de bronze maciço, e para a qual mandou vir de Roma e de Ravena mármores e colunas que não se podiam encontrar noutra parte. Frequentava assiduamente esta igreja, à tarde, de manhã, e mesmo durante a noite, para assistir aos ofícios e ao santo sacrifício, enquanto a sua saúde lho permitia. Vigiava com solicitude para que nada se fizesse senão com a maior decência, recomendando constantemente aos guardas que não consentissem que para lá se levasse ou que lá se deixasse nada de sórdido ou indigno da santidade do local. Presenteou-a com um grande número de vasos de ouro e de prata e com uma tal quantidade de vestes sacerdotais que, para a celebração do serviço divino, os próprios ostiários, que são os últimos na ordem eclesiástica, não tinham necessidade de se vestir com seus trajos particulares, a fim de exercerem o seu ministério.

Introduziu grandes melhoramentos nas leituras e na salmodia, porque ele próprio nela era muito hábil, se bem que nunca lesse em público e cantasse apenas em voz baixa e com o resto dos assistentes.

Eginhardo. Vita Karoli Imperatoris. In: Tessier, *Charlemagne*, op. cit., p.201.

BIBLIOGRAFIA

ALPHEN, L. *Carlos Magno e o Império Carolíngio*. Lisboa: Início, 1971.
ANDERSON, P. *Passagens da Antiguidade ao feudalismo*. São Paulo: Brasiliense, 1989.
BARK, W. *Origens da Idade Média*. Rio de Janeiro: Zahar, 1975.
BARRACLOUGH, G. *Europa: uma revisão histórica*. Rio de Janeiro: Zahar, 1964.
BLOCH, M., FINLEY, M. *La transición del esclavismo al feudalismo*. Madrid: Akal, 1975.
BREHIER, L. *El mundo bizantino*. México: Utea, 1955-1956. 3v.
BROWN, P. *O fim do Mundo Clássico*. Lisboa: Verbo, 1972.
CABRERA, E., SEGURA, C. *Bizancio. El Islán*. Madrid: Alhambra, 1987. (Historia de la Edad Media II).
CAHEN, C. *El Islán*. Madrid: Siglo XXI, 1985.
DAWSON, C. *A formação da Europa*. Braga: Cruz, 1972.
FÈVRE, F. *Teodora, a Imperatriz de Bizâncio*. Rio de Janeiro: Nova Fronteira, 1991.
FLOZ, R. *Le couronnement impérial de Charlemagne*. Paris: Gallimard, 1964.
FONTAINE, J., PELLISTRANDI, C. (Org.) *L'Europe héritière de l'Espagne wisigothique*. Madrid: Casa de Velásquez, 1992. (Colloque International du C.N.R.S., 1990).
FOSSIER, R. *Enfance de L'Europe. Aspects Économiques et Sociaux*. Paris: PUF, 1982. 2v.
GARI, B. (Org.) *El mundo Mediterraneo de la Edad Media*. Barcelona: Argot, 1987.
GUERRAS, M. S. *Os povos bárbaros*. São Paulo: Ática, 1987.
KNOWLES, D., OBOLENSKY, D. *Nova história da Igreja*. Petrópolis: Vozes, 1994. v.II. LATOUCHE, R. *Les origines de l'économie médiévale*. Paris: s.n., 1956.

LE GOFF, J. *A civilização do Ocidente medieval*. Lisboa: Estampa, 1983. 2v.
LEWIS, B. *Os árabes na história*. Lisboa: Estampa, 1982.
LOPEZ, R. *O nascimento da Europa*. Lisboa: Cosmos. 1965.
MAIER, F. G. *Las transformaciones en el Mundo Mediterráneo. s. III – VIII*. Madrid: Siglo XXI, 1985.
_____. *Bizancio*. Madrid: Siglo XXI, 1984.
MANTRAN, R. *Expansão Muçulmana. Séculos VII-XI*. São Paulo: Pioneira, 1977.
MUSSET, L. *Las invasiones. Las oleadas germánicas*. Barcelona: Labor, 1982.
ORLANDIS, J. *La Iglesia Antigua y Medieval*. Madrid: Palabra, 1986.
PERROY, E. *Le monde carolingien*. Paris: Sedes, 1975.
PIRENNE, J. *Mahomé e Carlos Magno*. Lisboa: Dom Quixote, 1970.
RICHÉ, P. *Grandes invasões e impérios* (s.V-X) Lisboa: Dom Quixote, 1979. (Historia Universal 4). RUNCIMAN, S. *A civilização bizantina*. Rio de Janeiro: Zahar, 1961.
TESSIER, G. *Charlemagne*. Textos, introdução e notas. 2.ed. Verviers: Marabau, 1982. *(Le Mémorial des Siècles)*.

2 A CRISTANDADE MEDIEVAL

O ANO MIL

57 O ANO MIL NA VISÃO DO CRONISTA RAUL GLABER

No ano milésimo depois da Paixão do Senhor, após a dita fome desastrosa, as chuvas das nuvens acalmaram-se obedecendo à bondade e à misericórdia divina. O céu começou a rir, a clarear e animou-se de ventos favoráveis. Pela sua serenidade e paz, mostrava a magnanimidade do Criador. Toda a superfície da terra cobriu-se de uma amável verdura e de uma abundância de frutos que expulsou completamente a privação [...] Inúmeros doentes reencontraram a saúde nessas reuniões, onde se haviam levado tantos santos. E, para que ninguém tomasse isso por fantasmas, aconteceu muitas vezes que o momento em que braços ou pernas torcidos retomavam a sua primitiva retidão, se visse a pele rasgar-se, a carne abrir-se, o sangue correr aos borbotões: isto para que fosse dado crédito aos casos para os quais a dúvida podia subsistir. O entusiasmo era tão ardente que os assistentes elevavam as mãos a Deus exclamando em uníssono: "Paz! Paz! Paz!". Viam o sinal do pacto definitivo, da promessa estabelecida entre eles e Deus. Além disso estava assente que passados cinco anos, para consolidar a paz, todos renovariam no mundo inteiro estas manifestações com um esplendor maravilhoso. Todavia, neste mesmo ano, o trigo, o vinho, e os outros frutos da terra foram em tal abundância que se não poderia esperar uma quantidade semelhante para o conjunto dos cinco anos seguintes. Todo o alimento bom para o homem, à parte a carne e iguarias delicadas, nada mais valia; era como no antigo tempo do grande jubileu mosaico. No segundo, no terceiro e no quarto anos, a produção não foi menor [...] Como se aproximava o terceiro ano que se seguiu ao Ano Mil, viu-se em quase toda a terra, mas sobretudo na Itália e na Gália, renovar as basílicas das igrejas; embora nenhuma necessidade tivesse disso, uma emulação levava cada comunidade cristã a ter uma mais suntuosa do que as outras. Era como se o próprio mundo tivesse sido sacudido e, despojando-se da sua vetustez, se tivesse coberto por toda a parte de um manto branco de igrejas. Então, quase todas as igrejas das sés episcopais, os santuários monásticos dedicados aos diversos santos, e mesmo os pequenos oratórios das aldeias, foram reedificados mais belos pelos fiéis.

Raul Glaber. *Les cinq livres de ses histoires* (900-1044). Prou, M. (Ed.). Paris, 1886. Apud Duby, G. *O Ano Mil*. Lisboa: Edições 70. p.179-80 e 192.

58 A PAZ DE DEUS

Foi então (no milésimo ano da Paixão do Senhor) que, primeiro nas regiões da Aquitânia, os abades e os outros homens dedicados à santa religião começaram a reunir todo o povo em assembleias, para as quais se trouxeram numerosos corpos de santos e inumeráveis relicários cheios de santas relíquias. A partir daí irradiaram, pela província de Arles, depois pela de Lyon; e assim, por toda a Borgonha e até nas regiões mais recuadas da França, foi anunciado em todas as dioceses que em determinados lugares, os prelados e os grandes de todo país iam reunir assembleias para o restabelecimento da paz e para a instituição da santa fé. Quando a notícia destas assembleias foi conhecida de toda a população, os grandes, os médios e os pequenos para elas se dirigiram, cheios de alegria, unanimemente dispostos a executar tudo o que fosse prescrito pelos pastores da Igreja: uma voz vinda do Céu e falando aos homens sobre a terra não teria feito melhor. Porque todos estavam sob o efeito do terror das calamidades da época precedente, e atazanados pelo receio de se verem retirar no futuro as doçuras da abundância. Um documento, dividido em capítulos, continha ao mesmo tempo o que era proibido fazer e os compromissos sagrados que se tinha decidido tomar para com o Deus todo-poderoso. A mais importante destas promessas era a de observar uma paz inviolável; os homens de todas as condições, qualquer que fosse a má ação de que fossem culpados, deviam a partir daí poder andar sem receio e sem armas. O ladrão ou aquele que tinha invadido o domínio de outrem estava submetido ao rigor de uma pena corporal. Aos lugares sagrados de todas as igrejas devia caber tanta honra e reverência que, se um homem, punível por qualquer falta, aí se refugiasse, não sofreria nenhum dano, salvo se tivesse violado o dito pacto de paz; então era agarrado, retirado do altar e devia sofrer a pena prescrita. Quanto aos clérigos, aos monges, e às monjas, aquele que atravessasse uma região na sua companhia não devia sofrer nenhuma violência de ninguém. Tomaram-se nestas assembleias muitas decisões que queremos ir narrando. Fato muito digno de memória, toda a gente esteve de acordo para daí em diante santificar em cada semana a sexta-feira, abstendo-se do vinho, e o sábado, privando-se da carne salvo nos casos de doença grave ou se nesses dias se desse uma grande solenidade; se fosse levado por qualquer circunstância a afrouxar um pouco esta regra, devia-se então alimentar três pobres.

Raul Glaber. Apud Duby, op. cit., p.164-5.

59 A TRÉGUA DE DEUS

Aconteceu nesse tempo [*em 1041, diz Glaber, mas de fato um pouco mais cedo*] que, sob inspiração da graça divina, e em primeiro lugar na região da Aquitânia, depois, pouco a pouco, em todo o território da Gália, se concluiu um pacto, ao mesmo tempo por medo e por amor de Deus. Proibia a todo o mortal, de quarta-feira à noite, à madrugada de segunda-feira seguinte, ser suficientemente temerário para ousar tomar pela força o que quer que fosse a alguém, ou para usar da vingança contra algum inimigo, ou mesmo para se apoderar das garantias do fiador de um contrato. Aquele que fosse contra esta medida pública, ou o pagaria com a sua vida, ou seria banido da sua pátria e excluído da comunidade cristã. Agradou a todos chamar a este fato, em língua vulgar, a trégua de Deus. Com efeito, não gozava apenas do apoio dos homens, como ainda foi muitas vezes retificada por temíveis sinais divinos. Porque a maior parte dos loucos que na sua audaciosa temeridade não recearam infringir este pacto foram castigados sem demora, quer pela cólera vingadora de Deus, quer pelo gládio dos homens. E isto deu-se em todos os lugares tão frequentemente que o grande número de exemplos impede de os citar um por um; além disso tratou-se apenas de justiça. Porque se o domingo é tido por venerável em lembrança da ressurreição do Senhor – também se chama a esse dia o oitavo – do mesmo modo o quinto, o sexto e o sétimo dia da semana, em lembrança da Ceia e da Paixão do Senhor, devem ser dias santos e isentos de atos de iniquidade.

Raul Glaber. Apud Duby, op. cit., p.168-9.

60 A PEREGRINAÇÃO

A) – Na mesma época uma multidão inumerável pôs-se a convergir do mundo inteiro para o sepulcro do Salvador em Jerusalém; ninguém, antes, poderia ter previsto uma tal afluência. Primeiramente foram as pessoas das classes inferiores, depois as do povo médio, depois todos os maiores reis, condes, marqueses, prelados; enfim, o que nunca havia acontecido, muitas mulheres, as mais nobres com as mais pobres, dirigiram-se ali. A maior parte tinha o desejo de morrer antes de voltar ao seu país. Um chamado Liébaut, originário da Borgonha, da diocese de Autun, que viajava com os outros, ali chegou. Depois de ter contemplado estes lugares sagrados entre todos, veio a passar por esse monte das Oliveiras, do qual o Salvador, à vista de tantas testemunhas dignas de fé, se elevou para os céus, donde prometeu voltar para julgar os vivos e os mortos; os braços em cruz, prostrados ao comprido, cheio de lágrimas, sentiu-se maravilhado no Senhor de uma alegria interior

indizível. Erguia-se, por momentos, elevava as mãos ao céu, erguia com todas as suas forças o corpo para o alto, e mostrava o desejo do seu coração por estas palavras:
"Senhor Jesus, que por causa de nós te dignaste a descer do assento da tua majestade sobre a terra para salvar o gênero humano, e que, deste lugar que vejo com os meus olhos, subiste com a tua veste carnal ao céu donde tinhas vindo, suplico a tua todo-poderosa bondade que permitas que, se a minha alma deve este ano emigrar do meu corpo, já não me vá daqui; mas que isso me aconteça à vista do lugar da tua ascensão. Com efeito, creio que como te segui com o meu corpo vindo aqui, assim a minha alma entrará sã e salva e alegre a seguir a ti no Paraíso".

B) — Muitas pessoas, os mais inquietos desse tempo, foram consultar certos homens, sobre o significado de uma tão grande afluência de pessoas a Jerusalém, tal como nunca algo de idêntico se havia visto em qualquer dos séculos passados; responderam pesando as suas palavras que isso nada mais pressagiava do que a vinda desse miserável Anticristo que de acordo com o testemunho da autoridade divina se deve esperar ver surgir, com a aproximação do fim deste mundo. Todas estas nações preparavam a estrada do Oriente, por donde ele deve chegar, porque todas as nações devem então caminhar diretamente ao seu encontro. E assim se cumpriria na verdade a profecia do Senhor, segundo a qual mesmo os eleitos, se é possível, cairão então na tentação. Ficaremos por aqui sobre este assunto, não negando além disso em nada que os piedosos esforços dos fiéis lhes valerão receber do justo Juiz a recompensa e o salário.

Raul Glaber. Apud Duby, op. cit., p.173-5.

61 A FUNDAÇÃO DE CLUNY (S. X)

Deus proporcionou aos homens ricos um caminho para a recompensa eterna, se empregarem retamente os seus bens terrenos. Por isso, eu, Guilherme, pela graça de Deus duque e conde, considerando seriamente como posso promover a minha salvação, enquanto ainda é tempo, julguei conveniente e necessário dedicar parte dos meus bens temporais à salvação da minha alma. Nenhum caminho parece melhor para este fim que o indicado nas palavras de Senhor: *eu farei dos pobres os meus amigos* (Lc. 16, 9). É por isso que manterei em perpétuo uma comunidade de monges. Seja conhecido, por tanto, de todos os que vivem na comunidade da fé do Cristo, que pelo amor de nosso Senhor e Salvador Jesus Cristo, passo do meu senhorio ao dos santos apóstolos Pedro e Paulo a cidade de Cluny juntamente com o feudo, a capela em honra de Santa Maria, a bem-aventurada mãe de Deus, e São Pedro, príncipe dos apóstolos, juntamente com tudo o que lhes pertence: vilas, capelas, servos e servas, vinhas, campos, prados, bosques, águas e escoamentos, moinhos, rendas e ingressos, terras cultivadas e por cultivar na sua integridade. Eu Guilherme e a minha esposa Ingelberta doamos todas estas coisas aos mencionados apóstolos, pelo amor de Deus e pela alma de meu senhor o rei Odon, do meu pai e da minha mãe, por mim e pela minha esposa, pelos nossos corpos e pelas nossas almas. Em Cluny construir-se-á um mosteiro regular, no qual os monges sigam a regra de São Bento. Lá se dedicarão ardentemente às práticas espirituais e oferecerão orações e petições a Deus, tanto por mim como pelos demais. Os monges e as suas posses ficarão sob o abade Berno e os que após ele sejam eleitos de acordo com a graça de Deus e a regra de São Bento, nem pelo nosso poder nem por nenhum outro serão dissuadidos de realizar uma eleição canônica. A cada cinco anos deverão pagar à Igreja dos apóstolos de Roma cinco *sólidos* para a sua iluminação. Desejamos que se exercitem diariamente em obras de misericórdia com os pobres, indigentes, estrangeiros e peregrinos. Os monges não estarão sujeitos a nós, nossos pais, o poder real ou qualquer outra autoridade terrestre. Por Deus e diante de Deus e de todos os santos e o terrível dia do juízo, proíbo a qualquer príncipe secular, conde e ao próprio pontífice de Roma, invadir as posses dos servos de Deus, aliená-las, diminuí-las, trocá-las, entregá-las como benefício, ou colocar algum bispo sobre elas sem o seu consentimento. Se alguma pessoa fizer isto, fique o seu nome riscado do livro da vida. Terá contra ele o chefe portador da chave da monarquia celeste juntamente com São Paulo, e de acordo com a lei pagará uma multa de cem libras de ouro.

Recueil des chartres de l'abbaye de Cluny. Bruel, A. (Ed.). Paris, 1876, nº112. Apud Artola, op. cit., p.88.

AS CRUZADAS

62 O CONCÍLIO DE CLERMONT: URBANO II (1095)

Considerando as exigências do tempo presente, eu, Urbano, tendo, pela misericórdia de Deus a tiara pontifical, pontífice de toda a terra, venho até vós, servidores de Deus, como mensageiro para desvendar-vos o mandato divino [...] é urgente levar com diligência aos nossos irmãos do Oriente a ajuda prometida e tão necessária no momento presente. Os turcos e os árabes atacaram e avançaram pelo território da Romênia até a parte do Mediterrâneo chamada o Braço de São Jorge, e penetram mais a cada dia nos países dos cristãos; eles os venceram sete vezes em batalha, matando e fazendo grande número de cativos, destruindo as igrejas e devastando o reino. Se vós deixardes isto sem resistência, estenderão os seus exércitos ainda mais sobre os fiéis servidores de Deus.

Por isso eu vos apregoo e exorto, tanto aos pobres como aos ricos – e não eu, mas o Senhor vos apregoa e exorta – que como arautos de Cristo vos apresseis a expulsar esta vil ralé das regiões habitadas por nossos irmãos, levando uma ajuda oportuna aos adoradores de Cristo. Eu falo aos que estão aqui presentes e o proclamo aos ausentes, mas é o Cristo quem convoca [...]

Se os que forem lá perderem a sua vida durante a viagem por terra ou por mar ou na batalha contra os pagãos, os seus pecados serão perdoados nessa hora; eu o determino pelo poder que Deus me concedeu [...]

Os que estão habituados a combater maldosamente, em guerra privada, contra os fiéis, lutem contra os infiéis, e levem a um fim vitorioso a guerra que devia ter começado há tempo. Os que até agora viviam em brigas se convertam em soldados de Cristo. Os que até agora eram mercenários por negócios sórdidos, ganhem no presente as recompensas eternas. Os que se fatigaram em detrimento de seus corpos e de suas almas, se esforcem no presente por uma dupla recompensa [...] De um lado estarão os miseráveis, do outro as verdadeiras riquezas, aqui os inimigos de Deus, lá os seus amigos. Alistem-se sem demora; que os guerreiros arrumem os seus negócios e reúnam o necessário para prover às suas despesas; quando terminar o inverno e chegar a primavera, que eles se movam alegremente para tomar a rota sob o comando do Senhor. [...] No mesmo instante, todos os que o ouviram, sentiram-se imbuídos de um santo zelo por esta empresa, pensando que nada seria mais glorioso; um grande número dos assistentes declarou lá mesmo que partiria e prometeu utilizar todos os recursos para que os que não estavam presentes na assembleia os seguissem.

[...] o bispo de Puy aproximou-se do papa, o rosto resplandecente, e prostrando-se de joelhos, pediu a autorização e a bênção para partir. Depois, recebeu do pontífice o mandato de que todos o obedecessem e o encarregou da direção da empresa. Enquanto isto acontecia, chegaram os delegados do conde de Toulouse, Ramon de Saint-Guiles, os quais levaram ao papa a mensagem de que o próprio conde viria, pois tinha decidido levar a Cruz.

Que admirável e doce espetáculo para nós ver que, à ordem do papa, todas essas cruzes de seda, de ouro ou de pano, de qualquer classe que for, foram pregadas pelos peregrinos nas suas costas, nos seus mantos, nas suas túnicas ou vestes, uma vez que tinham feito o voto de partir.

Foucher de Chartres. In: Pernoud, R. *Les Cruzades*.
Paris: s.n., 1960. p.17-8.

63 O ENTUSIASMO POPULAR PELA PRIMEIRA CRUZADA (1096)

Como se aproximasse já aquele termo que o Senhor Jesus anuncia quotidianamente aos seus fiéis, especialmente no Evangelho onde diz: "Se alguém quiser me seguir, renuncie a si próprio, tome a sua cruz e siga-me", deu-se um grande movimento por todas as regiões das Gálias, a fim de que quem, de coração e espírito puros, desejasse seguir o Senhor com zelo e quisesse transportar fielmente a cruz, não tardasse em tomar depressa o caminho do Santo Sepulcro.

Com efeito, o apostólico da Sé Romana, Urbano II, alcançou rapidamente as regiões ultramontanas com os seus arcebispos, bispos, abades e presbíteros e começou a pronunciar discursos e sermões sutis, dizendo que quem quisesse salvar a alma não devia hesitar em tomar humildemente a via do Senhor e que, se o dinheiro lhe faltasse, a misericórdia divina lhe daria o suficiente [...] Tendo-se este discurso espalhado a pouco e pouco por todas as regiões e províncias das Gálias, os Francos, ouvindo tal, começaram sem demora a costurar cruzes sobre o ombro direito, dizendo que queriam unanimemente seguir as pegadas de Cristo, pelas quais haviam sido resgatados do poder do Tártaro [...]

Histoire anonyme de la Première Croisade. Bréhier,
L. (Ed.). Paris: s.n., 1924. p.2-5. Apud Espinosa, op.
cit., p.294-5.

64 PRIVILÉGIOS PONTIFÍCIOS AOS MEMBROS DA SEGUNDA CRUZADA (1145)

[...] Concedemos e confirmamos pela autoridade que nos foi dada por Deus a remissão dos pecados que o nosso já citado predecessor o Papa Urbano estabeleceu para aqueles que, ajudados pelo intuito da devoção, tomarem a seu cargo e realizarem esta tão santa e necessária obra e tarefa; e que as suas mulheres e filhos, bens e possessões, permaneçam sob a proteção da Santa Igreja, de nós próprios e dos arcebispos, bispos e outros prelados da Igreja de Deus. Proibimos também, pela autoridade apostólica, que seja feito qualquer requerimento a respeito das coisas que possuíam pacificamente na época em que tomaram a cruz, até o momento em que houver notícias certas do seu retorno ou da sua morte. Além disto, aqueles que combatem pelo Senhor não devem de maneira alguma preocupar-se com vestes preciosas, com a aparência do corpo, com cães, falcões ou outras coisas que sejam sinais de lascívia [...], mas deverão com toda a sua força dedicar atenção e diligência às armas, cavalos e outras coisas com as quais terão de combater o infiel. Aqueles que estão onerados com uma dívida a outro e quiserem com o coração puro empreender a santa jornada, não pagarão juros pelos tempos passados. Se eles, ou outros por eles, estiverem ligados por um juramento ou penhor, para pagamento de juros, absolvemo-los pela autoridade apostólica [...]

Otto de Freising. Gesta Friderici Imperatoris, I, 35.
In: M. G. H. *Scriptorum*, t.XX. Hannover, 1868.
p.371. Apud Espinosa, op. cit., p.295.

65 UMA REAÇÃO CRÍTICA À SEGUNDA CRUZADA (1147)

Deus permitiu que a Igreja Ocidental, devido aos seus pecados, fosse derrubada. Surgiram então, na verdade, certos pseudoprofetas, filhos de Belial e testemunhas do Anticristo, que seduziram os cristãos com palavras vãs, compelindo toda a casta de homens, por uma vã pregação, a ir contra os Sarracenos, a fim de libertar Jerusalém. A pregação destes homens foi tão grandemente influenciadora que os habitantes de quase todas as regiões, por unanimidade de votos, se ofereceram espontaneamente para a comum destruição. E não [o fizeram] apenas homens da plebe, mas também reis, duques, marqueses e outros poderosos deste mundo, acreditando que prestavam assim serviço a Deus. Os bispos, arcebispos, abades e outros ministros e prelados da Igreja uniram-se neste mesmo erro, precipitando-se nele com grande perigo de corpos e almas. [...]
Porém, as intenções destas várias pessoas eram diferentes. Algumas, na realidade, ávida de novidades, iam, para saber coisas novas sobre as terras. Outras eram levadas pela pobreza, por estarem em situação difícil na sua casa; estes homens foram combater, não apenas os inimigos da Cruz de Cristo, mas mesmo os amigos do nome cristão, onde quer que vissem a oportunidade de aliviar a sua pobreza. Houve os que estavam oprimidos por dívidas para com outros, ou que desejavam fugir ao serviço devido aos seus senhores, ou que estavam mesmo esperando o castigo merecido pelas suas infâmias. Estes homens, simulando ter zelo para com Deus, esforçaram-se sobretudo por escapar ao incômodo de tantas preocupações. Só com dificuldade se poderão encontrar uns poucos que não tenham dobrado os joelhos a Baal, que tenham sido orientados por um saudável e santo propósito e inflamados pelo amor da divina majestade a combater ardentemente e mesmo a derramar o seu sangue pelo Santíssimo [...]

Annales Herbipolenses. In: M. G. H. *Scriptores*, t.XVI. Hannover, 1859. p.3. Apud Espinosa, op. cit., p.296.

66 A PREGAÇÃO DA QUARTA CRUZADA (1198)

Sabei que mil cento e noventa e sete anos depois da Encarnação de Nosso Senhor Jesus Cristo, no tempo de Inocêncio (1198-1216),

Apóstolo de Roma, e Filipe (1180-1223), Rei de França, e Ricardo (1189-1199), Rei da Inglaterra, havia em França um santo homem chamado Foulques de Neuilly. Ele era padre e pároco dessa vila. Este dito Foulques começou a falar de Deus através da França e das outras regiões à sua volta; e sabei que por ele Nosso Senhor fez muitos milagres. Sabei que a fama deste santo homem cresceu tanto, que chegou até o Apóstolo de Roma, Inocêncio, e o apóstolo deu ordem para França e mandou ao bom homem que pregasse a cruz por sua autoridade. E depois disto [o papa] enviou um seu cardeal, de nome Mestre Pedro de Cápua, já cruzado, mandando por ele o perdão, tal como vos vou dizer: todos aqueles que tomassem a cruz e fizessem o serviço de Deus na hoste por um ano ficariam quites de todos os pecados que tivessem feito e de que estivessem confessados. Como este perdão era tão grande, os corações dos homens ficaram grandemente tocados e muitos tomaram a cruz.[1]

> Geoffroy de Villehardouin. La conquête de Constantinople. In: Pauphilet, A. (Org.) *Historiens et chroniqueurs du Moyen Âge*. Paris: Bibliothèque de la Pleiade, 1952. p.97.

67 AS CRUZADAS VISTAS PELOS ÁRABES (1119)

"Ilghazi fez seus homens jurarem combater com valentia, resistir firmemente, não recuar e oferecer suas vidas pelo *jihad* (guerra santa). Depois, os muçulmanos desdobraram-se em pequenas vagas e vieram colocar-se, para passar a noite, ao lado das tropas de Sire Roger. Bruscamente, ao nascer do Sol, os franj (Francos cruzados) viram aproximar-se os estandartes dos muçulmanos que os cercavam por todos os lados. O cádi Ibn al-Khachab avançou.

---

1 Apesar do interesse de Inocêncio III pela Cruzada, a Quarta constitui o exemplo de deturpação dos objetivos e ideais iniciais. Não conseguiu a participação dos príncipes; os interesses, as ambições e rivalidades dos participantes permitiam a Veneza dominar o comércio bizantino, desviando os cruzados para o saque de Constantinopla em 1204.

Montado em sua égua, com a lança na mão, levou os nossos para a batalha. Ao vê-lo, um dos soldados exclamou num tom de desprezo: 'Teríamos vindo de nossa terra para seguir um turbante?'. Mas o cádi marchou em direção às tropas, percorreu suas fileiras e, para exercer sua energia e motivar seu ânimo, dirigiu-lhes um discurso tão eloquente que os homens choraram de emoção e o reverenciaram longamente. Depois, atacaram de todos os lados ao mesmo tempo. As flechas voavam como nuvem de gafanhotos."

[...] "O mensageiro da vitória (Sarmande) alcançou Alepo no momento em que os muçulmanos, todos enfileirados, acabavam a oração do meio-dia, na Grande Mesquita. Ouviu-se então um clamor do lado do oeste, mas nenhum combatente entrou na cidade antes da oração da tarde."

> Kamaleddin. História de Alepo. In: Maalouf, A. *As Cruzadas vistas pelos árabes*. São Paulo: Brasiliense, 1989. p.94-5.

68 A TOMADA DE JERUSALÉM PELO CRONISTA IBN AL-ATHIR (1187)

Após a queda de Jerusalém – narra Ibn al-Athir – os *franj* (cruzados) vestiram de negro, e partiram além dos mares a fim de pedir ajuda e socorro em todos os países, particularmente em Roma, a Grande. Para incitar as pessoas à vingança levavam um desenho representando o Messias, que a paz esteja com ele, todo ensanguentado, com um árabe que o moía de pancadas. Eles diziam: Olhai! Eis o Messias, e eis Maomé, profeta dos muçulmanos, que o espanca mortalmente! Comovidos os *franj* se uniram, inclusive as mulheres, e aqueles que não podiam vir, pagaram as despesas daqueles que iriam bater-se em seu lugar. Um dos prisioneiros inimigos me contou que era filho único e que sua mãe tinha vendido a própria casa para lhe fornecer o equipamento. As motivações religiosas e psicológicas dos *franj* eram tais que eles estavam prontos a vencer quaisquer dificuldades para chegar aos seus fins.

> Ibn al-Athir. In: Maalouf, op. cit., p.193.

69 RELAÇÕES ENTRE RICARDO CORAÇÃO DE LEÃO E SALADINO (S. XII)

De Ricardo a Saladino
"Os nossos e os vossos estão mortos", diz-lhe ele numa mensagem, "o país está em ruínas e o negócio nos escapou completamente, a nós todos. Não pensais que isto basta? No que nos concerne, há apenas três causas de discórdia: Jerusalém, a verdadeira cruz e o território.

No que diz respeito a Jerusalém, é nosso local de culto e jamais aceitaremos renunciar a ele, mesmo que tenhamos que combater até o fim. Quanto ao território, gostaríamos que nos fosse dado o que está a oeste do Jordão. Com relação à cruz, ela representa para vós apenas um pedaço de madeira, ao passo que para nós seu valor é inestimável. Que o sultão no-la dê, e que se ponha fim a esta luta extenuante."

De Saladino a Ricardo
"A Cidade Santa é tão importante para nós quanto para vós; ela é até mais importante para nós, pois foi em sua direção que nosso profeta realizou sua viagem noturna, e é ali que nossa comunidade irá reunir-se no dia do julgamento final. Está portanto excluída a possibilidade de a abandonarmos. Jamais os muçulmanos o admitiriam. No que diz respeito ao território, ele sempre foi nosso, e vossa ocupação é apenas passageira. Vós conseguistes nele vos instalar em razão da fraqueza dos muçulmanos que então o povoavam, mas enquanto houver guerra não vos permitiremos privar de vossas possessões. Quanto à cruz, ela representa um grande trunfo em nossas mãos, e não nos separaremos dela senão quando obtivermos em contrapartida uma concessão importante em favor do Islã."

Do cronista Bahaeddin
"Al-Adel[2] me convocou", conta Bahaeddin, "para comunicar-me os resultados de seus últimos contatos. Segundo o acordo visado, Al-Adel esposaria a irmã do rei da Inglaterra. Esta fora casada com o mestre da Sicília, que estava morto. O inglês havia trazido a irmã com ele ao Oriente, e propunha casá-la com Al-Adel. O casal

---
2 Al-Adel, irmão de Saladino.

residiria em Jerusalém. O rei daria as terras que controla, de Acre até Ascalon, à irmã, que se tornaria rainha do litoral, do *sahel*. O sultão cederia suas posses a seu irmão, que se tornaria rei do *sahel*. A cruz lhes seria confiada, e os prisioneiros dos dois campos seriam libertados. Depois, concluída a paz, o rei da Inglaterra retornaria a sua terra além dos mares."

"Apresentei-me, pois diante do sultão e lhe repeti o que havia ouvido. Logo à primeira vista, ele me disse que não via nisso nenhum inconveniente, mas que, segundo a sua opinião, o próprio rei da Inglaterra jamais aceitaria um tal entendimento e que isso não passava de uma brincadeira ou de uma artimanha. Pedi-lhe por três vezes para confirmar sua aprovação, o que ele fez. Voltei, portanto, à casa de Al-Adel para anunciar-lhe o consentimento do sultão. Ele se apressou em enviar um mensageiro ao acampamento inimigo para transmitir sua resposta. Mas o maldito inglês lhe mandou dizer que sua irmã mostrara uma cólera terrível quando ele lhe havia feito a proposta: tinha jurado que jamais se entregaria a um muçulmano."

Bahaeddin. In: Maalouf, op. cit., p.198-9.

70 CRUZADOS E VENEZIANOS EM CONSTANTINOPLA (1203-1204)

"O rei dos *rum* (Bizantinos) fugiu sem ter combatido", conta Ibn al-Athir, "e os *franj* instalaram seu jovem candidato no trono. Mas do poder ele tinha apenas vestígio, pois todas as decisões eram tomadas pelos *franj*. Estes impuseram ao povo pesadíssimos tributos, e quando o pagamento foi dado como impossível eles tomaram todo o ouro e as joias, mesmo os que estavam nas cruzes e nas imagens do Messias, a paz esteja com ele! Os *rum* então se revoltaram matando o jovem monarca, depois, expulsando os *franj* da cidade, barricaram as portas. Como suas forças eram reduzidas, despacharam um mensageiro a Suleiman, filho de Kilij Arslan, mestre de Ronya, para que viesse em seu auxílio. Mas ele foi incapaz disso."

Todos os *rum* foram mortos ou despojados", relata o historiador de Mossul. "Alguns de seus notáveis tentaram refugiar-se na grande igreja que chamavam de Sofia, perseguidos pelos *franj*. Um grupo de padres e de monges saiu então, carregando cruzes e evangelhos, para suplicar aos atacantes que lhes preservassem a vida, mas os *franj* não deram nenhuma atenção às suas preces. Massacraram-nos a todos, depois saquearam a igreja."

Ibn al-Athir. In: Maalouf, op. cit., p.207.

A SOCIEDADE ESTAMENTAL

71 AS TRÊS ORDENS (S. XI)

A sociedade dos fiéis forma um só corpo, mas o Estado compreende três. Porque a outra lei, a lei humana, distingue duas outras classes: com efeito, nobres e servos não são regidos pelo mesmo estatuto. Duas personagens ocupam o primeiro lugar: uma é o rei, a outra o imperador; é pelo seu governo que vemos assegurada a solidez do Estado. O resto dos nobres tem o privilégio de não suportar o constrangimento de nenhum poder, com a condição de se abster dos crimes reprimidos pela justiça real. São os guerreiros, protetores das igrejas; são os defensores do povo, dos grandes como dos pequenos, enfim, de todos, e asseguram ao mesmo tempo a sua própria segurança. A outra classe é a dos servos: esta raça infeliz apenas possui algo à custa do seu penar. Quem poderia, pelas bolas da tábua de calcular, fazer a conta dos cuidados que absorvem os servos, das suas longas caminhadas, dos seus duros trabalhos? Dinheiro, vestuário, alimentação, os servos fornecem tudo a toda a gente. Nem um só homem livre poderia subsistir sem os seus servos.

A casa de Deus, que acreditam uma, está pois dividida em três: uns oram, outros combatem, outros, enfim, trabalham. Estas três partes que coexistem não suportam ser separadas; os serviços prestados por uma são a condição das obras das outras duas; cada um por sua vez encarrega-se de aliviar o conjunto. Por conseguinte, este triplo conjunto não deixa de ser um; e é assim que a lei pode triunfar, e o mundo gozar da paz.

Adalbéron de Laon. In: Duby, op. cit., p.77-8.

72 A SOCIEDADE ECLESIÁSTICA (S. XI)

O povo celeste forma, portanto, vários corpos, e é à sua imagem que se encontra organizado o povo da terra. Na lei da Antiga Igreja do seu povo, Igreja que usa o nome simbólico de Sinagoga, Deus, por intermédio de Moisés, estabeleceu ministros, cuja hierarquia regulamentou. A história santa conta que ministros aí foram instituídos. A ordem de nossa Igreja é chamada o Reino dos Céus. O próprio Deus nela estabeleceu ministros sem mácula, e é a nova lei que aí se observa sob o reino do Cristo. Os cânones dos concílios, inspirados pela fé, determinaram como, sob que títulos e por quem, aí devem ser instituídos os ministros. Ora, para que o Estado goze da paz tranquila da Igreja, é necessário submetê-lo a duas leis diferentes, definidas uma e outra pela sabedoria, que é a mãe de toda a virtude. Uma é a lei divina: não faz nenhuma diferença entre os seus ministros; segundo ela, são todos da mesma condição, por mais diferenças que se estabeleçam entre eles pelo nascimento ou pela posição; um filho de um artesão não é aí inferior ao herdeiro de um rei. A estes, esta lei clemente interdita qualquer vil ocupação mundana. Não sulcam a terra; não caminham atrás dos bois; mal se ocupam das vinhas, das árvores, dos jardins. Não são nem açougueiros nem estalajadeiros ou mesmo guardadores de porcos, condutores de bodes ou pastores; não peneiram mesmo o trigo, ignoram o abrasador calor de uma marmita gordurosa, não obrigam os lombos dos porcos a saracotearem-se pelos dorsos dos bois, não são lavadeiros e desdenham lavar a roupa. Mas devem purificar a sua alma e o seu corpo; honrar-se pelos seus costumes e velar sobre os dos outros. A lei eterna de Deus ordena-lhes, pois, que sejam assim sem mancha; declara-os libertos de toda a condição servil. Deus adotou-os: são os seus servos; ele é o seu único juiz; do alto dos céus ordena-lhes que sejam castos e puros. Pelas suas ordens submeteu-lhes todo o gênero humano; nem um só príncipe se encontra isento, porque ele disse "todo". Ordena-lhes que ensinem a conservar a verdadeira fé e a mergulhar aqueles que ensinaram, na água santa do batismo; constituiu-os médicos das chagas que podem gangrenar as almas, e estão encarregados de aí aplicar os cautérios das suas palavras. Ordena que unicamente o padre esteja qualificado para administrar o sacramento do Seu Corpo. Confia-lhe a sublime missão de O oferecer. O que a voz de Deus prometeu nunca será recusado, acreditamo-lo, sabemo-lo; a menos que sejam expulsos pelos seus próprios crimes, estes ministros devem ir sentar-se nos primeiros lugares nos céus. Portanto, devem velar, abster-se de muitos alimentos, nunca deixar de rezar pelas misérias do povo e pelas suas.

Adalbéron de Laon. In: Duby, op. cit., p.76-7.

73 RELAÇÃO ENTRE O PODER ESPIRITUAL E O TEMPORAL (S. VI-VII)

1 – É justo que o príncipe esteja sujeito a suas próprias leis. Pois somente quando também ele respeita as leis poderá acreditar-se que elas serão observadas por todos.

2 – Os príncipes devem se submeter a suas próprias leis e não poderão deixar de cumprir as leis promulgadas para os seus súditos. E é justa a queixa dos que não toleram que se lhes permita algo que esteja proibido ao povo.

3 – O poder secular está sujeito às leis eclesiásticas e os príncipes, embora possuam o governo do reino, estão submetidos porém ao vínculo da fé, de tal maneira que estão obrigados a pregar a fé de Cristo nas suas leis e a conservar esta pregação com os seus bons costumes.

4 – Os príncipes do século possuem às vezes dentro da Igreja a mesma autoridade que alcançaram fora dela, para que com este poder possam fortalecer a disciplina eclesiástica. Por outro lado, dentro da Igreja, não seria necessário o poder secular se não fosse para impor pelo temor da disciplina o que os sacerdotes não podem conseguir por meio da pregação.

5 – Com frequência o reino celeste beneficia-se do reino terreno de tal maneira que os que se encontram dentro da Igreja e agem contra a fé e a disciplina desta são subjugados pelo poder dos príncipes, e este poder dos príncipes impõe aos soberbos a disciplina que a humildade da Igreja não pode prevalecer e assim para que seja digna de veneração fazem-na partícipe do seu poder.

6 – Que saibam os príncipes do século que deverão dar conta a Deus do cuidado que tiveram da sua Igreja, recebida por eles das mãos do Cristo para cuidá-la. Pois já seja que a paz e disciplina eclesiástica se veja aumentada pela ação dos príncipes do século ou já se veja diminuída, Deus pedirá conta àqueles sob cuja *potestas* confiou a sua Igreja.

Isidoro de Sevilha. *Sententiae*, III, 51.4. In: Artola, op. cit., p.87.

A ORGANIZAÇÃO FEUDAL

74 DIREITOS E DEVERES FEUDAIS (S. XI)

A) – *De Fulbert de Chartres ao Duque de Aquitânia Guilherme V (1020)*

[...] Aquele que jura fidelidade ao seu senhor deve ter sempre presente na memória estas seis palavras: incólume, seguro, honesto, útil, fácil e possível. Incólume, na medida em que não deve causar prejuízos corpóreos ao seu senhor; seguro, para que não traia os seus segredos ou as armas pelas quais ele se possa manter em segurança; honesto, para que não enfraqueça os seus direitos de justiça ou de outras matérias que pertençam à sua honra; útil, para que não cause prejuízo às suas possessões; fácil ou possível, visto que não deverá tornar difícil ao seu senhor o bem que ele facilmente poderia fazer, nem tornar impossível o que para ele seria possível.

Todavia, se é justo que o (vassalo) fiel evite estas injúrias, não será só por isto que merece *benefício*; porque não é suficiente abster-se do mal, a menos que faça também o que é bom. Portanto, deverá em adição conceder fielmente conselho e ajuda ao seu senhor nas seis coisas acima mencionadas, se deseja ser considerado merecedor do seu benefício e digno de confiança na fidelidade que jurou.

O senhor deve também retribuir da mesma maneira todas estas coisas ao seu fiel. Se o não fizer, será com razão acusado de má fé, exatamente como seria (considerado) pérfido e perjuro (o vassalo) apanhado a fazer ou consentir tais prevaricações.

> Delisle, L. *Recueil des historiens des Gaules et de la France*. Paris: s.n., 1874. v.X. p.463. Apud Espinosa, op. cit., p.173.

B) – *Na Inglaterra do século XI*
É permitido a qualquer, sem punição, auxiliar o seu senhor, se alguém o ataca, e obedecer-lhe em todos os casos legítimos, exceto no roubo, no assassinato e naquelas coisas que não são consentidas a ninguém, sendo reconhecidas como infames pelas leis.

O senhor deve proceder da mesma maneira com o conselho e a ajuda; e deve ir em auxílio do seu homem em todas as vicissitudes, sem malícia.

É permitido a todo o senhor convocar o seu homem que deve estar à sua direita no tribunal; e mesmo que (o vassalo) seja residente no mais distante *mansus e honor* de quem o protege, deverá ir ao pleito se o seu senhor o convocar. Se o senhor possui diferentes feudos, o homem de uma *honra* não é obrigado por lei a ir a outro pleito, salvo se a causa pertencer àquele para o qual o senhor o convocar.

Se um homem está ligado a vários senhores e *honras*, não obstante o muito que depende dos outros, deve mais e estará sujeito à justiça daquele de quem é o homem lígio [...][3]

> Henrique I. In: Cheyney, E. P. *Readings in English History drawn from the original sources*, IXXXII, 3, 4. Boston, 1922. p.132. Apud Espinosa, op. cit., p.174-5.

75 FÓRMULA DE ENCOMENDAÇÃO (S. VIII)

Ao magnífico Senhor [...], eu [...]. Sendo bem sabido por todos quão pouco tenho para me alimentar e vestir, apelei por esta razão para a vossa piedade, tendo vós decidido permitir-me que eu me

---
3 Vassalagem total.

entregue e encomende a vossa proteção; o que fiz nas seguintes condições: devereis ajudar-me e sustentar-me tanto em víveres como em vestuário, enquanto vos puder servir e merecer; e eu, enquanto for vivo, deverei prestar-vos serviço e obediência como um homem livre, sem que me seja permitido, em toda a minha vida, subtrair-me ao vosso poder e proteção, mas antes deverei permanecer, por todos os dias da minha vida, sob o vosso poder e defesa. Logo, fica combinado que, se um de nós quiser deixar esta convenção, pagará [...] soldos a outra parte e o acordo permanecerá firme. Parece-nos, pois, conveniente que as duas partes interessadas façam entre si e confirmem dois documentos do mesmo teor, o que assim fizeram.

> Formulae Merowingici et Karolini aevi. In: M. G. H. Hannover, 1886. p.158. Apud Espinosa, op. cit., p.163-4.

76 VASSALAGEM E INVESTIDURA (S. XII E XIII)

A) [...] Na sexta-feira (7 de abril) foram de novo prestadas homenagens ao conde, as quais eram feitas por esta ordem, em expressão de fidelidade e garantia. Primeiro prestaram homenagem desta maneira: o conde perguntou (ao vassalo) se ele desejava tornar-se o seu homem, sem reservas, ele respondeu: "Quero"; então, tendo juntas as mãos, colocou-as entre as mãos do conde e aliaram-se por beijo. Em segundo lugar, aquele que havia prestado homenagem jurou fidelidade ao porta-voz do conde, com estas palavras: "Comprometo-me por minha fé a ser fiel daqui por diante ao conde Guilherme e a cumprir integralmente a minha homenagem, de boa fé e sem dolo, contra todos"; e, em terceiro lugar, jurou o mesmo sobre as relíquias dos santos. Finalmente, com uma varinha que segurava na mão, o conde deu a investidura a todos aqueles que por este fato tinham prestado lealdade, homenagem e juramento.

> Galberto Brugense. Vita Karoli Comitis Flandriae. In: M. G. H. *Scriptores*, t. XII. Hannover, 1856. p.591. Apud Espinosa, op. cit., p.172.

B) Como um homem se pode fazer vassalo de outro
Um homem se pode fazer vassalo de outro segundo o antigo costume da Espanha, desta maneira, outorgando-se por vassalo daquele que o recebe e, beijando-lhe a mão por reconhecimento de senhorio e ainda há outra maneira de fazer homenagem que é mais grave porque por ela se torna um homem não somente vassalo de outro, mas fica obrigado a cumprir aquilo que promete por postura. Homenagem tanto quer dizer como tornar-se *homem de outrem* e se fazer como seu para dar-lhe segurança sobre a coisa que promete dar ou fazer, que a cumpra, e esta homenagem não somente tem lugar em pleito de vassalagem mas em todos os outros pleitos e posturas que os homens ponham entre si com intenção de cumpri-las.

De que maneira se deve dar e receber o feudo:
Podem os senhores outorgar e dar o feudo aos vassalos desta maneira: ficando o vassalo de joelhos ante o senhor, deve colocar suas mãos entre as do senhor e prometer-lhe, jurando e fazendo pleito e homenagem que será sempre leal e verdadeiro e que dará bom conselho a cada um que o zelo ordenar e que não contará seus segredos e que ajudará contra todos os homens do mundo a seu poder e que evitará seu dano e guardará e cumprirá todas as posturas que com ele tratou por conta daquele feudo. E depois que o vassalo houver jurado e prometido todas estas coisas, o senhor deve investi-lo com um anel, ou com luva, ou com vara, ou com outra coisa daquele que dá em feudo ou colocar-lhe a possessão dele por si ou por homem certo a quem o mandasse fazer.

> Afonso X, o Sábio. *Las Siete Partidas*. Madrid: Boletín Oficial del Estado, 1985. 3v. Ed. fac-símile: Salamanca, 1555. p.62 (IV, t. XXV, l. IIII) p.66 (IV, t.XXVI, l. IIII)

77 O FEUDO (S. XIII)

O que é feudo, onde tomou este nome e quais são suas características

Feudo é o benefício dado pelo senhor a algum homem porque se tornou seu vassalo e lhe fez homenagem de ser-lhe leal, tomou este nome da fé que deve o vassalo guardar ao senhor. São duas as formas de feudo: uma é a outorga, uma vila, ou castelo, ou outra coisa que se constitua um bem de raiz e este feudo não pode ser tomado do vassalo a não ser se falecer o senhor com o qual tratou ou se fizer algum erro pelo qual o deva perder, assim como é mostrado adiante. Outra maneira é o chamado feudo de câmara; este se faz quando o rei doa *maravedís*[4] a algum vassalo seu, todo ano em sua câmara, e este feudo tal pode o rei cancelar quando quiser.

Afonso X, o Sábio. *Las Siete Partidas* (IV, t.XXVI, l. 1), op. cit., p.65.

78 O DIREITO DE ALIENAR O FEUDO (S. XI)

Se alguém der ou empenhar seu feudo, ou ceder seu domínio a outro, sem consentimento de seu senhor, o senhor, no caso em que souber disso e se opuser, pode reter o feudo o quanto quiser. Mas se sabe e não se opõe, não poderá retê-lo mas pode exigir o serviço do feudo de qualquer dos dois, tanto do doador como daquele que recebeu o feudo e se isso lhe for negado, poderá reter o feudo e mantê-lo em seu poder até que o serviço perdido lhe seja devolvido em dobro e se assegure bem de que o seguinte não lhe será novamente negado.

Usatges de Barcelona (c. 1058). In: Artola, op. cit., p.67.

79 A HEREDITARIEDADE DO BENEFÍCIO: CAPITULAR DE QUIERSY (877)

9 – Se morrer um conde, cujo filho esteja conosco, o nosso filho com outros nossos fiéis escolherá dentre aqueles que forem mais familiares e próximos do conde, quem tome conta do condado juntamente com o bispo e os oficiais do próprio condado,

---

4 Moeda castelhana.

até que a ele renuncie junto de nós. Se porém (o conde) tiver um filho menor, este, com os oficiais do condado e o bispo de quem depende a paróquia, tomará conta do condado até que a notícia chegue até nós, a fim de que possamos honrar o filho [...] com os cargos de seu pai.

Se na verdade não tiver filho, que o nosso filho com os outros nossos fiéis escolha alguém que juntamente com os oficiais do próprio condado e o bispo, governe o condado até que por nossa ordem isso se decida. E que ninguém fique irado se nós então dermos o condado a qualquer outro homem, como for de nosso agrado, e não àquele que até então o governava. Que se faça o mesmo em relação aos nossos vassalos. Queremos e ordenamos expressamente que tanto os bispos como os abades e condes e também os nossos outros fiéis procurem fazer o mesmo com os seus homens; [...]

10 – Se depois da nossa morte algum dentre os nossos fiéis, movido pelo amor de Deus e pelo nosso, desejar renunciar ao século e tiver um filho ou um parente tal que esteja apto a servir a república, ele (o fiel) poderá, como melhor quiser, transmitir-lhe as suas honras. E se quiser viver claramente no seu alódio, que ninguém tente impedi-lo disso, nem lhe seja exigido nada a não ser o necessário para a defesa da terra.

Capitularia Regum Francorum. In: M. G. H. Hannover, 1897. p.358. Apud Espinosa, op. cit., p.165-6.

A ORDEM DA CAVALARIA

80 DOS CAVALEIROS

Os *defensores* são um dos três estados porque Deus quis que se mantivesse o mundo: e assim como aqueles que rogam a Deus pelo povo são chamados *oradores* e os que lavram a terra e fazem aquelas coisas que permitem aos homens viver e manter-se, são chamados *lavradores*, outrossim, os que têm de defender a todos são chamados *defensores*. Portanto, os antigos houveram por bem que os homens que fazem tal obra fossem muito escolhidos porque para defender são necessárias três coisas: esforço, honra e poderio.

Afonso X, o Sábio. *Las Siete Partidas* (II, t.XXI), op. cit., p.70.

81 A LINHAGEM DO CAVALEIRO (S. XIII)

Se um homem pretendesse ser cavaleiro sem ser gentil-homem de linhagem, mesmo que o fosse pela sua mãe, não poderia sê-lo por direito; antes o poderiam tomar os reis ou os barões onde estivesse a castelania e mandar-lhe por direito cortar as esporas sobre uma estrumeira [...]; porque não é costume a mulher nobilitar o homem, mas sim o homem nobilitar a mulher. Na verdade, se um homem de grande linhagem tomasse por mulher a filha de um vilão, o seu filho poderia bem ser um cavaleiro de direito, se o quisesse.

Les établissements de Saint Louis. cap.CXXXIV. In: Viollet, P. (Ed.). Paris: Société de l'Histoire de France, 1881, t.II, p.252-3. Apud Espinosa, op. cit., p.181-2.

82 A POSIÇÃO SOCIAL DO CAVALEIRO (S. XIII)

Não é bastante para a grande honra que pertence ao cavaleiro a sua escolha, o cavalo, as armas e o senhorio, mas é mister que tenha escudeiro e troteiro que o sirvam e cuidem dos seus cavalos; e que as gentes lavrem, cavem e arranquem a maleza da terra, para que dê frutos de que vivam o cavaleiro e os seus brutos; e que ele ande a cavalo, trate-se como senhor e viva comodamente daquelas coisas em que os seus homens passam trabalhos e incomodidades.

[...] Correr em cavalo bem guarnecido, jogar a lança nas liças, andar com armas, participar em torneios, fazer tábulas redondas, esgrimir, caçar cervos, ursos, javalis e leões e outros exercícios semelhantes, pertence ao ofício de cavaleiro, pois com tudo isto se acostuma a feitos de armas e a manter a Ordem da Cavalaria. Portanto, desprezar o costume e uso por meio dos quais o cavaleiro se dispõe para o uso do seu ofício é menosprezar a Ordem da Cavalaria.

Raimundo Lúlio. *Libro de la Orden de Caballería*, I, 9-10. In: Llull, R. *Obras literarias de...* Batllory, M., Caldewtey, M. (Ed.) Madrid: B. A. C., 1948. p.110, 114-5.

83 A FUNÇÃO DO CAVALEIRO (S. XIII)

Ofício de cavaleiro é manter e defender o seu senhor terrenal, pois nem rei, nem príncipe, nem alto barão poderão, sem ajuda, manter a justiça entre os seus vassalos. Por isto, se o povo ou algum homem se opõe aos mandamentos do rei ou príncipe, devem os cavaleiros ajudar o seu senhor, que, por si só, é um homem como os demais. E assim, é mau cavaleiro aquele que mais ajuda o povo do que o seu senhor, ou que quer fazer-se dono e tirar os estados do seu senhor, não cumprindo com o ofício pelo qual é chamado cavaleiro. [...]

Ofício de Cavalaria é guardar a terra, pois por temor dos cavaleiros não se atrevem as gentes a destruí-la nem os reis e príncipes a invadir uns a dos outros. Mas o cavaleiro malvado que não ajuda o seu senhor natural e terrenal contra outro príncipe é cavaleiro sem ofício [...]

Raimundo Lúlio. *Libro de la Orden de Caballería...*, op. cit., p.114-5.

84 A PREPARAÇÃO DO CAVALEIRO (S. XIII)

A ciência e a escola da Ordem da Cavalaria é que o cavaleiro mande ensinar o filho a montar a cavalo, na sua mocidade, porque, se não aprender então, não o poderá aprender na maioridade. Convém também que o filho do cavaleiro, quando escudeiro, saiba cuidar do cavalo; não convém menos que seja súdito antes de ser senhor e saiba servir a um senhor, pois sem isto não conheceria, quando cavaleiro, a nobreza do seu senhorio. Por esta razão o cavaleiro deve submeter o seu filho a outro cavaleiro, para que aprenda a aderecar e guarnecer as demais coisas que pertencem à honra de cavaleiro.

Raimundo Lúlio. *Libro de la Orden de Caballería...*, op. cit., p.111.

85 O INGRESSO NA ORDEM DA CAVALARIA (S. XIII)

Do modo como o escudeiro deve receber a cavalaria
1 – Primeiramente o escudeiro, antes de entrar na Ordem da Cavalaria, deve confessar-se das faltas que cometeu contra Deus [...]
2 – Para armar um cavaleiro convém destinar-se uma festa das que de preceito se celebram durante o ano [...]
3 – Deve o escudeiro jejuar na vigília da festa [...] E na noite antecedente ao dia em que há-de ser armado, deve ir à igreja velar, estar em oração e contemplação e ouvir palavras de Deus e da Ordem da Cavalaria [...]
4 – No dia da função convém que se cante missa solenemente [...]
9 – Quando o sacerdote tenha feito o que toca ao seu ofício, convém então que o príncipe ou alto barão que quer fazer cavaleiro o escudeiro que pede cavalaria tenha em si mesmo a virtude e ordem da Cavalaria para com a graça de Deus poder dar a virtude e ordem da Cavalaria ao escudeiro que a quer receber [...]
11 – Deve o escudeiro ajoelhar-se diante do altar e levantar a Deus os seus olhos corporais e espirituais e as suas mãos. E então o cavaleiro lhe cingirá a espada, no que se significa a castidade e a justiça. Deve dar-lhe um beijo em significação da caridade e dar-lhe uma bofetada para que se lembre do que promete, do grande cargo a que se obriga e da grande honra que recebe pela Ordem da Cavalaria.
12 – Depois de o cavaleiro espiritual e terreal ter cumprido o seu ofício armando o novo cavaleiro, deve este montar a cavalo e manifestar-se assim à gente, para que todos saibam que é cavaleiro e obrigado a manter e defender a honra da Cavalaria [...]
13 – Naquele dia se deve fazer grande festim, com convites, torneios e as demais coisas correspondentes à festa da Cavalaria [...]

Raimundo Lúlio. *Libro de la Orden de Caballería...*, op. cit., p.126-8.

86 FESTEJO EM TORNO DE UM NOVO CAVALEIRO (S. XIV)

[...] Ordenou El-Rei de fazer conde e armar cavaleiro João Afonso Tello, irmão de Martim Afonso Tello, e fez-lhe a mor honra em sua festa, que até àquele tempo fora visto que rei nenhum fizesse a semelhante pessoa; cá El-Rei mandou lavrar seiscentas arrobas de cera, de que fizeram cinco mil círios e tochas, e vieram do termo de Lisboa, onde El-Rei então estava, cinco mil homens das vintenas para terem os ditos círios. E quando o conde houve de velar suas armas, no Mosteiro de São Domingos dessa cidade, ordenou El-Rei que daquele Mosteiro até aos seus Paços, que é assaz grande espaço, estivessem quedos aqueles homens todos, cada um com seu círio aceso, que davam todos mui grande lume, e El-Rei, com muitos fidalgos e cavaleiros andavam por entre eles dançando e tomando sabor, e assim despenderam grã parte da noite.

Em outro dia, estavam mui grandes tendas armadas no Vocio, cerca daquele Mosteiro, em que havia grandes montes de pão cozido, e assaz de tinas cheias de vinho, e logo prestes por que bebessem, e fora estavam ao fogo vacas inteiras em espetos a assar, e quantos comer queriam daquela vianda, tinham-na muito prestes, e a nenhum não era vedada e assim estiveram sempre enquanto durou a festa, na qual foram armados outros cavaleiros cujos nomes não curamos dizer.

Fernão Lopes. *Chronica do Senhor Rei D. Pedro I*. Introd. de Damião Peres. 2.ed. Barcelos: Companhia Editora do Minho, 1979. p.62-3.

87 A CONCESSÃO DA CAVALARIA ANTES DE UMA BATALHA (S. XIV)

Então mandou o rei anunciar entre a hoste que quem quisesse tornar-se cavaleiro avançasse, e ele daria a Ordem da Cavalaria em honra de Deus e de São Jorge. E parece-me, segundo estou informado, que houve aí 60 novos cavaleiros com os quais o rei teve grande alegria e pô-los na primeira frente da batalha dizendo-lhes:

"Belos senhores, a Ordem da Cavalaria é tão nobre e tão alta que ninguém, que seja cavaleiro, deve pensar em impureza, vício ou covardia, mas deve ser orgulhoso e ousado como um leão quando tem o bacinete ou o elmo na cabeça e vê os seus inimigos. E porque quero que mostreis proezas onde pertence mostrá-las, envio-vos e mando-vos para a primeira linha da batalha. Fazei pois de tal forma que aí tenhais honra, porque de outra maneira as vossas esporas não estariam bem assentes." Cada novo cavaleiro respondeu por sua vez e disse ao passar diante do rei: "Senhor, faremos bem, se Deus quiser, enquanto tivermos a Sua graça e o vosso amor".

> Froissart. *Chroniques*, liv.III, 37. Mirot, L. (Ed.). Paris: Société de l'Histoire de France. p.150. Apud Espinosa, op. cit., p.179.

88 A CONCESSÃO DA CAVALARIA DEPOIS DE UM COMBATE

O príncipe D. João é armado cavaleiro após da batalha de Arzila: 1471

[...] ali no Castelo, além de outros nobres cristãos que com ferro morreram, foi morto D. Álvaro de Castro, conde de Monsanto, camareiro-mor de El-Rei, que sua morte muito sentiu; porque certamente ele no campo e na corte, na paz e na guerra era por seu siso, discrição e esforço, homem mui principal. [...] E El-Rei e o Príncipe, assim no entrar da vila, como no socorrer e prover das muitas pelejas e afronta dos combates, não somente por seu conselho e esforço usaram de ofícios que pareciam e eram de aprovados capitães; mas ainda por seus braços cometeram e acabaram feitos como ardidos e valentes cavaleiros, sem algum resguardo nem tento do que a suas pessoas e dignidades reais se devia, e certamente era grande glória ver aquele dia na mão do príncipe em idade de 16 anos sua espada de bravos golpes torcida, e de sangue de infiéis banhada, em cuja vista a mor parte da alegria era de El-Rei seu pai, que naquela vitória e perigo o tomou por parceiro, vendo que em ajuda tão necessária, e perigo tão conhecido, não pudera no mundo escolher melhor companheiro do que gerara por filho. E porém como El-Rei sentiu que o feito com a desejada vitória era de todo acabado, foi logo à mesquita dos mouros, onde sobre o corpo do conde de Marialva achou já uma cruz, a qual por começo do serviço e sacrifício que a Deus dagora em diante se havia de fazer, logo beijou e adorou, e depois de fazer oração, logo junto com o corpo morto do dito conde, armou por si o Príncipe seu filho por cavaleiro, com palavras de grandes louvores, e muitas bondades e merecimentos do mesmo conde. E sendo ambos de armas vitoriosas vestidos, El-Rei, no cabo de auto tão devoto e tão glorioso, disse ao Príncipe e não sem algumas lágrimas: *Filho, Deus vos faça tam bom cavaleiro como este que aqui jaz* [...]

> Rui de Pina. *Chronica do Senhor Rei D. Affonso V.* Lisboa, 1790. p.527-8. (Collecção de Livros Inéditos de História Portugueza, I).

DOS SERVOS

89 ENCOMENDAÇÃO COM PERDA DE LIBERDADE (S. X)

Eu, Berterio, coloquei a corda no pescoço e me entreguei sob o poder de Alariado e de sua esposa Ermengarda para que desde este dia façais de mim e de minha descendência o que quiserdes, os vossos herdeiros o mesmo que vós, podendo guardar-me, vender-me, dar-me a outros ou manumitir-me, e se eu quiser subtrair-me a vosso serviço podeis deter-me vós mesmo ou vossos enviados, do mesmo modo como o faríeis com vossos restantes escravos originais.

> *Recueil des chartes de l'abbaye de Cluny.* Bernard, A., Bruel, A. (Ed.). Paris, 1876. t.I. p.887. Apud Artola, op. cit., p.58.

90 AS OBRIGAÇÕES DOS COLONOS (S. IX)

Walafredus, um *colonus* e mordomo, e a sua mulher, uma *colona* [...] homens de St. Germain, têm 2 filhos. [...] Ele detém 2 mansos livres com 7 *bunuaria*[5] de terra arável, 6 acres de vinha e 4 de prados. Deve por cada manso uma vaca num ano, um porco no seguinte, 4 *denarios* pelo direito de utilizar a madeira, 2 *modios*[6] de vinho pelo direito de usar as pastagens e uma ovelha e um cordeiro. Ele lavra 4 varas[7] para um cereal de Inverno e 2 varas para um cereal de Primavera. Deve corveias, carretos, trabalho manual, cortes de árvores quando para isso receber ordens, 3 galinhas e 15 ovos [...]

Polyptyque de l'abbé Irminon. Guénard, B. v.II, 1844. p.6. Apud Espinosa, op. cit., p.185.

91 RENDAS E SERVIÇOS (S. XIII)

[...] Os camponeses devem entregar ao vigário no tempo da colheita duas gavelas por cada quatro de terra. E as darão segundo a lei tal como é costume, segundo o salário dos ceifadores, a mesma coisa com relação ao feno. Devem entregar por cada quarto de terra o peso que um homem pode levar normalmente desde a casa do lavrador à do vigário sem utilizar-se de artimanhas. Esta renda pagar-se-á desde São Martinho até o jejum. Quanto à mistura de trigo e centeio que devem abonar os camponeses, segundo o censo, é a seguinte: dois sectários por quarto, três medidas de aveia e um quarto de cevada ou mistura de trigo e centeio. E se não quiserem entregar a mistura de uma só vez, ao entregá-la acrescentarão à quantidade indicada uma medida cheia e não rasa de cevada, acrescentarão uma medida colmada e de mistura de trigo e centeio em medida rasa. Sobre o feudo do juiz, o vigário não tem jurisdição nem poder de embargo: nem tampouco o vigário tem jurisdição nem o juiz poder de embargo sobre o feudo do despenseiro, nem do cozinheiro, guarda-bosques, pescador, coletor de censos, nem sobre os bosques senhoriais.

---

5   Bunuarium, medida de superfície correspondendo aproximadamente a um quarto de acre.
6   Modio, medida de capacidade variável segundo os locais da época. Em Portugal, equiparava-se ao alqueire, oscilando entre 18 e 26 litros.
7   Cerca de 1,60 acre. A vara francesa era uma medida de superfície.

Os homens do território de São Pedro não se casarão com mulheres de fora, enquanto possam encontrar no domínio mulheres com as quais possam casar legalmente. As mulheres ficarão igualmente sujeitas a esta norma. E se o juiz ou o vigário tivessem infringido esta lei por qualquer razão, paguem ao abade ou ao *preboste* a multa determinada pela lei que é de 60 *soldos*. E se o camponês tivesse agido sem consentimento deles pagará segundo a lei, e o homem ou mulher voltarão para a sua terra, sem recorrer a enganos.

Charte de l'abbaye de Beaulieu en Limousin... Deloche, M. (Ed.). Paris, 1859. Apud Imbert. J. *Histoire des institutions et des faits sociaux.* (X-XIX siècles) Paris: PUF, 1956. p.50.

92 SOBRE A CONDIÇÃO SOCIAL DO SERVO (S. IX)

A) *Ao magnífico, honrado e ilustre homem, o gracioso Conde Poppon, Eginhardo sauda-o no Senhor.*

Dois pobres homens refugiaram-se na igreja dos bem-aventurados Marcelino e Pedro, mártires de Cristo, confessando que eram culpados e que tinham sido convictos de roubo em vossa presença, como tendo furtado caça grossa numa floresta senhorial.

Já pagaram uma parte da composição e deveriam pagar o resto, mas declaram que não têm com que o fazer, por causa da sua pobreza. Venho, pois, implorar a vossa benevolência, na esperança de que [...] vos digneis tratá-los com toda a indulgência possível [...]

B) *Ao nosso querido amigo, o glorioso vicedominus*[8] *Marchrad, Eginhardo, saudação eterna no Senhor.*

Dois servos de S. Martinho, do domínio de Hedabach, de nome Williran e Otbert, refugiaram-se na igreja dos bem-aventurados mártires de Cristo, Marcelino e Pedro, por causa do assassinato cometido pelo seu irmão num companheiro.[9] Pedem que lhes

---

8 Magistrado que administrava as propriedades eclesiásticas dotadas de imunidade.
9 A Lei Sálica responsabilizava toda a família pelo crime cometido por um dos seus membros, obrigando-a ao pagamento da composição.

seja permitido pagar a composição pelo irmão, a fim de que lhes façam graça dos seus membros. Dirijo-me, pois, à vossa amizade, para que vos digneis, se isso for possível, poupar estes desgraçados pelo amor de Deus e dos santos Mártires junto dos quais vieram procurar um refúgio. Desejo que tenhais sempre boa saúde, com a graça do Senhor.

C) *Ao nosso muito querido amigo, o glorioso conde Hatton, Eginhardo, saudação eterna no Senhor.*

Um dos vossos servos, de nome Huno, veio à igreja dos santos mártires Marcelino e Pedro pedir mercê pela falta que cometeu contraindo casamento, sem o vosso consentimento, com uma mulher da sua condição que é também vossa escrava.[10] Vimos, pois, solicitar a vossa bondade para que em nosso favor useis de indulgência em relação a este homem, se julgais que a sua falta pode ser perdoada. Desejo-vos boa saúde com a graça do Senhor.

Œuvres Complètes d'Eginhard. Teulet, A. (Ed.). Paris: Société de l'Histoire de France, 1843, t.II, p.13, 27 e 29. Apud Espinosa, op. cit., p.183-4.

93 DIREITOS SENHORIAIS SOBRE OS SERVOS (1462)

(Capítulos do Projeto de Concórdia entre os *payeses de remensa*[11] e seus senhores).

VI – *Que seja suprimido o direito de maltratar o camponês:*

Item, em muitas partes do dito principado de Catalunha, alguns senhores pretendem e observam que os ditos camponeses podem justa ou injustamente ser maltratados à sua inteira vontade, mantidos em ferros e cadeias e frequentemente recebem golpes. Desejam e suplicam os ditos camponeses que isto seja suprimido e não possam ser mais maltratados por seus senhores, a não ser por meio da justiça.

---

10 O servo deveria não só ter pedido o consentimento do seu senhor, como pago um imposto especial, o maritagium.

11 Payeses de remensa: Trata-se dos camponeses da Catalunha os quais revoltaram-se contra os senhores durante o final dos séculos XIV e XV. Foram críticos os levantamentos de 1413, 1448 e 1462, data deste documento. O desfecho final do conflito viria com a Sentença Arbitral de Guadalupe (1486) sob o reinado de Fernando, o Católico.

Respondem os ditos senhores que estão de acordo no que toca aos senhores alodiais que não têm outra jurisdição a não ser aquela que afirma que o dito senhor pode maltratar o vassalo.

VII – Que a mulher do camponês não seja obrigada a deixar seu filho sem leite para alimentar o filho do senhor:

Item, acontece às vezes que, quando a mulher do senhor pare, o senhor, à força, toma alguma mulher de um camponês como ama de leite sem pagamento nenhum, deixando o filho do camponês morrer por não haver forma alguma de dar ao dito filho leite de outra parte, do qual se segue grande dano e indignidade, e assim suplicam e desejam que isto seja suprimido.

Respondem os ditos senhores que estão de acordo e outorgam o que lhes é pedido pelos ditos vassalos no dito capítulo.

VIII – Que o senhor não possa dormir a primeira noite com a mulher do camponês:

Item, pretendem alguns senhores que quando o camponês toma mulher, o senhor há de dormir a primeira noite com ela, e em sinal de senhorio, a noite em que o camponês deva contrair núpcias, a mulher, estando deitada, vem o senhor e sobe à cama, passando sobre a dita mulher e como isso é infrutuoso para o senhor e uma grande humilhação para o camponês, um mau exemplo e ocasião para o mal, pedem e suplicam que isto seja totalmente abolido.

Responderam os ditos senhores que não sabem nem acreditam que tal servidão ocorra no presente no principado, nem tenha sido jamais exigida por senhor algum. Se isso é verdade, como foi afirmado no dito capítulo, renunciam, rompem e anulam os ditos senhores tal servidão como coisa muito injusta e desonesta.

IX – Do abuso de que o filho ou filha do camponês tenha que servir ao senhor, sem paga e sem remuneração:

Item, usam e praticam alguns senhores que quando o camponês tem um filho ou uma filha já em idade de casar, forçam o camponês a deixar-lhe seu filho ou filha, para que lhes sirva algum tempo sem nenhum pagamento e remuneração do qual se seguem coisas desonestas e grande humilhação do camponês.

Respondem os ditos senhores que já responderam acerca do presente no capítulo VIII.

In: Hinojosa, E. *El Régimen Señorial y la cuestión agraria en Cataluña durante la Edad Media*. Madrid, 1905. p.366-8. Apud Artola, op. cit., p.78-9.

BIBLIOGRAFIA

BLOCH, M. *A sociedade feudal*. Lisboa: Edições 70, 1979.
BONNASSIE, P. *Del esclavismo al feudalismo en Europa Occidental*. Barcelona: Crítica, 1992.
_____. (Org.) *Estructuras feudales y feudalismo en el mundo Mediterráneo*. Barcelona: Crítica, 1984.
BOUTRUCHE, R. *Señorío y feudalismo*. Buenos Aires: Siglo XXI, 1973.
CARDINI, F. O guerreiro e o cavaleiro. In: LE GOFF, J. (Dir.) *O homem medieval*. Lisboa: Presença, 1990. p.57-78.
CROUSSET, R. *As Cruzadas*. São Paulo: Difel, 1981.
CHERUBINI, G. O camponês e o trabalho no campo. In: LE GOFF, J. (Dir.) *O homem medieval*. Lisboa: Presença, 1990. p.8-95.
CONH, N. *En pós del milenio: revolucionarios, milenaristas, anarquistas y místicos en la Edad Media*. Barcelona: Ariel, 1972.
COOK, W. R., HERZMAN, B. R. *La visión Medieval del Mundo*. Barcelona: Vicens Vives, 1985.
KNOWLES, D., OBOLEWSKY, D. *Nova história da Igreja*. Petrópolis: Vozes, 1974. v.II.
DOUGLASS, C., NORTH, R., THOMAS, P. *El nacimiento del mundo occidental*. Una nueva Historia Económica (900–1700). Madrid: Siglo XXI, 1987.
DUBY, G. *O Ano Mil*. Lisboa: Edições 70, 1986.
_____. *As Três Ordens ou o imaginário do feudalismo*. Lisboa: Estampa, 1982.
_____. *Guerreiros e camponeses*. Lisboa: Estampa, 1980.
_____. *Guilherme Marechal, o melhor cavaleiro do mundo*. Rio de Janeiro: Graal, 1988.
_____. *O Domingo de Bouvines*. Rio de Janeiro: Paz e Terra, 1993.
FOSSIER, R. *Historia del campesinado en el Occidente Medieval*. Barcelona: Crítica, 1985.
_____. *Enfance de l'Europe*: aspects économiques et sociaux. Paris: PUF, 1982. 2v.
FOURQUIN, G. *Senhorio e feudalidade na Idade Média*. Lisboa: Edições 70, 1970.
GANSHOF, F. L. *Que é o feudalismo?* Lisboa: Europa-América, 1970.
GARCÍA DE CORTÁZAR, J. *História rural medieval*. Lisboa: Estampa, 1983.
GIORDANO, O. *Religiosidad popular en la Alta Edad Media*. Madrid: Gredos, 1983.
GRAF, A. *Miti, leggende e superstizioni del Medio Evo*. Milano: Mondadori, 1987.

GUERREAU, A. *O feudalismo, um horizonte teórico*. Lisboa: 70, 1980.
LE GOFF, J. *A civilização do Ocidente Medieval*. Lisboa: Estampa, 1983. 2v.
_____. (Dir.) *O homem medieval*. Lisboa: Presença, 1990.
MAALOUF, A. *As Cruzadas vistas pelos árabes*. São Paulo: Brasiliense, 1988.
MATTOSO, J. *Fragmentos de uma composição medieval*. Lisboa: Estampa, 1987.
MOLLAT, M. *Os pobres na Idade Média*. Rio de Janeiro: Campus, 1989.
MULLETT, M. *La cultura popular en la Baja Edad Media*. Barcelona: Crítica, 1990.
PASTOREAU, M. *No tempo dos cavaleiros da Távola Redonda*. São Paulo: Cia. das Letras, 1989.
RICHARD, J. *L'esprit de la Croisade*. Paris: s.n., 1969.
ROUSSET, P. *História das Cruzadas*. Rio de Janeiro: Zahar, 1980.
RUNCIMAN, S. *Historia de las Cruzadas*. Madrid: Alianza, 1973. 3v.
SWEEZY P. M. et al. *Do feudalismo ao capitalismo*. São Paulo: Martins Fontes, 1977.
VOUCHEZ, A. *La espiritualidad en la Edad Media*. Madrid: Cátedra, 1985.

3 A CATEDRAL, A CIDADE, A ESCOLA

A CATEDRAL

O renascimento arquitetônico: românico e gótico

94 O SURTO DA CONSTRUÇÃO RELIGIOSA NO INÍCIO DO SÉCULO XI

[...] Portanto, após o acima mencionado milênio, depois do qual já agora passaram quase três anos, deu-se por todo o orbe da terra, especialmente na Itália e nas Gálias, um surto de construção de igrejas basilicais. Não obstante o maior número delas estar já decentemente estabelecido e com um mínimo de necessidades, cada povo cristão se tornou êmulo dos outros para as erigir ainda com maior nobreza. Era como se o mundo, tendo-se sacudido e lançado fora o antigo, se estivesse revestindo com a cândida veste das igrejas. Como tal os fiéis reformaram quase todas as igrejas das sedes episcopais, e o mesmo fizeram aos mosteiros dos vários santos, assim como aos lugares de oração de menor importância, nas vilas.

Raul Glaber. *Historiarum Libri Quinque*, lib.III, cap.IV. In: Migne, P. L., t.CXLII. Paris, 1880. Apud Espinosa, op. cit., p.274.

95 A POPULAÇÃO DE ROUEN COLABORA NA CONSTRUÇÃO DE SUA CATEDRAL (1145)

Hugo, prior de Rouen, para o Reverendo Padre Teodorico, Bispo de Amiens, que possa prosperar sempre em Cristo, grande no trabalho do Senhor, excelente em tudo o que seja de Sua vontade! (Os habitantes) de Chartres começaram humildemente, com quadrigas, a transportar o material para a obra de construção da sua igreja. Esta humildade provocou milagres cuja fama atingiu a vizinhança, incitando também a nossa Normandia. Os nossos, tendo por nós sido abençoados, dirigiram-se continuamente para aquele lugar, cumprindo as suas promessas. A partir de então começaram a vir através dos nossos bispados com o propósito de fazer o mesmo à sua madre Igreja, na nossa diocese. Não admitem ninguém em sua companhia sem que primeiro tenha ido à confissão e recebido penitência, renunciando à ira e malevolência, feito a paz e reconciliado com os seus inimigos. Feito isto, elegem um chefe de entre eles e sob a sua direção, em silêncio e com humildade, puxam os carros com os ombros e apresentam as suas oblações não sem disciplina e lágrimas [...]

Dada no ano da Encarnação do Senhor de 1145. Saúde.

Hugo Rothomagensis Archiepiscopi. *Epistolae.* In: Migne, P. L., t.CXCII. Paris, 1880. Apud Espinosa, op. cit., p.276-7.

96 ENTUSIASMO NA CONSTRUÇÃO DA CATEDRAL DE CHARTRES (1145)

Neste mesmo ano, os homens começaram a levar até Chartres os carros cheios de pedras e madeira, víveres e outras coisas, para a obra da igreja cujas torres estavam então sendo construídas. Quem não viu estas coisas, jamais verá algo semelhante! Não só lá, mas também através de toda a França, Normandia e muitos lugares: aqui a humildade e a aflição, ali a penitência e a remissão dos pecados, lá a dor e a contrição. Vós teríeis visto as mulheres e os homens – com os joelhos nos charcos profundos, açoitando-se, os milagres a se reproduzirem – entoando cânticos e clamando alegremente a Deus. A respeito deste acontecimento singular, existe uma carta de Hugo, arcebispo de Ruão, a Teodorico, bispo de Amiens, informando-o do ocorrido. Dir-se-á que se cumpriu a profecia: *Spiritus vitae erat in rotis*.

> Robert de Torigny. *Chronique...* In: Delisle, E. (Ed.), 1872. p.238. Apud Calmette, op. cit., p.311.

97 S. BERNARDO DE CLARAVAL CONDENA OS EXCESSOS DECORATIVOS DAS IGREJAS[1] (S. XII)

[...] Nada direi sobre as imensas alturas dos vossos templos, o seu imoderado comprimento, a sua largura supérflua, os polimentos suntuosos, as curiosas imagens que atraem a atenção de quem reza, prejudicam a sua concentração, e para mim representam de certa maneira o antigo rito dos judeus. Mas digamos que isto é feito para honrar a Deus [...] E todavia os bispos têm uma desculpa que os monges não têm, porque sabemos que eles, sendo devedores tanto dos sábios como dos ignorantes e incapazes de excitar a devoção do povo carnal por meio de coisas espirituais, fazem-no pelos ornamentos corpóreos. Mas nós (monges), que agora saímos do povo; nós que deixámos todas as coisas preciosas e copiosas do mundo por amor de Cristo; nós que não consideramos senão como esterco, para lograrmos a Cristo, todas as coisas belas à vista ou canoras ao ouvido, suaves ao olfato, doces ao paladar ou agradáveis ao tacto – numa palavra, todos os deleites do corpo –, que devoção procuramos excitar com essas coisas? Que frutos, digo, delas esperamos? A admiração dos doidos ou as oblações dos simples? [...]

[...] soframos, pois, que isto se faça na igreja; porque embora possa ser prejudicial para o povo vão e cobiçoso, não o será para o simples devoto. Mas no claustro, debaixo dos olhos dos irmãos que aí leem, que fazem aquelas ridículas monstruosidades, aquela maravilhosa e disforme formosura, aquela graciosa disformidade?

---

1 Escrito dirigido a Guilherme, abade de Saint-Thierry, aluno de Santo Anselmo e, posteriormente, cisterciense. O alvo das críticas é Cluny.

Para que são aqueles imundos símios, aqueles ferozes leões, aqueles monstruosos centauros, aqueles semi-homens, aqueles tigres listrados, aqueles cavaleiros combatendo, aqueles caçadores tocando nas suas cornetas? Veem-se aí muitos corpos com uma só cabeça, ou então muitas cabeças para um só corpo. Aí se encontra um quadrúpede com um rabo de serpente; um peixe com a cabeça de um quadrúpede. Aí, também, a parte dianteira de um cavalo arrasta atrás de si a metade de uma cabra ou um animal cornudo traz consigo os quartos traseiros de um cavalo. Em resumo, são tantas e tão maravilhosas as variedades de diversas formas, onde quer que apareçam, que nós somos mais tentados a ler no mármore do que nos nossos livros, e a passar todo o dia admirando estas coisas, de preferência a meditar a lei de Deus. Por amor de Deus, se os homens se não envergonham destas loucuras, por que razão, pelo menos, não fogem às despesas?

> São Bernardo. Abbatis Clarae-Vallensis, *Apologia ad Guillelmum Sancti-Theoderici Abbatem*, cap.XII. In: Migne, P. L., t.CLXXXII. Paris, 1862. Apud Espinosa, op. cit., p.280-1.

98 A RECONSTRUÇÃO DE SÃO DINIS PELO ABADE SUGER (1081-1151)

[...] libertos dos ditos trabalhos e retardando o acabamento das torres nas suas partes superiores, esforçar-nos-íamos com todas as nossas possibilidades por nos consagrarmos ao trabalho e despesas [...] de alargar a igreja nossa mãe [...] Deliberando sob a inspiração de Deus, optamos [...] por respeitar as verdadeiras pedras, que são sagradas como se fossem relíquias; e por tentar enobrecer o novo acrescentamento, que ia ser iniciado sob a pressão de tão grande necessidade, com a beleza da extensão e da amplidão. Depois de se ter considerado, foi, pois, decidido remover aquela abóbada [...] que por cima fechava a ábside contendo os corpos dos nossos Santos Protetores, todo ao longo da parte superior da cripta a que aderia; de forma que esta cripta pudesse oferecer o seu topo como um pavimento aos que se aproximassem por qualquer das duas escadas, e apresentar os relicários dos Santos, adornados com ouro e pedras preciosas, aos olhares dos visitantes, num lugar mais elevado. Além disto, providenciou-se habilidosamente para que – através das colunas superiores e dos arcos centrais que iriam ser colocados sobre as inferiores construídas na cripta – a nave central antiga fosse igualada, por meio de instrumentos geométricos e aritméticos, com a nave central do novo acrescentamento; e, da mesma maneira, que as dimensões das antigas naves laterais fossem igualadas com as dimensões das novas, excepto naquele elegante e louvável acrescentamento (em forma de) um rosário circular de capelas, devido ao qual toda a (igreja) brilhará com maravilhosa e ininterrupta luz de muitas janelas sagradas iluminando a beleza interior.

[...] quando o trabalho do novo acrescentamento com os seus capitéis e grandes arcos estava a ser levado ao máximo da sua altura, mas os arcos principais – aguentando-se por si próprios – ainda não estavam unidos uns aos outros, como deveriam estar, pelo volume das abóbadas, surgiu de repente uma terrível e quase insustentável tempestade, com uma ofuscação de nuvens, uma inundação de chuva e violentíssimas rajadas de vento [...] No entanto, enquanto (a tempestade) trouxe calamitosas ruínas em muitos lugares, em edifícios que se pensava serem firmes, foi incapaz de prejudicar estes arcos isolados e construídos de fresco, vacilantes no meio do ar, porque foi repelida pelo poder divino.

Œuvres complètes de Suger. Lecoy de la Marche, A. (Ed.). Paris: Société de l'Histoire de France, 1867. p.224-5 e 230. Apud Espinosa, op. cit., p.275-6.

99 O FAUSTO DA OURIVESARIA RELIGIOSA (S. XII)

[...] Quando eu me encontrava em dificuldades com necessidade de pedras preciosas e não me podia prover suficientemente com mais porque a sua escassez as torna muito dispendiosas, eis que (monges) vindos de três abadias de duas ordens – isto é, de Cister e de outra abadia da mesma Ordem, e de Fontevrault[2] – entraram na nossa pequena câmara adjacente à igreja e ofereceram-nos para a compra uma abundância de pedras como nunca teríamos esperado encontrar em dez anos: jacintos, safiras, rubis, esmeraldas, topázios. Os seus possuidores tinham-nas obtido do conde Teobaldo (de Champagne) como esmolas; e ele, por sua vez, havia-as recebido das mãos do seu irmão Estêvão, rei dos Anglos, dos tesouros do seu tio, o falecido rei Henrique (I), que as reunira através da sua vida em maravilhosos vasos. Nós, todavia, libertos da preocupação de procurar pedras, demos graças a Deus e entregamos por elas quatrocentas libras, embora valessem muito mais.

Aplicamos para o acabamento de um tão sagrado ornamento, não apenas estas (pedras), mas também outras muitas e dispendiosas pedras, e grandes pérolas. Lembramo-nos, se bem nos recordamos, de ter posto nela cerca de oitenta marcos de ouro fino. E somente dentro de dois anos fomos capazes de completar, com vários ouvires da Lorena – por vezes cinco, outras vezes sete – o pedestal adornado com os quatro evangelistas; e a coluna sobre a qual repousa a imagem, esmaltada com sutilíssima arte, e nela a história do Salvador, com as testemunhas das alegorias do Velho Testamento representadas, e o capitel com as suas imagens, olhando para cima, para a morte do Senhor [...]

Œuvres complètes de Suger, op. cit., 1867, p.195-6.
Apud Espinosa, op. cit., p.281-2.

100 UM GRANDE CENTRO DA ARTE DO VITRAL: ABADIA DE SÃO DINIS (1081-1151)

Além disto, mandamos pintar, pelas hábeis mãos de muitos mestres de diversas regiões, uma notável variedade de novos vitrais, tanto em baixo como em cima, desde o primeiro, que principia com a *Árvore de Jessé*, na ábside da igreja, ao que está instalado sobre a porta principal, na entrada da mesma. Um destes, impelindo-nos

---

2 Famosa abadia feminina fundada por Robert d'Abriset em 1099.

do material para o imaterial, representa o Apóstolo Paulo fazendo andar um moinho e os Profetas carregando sacos para esse moinho [...] Na realidade, porque (estes vitrais) são de grande valor pela sua maravilhosa obra e pela profusão de vidros e pintura, nomeamos um mestre oficial para a sua defesa e reparação e também um ourives perito em ornamentos de ouro e prata, os quais nunca desprezarão o dever de olhar por eles, recebendo para isso as suas prebendas e o que além disto lhe for concedido, como as moedas do altar e a *anona*[3] do celeiro comum dos irmãos.

Œuvres complètes de Suger, op. cit., 1867. Apud Espinosa, op. cit., p.282.

101 APOLOGIA DE CLUNY POR RAUL GLABER (985-1050)

[...] Conta-se que a instituição (monástica) e a prática deste costume tiveram o seu princípio nos mosteiros da regra do Santo Padre Bento e que foi trazida para o nosso território, ou seja para a Gália, pelo bem-aventurado Mauro, seu discípulo [...]

Por último esta instituição, que tinha já quase por completo decaído encontrou, com a ajuda de Deus, um refúgio de sabedoria onde deveria retomar forças e frutificar, graças a numerosos germes, no mosteiro conhecido por Cluny [...]

Este conseguiu, na verdade, mercê de várias dádivas, um notável incremento, desde a época da sua fundação. O prior dos monges do Mosteiro Balmense [...] de nome Berno, iniciou a sua construção por ordem de Guilherme, piedosíssimo duque da Aquitânia, no distrito de Mâcon, sobre a ribeira Grosne. Diz-se que a princípio este mosteiro não teve por dote mais do que quinze *mansos* de terra; conta-se mesmo que os irmãos que aí se reuniram não eram em número superior a 12. Depois, graças a esta ótima semente, a estirpe do senhor dos exércitos multiplicou-se e tornou-se sem número, pois é sabido que ocupou uma grande parte do globo. Como estes homens não deixam de se entregar às obras de Deus, ou seja, às obras de justiça e de piedade, mereceram receber todos

---

3 Tributo anual pago em trigo.

os bens. Além do mais, deixaram um exemplo digno de ser imitado por todos os que hão de vir.

Depois do dito Berno, tomou o cuidado da direção o muito sapiente abade Odon, homem piedosíssimo em todas as circunstâncias; que havia sido prior da igreja de S. Martinho de Tours e que se distinguia pelos seus bons costumes e pela prática da santidade.

Conseguiu tão bem propagar a instituição que da província de Benevento na Itália até ao Oceano na Gália, todos os mosteiros mais importantes consideravam uma honra submeter-se à sua obediência [...]

Raul Glaber. *Historiarum Libri Quinque*. lib.III, cap.V. In: Migne, P. L., t.CXLII. Paris: 1880. Apud Espinosa, op. cit., p. 286.

O conflito entre o poder temporal e o espiritual

102 A AUTORIDADE VEM DE DEUS

Todo homem se submeta às autoridades constituídas, pois não há autoridade que não venha de Deus, e as que existem foram estabelecidas por Deus. De modo que aquele que se revolta contra a autoridade, opõe-se à ordem estabelecida por Deus. E os que se opõem atrairão sobre si a condenação. Os que governam incutem medo quando se pratica o mal, não quando se faz o bem. Queres então não ter medo da autoridade? Pratica o bem e dela receberás elogios, pois ela é instrumento de Deus para te conduzir ao bem. Se, porém, praticares o mal, teme, porque não é à toa que ela traz a espada: ela é instrumento de Deus para fazer justiça e punir quem pratica o mal. Por isso é necessário submeter-se não somente por temor do castigo, mas também por dever de consciência. É também por isso que pagais impostos, pois os que governam são servidores de Deus, que se desincumbem com zelo do seu ofício. Dai a cada um o que lhe é devido: o imposto a quem é devido; a taxa a quem é devida; a reverência a quem é devida; a honra a quem é devida.

Rom. 13, 1-7. *Bíblia de Jerusalém*. São Paulo: Paulinas, 1985.

103 A CIDADE DE DEUS (412-426)

[...] No que se refere às grandes e difíceis questões sobre a origem do mundo, da alma e da linhagem humana, temos dividido (a cidade) em dois grupos: uma, a dos que vivem segundo o homem e outra a dos que vivem segundo Deus. Misticamente chamamos a estes dois grupos cidades, quer dizer sociedades dos homens. Das quais uma está predestinada a reinar eternamente com Deus e a outra a sofrer eterno castigo com o diabo [...] Encontramos, pois, na cidade terrena duas figuras; uma que demonstra a sua presença e outra que com a sua presença serve à imagem da cidade celeste. E a natureza viciada pelo pecado engendra os cidadãos da cidade terrena e a graça que liberta a natureza do pecado gera os cidadãos da cidade celeste [...] Lá se vê o comportamento humano, aqui se expressa a graça divina.

Santo Agostinho. *A cidade de Deus*, XVI, 1-2. Apud Artola, op. cit., p.35-6.

104 A TEORIA DAS DUAS ESPADAS (494)

Suplico à Vossa Piedade que não considere arrogância a obediência aos princípios divinos. Que esteja longe, vos suplico, de um imperador romano considerar injúria a verdade comunicada à sua consciência, pois são dois, imperador augusto, os poderes com os quais se governa, principalmente, este mundo: a sagrada autoridade dos pontífices e o poder dos reis, e desses dois poderes é mais importante o dos sacerdotes, pois têm de prestar contas, também, diante do divino juiz dos governantes dos homens. Bem sabe, clementíssimo filho, que embora por vossa dignidade seja o primeiro de todos os homens e o imperador do mundo, abaixa piedosamente a cabeça diante dos representantes da religião e lhes suplica aquilo que é indispensável para a vossa salvação; na administração dos sacramentos e na disposição das coisas sagradas reconhece que deve submeter vosso governo e não ser vós aquele que governa, e assim, nas coisas da religião, deve submeter-se a seu julgamento e não querer que eles se submetam ao vosso, pois no que se refere ao governo da administração pública, os mesmos sacerdotes, sabendo que autoridade vos foi concedida por disposição divina, obedecem às vossas leis para que não pareça que nas coisas materiais se opõem às leis; de que modo vós deveis obedecer àqueles para os quais foi destinada a administração dos divinos mistérios? E assim como cabe aos pontífices uma responsabilidade não pequena quanto ao que convém ao culto divino, assim também têm a responsabilidade, não menor, se desprezam aquilo que devem obedecer. E se convém que os corações dos fiéis estejam submetidos a todos os sacerdotes em geral que administram com retidão os divinos mistérios, o que não se dizer da obediência que se deve prestar à primazia da Sé Apostólica, a quem a mesma divindade quis que todos os sacerdotes estivessem submetidos e a piedade de toda a Igreja sempre a honrou como tal? Como vossa Piedade sabe, ninguém pode elevar-se por meios puramente humanos acima da posição daquele a quem o chamado de Cristo preferiu a todos os demais, e a quem a Igreja tem reconhecido e venerado sempre como seu primaz. Os fatos fundamentais, por ordenação divina, podem ser atacados pela vaidade humana, mas não podem, por outro lado, ser dominados por nenhum poder humano. Queira o céu que a audácia dos inimigos da Igreja não lhes seja também definitivamente perniciosa, pois nenhum poder conseguirá quebrar as bases estabelecidas pelo próprio autor da nossa sagrada religião. Com efeito, *o fundamento de Deus está firme* (2 Tim. II, 19). Terá a religião sucumbido diante das novidades, por maiores que fossem quando esteve no poder algum herege? Não tem permanecido, pelo contrário, invencível, quando se esperava vê-la sucumbir? Que desistam, portanto, vos rogo, estes homens que aproveitam a perturbação da Igreja como pretexto para aspirar imprudentemente a coisas que lhes estão proibidas. Não se lhes permita alcançá-las, a não ser que conservem sua posição diante de Deus e dos homens.

(De Gelásio a Anastásio). *Epístola VIII*. In: Migne, P. L., LIX. Apud Artola, op. cit., p.37-8.

105 A AUTORIDADE PONTIFÍCIA SOBRE O PODER TEMPORAL (881)

Na verdade, são diferentes o poder dos reis e a autoridade dos pontífices. Um pertence ao ofício sacerdotal, o outro, ao ministério real. Como se lê nas Sagradas Escrituras: o mundo é regido por dois poderes: a autoridade do pontífice e o poder real. Somente Nosso Senhor Jesus Cristo pode ser ao mesmo tempo rei e sacerdote. Depois da Encarnação, Ressurreição e Ascensão ao céu, nenhum rei atreveu-se a usurpar a dignidade de pontífice nem nenhum pontífice o poder real já que suas atuações foram separadas por Cristo, de maneira que os reis cristãos necessitam dos pontífices para sua vida eterna e os pontífices se servem em seus assuntos temporais das disposições reais. Dessa forma, a atuação espiritual deve se ver preservada do temporal e aquele que serve a Deus não deve imiscuir-se nos assuntos temporais, e, ao contrário, não deve parecer que preside aos assuntos divinos aquele que está implicado nos assuntos temporais.

A dignidade dos pontífices é superior à dos reis porque os reis são consagrados em seu poder real pelos pontífices e os pontífices não podem ser consagrados pelos reis. Além disso, a carga dos sacerdotes é mais pesada que a dos reis, pois devem dar conta perante o juízo divino inclusive das pessoas dos reis. E em assuntos temporais é tão pesada a carga dos reis como a dos sacerdotes, pois este trabalho lhes foi imposto para honra, defesa e tranquilidade da Santa Igreja, de seus reitores e ministros, pelo rei dos reis.

E como lemos nas Sagradas Escrituras (Deut. XVII), quando os sacerdotes ungiam os reis para o governo do reino e colocavam em sua cabeça o diadema, punham em suas mãos as leis para que aprendessem como deviam reger a seus súditos e honrar aos sacerdotes.

Na História Sagrada se lê que o rei Osias atreveu-se a queimar incenso, que era função própria dos sacerdotes e não do rei, e por isso foi atacado pela lepra, expulso do templo pelos sacerdotes e esteve recluso em sua casa até sua morte.

Hincmar de Reims. Capitula Synodo. In: Migne, P.
L., CXXV. Apud Artola, op. cit., p.38-9.

106 REGRA DE SÃO BENTO: SOBRE O TRABALHO MANUAL (S. VI)

A ociosidade é inimiga da alma. Por isso os irmãos devem estar a determinadas horas no trabalho manual e de novo a horas fixas na leitura sagrada. Para isto pensamos que as horas para cada ocupação poderão ser determinadas como se segue.

Desde a Páscoa até às Calendas de Outubro (1º de Outubro) quando saem de manhã à hora prima, que trabalhem em tudo o que for necessário até cerca da quarta hora e desde a quarta hora até cerca da sexta que se entreguem à leitura. Depois da sexta hora, tendo deixado a mesa, que descansem nas suas camas em perfeito silêncio; ou se por acaso alguém deseja ler, que leia para si próprio de maneira a não incomodar ninguém,

Que a Nona seja dita de preferência cedo, a meio da oitava hora, e que voltem de novo a fazer o trabalho que tem de ser feito até às Vésperas.

E se porém as necessidades do lugar ou a sua pobreza exigirem que façam eles próprios o trabalho da ceifa, que não se sintam descontentes com isso; porque então são verdadeiros monges vivendo pelo trabalho das suas mãos como fizeram os nossos Padres e os Apóstolos. Que todas as coisas sejam feitas com moderação, todavia, para salvaguarda dos timoratos.

Desde as Calendas de Outubro até ao princípio da Quaresma, que se entreguem à leitura até ao fim da segunda hora. Na segunda hora que seja dita a Terça e então que todos laborem no trabalho que lhes for designado, até à Nona. Ao primeiro sinal da hora de Nona que todos larguem o seu trabalho e se aprontem para o soar do segundo sinal. Depois da refeição que se entreguem à leitura ou aos salmos.

Nos dias da Quaresma, desde manhã até ao fim da terceira hora, entreguem-se à leitura e daí até ao fim da décima hora que façam o trabalho que lhes for designado. E nestes dias da Quaresma cada um receberá um livro da biblioteca que lerá seguido do princípio ao fim. Estes livros devem ser dados no princípio da Quaresma [...]

Aos irmãos doentes ou fracos será conferida uma tarefa ou ofício de tal natureza que os mantenha longe da ociosidade e ao mesmo tempo não os sobrecarregue ou afaste com trabalho excessivo. A sua fraqueza deve ser tomada em consideração pelo abade.

São Bento. *Regula Commentata*, cap. 48, In: Migne, P. L., t.LXVI. Paris, 1966 cols. 703-4. Apud Espinosa, op. cit., p.134-5.

107 A DOAÇÃO DE CONSTANTINO (S. VIII)

Concedemos ao nosso Santo Padre Silvestre, sumo pontífice e papa universal de Roma e a todos os pontífices seus sucessores que até o fim do mundo reinarem na sede de São Pedro, o nosso imperial palácio de Latrão (o primeiro de todos os palácios do mundo), depois o diadema, isto é, nossa coroa e ao mesmo tempo o gorro frígio, quer dizer, a tiara e o manto que os imperadores costumam usar; além disso, o manto purpúreo e a túnica escarlate e todo o traje imperial e também a dignidade de cavaleiro imperial, outorgando-lhe também os cetros imperiais e todas as insígnias e estandartes e diversos ornamentos e todas as prerrogativas da excelência imperial e a glória de nosso poder. Queremos que todos os reverendíssimos sacerdotes que servem à Santíssima Igreja Romana nos seus diferentes graus tenham a distinção, potestade e proeminência das quais gloriosamente se adorna nosso ilustre Senado, quer dizer, que se convertam em patrícios e cônsules e sejam revestidos de todas as demais dignidades imperiais. Decretamos que o clero da Santa Igreja Romana tenha os mesmos atributos de honra que o exército imperial e como o poder imperial se rodeia de oficiais, camaristas reais, servidores e guardas de todas as classes, queremos que também a Santa Igreja Romana se adorne do mesmo modo [...]
 [...] Decidimos igualmente que nosso venerável pai, o sumo pontífice Silvestre, e seus sucessores usem o diadema, quero dizer, a coroa de ouro puríssimo e pedras preciosas que, à semelhança da que usamos em nossa cabeça, concedemos, diadema que devem levar sobre a cabeça para a honra de Deus e da Sé de São Pedro. Mas já que o próprio beatíssimo Papa não quer levar uma coroa de ouro sobre a coroa do sacerdócio que leva para a glória de São Pedro, com nossas mãos colocamos sobre sua santa cabeça uma tiara brilhante de branco fulgor, símbolo da ressurreição do Senhor e por reverência a São Pedro sustentamos o bridão do cavalo, cumprindo assim, para ele, o papel de escudeiro, estabelecendo que todos os seus sucessores levem em procissão a tiara como os imperadores, para imitar a dignidade de nosso Império e para que a dignidade pontifícia não seja inferior mas que seja considerada como dignidade e glória maiores que as do Império terreno. Concedemos ao já mencionado pontífice Silvestre, papa

universal, e deixamos e estabelecemos em seu poder, por decreto imperial, como possessões de direito da Santa Igreja Romana, não só nosso palácio, como já foi dito, mas também a cidade de Roma e todas as províncias, distritos e cidades da Itália e do Ocidente.

Por isto, consideramos oportuno transferir nosso Império e o poder do reino para o Oriente e fundar na província de Bizâncio, lugar ótimo, uma cidade com nosso nome e estabelecer ali nosso governo, porque não é justo que o imperador terreno reine onde o imperador celeste estabeleceu o principado do sacerdócio e a cabeça da religião cristã.

Ordenamos que todas as decisões que sancionamos mediante decreto imperial e outros decretos divinos permaneçam invioladas e íntegras até o fim do mundo. Portanto, diante da presença do Deus vivo que nos ordenou governar e diante do seu tremendo tribunal, decretamos solenemente, mediante esta constituição imperial, que nenhum dos nossos sucessores, patrícios, magistrados, senadores e súditos que agora e no futuro estejam sujeitos ao império, se atreva a infringir ou alterar isto de qualquer maneira. Se alguém, coisa que não cremos, depreciar ou violar isto, será réu de condenação eterna e que Pedro e Paulo, príncipes dos apóstolos, lhes sejam adversos, agora e na vida futura e com o diabo e todos os ímpios seja precipitado para que se queime nas profundezas do inferno.

Colocamos este decreto, com nossa assinatura, sobre o venerável corpo de São Pedro, príncipe dos apóstolos, prometendo ao apóstolo de Deus respeitar essas decisões e deixar ordenado a nossos sucessores que as respeitem. Com o consentimento de nosso Deus e Salvador Jesus Cristo, entregamos este decreto a nosso pai, o sumo pontífice Silvestre, e aos seus sucessores para que o possuam felizes para sempre.

Edictum Constantini ad Silvestrem Papam. In: Migne, P. L., VIII. Apud Artola, op. cit., p.47-8.

108 A ELEIÇÃO DO PAPA GREGÓRIO VII (1073)

No mesmo dia enquanto se inumava o corpo do pontífice (Alexandre II) na Igreja de S. Salvador e o venerável Hildebrando estava ocupado junto da sepultura, ouviu-se de repente um grande grupo de clérigos, de homens e de mulheres clamando: "Hildebrando bispo!". Ao ouvir isto, o venerável arcediago ficou aterrado e rapidamente, querendo acalmar o povo, correu para o púlpito. Mas Hugo Cândido adiantou-se e falou assim ao povo: "Homens meus irmãos, vós sabeis que desde os dias do senhor papa Leão (IX) foi Hildebrando que exaltou a Santa Igreja Romana e libertou esta cidade. Por isso não podemos ter ninguém superior nem mesmo igual que possa ser escolhido para o pontificado romano; elejamos, pois, este homem, ordenado na nossa igreja, conhecido por vós e por nós e por toda a parte aprovado".

Depois de os cardeais, bispos, sacerdotes, levitas e os clérigos das ordens inferiores exclamarem como é costume: "S. Pedro escolheu o papa Gregório", este foi arrastado imediatamente pelo povo que dele se apoderou e entronizado contra sua vontade em S. Pedro dos Vínculos, e não na igreja de Brixen.[4]

No dia seguinte, pensou consigo mesmo a que grande perigo estava exposto e começou a preocupar-se e a entristecer; todavia, reunindo as suas forças com fé e esperança, não se lembrou de nada mais que pudesse fazer a não ser notificar a sua eleição ao rei (Henrique IV, imperador de Alemanha) e evitar por ele, se possível, o cargo papal que lhe tinha sido imposto. Com efeito, enviou-lhe imediatamente uma carta anunciando a morte do papa e a sua própria eleição, ameaçando-o de que se desse o consenso à eleição nunca suportaria com paciência a sua malícia.[5] Mas aconteceu tudo muito diferentemente do que esperava. Na realidade o rei enviou logo Gregório, bispo vercelense, chanceler do reino da Itália, para confirmar a eleição e estar presente na consagração. Assim se fez. [Hildebrando] foi ordenado padre no dia do jejum de Pentecostes e consagrado bispo pelos cardeais no dia da natividade dos Apóstolos, no seu altar, segundo o ritual antigo [...]

Libelli de lite imperatorum et pontificum. In: M. G. H. t.I. Hannover, 1891. p. 601. Apud Espinosa, op. cit., p.288-9.

---

4   Igreja onde foi eleito Clemente III, papa imperial que substituiu Gregório VII.
5   Refere-se à excomunhão que havia sofrido Henrique IV.

109 "DICTATUS PAPAE" (1075)

1 Que só a Igreja Romana foi fundada por Deus.

2 Que, portanto, só o pontífice romano tem direito de chamar-se universal.

3 Que só ele pode depor ou estabelecer bispos.

4 Que um enviado seu, ainda que seja inferior em grau, tem preeminência sobre todos os bispos em um concílio e pode pronunciar sentença de deposição contra eles.

5 Que o papa pode depor os ausentes.

6 Que não devemos ter comunhão nem permanecer na mesma casa com aqueles que tenham sido excomungados pelo pontífice.

7 Que só a ele é lícito promulgar novas leis de acordo com as necessidades do tempo, reunir novas congregações, converter em abadia um canoninato e vice-versa, dividir um bispado rico e unir vários pobres.

8 Que só ele pode usar a insígnia imperial.

9 Que todos os príncipes devem beijar os pés somente ao papa.

10 Que seu nome deve ser recitado na Igreja.

11 Que seu título é único no mundo.

12 Que lhe é lícito depor o imperador.

13 Que lhe é lícito, segundo a necessidade, trasladar os bispos de sede a sede.

14 Que tem poder de mandar a um clérigo de qualquer Igreja para o lugar que quiser.

15 Que aquele que tiver sido ordenado por ele pode ser chefe de outra Igreja mas não subordinado e que nem o bispo pode obter um grau superior.

16 Que nenhum sínodo pode ser chamado geral se não for convocado por ele.

17 Que nenhum capítulo ou livro pode considerar-se canônico sem sua autorização.

18 Que ninguém pode revogar sua palavra e que somente ele pode fazê-lo.

19 Que ninguém pode julgá-lo.

20 Que ninguém ouse condenar quem apele à Santa Sé.

21 Que as cousas de maior importância de qualquer Igreja devem-lhe ser enviadas para que ele as julgue.

22 Que a Igreja Romana não se enganou e não se enganará jamais segundo o testemunho da Sagrada Escritura.

23 Que o pontífice romano ordenado mediante a eleição canônica está indubitavelmente santificado pelos méritos do bem-aventurado Pedro, segundo o afirma Santo Enódio, bispo de Pavia com o consenso de muitos santos padres como está escrito nos decretos do bem-aventurado papa Símaco.

24 Que aos subordinados é permitido fazer acusações conforme a sua ordem e permissão.

25 Que pode depor e estabelecer bispos sem reunião sinodal.

26 Que não deve considerar católico quem não está de acordo com a Igreja Romana.

27 Que o pontífice pode liberar os súditos da fidelidade a um monarca iníquo.

> Gregório VII. *Registrum*. In: Migne, P. L. CXLVIII, (c. 407-408). Apud Artola, op. cit., p.95-6.

110 CARTA DE HENRIQUE IV A GREGÓRIO VII RECUSANDO-SE A RECONHECÊ-LO COMO PAPA (1076)

Henrique, rei não por usurpação, mas pela piedosa ordenação de Deus, a Hildebrando, agora não mais Papa, mas falso monge:

Vós mereceis uma saudação como esta por causa da confusão que haveis causado; por quererdes, deixando intocadas as ordens da Igreja, fazê-la participante da dúvida ao invés da honra, da maldição ao invés da bênção.

Para discutir alguns pontos relevantes dentre muitos: não só ousastes atingir os reitores da Santa Igreja – os arcebispos, bispos e padres, ungidos por Deus como o são – como também os esmagastes sob vossos pés como escravos que não sabem o que seu senhor poderá fazer. Esmagando-os, recebestes para vós mesmo os aplausos da boca da plebe. Julgastes que nenhum deles sabe nada, enquanto vós sabeis tudo. Em todo caso, vós usastes tão laboriosamente este conhecimento, não para edificar mas para destruir, que podemos crer que São Gregório, cujo nome arrogastes a vós, certamente fez esta profecia sobre vossa pessoa quando disse: "Pela abundância de súditos que tem, a mente do prelado frequentemente se exalta, e ele pensa ter mais conhecimento que todos, desde que vê ter mais poder que eles".

E nós, certamente, nos cansamos destes abusos, ansiosos que estamos por preservar a honra da Sé Apostólica. Mas vós interpretastes nossa humildade como medo, e então ficastes encorajado a investir mesmo contra o poder real, a nós outorgado por Deus. Ousastes ameaçar, tomar a realeza de nossas mãos, como se nós a tivéssemos recebido de vós, como se a realeza e o império estivessem em vossas mãos e não nas de Deus

Nosso Senhor Jesus Cristo, chamou-nos para a realeza mas não vos chamou para o sacerdócio. Vós subistes por estes degraus, a saber: pela astúcia, que a profissão monástica abomina, por dinheiro; pelo dinheiro, por favores; pelo favor, por meio da espada. Pela espada chegastes ao trono da paz, e de cima dele destruístes a paz. Armastes vossos súditos, contra seus prelados; vós que não fostes chamado por Deus ensinastes que nossos bispos, que o foram, devem ser desprezados; usurpastes para os leigos o ministério dos bispos sobre os padres, com o resultado de que estes leigos estão depondo e condenando homens que eles mesmos receberam como mestres das mãos de Deus, através da imposição das mãos dos bispos.

Vós atingistes também a mim que, embora sem merecê-lo, fui sagrado rei entre os escolhidos. Este erro fizeste-o comigo, pois com a tradição que os santos padres me ensinaram, devo ser julgado somente por Deus e não serei deposto por nenhum crime que não seja – que isto não ocorra – o de desviar-me da Fé. A prudência fez que os santos bispos confiassem o julgamento e a deposição mesmo de Juliano, o Apóstata, não a si mesmos mas somente a Deus. O verdadeiro papa São Pedro também exclamou: "Temei a Deus, honrai o Rei". Vós entretanto, como não temeis a Deus, desonrais a mim, ordenado por Ele.

Por isso, quando São Paulo não deu abrigo a um anjo do Céu por ele pregar heterodoxias, certamente não faria exceção a vós que estais agora ensinando-as através da Terra. Ele disse: "Se alguém, mesmo eu ou um anjo do Céu, pregar qualquer outro evangelho a vós que não seja aquele que nós vos havemos pregado, sofra anátema". Descei, portanto, condenado por este anátema e pelo juízo comum de todos os nossos bispos e de nós mesmos. Renunciai à Sé Apostólica que vos haveis arrogado. Deixai que outro que não mascare a violência com a religião, mas que ensine a pura doutrina de São Pedro, suba ao seu trono.

Eu, Henrique, rei pela graça de Deus, juntamente com todos os nossos bispos, vos ordenamos: Descei! Descei!, condenado para sempre.

> Carta de Henrique IV a Gregório VII. In: M. G. H. *Constitutiones et acta, I*. Apud Calmette, op. cit., p.120.

111 DEPOSIÇÃO DE HENRIQUE IV POR GREGÓRIO VII (1076)

Ó abençoado Pedro, príncipe dos Apóstolos, inclina teus ouvidos, nós suplicamos, e ouve a mim, teu servo, que te tem estimado desde a infância e resgatado até agora das mãos do perverso que me odiou e ainda me odeia por causa de minha lealdade a ti. Tu és testemunha, como o são também minha Senhora, a Mãe de Deus, e o abençoado Paulo, teu irmão entre os santos, que tua Santa Igreja Romana forçou-me, contra minha vontade, a ser seu regente. Nunca tive a ideia de subir a teu trono como um ladrão, não, antes teria preferido terminar minha vida como um peregrino a apoderar-me de teu trono pela glória terrena e por ardis mundanos. Entretanto, por teu favor, não por quaisquer artimanhas minhas, creio que é e foi tua vontade que o povo cristão, especialmente confiado a ti, deva render obediência a mim, teu representante especialmente constituído. A mim é dado por tua graça o poder de ligar e desligar no Céu e sobre a Terra.

Portanto, confiando neste direito, e pela honra e defesa de tua Igreja, em nome de Deus Todo-Poderoso, Pai, Filho e Espírito Santo, pelo teu poder e autoridade, eu deponho o Rei Henrique, filho do imperador Henrique, que se rebelou contra a tua Igreja com audácia inaudita, do governo sobre todo o reino da Alemanha e Itália, e desobrigo todos os homens cristãos da fidelidade que juraram ou possam jurar a ele, e proíbo qualquer um de servi-lo como rei. Assim fica mostrado que aquele que ousa diminuir a glória de tua Igreja perde a glória que parece ter.

E, desde que ele se recusou a obedecer como o deve um cristão, ou seja, voltar para o Deus que abandonara ao tratar com pessoas excomungadas, desprezou os conselhos que lhe dei para o bem-estar de sua alma, como tu sabes, e separou-se de tua Igreja tentando fazê-la em pedaços, eu o uno aos laços do anátema em teu lugar e, portanto, autorizado por ti, que as nações saibam e se convençam de que tu és Pedro e que sobre tua rocha o Filho de Deus vivo construiu sua Igreja e as portas do Inferno jamais prevalecerão contra ela.

> Gregório VII. *Registrum*, III, 10 a. Ewald e Hartmann (Ed.). Apud Pacaut, M. *La Théocratie. L'Église et le pouvoir au Moyen Âge*. Paris: Desclée, 1989. p.64.

112 CONCORDATA DE WORMS (1122)

A) *"Privilegium Pontificis" (Calixto II)*

Eu, Calixto, bispo, servo dos servos de Deus, concedo a ti, querido filho Henrique, pela graça de Deus, augusto imperador dos romanos, que tenham lugar em tua presença, sem simonia e sem nenhuma violência, as eleições de bispos e de abades da Germânia que incumbem ao reino; e que se surgir qualquer causa de discórdia entre as partes segundo o conselho e o parecer do metropolitano e dos eleitores, dês teu conselho e ajuda à parte mais justa. O eleito receba de ti a regalia por meio do cetro e em razão disso realize o que de justiça te deve. Quem seja consagrado nas restantes regiões do Império, pelo contrário, receba de ti a regalia no espaço de seis meses por meio do cetro e por este cumpra, segundo a justiça, seus deveres ante ti, guardando todas as prerrogativas reconhecidas à Igreja Romana. Segundo o dever de meu ofício, ajudar-te-ei no que de mim depender nas coisas em que me reclames ajuda. Asseguro-te uma paz sincera a ti e a todos os que foram do teu partido durante esta discórdia.

B) "Privilegium Imperatoris" (Henrique V)

Em nome da santa e indivisível Trindade, Eu, Henrique, pela graça de Deus augusto imperador dos romanos, pelo amor de Deus e da Santa Igreja Romana e de nosso papa Calixto e pela salvação de minha alma, cedo a Deus e a seus santos apóstolos Pedro e Paulo e à Santa Igreja Católica toda a investidura com anel e báculo e concedo que em todas as igrejas existentes no meu reino e no meu império realizem-se eleições canônicas e consagrações livres. Restituo à mesma Santa Igreja Romana as possessões e os privilégios do bem-aventurado Pedro que lhe foram arrebatadas desde o começo desta controvérsia até hoje, já no tempo do meu pai, já no meu e que eu possua, e proporcionarei fielmente minha ajuda para que sejam restituídas as que ainda não foram. Devolverei igualmente, de acordo com o conselho dos príncipes e a justiça, as possessões de todas as demais igrejas e dos príncipes ou dos clérigos ou leigos perdidas nesta guerra e que estão em minhas mãos; para as que não estão, proporcionarei meu auxílio para que sejam restituídas. E asseguro uma sincera paz a nosso papa Calixto e a Santa Igreja Romana e a todos os que são ou foram de seu partido. Fielmente darei minha ajuda quando a Santa Igreja a reclamar e renderei a ela a devida justiça. Tudo isso está redigido com o consenso e o conselho dos príncipes cujos nomes seguem [...]

M. G. H. *Leges.* v.II. Apud Artola, op. cit., p.99-100.

113 A PRIMAZIA DO PAPADO EM SÃO BERNARDO (1091-1153)

A plenitude do poder sobre todas as igrejas do mundo foi conferida à Sé Apostólica por um privilégio especial. Quem resiste a esse poder resiste à ordem de Deus. O pontífice romano pode, se o considerar útil, criar novos bispados. Quanto aos que existem, pode, à sua vontade, diminuir a importância de uns e aumentar a dos outros, de maneira a poder transformar bispos em arcebispos e inversamente, se isso lhe parecer necessário. Pode chamar para junto de si, dos confins da Terra, as pessoas eclesiásticas mais elevadas em dignidade e constrangê-las a vir a sua presença tantas vezes quantas lhe parecer conveniente.

São Bernardo. *Epístola aos habitantes de Milão*. In: Migne, P. L., t.CLXXXII. Apud Pacaut, op. cit., p.86.

114 EPÍSTOLA DE S. BERNARDO A CONRADO, REI DE ROMANOS (1146)

Nunca se uniram e completaram o reino e o sacerdócio tão doce, amigável e estreitamente como na pessoa do Senhor, o qual foi feito, segundo a carne de ambas as tribos (Levi e Judá), Sumo sacerdote e Rei. E não só isso, mas as misturou e as confederou no seu "corpo", o povo cristão, do qual é cabeça [...] Portanto, o que Deus uniu, não o separe o homem, mas o que determinou a autoridade divina procure pô-lo em prática a autoridade humana e unam-se os ânimos na sua instituição. Ajudem-se mutuamente, levem mutuamente as cargas [...] Não pense a minha alma como aqueles que dizem que a paz e a liberdade das igrejas prejudicam o Império, ou que a prosperidade e exaltação do Império prejudicarão a Igreja. O fundador de uma e de outra não as uniu para que se destruíssem mutuamente, mas para que se edificassem.

Assim sendo, até quando dissimulará o comum desprezo, a comum injúria? Por acaso não é Roma a cabeça do Império, assim como o é da Sé apostólica? [...] não calarei o que sinto... Esteja certo, ó Rei!, de que tampouco agora permitirá o Senhor que domine a vara dos pecadores sobre a sorte dos justos, [...] libertá-la-á, libertá-la-á, repito, porém, se por mão de outro, vejam os príncipes do reino se isso vai em honra do rei e utilidade do reino. Certamente não.

Portanto, cinja a espada junto à sua coxa o poderoso, restitua o César a si mesmo o que é de César e a Deus o que é de Deus. Ambas as coisas interessam ao césar: defender a sua Coroa e proteger a Igreja. A primeira coisa convém ao rei, a outra ao defensor da Igreja [...] Mas se o povo maldito e revoltoso, que não sabe unir as suas forças [...] tem-se atrevido [...] a intentar este sacrilégio, se algum outro se esforça por persuadi-lo de outra coisa [...] saiba que esse ou não ama o rei, ou entende pouco do que convém à majestade régia, ou procura o que não é seu, não se preocupando do que é de Deus ou do Rei.

> São Bernardo. *Epístola* nº 244. In: Díez Ramos, G. (Ed.) *Obras completas de...* Madrid: BAC, 1955. p.1188-9. v.II.

115 AS RELAÇÕES ENTRE O PAPADO E O IMPÉRIO SEGUNDO INOCÊNCIO III (1198)

Deus criador do universo fixou duas grandes luminárias no firmamento do céu; a luminária maior para dirigir o dia e a luminária menor para dirigir a noite. Da mesma maneira, para o firmamento da Igreja universal, como se se tratasse do Céu, nomeou duas grandes dignidades; a maior para tomar a direção das almas, como se estas fossem os dias, a menor para tomar a direção dos corpos, como se estas fossem as noites. Estas dignidades são a autoridade pontifícia e o poder real. Assim como a lua deriva a sua luz da do sol e na verdade é inferior ao sol tanto em quantidade como em qualidade, em posição como em efeito, da mesma maneira o poder real deriva o esplendor da sua dignidade da autoridade pontifícia: e quanto mais intimamente se lhe unir, tanto maior será a luz com que é adornado; quanto mais prolongar (essa união), mais crescerá em esplendor [...]

> Migne, P. L. *Series Latina*, t.CCXIV. Paris, 1890, col. 377. Apud Espinosa, op. cit., p.300-1.

116 INOCÊNCIO III E AS ELEIÇÕES IMPERIAIS (1202)

[...] Reconhecemos, como devemos, que o direito e a autoridade para eleger um rei a fim de posteriormente ser promovido a imperador pertence àqueles príncipes a quem é sabido caber por direito e antigo costume, especialmente, quando este direito e autoridade lhes foram dados pela Sé Apostólica, a qual transferiu o Império dos Gregos para os Germanos na pessoa do Magnífi-

co Carlos. Mas os príncipes deverão reconhecer, e certamente reconhecem, que o direito e autoridade para examinar a pessoa assim eleita rei a fim de ser elevada ao Império pertence a nós que o ungimos, consagramos e coroamos [...]
E pela lei e o costume é evidente que, quando numa eleição os votos dos príncipes estão divididos, podemos, depois de uma devida advertência e intervalo conveniente, favorecer uma das partes [...]

> Aemilus Friedberg, *Cursus Juris Canonici*, pars secunda – *Decretalium Collectiones*. Graz, 1955, col. 80.
> Apud Espinosa, op. cit., p.301.

117 A REGRA DE SÃO FRANCISCO PROMULGADA POR HONÓRIO III (1223)

1 – Esta é a regra e a vida dos Frades Menores, nomeadamente para observar o Santo Evangelho de Nosso Senhor Jesus Cristo, vivendo em obediência, pobreza e castidade. O irmão Francisco promete obediência e reverência ao papa Honório e aos seus sucessores que forem canonicamente eleitos, e à Igreja Romana. Os outros irmãos comprometem-se a obedecer ao irmão Francisco e aos seus sucessores [...]

4 – Proíbo estritamente a todos os irmãos aceitar dinheiro ou propriedades, tanto em pessoa como através de outrem. Não obstante, para necessidades de doença e para vestir os outros irmãos, os ministros e custódios podem, se virem que a necessidade o exige, prevenir-se através de amigos espirituais de acordo com a localidade, a estação e o grau de frio que se possa esperar na região onde vivem. Mas, como foi dito, nunca receberão dinheiro ou propriedades.

5 – Aqueles irmãos a quem o Senhor concedeu a habilidade para trabalhar, trabalharão com fidelidade e devoção, para que a ociosiosidade, inimiga da alma, possa ser excluída e não extinga o espírito de prece e devoção a que todas as coisas temporais devem ser subservientes. Como preço do seu labor poderão receber coisas necessárias para si próprios e para os irmãos, mas não dinheiro ou propriedades. E receberão humildemente o que lhes é dado, como pertence aos servos de Deus e àqueles que praticam a mais santa pobreza.

6 – Os irmãos não terão nada de próprio, nem casa, nem terra, nem coisa nenhuma, mas como peregrinos e estrangeiros neste mundo, servindo o Senhor em pobreza e humildade, sigam pedindo esmolas confiadamente. Não se envergonhem por isto, porque o Senhor fez-se pobre por nós neste mundo [...]

8 – Todos os irmãos terão como ministro geral e servo de toda a irmandade um de entre eles e deverão obedecer-lhe. Por sua morte, os ministros provinciais e custódios elegerão o seu sucessor em capítulo reunido no Pentecostes, época em que todos os ministros provinciais deverão reunir-se no local que o ministro geral ordenar [...]

12 – Se qualquer dos irmãos receber a inspiração divina para ir para junto dos Sarracenos e outros infiéis, deverá obter a licença do seu ministro provincial, o qual dará o consentimento apenas àqueles que vir aptos para serem enviados [...]

> Thatcher and Mac Neal. *A Source Book for Medieval History*. New York, 1905. p.499-504. Apud Espinosa, op. cit., p.305-6.

118 O PODER SECULAR E O ESPIRITUAL EM SANTO TOMÁS DE AQUINO (1235-1255)

[...] O poder espiritual e o secular são ambos derivados do poder divino; e, portanto, o poder secular está sob o poder espiritual na medida em que foi estabelecido por Deus, a saber: nas coisas referentes à salvação da alma, e por isso o poder espiritual deve, em tais assuntos, ser obedecido preferentemente ao secular. Mas naquelas coisas que se referem ao bem-estar civil, o poder secular deve ser obedecido preferentemente ao espiritual, de acordo com o dito em Mateus 22, 21: "Dai a César o que é de César". A menos que o poder secular esteja unido com o espiritual, como no caso do Papa, que detém ambos, o espiritual e o temporal, porque ele é sacerdote e rei; sacerdote eterno, segundo a ordem de Melquisedec, mas rei de reis e mestre daqueles que têm o domínio (*dominus dominantium*).

O poder secular é submetido ao espiritual como o corpo à alma e não usurpa o julgamento, pois o poder espiritual se introduz nas coisas temporais, pelo menos naquelas nas quais esse poder lhe é submetido ou que lhe são entregues pelo poder secular.

> *II Sententiarum.* dis. 44, e *Summa Theologica*, q. 60, a. 6. In: Pilati, G. *Chiesa e Stato nei primi quindici secoli.* Roma, Paris, 1961. Apud Pacaut, op. cit., p.134.

119 BULA *UNAM SANCTAM*. BONIFÁCIO VIII (1302)

Somos obrigados pela fé a acreditar e defender e nós acreditamos firmemente e confessamos com sinceridade que a Santa Igreja Católica e Apostólica é uma e que fora dessa Igreja não existe salvação nem remissão dos pecados [...] Esta Igreja, una e única, possui um corpo e uma cabeça – não duas cabeças como um monstro – nomeadamente Cristo e o vigário de Cristo, Pedro e o sucessor de Pedro, porque o Senhor disse ao próprio Pedro: "Apascenta as minhas ovelhas". Ele disse "as minhas ovelhas" em geral, e não estas ou aquelas; por esta razão, subentende-se que o encarregou de todas. Por isso, se os Gregos ou outros dizem que não foram entregues a Pedro e aos seus sucessores, confessam necessariamente que não pertencem às ovelhas de Cristo, porque o Senhor diz em João: "Há um só rebanho e um só pastor".

E aprendemos das palavras do Evangelho que nesta Igreja e em seu poder estão duas espadas, a espiritual e a temporal [...] Na verdade, aquele que nega estar a espada temporal em poder de Pedro interpreta mal as palavras do Senhor: "Põe a tua espada na bainha". Ambas estão em poder da Igreja, a espada espiritual e a material. Mas a última é para ser usada para a Igreja, a primeira por ela; a primeira, pelo sacerdote, a última, pelos reis e cavaleiros, mas de acordo com a vontade e permissão do sacerdote. Uma espada, portanto, deverá estar sob a outra, e a autoridade temporal sujeita à espiritual [...] Se, portanto, o poder terreno erra, será julgado pelo poder espiritual; e se um poder menor erra, será julgado pelo maior. Mas se o supremo poder erra, apenas poderá ser julgado por Deus, não pelo homem [...] Por tudo isto declaramos, estabelecemos, definimos e pronunciamos que é absolutamente necessário para a salvação de toda a criatura humana estar submetida ao pontífice romano.

> Aemilius Friedberg. *Corpus Juris Canonici*. Pars secunda. *Decretalium Collectiones*, Graz, 1955, cols. 1245 e 1246. Apud Espinosa, op. cit., p.337-8.

120 RELAÇÕES ENTRE BONIFÁCIO VIII E FILIPE IV (1302)[6]

De Bonifácio a Filipe

Bonifácio, bispo, servo dos servos de Deus, a Filipe, rei da França. Temei a Deus e cumpri Seus mandamentos. Queremos que vós saibais que sois subordinado a nós em espiritualidade e temporalidade. A nomeação para benefícios e prebendas não pertence de todo a vós e se vós tendes a custódia de alguma Igreja desocupada é para que entregueis seus rendimentos aos que sucederam aos que a deixaram. Se vós conferistes tais benefícios a alguém, nós declaramos as nomeações nulas e invalidadas e revogamos qualquer coisa que fizestes a respeito. Feito em Latrão no quinto dia de dezembro, no sétimo ano de nosso pontificado.

De Filipe a Bonifácio

Filipe, pela graça de Deus rei de França, a Bonifácio que age como se fosse o Papa pouca ou nenhuma saudação. Queira vossa grande imbecilidade saber que em temporalidades não somos subordinados a ninguém; que a nomeação para igrejas desocupadas e prebendas pertence a nós por direito real, e que seus rendimentos são nossos; que as nomeações que fizemos no passado ou que possamos fazer no futuro são válidas, e que defenderemos arduamente seus detentores contra quem quer que seja. Todos os que pensarem de outro modo nós os tomaremos por imbecis e doidos. Feito em Paris.

> Dupuy, P. (Ed.) *Histoire du Différend d'entre le Pape Boniface VIII et Philippe le Bel*. Paris, 1655. p.44. Apud Pinsky, J. *Modo de produção feudal*. 3.ed. São Paulo: Global, 1984. p.121-2.

---

6 Os partidários de Filipe, o Belo, fizeram circular essas cartas falsificadas em Paris, afirmando que a primeira fora enviada por Bonifácio e a segunda, de Filipe ao papa.

As teorias conciliaristas e o Cisma

121 A NEGAÇÃO DO PODER PONTIFÍCIO – MARCÍLIO DE PÁDUA (1324)

[...] a lei pode ser considerada de duas maneiras. Em si mesma, quando mostra o que é justo ou injusto, benéfico ou prejudicial, e como tal se denomina ciência ou doutrina do direito (*iuris*). Pode também considerar-se como aquilo para cujo cumprimento se dá o mandato coercitivo em virtude de um castigo ou recompensa aplicáveis neste mundo, ou aquilo que se dispõe através de tal mandato: e considerada neste sentido chama-se, e é mais apropriadamente, uma lei. Nesse sentido é que Aristóteles a definiu no último livro de sua *Ética* (c. 8) quando disse: *A lei tem poder coercitivo porque é um raciocínio que deriva da prudência e da compreensão*. A lei, portanto, é um raciocínio ou declaração que deriva da prudência e da compreensão política, quer dizer, uma ordem elaborada pela prudência política em relação com matérias justas e úteis ou suas contrárias, e com poder *coercitivo*, isto é, que seu cumprimento está garantido mediante uma ordem que cada um é obrigado a observar, ou que, ao menos, se impõe em virtude de tal mandato.

Conclui-se que nem todos os conhecimentos certos, referentes a matérias de justiça e utilidade civis são leis, a menos que exista previamente uma disposição coercitiva que obrigue a sua observância ou que se cumpram em virtude de uma ordem. Embora tal conhecimento seja necessário para a existência de uma lei perfeita, às vezes um falso conhecimento do justo e do útil se converte em lei quando se dá uma ordem que exige sua observância ou se impõe por meio de um mandato [...]

Em um terceiro sentido, a palavra *juiz* significa governante e *juízo* a sentença do governante que tem autoridade para decidir em matérias relativas ao justo e útil, de acordo com as leis ou costumes, e fazer cumprir em virtude de um poder coercitivo as sentenças que pronuncia [...]

Desejamos agora, de um ponto de vista oposto, aduzir as verdades da Sagrada Escritura, tanto em seu sentido literal como no místico, de acordo com as interpretações dos santos e as exposições de outros doutores da fé cristã, os quais explicitamente ordenam ou pelo menos aconselham, que nem o bispo de Roma, chamado papa, nem nenhum outro bispo, ou sacerdote, ou diácono, tenha ou deva ter nenhum governo, juízo ou jurisdição coercitiva sobre nenhum sacerdote ou leigo, governante, comunidade, grupo ou indivíduo de qualquer condição, entendendo por *juízo coercitivo* o que definimos no segundo capítulo deste tratado, como terceiro sentido de juiz e juízo [...]

De acordo, portanto, com a verdade e a clara intenção do apóstolo e dos santos, mestres máximos da Igreja ou da fé, não se dispõe que ninguém, nem sequer um infiel, possa ser compelido neste mundo, por meio da ameaça ou castigo, a observar as normas da lei evangélica, e por isso os ministros desta lei, os bispos e sacerdotes, não podem nem devem julgar nada deste mundo por um juízo deste terceiro tipo, nem obrigar, mediante ameaça ou castigo, a observar os mandamentos da lei divina, especialmente sem autorização do legislador humano; porque tal juízo coercitivo não deve, de acordo com a lei divina, ser exercido ou executado neste mundo, mas somente no futuro [...]

Vê-se portanto que, de acordo com as palavras de Cristo no Evangelho e o testemunho dos santos, Cristo não exerceu neste mundo o poder judiciário, quero dizer, coercitivo, ao qual chamamos de juízo no terceiro sentido, mas que, como se fosse um servo, sofreu este juízo de outro homem; e só quando exerça o poder coercitivo de juiz no outro mundo e, não antes, os apóstolos se sentarão a seu lado para realizar tais julgamentos.

Disto conclui-se que seja realmente assombroso que um bispo ou sacerdote, qualquer que seja, assuma por si uma autoridade maior que a que Cristo e seus apóstolos tiveram neste mundo, pois eles foram julgados como se fossem servos pelos governantes; no entanto, seus sucessores não só se negaram a submeter-se aos governantes, contra o exemplo e mandato de Cristo e dos apóstolos, mas, inclusive, pretendem ser superiores em poder coercitivo aos poderes e governantes máximos.

Marcílio de Pádua. *Defensor Pacis*. Apud Artola, op. cit., p.132-3.

122 O DECLÍNIO DAS IDEIAS TEOCRÁTICAS – GUILHERME DE OCKHAM (1340)

[...] Prova-se desta maneira que o Império Romano não depende do papa. O Império é anterior ao Papado, visto que é anterior ao nascimento de Cristo [...] Logo, o Império não dependia então do papa [...] Além disto, se o Império Romano dependesse do papa, dependeria quer segundo o direito divino, quer segundo o direito humano. Não depende segundo o direito divino, pois [...] não encontramos nada semelhante nas Sagradas Escrituras e encontramos mesmo o contrário [...] Com efeito, Cristo e os Apóstolos nunca ensinaram que o imperador romano devesse reconhecer que o seu Império dependia do papa mais que o rei de França ou qualquer outro rei [...] Da mesma maneira nada se pode concluir das palavras de Cristo: *"Tu és Pedro e tudo o que ligares na terra"*, porque estas palavras não devem ser compreendidas sem exceção, mas excetuando nelas os direitos e liberdades dos imperadores.

Tampouco pelo direito humano pode o papa concluir que o Império Romano depende dele [...] Com efeito, os imperadores cristãos sucederam aos imperadores infiéis e chamaram-se também César e Augusto. E servem-se do direito dos imperadores infiéis, tanto mais que Cristo [...] não veio diminuir os direitos dos imperadores infiéis.

Guilherme de Ockham. *Breviloquium de potestate papae*. L.IV, cap.II. In: Baudy, L. *Guillaume d'Occan, sa vie, ses œuvres, ses idées sociales et politiques*. Paris, 1950. Apud Pacaut, op. cit., p.172.

123 O CONCÍLIO DE PISA: ELEIÇÃO DE ALEXANDRE V (1409)

E então o cardeal de Bar e todas as suas gentes partiram de Gênova e caminharam, em várias jornadas, até que chegaram à cidade de Pisa. No qual lugar estava reunida grande multidão de cardeais da obediência dos dois papas, mestres em teologia, graduados tanto em decretais como em outras ciências, embaixadores de diversos reinos e grande número de prelados de todas as partes da Cristandade. Os quais, depois de terem tido vários concílios sobre a divisão da Igreja universal, chegaram enfim a uma conclusão, e todos em conjunto e de uma só vontade condenaram os dois pretendentes ao papado como heréticos, cismáticos, obstinados no mal e pertubadores da paz da nossa Santa Madre Igreja. Esta condenação foi feita, estando presentes vinte e quatro cardeais às portas da cidade de Pisa, na presença de todo o povo. E no 15º dia de Junho do dito ano os cardeais acima nomeados, chamando e invocando a graça do Espírito Santo, entraram em conclave e aí estiveram juntos pelo espaço de vinte e um dias, até que chegaram a uma conclusão e elegeram Pedro de Candia, natural da Grécia, da ordem dos Frades Menores, doutor em Teologia feito em Paris, arcebispo de Milão e cardeal, como verdadeiro e soberano bispo católico da nossa Santa Madre Igreja.

O qual, ao ser consagrado, foi chamado Papa Alexandre V deste nome. Oh Deus todo-poderoso! Que enorme alegria e prazer aqui houve pela grande provisão da tua Graça! Porque não se poderia contar a grande gritaria e manifestações feitas por aqueles que estavam e vinham em redor da dita cidade pelo espaço de uma légua aproximadamente. Mas que poderemos nós dizer da cidade de Paris? Certamente, quando ouviram estas notícias, era no 8º dia de Julho, encheram-se de tão grande alegria que não deixavam de gritar, noite e dia, pelas praças e pelas ruas, em alta voz: "Viva Alexandre V nosso papa! Bebamos e comamos juntos à maneira de grande solenidade". E depois fizeram fogos, que eram muito grandes.

La Chronique d'Enguerran de Monstrelet. Douët-D'Arcq (Ed.). Paris: Société de l'Histoire de France, 1858: t.II. p.9-10. Apud Espinosa, op. cit., p.339-40.

124 ELEIÇÃO DE MARTINHO V E FIM DO CISMA DO OCIDENTE (1417)

[...] nesse tempo, por determinação do santo Concílio de Constança,[7] quatro nações, a saber: a Itália, a França, a Inglaterra e a

---

7 O Imperador Segismundo ordena, em 1414, a reunião do Concílio, notificando os papas João XXIII de Pisa, Gregório XII de Roma e Bento XIII de Avinhão sobre o mesmo, solicitando-lhes a sua renúncia.

Alemanha elegeram seis homens notáveis de cada uma das nações, os quais entraram com todos os cardeais da corte de Roma em conclave, para eleger o papa, na noite de S. Martinho, de Inverno. E estando eles ali, de portas fechadas, Segismundo, rei da Alemanha, rei da Hungria e da Boêmia, estava do lado de fora, junto às portas, sentado em trono real, tendo na cabeça a coroa e na mão uma vara real. O qual estava rodeado por vários príncipes, cavaleiros e outros homens de armas. E pela graça do Espírito Santo, segundo se crê de comum acordo, elegeram papa o cardeal (Odão) Colonna, natural de Roma, tendo nas suas armas um escudo vermelho e no meio uma coluna de prata coroada de ouro. O qual papa foi levado à Igreja Catedral e consagrado pelo cardeal Ostiense, deão dos cardeais e foi chamado Martinho, quinto deste nome. A qual coisa foi imediatamente divulgada por todas as partes das ditas nações. Pelo que todo o clero e o povo renderam graças a Deus, exceto a cidade de Paris, porque temia que este novo papa e o rei da Alemanha fossem favoráveis ao rei da Inglaterra e ao duque da Borgonha, mais do que ao rei de França e ao conselho real.

La Chronique d'Enguerran de Monstrelet. Douët-D'Arcq (Ed.). Paris: Société de l'Histoire de France, 1859. t.III, p.189-90. Apud Espinosa, op. cit., p.341.

125 O CONCÍLIO DE CONSTANÇA (1414-1418)

Do número de Cardeais.

Estabelecemos que de agora em diante o número de cardeais da Santa Igreja Romana seja limitado, de maneira que não seja uma carga para a Igreja, nem se degrade pelo seu número excessivo; que se elejam proporcionalmente de todas as partes da Cristandade em quanto for possível, para que se possa ter mais facilmente conhecimento das causas e assuntos que atingem a Igreja, e que a igualdade das regiões seja observada nas honras eclesiásticas, assim, pois, que não ultrapassem de vinte e três, a não ser que em homenagem às nações que não têm cardeais se acrescentem um ou dois, somente uma vez, com o conselho e consentimento dos cardeais. Serão homens notáveis pela ciência, pelos costumes e pela experiência dos assuntos; doutores em teologia ou em direito canônico ou civil; exceto alguns poucos que sejam de origem real, ducal ou de grandes príncipes, aos quais bastará ser competentes em gramática; não serão nem irmãos nem sobrinhos de irmão ou de irmã, de quaisquer dos cardeais vivos; nem haverá mais de um das Ordens Mendicantes, nem de corpo corrompido, ou manchado por algum crime ou por nascimento infame; não se fará a eleição somente por voto auricular, mas também, com o conselho dos cardeais reunidos, como costumava ser feito na eleição dos bispos; esta forma também é observada quando um dos cardeais assume o episcopado.

> Mansi. *Sacrorum Conciliorum nova et amplissima Colletio*. Reimp. Paris, Leipzig, 1901-1927. t.XXVII, p.1175. Apud Falcon, op. cit., p.187.

Religiosidade popular e movimentos heréticos

126 O MASSACRE DE JUDEUS EM TURÍNGIA E OS FLAGELANTES (1349)

No mesmo ano, entre a festa da Purificação da Bem-Aventurada Virgem Maria (2 de fevereiro) e a Quaresma (25 de fevereiro) os judeus foram postos à morte em todas as cidades fortificadas, castelos e vilas de Turíngia a Gotha, Eisenach, Arnstadt, Ilmenau, Nebra, Wei und Wiche, Tennstaedt, Herbsleben, Thamsbrueck, Frankenhausen e Weissensee, porque o rumor público os acusava então de haver poluído as fontes e os poços, nos quais numerosos sacos repletos de substâncias envenenadas foram descobertos. No mesmo ano, dia de São Bento (21 de março), que caiu no sábado anterior ao domingo de *Laetare*, os habitantes de Erfurt mataram cem judeus ou mais, malgrado a oposição dos cônsules. Outros judeus, em número de mais de três mil, dando conta que não poderiam escapar das mãos dos cristãos, deram-se à morte pelo fogo em suas próprias casas, como numa busca de purificação. Ao fim de três dias, carregaram-nos nas carroças, conduziram-nos ao seu cemitério, em frente à porta de São Maurício, para aí enterrarem-nos.

Que descansem no inferno! Diziam também que eles haviam poluído as fontes em Erfurt-sur-Gera e contaminado os peixes e que ninguém os quis comer durante a Quaresma, e que nenhum cidadão rico fez lavar sua cozinha usando aquelas águas. Não sei se é verdade mas creio, sobretudo, que o início de sua desgraça foi atribuído às somas consideráveis e exorbitantes que lhes deviam tanto barões como cavaleiros, citadinos como camponeses.

Graças sejam rendidas, entretanto, a Deus, que, em sua grande misericórdia, velou com solicitude pela cidade de Erfurt e pelo povo cristão em meio a tantos incêndios e tantas mortes.

No mesmo ano e no mesmo dia, os judeus foram mortos em Mulhausen, nas mesmas condições que em Erfurt e em quase toda a Alemanha, e outros judeus se deram à morte pelo fogo.

No mesmo ano, milhares e milhares de miseráveis flagelantes se espalharam, por Turíngia e por quase toda a Alemanha, a ponto de se verem três mil ou mais frente a Eylbrechtisgehsre, perto de Erfurt, seis mil ou mais em Guenstaedt, na festa da Consagração, e estavam assim em todas as cidades, vilas fortificadas e vilarejos da Turíngia, à exceção de Erfurt, onde os cônsules, prevenidos e avisados, não os deixaram entrar. Estes flagelantes fizeram muito mal ao clero por causa de suas pregações e da agitação que causavam.

> *Monumenta erphesfurtensia*, saec. XII, XIII, XIV.
> Holder-Egger, (Ed.). Hannoverae, 1899, p.379-80.
> Apud Pinski, op. cit., p.127-8.

127 A PRESENÇA DO DIABO (S. IX)

Deve-se advertir aos clérigos canônicos que sejam cautos para que não se deixem enganar pelas astúcias do demônio com fantasias falaciosas. A aparição do diabo, efetivamente, dá-se também entre os clérigos; portanto se uma pessoa vai visitá-los, homem ou mulher, velho ou jovem, desconhecido ou inclusive conhecido, façam primeiro uma reza para invocar o nome do Senhor, já que, se é uma transformação do diabo, com a oração possa ser afugentado. Se os demônios suscitam nas suas mentes pensamentos de orgulho e de vaidade, não os aceitem, mas humilhem-se diante de Deus e desprezem a arrogância ilícita que se lhes apresenta.

> Crodegango de Metz. *Regula canonicorum*, 86. P.L. 89, 1095-1096. Apud Giordano, O. *Religiosidad popular en la Alta Edad Media*. Madrid: Gredos, 1983. p.294.

128 COSTUMES PAGÃOS (S. XI)

1 – Você tem consultado ou chamado magos para irem à sua casa a fim de conhecer ou purificar alguma coisa com a sua arte maléfica; ou bem, seguindo o costume dos pagãos, tem pedido aos adivinhos a predição do futuro como se fossem profetas? Tem recorrido aos sortilégios ou àqueles que através das sortes dizem prever o futuro, ou tem convidado na sua casa os que praticam augúrios e encantamentos?

2 – Tem praticado os atos pagãos, que foram transmitidos de pais para filhos até os nossos dias quase como um direito hereditário por instigação do diabo, isto é, honrar os elementos, como a lua, o sol, o curso das estrelas, o novilúnio, o eclipse da lua, à qual acreditavas poder restituir o seu esplendor com os teus gritos, ou tem acreditado que tais elementos podiam ajudá-lo e você ajudá-los? Tem esperado o novilúnio para acertar os seus negócios ou para concertar matrimônios?

3 – Tem celebrado as calendas de janeiro, segundo os usos pagãos, fazendo no ano novo algo mais do que costumava fazer antes e depois, arrumando nesse dia, na sua casa, a mesa com lâmpadas e pratos diversos, cantando e dançando pelas ruas e praças; ou tem-se sentado no telhado da sua casa dentro do círculo traçado à tua volta com uma faca, a fim de prever o que te aconteceria no ano seguinte...? [...]

7 – Tem ido rezar num lugar diferente da Igreja ou daquele que lhe indicou o bispo ou o sacerdote, quer dizer, junto às fontes, às pedras, às árvores, às encruzilhadas, e tem acendido lá por devoção uma tocha ou uma vela; tem levado lá pão ou alguma oferenda e tem comido buscando a saúde da alma e do corpo?

10 – Tem acreditado ou participado da superstição, segundo a qual há mulheres capazes de mudar os sentimentos dos homens através de malefícios e de encantamentos, trocando o ódio em amor e o amor em ódio, ou tem acreditado que com o mal de olhos podem arrastar e destruir os bens dos homens? [...]

12 – Tem acreditado ou participado da superstição, segundo a qual as mulheres infames, entregues ao diabo e seduzidas pelas ilusões e aparições diabólicas acreditam e confessam abertamente que durante as horas noturnas cavalgam sobre certas bestas junto a Diana, deusa dos pagãos, e em companhia de uma enorme multidão de mulheres, no silêncio da noite escura, percorrem imensas regiões da terra e obedecem às ordens da deusa como sua senhora...?

Burcardo de Worms. *Decretorum libri*, XX. P. L., 140, 960-976. Apud Giordano, op. cit., p.263-5.

129 DAS PRÁTICAS MÁGICAS (S. IX)

Há muitos séculos, estendeu-se por toda a terra o engano das artes mágicas pela tradição dos anjos maus. Foi o seu fundador Zoroastro [...] Lembremos somente alguns entre muitos. *Os magos* são os que vulgarmente se chamam *maléficos* pelas muitas maldades que cometem: agitam os elementos, turvam a mente dos homens e não matam com veneno, senão, simplesmente com o poder de uma formula mágica. Os *nigromantes* são os que com seus encantamentos evocam os mortos [...]. Os *hidromantes* são os que evocam as sombras dos demônios olhando a água, na qual dizem ver refletidas as suas imagens, que fazem cabriolas, e ouvem as suas vozes. Os *encantadores* são os que exercem a magia com a palavra. Os *ariolos* são os que recitam rezas ímpias em volta dos altares dos ídolos, oferecem sacrifícios impuros e, durante estes ritos, recebem respostas dos demônios. Os *auspices* são os que conhecem as horas apropriadas para os negócios e para os trabalhos, os que escrutam as vísceras, examinam os pelos e as demais partes dos animais, e assim preveem o futuro. Chamam-se *augures* aqueles que observam o voo e o canto das aves [...] Existem também as *pitonisas*, que são também ventríloquas; os *astrólogos*, que tiram os seus auspícios dos astros. Aqueles que observam os dias do nascimento ou têm em conta o signo dos astros para os que nascem chamam-se vulgarmente *matemáticos*. Existem os *horóscopos* que, segundo o nascimento, preveem um destino diverso. Existem os *sortílegos* que, com falsa religiosidade, através das chamadas *sortes dos santos*, praticam a arte da adivinhação e predizem o futuro lendo certos escritos [...]

A todas essas práticas pertencem, também, as *ligaduras*, de execráveis remédios, condenadas inclusive pelos médicos, às quais acrescentam-se encantamentos, letras do alfabeto e todos esses amuletos que se penduram ou se amarram ao corpo [...] Em todas essas práticas há uma parte diabólica, nascida de uma espécie de pestilenta aliança entre os homens e os anjos maus. Por isso todos os cristãos devem evitá-las absolutamente e condená-las com todo o desdém possível.

> Hincmard de Reims. *De Divortio Lotharii et Tetbergae*, 15. P. L., 125, 718-719. Apud Giordano, op. cit., p.285-6.

A CIDADE

O surgimento das cidades

130 O APARECIMENTO DE UM BURGO NOVO: BRUGES (S. XIII)

[...] Com a continuação, para satisfazer as faltas e necessidades dos da fortaleza, começaram a afluir diante da porta, junto da saída do castelo, negociantes, ou sejam, mercadores de artigos custosos, em seguida taberneiros, depois hospedeiros para a alimentação e albergue dos que mantinham negócios com o senhor, muitas vezes presente, e dos que construíam casas e preparavam albergarias para as pessoas que não eram admitidas no interior da praça. O seu dito era: "vamos à ponte". Os habitantes de tal maneira se agarraram ao local que em breve aí nasceu uma cidade importante que ainda hoje conserva o seu nome vulgar de ponte, porque *brugghe* significa ponte em linguagem vulgar.

> Jean Lelong, cronista de Saint-Bertin. In: Gothier, L., Etroux, A. (Ed.) *Recueils de textes d'histoire pour l'enseigement secondaire.* t.II, p.105. Apud Espinosa, op. cit., p.199.

131 A FUNDAÇÃO DE LÜBECK (S. XII)

Adolfo, conde de Holstein, começou a reconstruir o *castro* de Segeberg e o rodeou de uma muralha. Porém como a terra estava deserta, enviou núncios a todas as regiões, a saber: Flandres, Holanda, Utrecht, Westfália, Frísia, para que, aqueles que estivessem limitados pela falta de campos, viessem com as suas famílias a receber uma terra ótima, uma terra espaçosa, rica em frutos, com abundância de pescado e carne e favorável para os pastos [...]

A este chamado acudiu uma inumerável multidão de várias nações: reunidas as famílias e os bens, acudiram à terra dos Wagriens junto ao conde Adolfo, para ocupar a terra que lhes tinha prometido. E assim os primeiros Holzates assentaram-se nos lugares mais seguros, na zona ocidental de Segeberg, perto do rio Taberna, e também na planície de Schwentinefeld e nas margens do Schwale até Tensfelder, e no lago Plon. Os westfalianos ocuparam o *pagus* de Dargum, os holandeses, o de Utin, os frisões, o de Susel. Mais longe, o país de Plon estava ainda deserto. Por outro lado deu aos eslavos Oldemburgo e Lutjenburgo e as terras restantes à beira-mar, para que as povoassem, e assim se fizessem tributários.

Depois disto, o conde Adolfo veio ao lugar chamado Bucu e encontrou lá o muro da cidade destruída que construíra Cruto, inimigo de Deus, e uma ampla ilha rodeada por dois rios. Em efeito, de uma parte corre o rio Trave, da outra o Wakenitz, e ambos possuem uma ribeira pantanosa e impraticável. Porém, pela parte onde passa a via terrestre, existe uma pequena colina, situada diante do muro do *castro*. Assim, vendo este homem ativo as vantagens do lugar e a segurança do porto, começou a edificar lá uma cidade à qual chamou de Lübeck, porque não estava longe do antigo porto e da cidade que o príncipe Henrique tinha fundado antigamente. E enviou mensageiros a Niclotum, príncipe dos obodritas, propondo-lhe amizade; todos os nobres foram ganhos pelos presentes, até tal ponto que rivalizaram para conseguir os seus obséquios e a sua terra. Assim pois, começaram a repovoar os desertos da província de Wagirie, e o número dos habitantes multiplicou-se. Por outro lado, o sacerdote Vicelino, pela demanda do conde e com o apoio dele, recebeu os bens que o imperador Lotário tinha concedido antigamente ao *castro* de Segeberg para a construção do mosteiro e subsídio dos servos de Deus.

> Helmod de Bosau. *Chronica Slavorum*. M. G. H., XXI. Apud Falcon et al., op. cit., p.120.

132 A REPROVAÇÃO NO VALE DO DOURO: SAHAGUN (S. XI)

Pois agora, como o dito rei (Afonso VI) ordenasse e estabelecesse que lá se fizesse uma vila, juntaram-se de todas as partes do universo burgueses de muitos e diversos ofícios; a saber: ferreiros, carpinteiros, alfaiates, peleiros, sapateiros e homens de diversas províncias e reinos, a saber: gascões, bretões, alemães, ingleses, borgonheses, normandos, tolosanos, provençais, lombardos, e muitos outros negociantes de diversas nações e estranhas línguas; e assim povoou e fez a vila não pequena. E depois o rei fez tal decreto e ordenou que ninguém dos que morassem na vila, dentro dos limites do mosteiro, tivesse por direito hereditário ou por razão de herança campo nem vinha, nem horto, nem eira, nem moinho, a não ser que o abade, em forma de empréstimo, desse alguma coisa a alguns deles, mas que pudessem ter casa dentro da vila, e por causa e a respeito dela, por todos os anos, pagassem cada um deles ao abade um soldo por censo e reconhecimento de senhorio.

> *Crónicas anónimas de Sahagum*. In: Tuñón de Lara, op. cit., p.264.

133 A POLÍTICA EXPANSIONISTA DE UMA CIDADE LOMBARDA: MILÃO (S. XII)

Entre todas as cidades deste povo, Milão detém agora a chefia. Está situada entre o Pó e os Pireneus[8] e entre o Ticino e o Adda, que toma a sua nascente nos mesmos Pireneus e corre para o Pó, criando por isso um certo vale muito fértil, como uma ilha [...] Esta cidade é agora considerada (como foi dito) mais famosa do que outras, não apenas por causa do seu tamanho e abundância de homens honrados, mas também pelo fato de ter estendido a sua autoridade sobre duas cidades vizinhas situadas no mesmo vale, Como e Lodi. Além do mais – como vulgarmente acontece no nosso lote transitório quando a boa fortuna nos sorri – Milão, favorecida pela prosperidade, foi levada a uma tão audaciosa exaltação que não só não hesitou em incomodar os seus vizinhos, como ousou mesmo recentemente incorrer na má vontade do príncipe (Frederico Barbarruiva), por desrespeito à sua majestade.

> Otto de Freising. In: *The deeds of Frederick Barbarossa*. Trad. e notas de Charles Christopher Mierow e Richard Emery. New York, 1966. p.128-9. Apud Espinosa, op. cit., p.200-1.

As atividades comerciais

134 A FORMAÇÃO DE UM MERCADOR (S. XI)

Quando o rapaz, depois de ter passado os anos da infância sossegadamente em casa, chegou à idade varonil, principiou a seguir meios de vida mais prudentes e a aprender com cuidado e persistência o que ensina a experiência do mundo. Para isso decidiu não seguir a vida de lavrador, mas antes estudar, aprender e exercer os rudimentos de concepções mais sutis. Por esta razão,

---

8 Erro geográfico. São os Alpes, e não os Pirineus, os montes situados ao Norte de Milão.

aspirando à profissão de mercador, começou a seguir o modo de vida do vendedor ambulante, aprendendo primeiro como ganhar em pequenos negócios e coisas de preço insignificante; e então, sendo ainda um jovem, o seu espírito ousou a pouco e pouco comprar, vender e ganhar com coisas de maior preço.

[...] Primeiro viveu como um mercador ambulante por quatro anos no Lincolnshire, andando a pé e carregando fardos muito pequenos; depois viajou para longe, primeiramente até Saint Andrews na Escócia e depois pela primeira vez até Roma. No retorno, tendo feito uma amizade familiar com certos outros jovens que ambicionavam mercadejar, começou a lançar-se em viagens mais atrevidas e a ir por mar, junto à costa, até às terras estrangeiras que ficavam à volta. Assim navegando muitas vezes entre a Escócia e a Bretanha, negociou em mercadorias variadas e no meio destas ocupações aprendeu muito da sabedoria do mundo [...] Porque trabalhava não apenas como mercador, mas também como marinheiro [...] foi para a Dinamarca, Flandres e a Escócia; nas terras onde encontrava certas mercadorias raras e por isso mais preciosas, transportava-as para outras partes onde sabia que eram menos familiares e cobiçadas pelos habitantes a preço de ouro. Fez desta maneira muitos lucros com todas as suas vendas e reuniu avultados bens com o suor do seu rosto, visto que vendia caro num lugar as mercadorias que tinha comprado noutro por um preço inferior.

Reginaldo de Durham. *Libellus de Vita et Miraculis S. Godrici, heremitae de Finchale*. Stewenson (Ed.). London, 1847. Apud Espinosa, op. cit., p.198.

135 MERCADORES NA FEIRA DE CHAMPAGNE (S. XIII)

Troyes, 29 de novembro de 1265.
A messer Tolomeo[9] e aos outros sócios:
Andrea envia-vos saudações. E deveis saber que os sieneses que aqui estão despacharam (as suas cartas) por um mensageiro

---
9 Membro de uma das mais importantes famílias de Siena.

comum, depois da última feira de Saint-Ayoul, como habitualmente. Enviou-vos um rolo de cartas por Balza, um correio de Siena. Se as não receberdes tentai alcançá-las [...]

Aqui as mercadorias vendem-se tão mal, que parece mesmo impossível vender alguma coisa; e há imensa quantidade delas. A pimenta vale aqui [...] libras a carga e não se vende bem. O gengibre, de 22 a 28 dinheiros,[10] dependendo da qualidade. O açafrão tem sido muito procurado, vendendo-se a 25 soldos a libra e já não há nenhum (no mercado). A cera de Veneza, a 23 dinheiros a libra. A cera de Túnis a 21 dinheiros e meio. O sócio de Scotto tem uma quantidade de mercadorias e não consegue trasformá-las em dinheiro; está tentando enviá-las para a Inglaterra, a fim de as vender lá. O câmbio do esterlino faz-se a 59 soldos o marco. A boa moeda de Freiburg a 57 soldos e 6 dinheiros o marco. O ouro *tari*[11] a 19 libras e 10 soldos o marco. O ouro em pó, segundo a qualidade. O augusto[12] a 11 soldos cada um. Os florins em Saint-Ayoul valiam 8 soldos cada um e mais um dinheiro por causa da cruzada; mas agora não acredito que os vendam por mais de 8 soldos menos três dinheiros. A moeda de Le Mans vale um quinze avos, ou seja: 15 (soldos) de Le Mans são equivalentes a 2 soldos torneses.[13] A moeda de liga, uns quinze avos e meio.

Se não haveis pago 10 libras pequenas sienesas à mulher de Giacomino del Carnaiuolo, como vos comuniquei da passada feira de Saint-Ayoul, pagai-as, porque são pelas 3 libras provinesas que recebi do dito Giacomino. E lançai-as no meu débito em relação à passada feira de Saint-Ayoul, pois assentei-as em relação à dita feira e esqueci-me de o escrever na carta que vos enviei da dita Saint-Ayoul [...]

> Paulo e Piecolomini. Lettere volgari. In: Gothier, V., Troux, A. (Ed.) *Recueils de textes d'histoire pour l'enseignement secondaire*. t.II, p.137-8. Apud Espinosa, op. cit., p.205-6.

---

10 Refere-se a um tipo de moeda, estabelecendo, a seguir, equivalências com outras como a libra, o soldo, o esterlino, o marco, o tari, o augusto, o florim. Dependendo do emissor, uma moeda com o mesmo nome podia ter valor diferente.
11 Moeda muçulmana correspondente a ¼ do dinar.
12 Moeda de ouro cunhada por Frederico II na Sicília.
13 Moeda proveniente da Abadia de São Martinho de Tours (s. X-XIII).

136 AS FEIRAS DE FLANDRES (S. XIV)

Em Flandres há muitas e variadas feiras, como a seguir se verá, ordenadamente exposto. Em primeiro lugar:

A feira de Ypres começa no primeiro dia da Quaresma e na segunda-feira da Quaresma expõe panos pela manhã, continuando assim até quarta-feira e depois ao fim da tarde grita-se *ara*,[14] não se vendendo mais panos desde o dia em que se gritou *ara*; até quinze dias mais tarde é o período do pagamento da dita feira.

A feira de Bruges começa oito dias depois da Páscoa da Ressurreição e ao cabo de catorze dias começa de manhã a expor panos, tendo três dias de exposição; e acabando estes três dias, pela tarde grita-se *ara* e não se mostram mais panos; e depois há um termo de quinze dias para pagamentos na dita feira.

A feira de Thourout começa em 29 de junho e em 10 de julho pela manhã começa a expor panos. Em 12 de julho pela tarde grita-se *ara* e não se mostram mais panos, sendo em 27 de julho o termo dos pagamentos na dita feira.

A feira de Lille começa no dia de Santa Maria de Agosto e em 26 de agosto pela manhã começa a expor panos. Em 28 de agosto pela tarde grita-se *ara* e não se mostram mais panos, sendo em 12 do próximo mês de setembro o termo dos pagamentos na dita feira.

A feira de Messines da Flandres começa no dia da festa de S. Remígio, que é o primeiro dia do mês de outubro, e em 12 de outubro pela manhã começa a expor panos. Em 14 de outubro pela tarde grita-se *ara* e não se mostram mais panos, sendo em 29 de outubro o termo dos pagamentos na dita feira.

Francesco Balducci Pegolotti. *La pratica della mercatura*. Evans, A. (Ed.). Cambridge (Mass.): The Mediaeval Academy of America, 1936. p.236-7.

---

14   O grito ara! ou haro! significava o momento em que terminavam as vendas e se iniciavam os pagamentos, tanto nas feiras de Champagne quanto nas de Flandres.

137 OS MERCADORES DE LÜBECK NAS FEIRAS DE CHAMPAGNE (1294)

Filipe IV, o Belo, pela graça de Deus rei de França, aos prebostes, bailios e outros oficiais do nosso reino que virem as presentes cartas, saúde.

Tendo visto os autos do nosso tribunal sobre o conflito ocorrido entre os mercadores de Lübeck por um lado e os recebedores da portagem de Bapaume por outro, pareceu que quando estes mercadores se dirigem às feiras da Champagne, com as suas mercadorias adquiridas ou compradas na Alemanha, não devem tomar obrigatoriamente a estrada de Bapaume, mas podem ir e vir com as suas mercadorias por onde quiserem, pagando as portagens habituais nos locais a que se destinam.

Em contrapartida, se trouxerem ou escoltarem mercadorias ou dinheiro de Flandres para as ditas feiras ou para outros locais que figurem nos ditos autos, deverão tomar a estrada de Bapaume. Por esta razão, ordenamos que vos oponhais firmemente a que os ditos mercadores sejam importunados em contrário ao conteúdo dos ditos autos.

In: Dollinger, P. *La Hanse (XIIe-XVIIe siècles)*. Paris: Aubier, 1964. p.470.

138 UMA ROTA MARÍTIMA DA ITÁLIA A FLANDRES (S. XIV)

E as ditas galés ao irem de Veneza para Flandres não ousam, por todo o caminho, meter qualquer outra mercadoria nem de qualquer outra parte senão de Veneza, ao irem de Veneza para Flandres; mas ao voltarem de Flandres para Veneza podem levá-las donde e para onde quiserem. E aqueles que carregam para ir a Flandres não pagam nenhum imposto em Veneza, e os que carregam coisas ao voltar de Flandres para Veneza podem metê-las, vendê-las e trazê-las sem pagar nenhum imposto em Veneza.

Francesco Balducci Pegolotti. *La pratica della mercatura...*, op.cit., p.144.

139 A ATIVIDADE DE UM MERCADOR FLORENTINO (S. XIV)

Voltei a Paris, mas pouco depois saí para seguir o rei (Carlos VI de França), que tinha partido para Avinhão e Toulouse [...] depois do Natal viemo-nos embora [...] Sem parar em Paris, fui para a Holanda, onde ganhei outra grande soma. Depois de um breve retorno a Paris, saí de novo para Inglaterra em companhia do conde de Saint-Pol e de um número de cavaleiros que para aí iam, a fim de tomar parte em algumas justas e torneios.

Não joguei em Inglaterra, mas em vez disto dei 500 francos de ouro a Mariotto Ferrantini e a Giovanni Di Guerrieri de Rossi para comprarem lã e ma enviarem para Florença. Voltei então para Paris, onde passei o inverno. Possuía então 10.000 francos de ouro em lã, casa, mobília, cavalos, utensílios e dinheiro em caixa, sem contar várias somas consideráveis de dinheiro que me eram devidas pelo conde de Saboia, entre outros, as quais montavam a mais de 5.000 francos [...]

Ao chegar a Florença resolvi casar [...] A lã que eu tinha comprado em Inglaterra chegou em dois barcos, antes do meu casamento. O seguro pela consignação descarregada em Gênova era de 9% do custo; pela que chegou a Pisa paguei 14. Quando a lã foi vendida e o dinheiro recebido, verifiquei que em dezesseis meses tinha feito 100 florins de ouro com o empreendimento. Depositei este dinheiro nas mãos de Luigi e Gherardo Canigiani, em quem, depois da minha chegada a Florença, já tinha confiado 4.000 florins de ouro, pelos quais aceitei letras de câmbio. Este dinheiro fez aumentar grandemente o crédito gozado por Canigiani.

> Diário de Buonaccorso Pitti. In: Brucker, G. (Ed.) *Two Memoirs of Renaissance Florence*. New York: Evanston and London, 1967. p.44 -7.

140 UMA PÁGINA DO "LIVRO SECRETO" DE UM MERCADOR FLORENTINO (1384)

Em nome de Deus, da Virgem Maria e de todos os Santos – possam eles conceder-me saúde no corpo e na alma e prosperidade no negócio – registrarei aqui todos os meus negócios com a nossa companhia.

Em 1º de janeiro de 1385, Giovanni di Giano e os seus sócios fizeram-me sócio do seu negócio de seda por tanto tempo quanto o que estivesse na vontade de Deus. Eu deveria investir 300 florins de ouro, que não possuía, estando na realidade ainda agora em dívida para com a sociedade. Todavia, com a ajuda de Deus espero ter rapidamente o dinheiro e deverei receber duas partes em cada vinte e quatro, por outras palavras, um doze avos dos lucros totais. Fizemos as nossas contas em 8 de junho de 1387, por morte de Giovanni di Giano, que descanse em paz. A minha parte dos lucros pelos dois anos e cinco meses em que tenho sido sócio atingiu 468 florins de ouro e 7 *soldi a fiorino*. Graças sejam dadas a Deus [...]

Diário de Gregório Dati. In: Brucker, op. cit., p.108.

141 O DOMÍNIO DOS MARES DO NORTE PELOS MERCADORES HANSEÁTICOS (1294)

Dirigimo-vos as nossas ações de graças por terdes atuado com tanta aplicação e eficácia a fim de restaurar os nossos antigos direitos, já quase abolidos por inércia e negligência, não apenas para vosso e nosso benefício, mas também para o de todos os mercadores do Império Romano desejosos de frequentar as costas marítimas. Vós, muito fiéis mantenedores, remediando tão grande negligência, agindo como cabeça e princípio de todos nós, não hesitastes, como no-lo indicam as vossas cartas, em assumir o pesado encargo de proibir por completo aos frisões e aos flamengos navegar no mar Báltico para Gotland, como o faziam até hoje contrariamente aos antigos direitos. E inversamente impedis os escandinavos de frequentar doravante o mar do Norte, como o fizeram por muito tempo, com menosprezo do direito [...] Além disto suplicamo-vos com insistência que penseis em proibir por completo a todos os ingleses o caminho do mar Báltico.

In: Dollinger, P. *La Hanse...*, op. cit., p.486-7.

142 A RIVALIDADE GENOVESA-VENEZIANA NO ORIENTE (1242-1310)

Nesta época o imperador (Miguel VIII, Paleólogo) decidiu humilhar os genoveses, que estavam cheios de imprudência. De fato, os venezianos e a sua comunidade antigamente ultrapassavam-nos muito em riqueza, em armas e em toda [a espécie de] materiais, porque faziam maior uso dos estreitos do que os genoveses e porque navegavam através do mar alto com grandes navios (galés); assim prosperam, obtendo mais proveitos do que os genoveses, transportando e carregando mercadorias. Mas uma vez que os genoveses se tornaram senhores do mar Negro por concessão do imperador e com toda a liberdade e franqueza se aventuraram nesse mar, navegando em pleno inverno com navios de pequeno tamanho – a que chamavam *taride* – não somente afastaram os romanos dos caminhos e tráficos do mar, mas também eclipsaram os venezianos em riqueza e bens. Por causa disto começaram a olhar de cima não só para estes, da sua própria raça, mas também para os próprios romanos [...]

> Georgios Pachymeres. Michael Paleologus, V. XXX. In: Lopez, R. S., Raymond, I. W. *Medieval Trade in the Mediterranean World*. Columbia: University Press, 1961. p.127-8. Apud Espinosa, op. cit., p.205.

143 A FORMAÇÃO DE UMA SOCIEDADE – COMANDA – EM GÊNOVA

[Gênova], 29 de Setembro de 1163.

Testemunhas: Simone Bucuccio, Ogerio Peloso, Ribaldo de Sauro e Genoardo Tasca, Stabile e Ansaldo Garraton formaram uma *societas* na qual, como mutuamente declararam, Stabile contribuiu com libras [genovesas] e Ansaldo com 44 libras. Ansaldo transportará este capital a fim de o pôr a render, para Túnis ou para onde quer que for o navio que tomar, a saber (o navio) de Baldizzone Grasso e Girardo. No seu retorno (colocará os lucros) em poder de Stabile ou do seu representante para a divisão. Depois de terem deduzido o capital, dividirão os lucros ao meio. Dada na casa do capítulo a 29 de Setembro de 1163, décima primeira indicção.

Acrescenta-se que Stabile dá autorização a Ansaldo para enviar aquele dinheiro para Gênova, pelo barco que lhe parecer mais conveniente.

> In: Lopez R. S., Raymond, I. W. *Medieval Trade in the Mediterranean World*. Columbia: University Press, 1961. p.179. Apud Espinosa, op. cit., p.223-4.

144 O CRÉDITO: A LETRA DE CÂMBIO

Avinhão, 5 de Outubro de 1339.

Em nome de Deus, amém. A Bartolo e seus companheiros, Barna de Lucca e companheiros, saudações de Avinhão.

Pagareis por esta letra em 20 de novembro de 339, a Landiccio Busdraghi e companheiros, de Lucca, trezentos e doze florins de ouro e três quartos pelo câmbio de trezentos florins de ouro, porque eu recebi hoje esse dinheiro de Tancredi Bonagiunta e companheiros, à razão de 4 ¼ por cento a seu favor. E debitai na nossa conta. Dada a 5 de Outubro de 339.

Francesco Falconetti ordenou-nos que pagássemos a vosso favor 230 escudos de ouro à companhia.[15]

A Bartolo Casini e companheiros, em Pisa.

> In: Lopez, R. S., Raymond, op. cit., p.231. Apud Espinosa, op. cit., p.224.

145 O LIVRO DO CONSULADO DO MAR: USOS E COSTUMES MARÍTIMOS (S. XIV)

A) Das obrigações do patrão do barco com relação aos mercadores e viajantes

[...] O patrão está obrigado a assistir e proteger os mercadores, os viajantes e todas as pessoas que estejam na sua nave, tanto o

---

15 A Companhia dos Acciaiuoli, banqueiros florentinos.

débil como o poderoso, e ajudá-los com o seu poder contra toda a classe de gente, e defendê-los contra os corsários e contra todos aqueles que pretendam prejudicá-los. Além disso está obrigado a custodiar todas as mercadorias e bens [...] Também, deve fazer jurar ao *naochero*,[16] aos *paneses*,[17] aos marinheiros e a todos aqueles que viajem ou se encontrem na nave, ou dela recebam salário, que ajudarão quanto possam para defender e proteger os mercadores e os seus bens e os de todos aqueles que se encontrem a bordo. E além disso, não os denunciarão nem suscitarão disputas, roubos ou brigas contra alguns deles. E ainda lhes fará jurar que não tirarão nem introduzirão nada na nave de noite nem de dia sem o consentimento do escrivão ou do *naochero*, ou do vigia.

> *Libro del Consulado del Mar*. Trad. castelhana do catalão de J. R. Parellada. Madrid: Ministério de Assuntos Exteriores, 1955. p.15.

B) *Dos gêneros que os ratos deterioram por não haver gato na nave*
Se os ratos deteriorarem alguma mercadoria e não houver gato na nave, o patrão terá que indenizar (os mercadores). Mas no caso em que a nave levasse gatos quando foi embarcado o carregamento, e tendo morrido estes depois da partida, se os ratos tiverem destruído alguma mercadoria antes de chegar a um porto onde possam ser adquiridos outros, e o patrão os compra ou pode adquirir logo que chegar, não está obrigado a recompensar os danos sobreditos, já que não aconteceram pela sua culpa.

> *Libro del Consulado del Mar*, op. cit., p.17.

C) *Do temor do mercador*
Se um mercador embarcou os seus gêneros e depois quer retirá-los por medo dos seus inimigos, quer dizer, de uma esquadra contrária ou de piratas, pode fazê-lo, tenham ou não tenham

---
16 Piloto.
17 Serviçais responsáveis pela alimentação, como os cozinheiros. Entre os serviçais fixos encontravam-se também os carpinteiros e calafates, os trompeteiros e o barbeiro-cirurgião.

fundamento os seus temores, contanto que os demais mercadores retirem também o que lhes pertence. Mas se é somente um mercador quem retira os seus gêneros por medo ou por qualquer outra razão, e a maior parte dos outros mercadores não os retirar, (o mercador sobredito) deve pagar os fretes ou entrar em acordo com o patrão de maneira que este se considere pago.

Libro del Consulado del Mar, op. cit., p.19.

D) *Da manutenção dos marinheiros*
Também está obrigado o patrão da nave ou embarcação coberta a dar de comer carne aos marinheiros três dias por semana, a saber: domingo, terça-feira e quinta-feira, e *menestra* nos demais dias da semana. E todos os dias de tarde o seu *companage*. Deve também distribuir-lhes vinho três vezes durante a manhã e igualmente todas as tardes. O *companage* deve ser o seguinte, a saber: queijo, ou cebola, ou sardinhas, ou qualquer outro peixe.

O patrão deve dar vinho aos marinheiros enquanto não custar mais de três *besantes* e meio. Se encontra passas ou figos, deve fazer vinho com eles, e se não os encontrar ou lhe custar a *millera* mais de trinta *millareses*, não está obrigado a dar-lhes vinho. Deve também dobrar a ração nas festas principais e ter servidores para preparar a comida.

Libro del Consulado del Mar, op. cit., p.36.

As cidades se organizam: comunas e guildas

146 A COEXISTÊNCIA DE VÁRIAS CLASSES SOCIAIS NAS CIDADES ITALIANAS (S. XII)

No governo das suas cidades e na orientação dos negócios públicos, também [os Lombardos] imitam a sabedoria dos antigos romanos. Finalmente são tão desejosos de liberdade que, para fugirem à insolência do Poder, são governados pela vontade de cônsules, de preferência a príncipes. Como é sabido, existem entre eles três classes: os capitães, os *vavassores* e a plebe. E, a fim de evitar a arrogância, os ditos cônsules são escolhidos não de entre uma, mas de entre cada uma das classes. Para que não excedam os seus limites pela ambição do Poder, são mudados quase todos os anos. A consequência é que, como praticamente toda aquela terra está dividida entre as cidades, cada uma delas exige que os seus bispos aí vivam, e dificilmente se poderá encontrar nos territórios circundantes algum nobre ou homem importante que não reconheça a autoridade da sua cidade. E desse poder para forçar todos os elementos a viverem em comum são levados a chamar às várias terras de cada [nobre] o seu condado. Também para lhes não faltarem os meios de submeter os seus vizinhos, não desdenham de dar a ordem da cavalaria ou graus de distinção a jovens de condição inferior e mesmo a alguns trabalhadores das vis artes mecânicas, que outros povos afastam como a peste dos empreendimentos mais respeitados e honoráveis. Deste fato resultou ultrapassarem de longe todos os outros estados do mundo em riqueza e poder. São ajudados nesta circunstância não apenas, como ficou dito, pela sua característica indústria, mas também pela ausência dos seus príncipes, acostumados a viver do lado de lá dos Alpes.

> Otto de Freising, *The deeds of Frederick Barbarossa*. Trad. e notas de Charles Christopher Mierow e Richard Emery. New York, 1966. p.127-8. Apud Espinosa, op. cit., p.199-200.

147 AS LUTAS SOCIAIS EM FLORENÇA (1177)

[...] Nesse mesmo ano começaram em Florença dissensões e grandes lutas entre os cidadãos, as piores que jamais se haviam dado nessa cidade; e isto devido à demasiada prosperidade e sossego, juntamente com orgulho e ingratidão; porquanto a casa dos Uberti que eram os mais poderosos e os maiores cidadãos de Florença, com os seus aliados, tanto os nobres como populares, começaram a guerra contra os cônsules (que eram os senhores e os governantes da comunidade durante um dado período e de acordo com certas regras), por inveja do governo que não era de seu gosto; e a guerra tornou-se tão feroz e pouco natural que quase todos os dias, ou dia sim dia não, os cidadãos combatiam uns contra os outros em diversas partes da cidade, de bairro para bairro, conforme o lugar de onde eram as facções e de como haviam fortificado as suas torres, em grande número na cidade, com 100 a 120 cúbitos de altura. E nesta época, devido à dita guerra, muitas torres foram fortificadas de novo pelas comunidades dos bairros, a partir dos fundos comuns da vizinhança. Eram chamadas "torres das companhias" e sobre elas estavam instalados engenhos para atirar de umas para outras, encontrando-se a cidade barricada em muitos lugares. Esta praga durou mais de dois anos, morrendo muitos devido a ela e caindo sobre a cidade grandes riscos e danos; mas esta guerra entre os cidadãos tornou-se tão usual e costumeira que um dia podiam combater e no dia seguinte comiam e bebiam juntos, contando uns aos outros histórias do seu próprio valor e proezas dessas batalhas; e por fim deixaram de combater, porque estavam fartos de tanta fadiga, fizeram a paz e os cônsules ficaram no seu governo [...]

> Giovanni Villani. *Croniche Fiorentini*. Livro V. Trad. inglesa de R. E. Selfe. Westminster, 1897. p.109-10. Apud Espinosa, op. cit., p.217.

148 DISPOSIÇÕES DA COMUNA DE ROUEN (1169-1180)

1 – Se for necessário fazer um juiz em Rouen, os cem que estão nomeados pares elegerão três homens bons da cidade e apresentá-los-ão ao rei, e fará juiz aquele que lhe agradar.

2 – Dentre os cem pares serão eleitos vinte e quatro por consentimento dos cem pares, os quais serão mudados todos os anos; de entre estes serão nomeados doze *escabinos*[18] e doze conselheiros. Estes vinte e quatro jurarão no princípio do seu ano guardar os direitos da santa igreja, a fidelidade ao rei, e julgar retamente segundo o seu parecer. E se o juiz lhes confiar qualquer segredo para guardar, guardá-lo-ão; e aquele que o revelar será deposto do seu cargo e entregue à mercê do juiz, dos *escabinos* e da comuna.

---

[18] Funcionários reais cuja função era a de jurados ou conselheiros judiciários no Conselho das comunas.

3 – O juiz e os doze *escabinos* reunir-se-ão todas as semanas duas vezes para os negócios da cidade; e se tiverem dúvida em qualquer assunto chamarão aquele ou aqueles dos doze conselheiros que quiserem e ouvirão sobre esse assunto o seu conselho. E os doze conselheiros reunir-se-ão com o juiz e os *escabinos* todos os sábados; e outrossim os cem pares se reunirão cada quinzena, ao sábado. [...]

29 – O juiz, por ordem do rei, deve convocar a comuna e conduzi-la à hoste; quem quer que ficar, deve ficar por sua ordem. Se alguém ficar sem sua licença, o juiz deve castigá-lo de acordo com o que seja, salvo se ele tiver uma desculpa razoável que o autorize a ficar.

30 – Ninguém deverá estar mais de um ano e um dia na vila se não for jurado da comuna. Durante essa estada e antes de ter jurado não poderá gozar de qualquer das liberdades da vila. Não poderá ser recebido na comuna e jurá-la senão diante do juiz e dos escabinos em exercício das suas funções. Prestado o juramento, terá todas as franquias da vila. [...]

34 – O ladrão apanhado e preso em Rouen ou nos arredores deve ser levado ao juiz e julgado por ele e pelo *bailio*[19] do rei; a execução da sentença deve ser feita pelos oficiais do bailio, à custa do rei [...]

48 – O visconde da vila não pode pôr mão sobre um jurado devido a uma malfeitoria, salvo em caso de morte de homem. O que for convicto de morte de homem ficará com todos os seus bens móveis nas mãos do rei nosso senhor; se possuir casa ou pomar, esses imóveis ficarão nas mãos do juiz e da comuna para deles fazer justiça. [...]

52 – Ninguém se poderá recusar a emprestar o seu cavalo para o serviço da vila; aquele que o recusasse ficaria à mercê do juiz e da comuna.

53 – O juiz, no princípio do seu ano, jurará não pedir ao senhor da terra nem aos barões para ficar juiz além desse ano, salvo com o comum consentimento da vila.

Les établissements de Rouen. In: Giry, A. (Ed.). Paris: Bibliothèque de l'École des Hautes-Études, 1885, t.II, fasc. 59. p.5. Apud Espinosa. op. cit., p.214-5.

---

19 Magistrado que prestava justiça em nome do rei. Às vezes era encarregado da administração de uma região.

149 EXTRATOS DA CARTA COMUNAL DE ARRAS (1211)

Em nome do Pai, do Filho e do Espírito Santo, Luís (VIII), filho mais velho do rei de França (Felipe Augusto). Saibam todos os que vivem e hão-de vir a viver que nós queremos que os direitos e costumes dos cidadãos de Arras permaneçam perpetuamente como uma lei inviolada, a saber:

2 – Quem quer que tire um membro a outrem e haja sido acusado pelos escabinos, a menos que o tenha feito em legítima defesa, ficará dependente da nossa vontade quanto a perder o mesmo membro ou pagar 60 libras. [...]

25 – Quem tiver dado um soco noutro, uma bofetada, ou lhe tiver puxado pelos cabelos, perderá 30 soldos, sendo 15 para o ferido, 10 para o castelão e 5 para os homens da cidade. [...]

41 – Se um homem de fora vier residir para Arras, tendo-se apresentado aos escabinos, e em seguida aí residir pacificamente um ano e um dia não havendo sido objeto de qualquer ação judicial, será burguês e terá a lei da cidade.

> In: Gothier, L., Troux, A. *Recueils de textes d'histoire pour l'enseignement secondaire*, t.II. p.107-8. Apud Espinosa, op. cit., p.215-6.

150 CONCESSÃO DE COMUNA AOS CIDADÃOS DE BAYONNE (1215)

João, pela graça de Deus rei de Inglaterra, senhor da Irlanda, duque da Normandia e da Guyenne e conde de Anjou, aos arcebispos, bispos, abades, condes, barões, juízes, viscondes, prebostes, monteiros e a todos os seus bailios e fiéis, saúde. Sabei que outorgamos e por esta nossa carta confirmamos ao juiz, ao conselho e aos nossos homens bons da cidade de Bayonne e aos seus herdeiros, que tenham comuna na dita cidade da mesma maneira que a têm os nossos burgueses da Rochelle na nossa vila da Rochelle, salvas para nós, em todas as coisas, a nossa "prebostade", costumes e franquezas que na nossa dita cidade de Bayonne devemos ter, assim como temos na nossa vila da Rochelle. Pelo que queremos e mandamos firmemente que os adiante ditos, juiz, conselho e homens bons estantes na nossa cidade de Bayonne e os seus herdeiros tenham por todos os tempos daqui por diante a dita comuna, assim como é dito [...] Dado pela mão de mestre Ricardo de Marreys, nosso chanceler, no templo novo, em Londres, 19 dias de abril, no 16º ano do nosso reinado.

> *Les établissements de Rouen*, t.II. Giry, A. (Ed.). Paris: Bibliothèque de l'École des Hautes-Études, 1885, t.I, fasc. 59. p.3. Apud Espinosa, op. cit., p.216.

151 PRIVILÉGIOS DE HENRIQUE II AOS TECELÕES DE LONDRES (1154-1162)

Henrique pela graça de Deus, rei de Inglaterra, duque da Normandia e Aquitânia, conde de Anjou, aos bispos, juízes, viscondes, barões, oficiais e a todos os seus fiéis e homem lígios de Londres, saúde. Sabei que concedi licença aos tecelões de Londres para terem a sua guilda em Londres, com todas as liberdades e costumes que tinham no tempo do rei Henrique (I), meu avô e assim, que ninguém dentro da cidade se intrometa neste ofício salvo por permissão (dos tecelões), a não ser que pertença à guilda, na cidade, ou em Southwark, ou em outros lugares pertencentes a Londres, exceto aqueles que estavam acostumados a fazê-lo no tempo do rei Henrique, meu avô. Por isso quero e ordeno firmemente que eles possam praticar legalmente o seu ofício em toda a parte e que possam ter todas as coisas acima mencionadas, tão bem, pacífica, livre, honrada e inteiramente como sempre as tiveram no tempo do rei Henrique, meu avô. Assim paguem-me sempre em cada ano 2 marcos de ouro pela festa de S. Miguel. E proíbo a quem quer que seja fazer-lhes injúria ou insulto a este respeito, sob pena de 10 libras de multa; testemunhas: Thomas de Canterbury, Warin Fitz Gerold, camareiro. Em Winchester.

> *Monumenta Gildhallae Londonienses, Liber Custumarum*. Riley, H. T. (Ed.). London, 1860. p.33. Apud Espinosa, op. cit., p.219.

152 PRECEITOS DA GUILDA DA SANTÍSSIMA TRINDADE DE LYNN (S. XIV)

[...] Se algum dos acima citados irmãos vier a morrer na dita cidade ou em qualquer outro lugar, logo que o conhecimento deste fato chegar ao juiz, o dito juiz ordenará que seja celebrada uma missa solene por ele, na qual cada um dos irmãos da dita guilda que fica na cidade fará a sua oferta; e além disto, o juiz mandará cada capelão da dita guilda, imediatamente depois da morte de qualquer irmão, dizer trinta missas pelo falecido.

O juiz e os escabinos da dita guilda são por seu dever obrigados a visitar quatro vezes por ano todos os enfermos, todos os que se encontram em necessidade, indigência ou pobreza, e apoiá-los e ajudá-los com as esmolas da dita guilda.

Se um irmão se tornar pobre e necessitado, deverá ser sustentado em alimentos e vestuário, segundo as suas necessidades, a partir dos rendimentos das terras e possessões, bens móveis e imóveis da dita guilda [...]

In: Cheyney, E. P. *Translations and Reprints from the Original Sources of European History*. Philadelfia, s. d. v.II. p.19. Apud Espinosa, op. cit., p.220.

153 A ADMISSÃO DE UM NOVO MESTRE ALFAIATE (1430)

Ouvida a pedição de Henrique de Herelle, natural do país da Holanda, e depois de Jehan De Serain, Richar Jumel, Guillaume Marchant e Guillaume Poignant, jurados do mester dos costureiros da cidade de Paris, testemunharem e afirmarem, ser o dito Henry homem casado, de vida séria, afamado, e instalado em Paris e ter feito perante eles da maneira acostumada, na presença do procurador do rei, a sua obra-prima recebêmo-lo e recebê-lo-emos mestre e oficial do dito mester de costura e alfaiataria, para fazer e desempenhar segundo as ordenanças do dito mester, pagando 10 soldos parisis ao rei e o direito dos ditos jurados; após o que lhe escutámos o juramento habitual e o exortamos a seguir e respeitar as ordenanças do dito mester, de que mandámos tomar cópia, a fim de que ele não tenha motivo para prevaricar [...]

> In: Heers, J. *O trabalho na Idade Média*. s. l.: Europa-América, s. d. p.124-5. (Coleção Saber – Que Sais Je? 1965).

154 A LIGA HANSEÁTICA (1469)

2 – A Hansa teutônica [...] é uma confederação permanente de cidades, vilas e comunidades para assegurar o desenvolvimento favorável e o sucesso do tráfico em terra e no mar, realizar uma defesa eficaz contra os piratas, bandidos e outros salteadores de terra e de mar, a fim de impedir que pelas suas ciladas os mercadores se vejam despojados de bens e proveitos.[...]

3 – A Hansa teutônica não é governada pelos mercadores: cada cidade, cada vila, tem respectivamente os seus senhores e autoridades superiores, pelas quais é dirigida. Porque, como se acaba de demonstrar, a Hansa teutônica não é mais do que uma aliança, a qual não liberta as cidades da jurisdição dos senhores pelos quais era dirigida anteriormente à aliança: estão submetidas aos mesmos senhores em toda as coisas, como anteriormente, e governadas por eles.

4 – A Hansa teutônica também não tem nem selo nem conselho comum [...] Cada vez que, pela necessidade de agir, são redigidas cartas em nome de toda a Hansa teutônica, elas são munidas do selo da cidade onde foram escritas [...] Cada vez que é necessário deliberar sobre negócios pendentes, cada cidade envia os seus porta-vozes munidos de instruções que não são chamados conselheiros, mas porta-vozes. [...]

6 – Na Hansa teutônica nenhuma das suas cidades tem o poder de ordenar assembleias ou fixar reuniões. Mas cada vez que surgem dificuldades as vilas da Hansa, por consentimento mútuo, reúnem-se num local e decidem observar entre elas o que consideram útil para os seus mercadores [...]

> In: Dollinger, P. *La Hanse...*, op. cit., p.501-2.

A ESCOLA

Das escolas carolíngias às catedralícias e citadinas

155 NECESSIDADE DO ESTUDO DAS LETRAS

Capitular dirigida ao abade de Fulda
Nós temos deliberado, de acordo com os nossos conselheiros, que nos bispados e mosteiros cujo governo vos foi confiado, não é suficiente observar a regra e a prática da vida religiosa, mas que vos deveis aplicar, também, a instruir nas letras àqueles que são capazes de aprender, segundo a inteligência que Deus deu a cada um. A observação da regra contribui para o ornamento das palavras: da mesma forma que o zelo dedicado a ensinar e aprender contribui para a ordem e ornamento da linguagem. Aqueles que desejam suplicar a Deus, fazendo o bem, não devem negligenciar de suplicar falando bem, como está escrito "vocês serão justificados pelas suas palavras ou serão condenados pelas vossas palavras". Embora, efetivamente, seja melhor agir bem que saber, todavia é necessário saber antes de agir. Cada um deve, então, aprender a lei que se quer cumprir, de forma que a alma compreenderá tanto mais os seus deveres e a língua absorverá sem erro a palavra de Deus. Pois se todos os homens devem evitar o erro voluntário, quanto mais devem se guardar, segundo o seu poder, aqueles que são chamados para servir à verdade! Nós temos frequentemente recebido, nestes últimos anos, cartas que nos escreveram de certos mosteiros, nas quais se fala da piedade e santas preces oferecidas por nós pelos monges. Nós temos encontrado na maior parte destes escritos intenções excelentes e uma linguagem inculta. O que uma piedosa devoção lhes dita ao coração, eles não podem expressar sem incorrer num estilo grosseiro e repleto de erros, por causa da sua negligência para instruir-se. E já que eles são muito ignorantes com relação à escritura, é necessário acreditar que eles não sejam ignorantes para entender bem as Sagradas Escrituras. E nós sabemos que se os erros nas palavras são perigosos, os erros de compreensão do seu sentido são maiores ainda.

Portanto, nós vos exortamos, não somente a não negligenciar o estudo das letras, mas a aplicar-vos a ele com ardor e humildade agradável a Deus, a fim de poder penetrar mais facilmente e com mais segurança nos mistérios das Sagradas Escrituras. Pois, como há nos livros sagrados, figuras, tropos e outros ornamentos semelhantes, não há dúvida que cada um ao ler não capte depressa o sentido espiritual nem sequer aquele que se encontra mais preparado para o ensinamento das letras. Desejo para esse mister dos homens que tenham ao mesmo tempo vontade e poder de se instruir e a vontade de instruir os outros. Nós desejamos que vós sejais, como convém aos soldados da Igreja, primeiro devoto e depois sábio. É conveniente que aqueles que vos visitam para honrar a Deus e à vida religiosa sejam edificados pelos vossos costumes e reconheçam vossa ciência ao ouvir-vos ler ou cantar, a fim de que se encham de alegria e dêem graças a Deus. Não vos esqueçais de enviar cópias desta carta a todos os bispos sufragâneos e a todos os mosteiros, se quiserdes obter o nosso agradecimento.

> Carlos Magno. In: Tessier, G. (Org.) *Charlemagne*. Verviers: Marabaut, 1982. p.293 (Le Mémorial des Siècles).

156 A IMPORTÂNCIA DO TRABALHO DOS COPISTAS (S. VIII)

A indolência de nossos antepassados tinha quase reduzido a nada o estudo das letras. Nós nos esforçamos em reanimá-lo, convidando todos aqueles que podemos estimular com o nosso exemplo, ao estudo dos livros sagrados. Todos os livros do Antigo e do Novo Testamento estão desfigurados pela imperfeição dos copistas: com a ajuda de Deus, que nos assiste em tudo, nós os temos corrigido inteiramente. Estimulado pelo exemplo de Pepino, nosso pai, que introduziu em todas as igrejas das Gálias a bela tradição do canto romano, nós nos preocupamos, com igual solicitude, de preparar uma compilação das lições mais importantes, pois até agora, aqueles que intentaram fazê-la para os ofícios da noite perderam o seu trabalho, apesar da sua boa vontade. As lições estão transcritas sem os nomes dos seus autores e estão cheias de erros. Nós não podemos sofrer, escutando ressoar no meio das lições do ofício sagrado, opiniões discordantes, e por isso temos encarregado Paulo Diácono, nosso amigo, de polir este trabalho, ou seja, de percorrer com atenção os escritos dos Santos Padres para colher algumas flores em seus campos que estejam cobertas e reuni-las numa grande guirlanda. Ele se comprometeu a nos obedecer e a nos apresentar dois volumes de lições para todo o ciclo do ano, cada um adequado a uma festa particular, e todos isentos de erros. Depois de ter examinado atentamente os textos, nós os temos aprovado com a nossa autoridade e os enviamos a vós para que entregueis para serem lidos nas igrejas de Cristo.

> Carlos Magno. *Carta circular aos leitores das igrejas.* In: Tessier, op. cit., p.293.

157 AS INQUIETUDES DE UM SÁBIO: GERBERTO DE AURILLAC (S. X)

Ao abade de St. Julien de Tours
[...] É da maior utilidade saber falar de modo a persuadir e conter o arrebatamento dos espíritos desviados pela doçura da sua eloquência. Foi com este fim que me apliquei a formar uma biblioteca. Desde há muito em Roma, em toda a Itália, na Germânia e na Bélgica, gastei muito dinheiro para pagar a copistas e livros, ajudado em cada província pela boa vontade e solicitude dos meus amigos. Permite-me pois que te peça que me faças o mesmo serviço. Segundo o que me disseres, enviarei ao copista o pergaminho e o dinheiro necessários, e quanto a ti, ficarei reconhecido pelo teu favor [...]

A Rainard, monge de Bobbio
[...] Sabes com que ardor procuro por toda a parte livros; sabes também quantos copistas se encontram nas cidades e nos campos de Itália. Mete, portanto, mãos à obra e, sem o dizer a ninguém, faz-me copiar, à tua custa, M. Manilius, Da Astrologia, Victorinus, Da Retórica, Demóstenes, Oftalmico. Prometo-te guardar um silêncio inviolável sobre o teu fiel serviço e sobre a tua louvável cortesia, e

comprometo-me a enviar-te generosamente o que gastares, quanto e quando quiseres [...]

> Gerberto d'Aurillac. Lettres, 44 e 130. In: Duby, G. *O Ano Mil*, Lisboa: Edições 70, 1986. p.50.

158 O ENSINO DAS CIÊNCIAS NO SÉCULO X

Aqui está no que respeita à lógica. Mas não parece fora de propósito dizer que trabalho teve com as matemáticas.[20] Ocupou-se primeiro da aritmética, que é a primeira parte desta ciência. Passou em seguida à música, por muito tempo desconhecida nas Gálias, e deu-lhe uma grande atenção [...]

É útil dizer também, para fazer notar a sagacidade de um tão grande homem e para convencer o leitor da sua habilidade, que trabalhos teve para explicar a astronomia. Transmitiu o conhecimento desta ciência dificilmente inteligível, com espanto geral, por meio de certos instrumentos. Explicou primeiro a forma do mundo por uma esfera plena, de madeira, exprimindo assim uma coisa maior por uma menor. Fazendo obliquar esta esfera pelos seus dois polos sobre o horizonte, fez ver os astros do Setentrião em direção ao polo superior e os do Sul em direção ao polo inferior. Regulou esta posição por meio do círculo que os Gregos chamam *horizon*, e os Latinos, *limitans* ou *determinans*, porque separa ou limita os astros que se vêem, daqueles que se não veem. Sobre esta linha de horizonte, colocada de maneira a poder demonstrar suficientemente o levantar e o deitar dos astros, traçou regularmente os fenômenos naturais e serviu-se deles para conhecimento desses mesmos astros. Durante a noite, quando as estrelas brilhavam, estudava-se e fazia notar, tanto quando se levantavam como quando se deitavam, que obliquavam sobre as diversas regiões do mundo [...]

Não pôs menor cuidado no ensino da geometria. Mandou previamente construir por um operário cinzelador um ábaco, quer

---

20 Refere-se a Gerbert d'Aurillac, que ensinou com entusiasmo as ciências do Quadrivium, recorrendo a experiências e práticas engenhosas.

dizer, uma tábua própria para receber compartimentos. O seu comprimento foi dividido em vinte e sete partes, sobre as quais dispôs nove sinais que exprimiam todos os números. Fez também mil caracteres em ponta, os quais, dispostos nos vinte e sete compartimentos do ábaco, davam a multiplicação ou a divisão de cada número e dividiam ou multiplicavam esses números infinitos com uma tal velocidade que, em relação à sua multiplicidade, se compreendiam mais depressa do que se poderiam exprimir. Quem quiser conhecer plenamente este meio poderá ler o livro que ele escreveu ao escolar Constantino: aí se encontrará tudo isto amplamente tratado [...]

> Richer. *Histoire de son temps.* liv.III, cap.XLIX-VIV, trad. francesa de J. Guadet, t.II. Paris: Société de l'Histoire de France, 1845. p.54-63. Apud Espinosa, op. cit., p.266.

159 A BUSCA DO SABER: CENTROS DE TRADUTORES (1141)

Mesmo que se dê ao erro maometano o nome vergonhoso de heresia ou o nome infame de paganismo, de qualquer modo é necessário agir contra ele, isto é, escrever. Mas os latinos e sobretudo os modernos, com o desaparecimento da cultura antiga, seguiram o exemplo dos judeus que, no entanto, admiraram outrora os apóstolos poliglotas e já não sabem senão a língua do seu país de origem. Por essa razão lhes foi impossível conhecer a enormidade desse erro e barrar-lhe o caminho. Por isso se inflamou o meu coração e me queimou um fogo durante a minha meditação. Indignei-me ao ver os latinos ignorarem a causa de uma tal perdição e a sua ignorância retirar-lhes o poder de a ela resistirem; porque ninguém respondia, porque ninguém sabia. Fui então à procura de especialistas da língua árabe, que permitiu que esse veneno mortal infestasse mais de metade do globo. Persuadi-os, à força de súplicas e de dinheiro, a traduzirem do árabe para o latim a história e a doutrina desse infeliz e a sua lei a que se dá o nome de Corão. E para que a fidelidade da tradução seja inteira e nenhum erro venha falsear a plenitude da nossa compreensão, juntei aos tradutores cristãos um sarraceno. Eis os nomes dos cristãos: Robert de Chester, Hermann, o Dálmata,

Pedro de Toledo; o sarraceno chamava-se Mohammed. Depois de consultar a fundo as bibliotecas desse povo bárbaro, esta equipe recolheu delas um grande livro que publicou para os leitores latinos. Este trabalho foi feito no ano em que fui à Espanha e em que tive uma entrevista com o senhor Afonso, (VII) imperador vitorioso das Espanhas, ou seja, no ano do Senhor de 1141.

> Pedro, o Venerável. In: Le Goff, J. *Os intelectuais na Idade Média*. Lisboa: Gradiva, 1984. p.20-1.

160 A ESCOLA DE TRADUTORES DE TOLEDO (S. XII)

A paixão do estudo afastou-me de Inglaterra. Fiquei algum tempo em Paris. Aí, apenas vi selvagens instalados nas suas cátedras escolares com uma grave autoridade; na frente, dois ou três escabelos carregados de enormes obras que reproduziam as lições de Ulpiano em letras de ouro; tinham penas de chumbo na mão, com as quais desenhavam nos seus livros asteriscos e óbelos. A sua ignorância obrigava-os a uma posição de estátua, mas fingiam mostrar a sua sabedoria através do silêncio. Assim que experimentavam abrir a boca, não se ouvia mais do que um balbuciar de criança. Tendo compreendido a situação, refleti nos meios de escapar a tais riscos e de me entregar às "artes" que iluminam as Escrituras de maneira a não as saudar de passagem ou a evitá-las por meio de atalhos. Por isso, como é em Toledo que, nos nossos dias, o ensino dos árabes, que é constituído quase inteiramente pelas artes do *quadrivium*, é dispensado às multidões, apressei-me a partir para lá a fim de escutar as lições dos mais sábios filósofos do mundo. Chamado por alguns amigos e convidado a regressar de Espanha, vim para Inglaterra com uma preciosa quantidade de livros. Dizem-me que nestas regiões se desconhece o ensino das artes liberais, que Aristóteles e Platão estão votados ao mais profundo esquecimento em proveito de Tito e de Seio. Foi grande a minha dor e, para não ficar como um grego sozinho entre romanos, pus-me a caminho em busca de um lugar, onde pudesse ensinar e promover o desenvolvimento desse gênero de estudos [...] Que ninguém se impressione se, ao tratar da criação do mundo, eu invocar o testemunho dos filósofos pagãos e não dos Padres da Igreja, porque, embora não figurem entre os fiéis, algumas das suas palavras devem ser incorporadas no nosso ensino, dado que estão impregnadas de fé. Também a nós, misticamente libertados do Egito, o Senhor ordenou que despojássemos os egípcios dos seus tesouros para com eles enriquecermos os hebreus. Despojemos, pois, conforme aos mandamentos do Senhor e com a sua ajuda, os filósofos pagãos da sua sabedoria e eloquência, despojemos esses infiéis de maneira a enriquecermo-nos com os seus despojos, dentro da fé.

Daniel Morley. In: Le Goff. Os intelectuais..., op. cit., p.23.

161 "ANTIGOS" E "MODERNOS": CHARTRES E PARIS (S. XII)

A – Pedro de Blois

"Não é possível passar das trevas da ignorância para a luz da ciência a não ser lendo, com um amor sempre mais vivo, as obras dos Antigos. Ladrem os cães, grunham os porcos! Nem por isso deixarei de ser um seguidor dos Antigos. Para eles irão todos os meus cuidados e, todos os dias, a aurora me encontará entregue ao seu estudo."

B – João de Salisbury

"Quanto mais disciplinas se conhecer, tanto mais profundamente seremos impregnados, tanto melhor aprenderemos a justeza dos autores (antigos) e melhor ensinaremos. Foram eles que, graças à *diacrisis* que significa *ilustrar* ou *colorir*, a partir da matéria bruta de uma história, dum tema, duma fábula, com o auxílio de todas as disciplinas e duma grande arte da síntese e da razão, fizeram da obra acabada como que a imagem de todas as artes. Gramática e poesia combinam-se intimamente e recobrem toda a extensão do assunto. Neste campo, a Lógica, que traz consigo as cores da demonstração, imprime as suas provas racionais no esplendor do ouro; a Retórica, pela persuasão e brio da eloquência, imita o resplendor da prata. A Matemática, arrebatada pelas rodas da sua quadriga, passa sobre os trilhos das outras artes, deixando neles a infinita variedade das suas cores e encantos. A Física, que sondou os segredos da natureza, traz o contributo do encanto dos seus matizes. Finalmente a mais eminente de todos os ramos da Filosofia, a Ética, sem a qual não existe filósofo sequer de nome, ultrapassa todas as outras pela dignidade que confere à obra. Desvenda Virgílio ou Lucano e, qualquer que seja a filosofia que professes, neles encontrarás o meio de a integrares. Nisso consiste, segundo a capacidade do mestre e a habilidade e zelo do aluno, o proveito da leitura prévia dos autores antigos. Era método seguido por Bernardo de Chartres, a mais pujante fonte das Belas-Letras na Gália dos tempos modernos."

C – Honório de Autun

"Não existe autoridade que não seja a da verdade provada pela razão [...] aquilo em que a autoridade nos ensina a acreditar, confirma-o a razão pelas suas provas. Aquilo que a autoridade evidente das Escrituras proclama, prova-o a razão discursiva: mesmo que todos os anjos tivessem ficado no céu, ainda assim teria sido criado o homem e toda a sua posteridade. E isto porque o mundo foi feito para o homem e por mundo entendo o céu e a terra e tudo quanto está contido no universo; e seria absurdo acreditar que, se tivessem subsistido todos os anjos, não teria sido criado aquele para quem lemos que foi criado o universo."

D – Adelardo de Bath

"A nossa geração tem arraigado o defeito de recusar admitir tudo o que parece vir dos modernos. Por isso, quando descubro uma ideia pessoal e quero torná-la pública, atribuo-a a outrem e declaro: – Foi fulano de tal que o disse, não sou eu. E para que acreditem totalmente nas minhas opiniões, digo: o inventor foi fulano de tal, não sou eu. Para evitar o inconveniente de pensarem que fui eu, ignorante, que retirei do fundo de mim as minhas ideias, faço por que as julguem retiradas dos meus estudos árabes. Não quero que, se aquilo que eu disse desagradou a espíritos atrasados, seja eu a desagradar-lhes. Sei qual a sorte que espera os autênticos sábios junto dos homens comuns. Portanto, não é a minha causa que defendo, mas a dos árabes."

E – Felipe de Harvengt

"Levado pelo amor da ciência eis-te em Paris e encontraste essa Jerusalém que tantos desejam. É a morada de David [...] do sábio Salomão. Uma tal afluência, multidão de clérigos se comprime aí que estão em vias de ultrapassar a numerosa população dos leigos. Cidade feliz onde os santos livros são lidos com tanto zelo, onde são resolvidos os seus complicados mistérios, graças aos dons do Espírito Santo, onde há tantos professores eminentes, onde a ciência teológica é tal que se poderia chamar-lhe a cidade das Belas-Letras!"

F – João de Salisbury

"Fiz um desvio por Paris. Quando vi a abundância de víveres, a alegria das pessoas, a consideração de que gozam os clérigos, a majestade e glória de toda a igreja, as diversas actividades dos filósofos, julguei ver, cheio de admiração, a escada de Jacob cujo topo chegava ao céu, percorrida por anjos que subiam e desciam. Entusiasmado por esta peregrinação feliz, tive de confessar: o Senhor está aqui e eu não sabia. E veio-me ao espírito a palavra do poeta: Feliz exílio, o que tem por morada este lugar."

G – Pedro de Selles

"Ó Paris, como sabes fascinar e enganar as almas! Dentro de ti, as redes dos vícios, as armadilhas dos males e as flechas do inferno perdem os corações inocentes [...] Pelo contrário, feliz a escola onde é Cristo que ensina aos nossos corações a palavra da sabedoria, onde sem trabalho nem lições aprendemos o método da vida eterna! Nela, não se compram livros, não se paga aos professores de caligrafia, não existe a confusão das disputas nem a complicação dos sofismas, é simples a solução de todos os problemas e aprendem-se as razões de todas as coisas."

H – São Bernardo

"Fugi do meio de Babilônia (Paris), fugi e salvai as vossas almas. Correi todos para as cidades do refúgio, onde podereis arrepender-vos do passado, viver em graça no presente e esperar com confiança o futuro (quer dizer, nos mosteiros). Encontrarás bem mais coisas nas florestas que nos livros. Os bosques e as pedras ensinar-te-ão melhor que qualquer mestre."

In: Le Goff. *Os intelectuais...*, op. cit., p.16, 56 e 58.

162 UMA ESCOLA NO SÉCULO XII

Volta-te agora para o outro lado e vê. Eu estou voltado e vejo. Que vês tu? Eu vejo uma reunião de estudantes; seu número é grande, há de todas as idades; há crianças, adolescentes, moços e velhos. Seus estudos são diferentes; uns exercitam sua língua inculta a pronunciar novas palavras e a produzir sons que lhes são insólitos. Outros aprendem, em seguida, ouvindo, as inflexões dos termos, sua composição e sua derivação; depois eles os pronunciam entre si e, repetindo-os, gravam-nos em sua memória. Outros trabalham com um estilete em tábuas revestidas com cera. Outros traçam com mão sábia, sobre membranas, diversas figuras de cores diferentes. Outros, inflamados por um zelo mais ardente, parecem ocupados com assuntos mais sérios; discutem entre si, e se esforçam para com suas razões e artifícios colocarem em xeque uns aos outros. Vejo alguns que estão mergulhados nos cálculos. Outros, a tanger uma corda esticada sobre um pedaço de madeira, tirando dela melodias variadas. Outros, explicando certas figuras de geometria. Outros, com o auxílio de certos instrumentos, o curso e a posição dos astros e a revolução dos céus. Outros, tratando da natureza das plantas, da constituição dos homens, das propriedades e virtudes de todas as coisas.

Hugo de São Victor. *De vanitate mundi*, I, II. Migne, P. L., CLXXV, col. 709. Apud Calmette, op. cit., p.299.

163 AS PREOCUPAÇÕES DOS FILÓSOFOS (DE HELOÍSA A ABELARDO) (S. XII)

"Não poderias ocupar-te com o mesmo cuidado duma esposa e da filosofia. Como conciliarias as lições com as criadas, as bibliotecas com os berços, os livros com as rocas, as penas com os fusos? Aquele que tem de se absorver em meditações teológicas ou filosóficas poderá suportar os gritos dos bebês, as canções de embalar das amas, a multidão barulhenta duma criadagem masculina e feminina? Como tolerar as porcarias que as crianças pequenas fazem constantemente? Para os ricos isso é possível, porque têm palácios ou casas suficientemente grandes para nelas conseguirem isolar-se, porque a sua opulência não se ressente com as despesas, porque não são quotidianamente crucificados pelas preocupações materiais. Mas não é essa a condição dos intelectuais (filósofos) e aqueles que têm de se preocupar com dinheiro e problemas materiais não podem entregar-se à sua profissão de teólogos ou de filósofos."

> De Heloísa a Abelardo. In: Le Goff. *Os intelectuais...*, op. cit., p.43-4.

164 DIALÉTICA, FÉ E CIÊNCIA (S. XII)

Ultimamente, os meus rivais inventaram uma nova calúnia contra mim, pelo facto de eu escrever sobre a arte da dialética, afirmando que não é permitido a um cristão tratar de coisas que não digam respeito à fé. Dizem que esta ciência não só não nos prepara para a fé, como a destrói, pelas implicações dos seus argumentos. Mas muito eu me maravilho por não dever discutir o que a eles lhes é permitido ter. Se admitem que a arte milita contra a fé, decerto pensam não ser ela uma ciência. Porque a ciência da verdade é a compreensão de coisas cuja espécie é a sabedoria na qual a fé consiste. A verdade não se opõe à verdade. Porque, assim como a falsidade não se opõe ao que é falso, nem a maldade ao que é mau, também a verdade se não opõe ao que é verdadeiro ou a bondade ao que é bom; mas, pelo contrário, todas as coisas boas estão de acordo. Todo o conhecimento é bom, mesmo o que diz respeito à maldade, porque um homem recto o pode possuir. Mesmo que ele se queira defender da maldade, é necessário conhecê-la antecipadamente: de outra maneira não a poderia evitar. Embora um ato seja mau, o conhecimento que lhe diz respeito é bom; embora seja mau pecar, é bom conhecer o pecado, a que de outra forma não poderemos fugir. Nem, por isso, a ciência matemática deve ser considerada má porque a sua prática (a astrologia) é má. Nem é um crime saber com que práticas e imolações os demônios podem ser compelidos a fazer a nossa vontade, mas sim usar este conhecimento. Porque, se fosse mau saber isto, como poderia Deus, que conhece os desejos e pensamentos de todas as suas criaturas, ser absolvido e como obter a concorrência dos demônios?

Se, portanto, não é errado conhecer, mas fazer, a maldade deve ser referida ao ato, e não ao conhecimento. Como tal estamos convencidos de que todo o conhecimento, o qual na realidade provém apenas de Deus e da sua bondade, é bom. Por conseguinte, tem de considerar-se bom o estudo de todas as ciências, visto ser bom o que dele deriva; e especialmente deve insistir-se no estudo da doutrina pela qual se conhece a maior verdade. Assim é a dialética, cuja função consiste em distinguir entre a verdade e a falsidade: como condutora de todo o conhecimento, detém a primazia e direcção da filosofia. Revela-se igualmente necessária à fé católica, que sem a sua ajuda não pode resistir aos sofismas dos cismáticos.

> Pedro Abelardo. *Dialectica*. In: Cousin. V. *Ouvrages inédits d'Abélard*. Paris, 1836. p.434-5. Apud Espinosa. op. cit., p.259-60.

As universidades

165 A IGREJA E A "LICENTIA DOCENDI" (III LATRÃO – 1179)

A Igreja de Deus, como uma mãe piedosa, é obrigada a velar pela felicidade do corpo e da alma. Por esta razão, para evitar que os pobres cujos pais não podem contribuir para o seu sustento percam a oportunidade de estudar e progredir, cada igreja catedral deverá estabelecer um benefício suficientemente largo para prover às necessidades de um mestre, o qual ensinará o clero da respectiva igreja e, sem pagamento, os escolares pobres, como convém [...] Ninguém deverá levar dinheiro pela concessão da *licentia docenti*,[21] nem exigir nada dos professores (como era habitual anteriormente); também não poderá ser negada a licença para ensinar a nenhum solicitante qualificado.

Todo aquele que se opuser a esta lei perderá o seu benefício eclesiástico. Por isso parece justo que quem quer que por cobiça

---

21 Esta licença para ensinar costumava ser conferida, no século XII e nas escolas catedralícias, pelo arcediago ou pelo *scholasticus*, seus dirigentes.

tente impedir os interesses da igreja vendendo a *licentia docendi* seja privado do fruto do seu trabalho na Igreja de Deus.

> *Chartularium Universitatis Parisiensis*, I, n.12. In: Thorndike, L. *University Records and Life in Middle Ages*. New York: Columbia University Press, 1944. p.10. Apud Espinosa, op. cit., p.234.

166 SOBRE A NATUREZA DOS ESTUDOS (S. XIII)

O que é um estudo, quantas formas dele existem e por mandado de quem deve ser feito

Um estudo é uma associação de mestres e de escolares feita num determinado lugar com a vontade e a intenção de aprender os saberes. E dele existem duas modalidades: uma é a que chamam "estudo geral", onde há mestres das artes, assim como de gramática, de lógica, de retórica de aritmética, de geometria, e de astrologia, e outrossim em que há mestres de decretos e senhores de leis (mestres de direito civil); este estudo deve ser estabelecido por mandado de papa, de imperador ou de rei.

A segunda modalidade é a que chamam "estudo particular" quer dizer quando um mestre ensina nalguma cidade, apartadamente, a poucos escolares.

E este, pode mandá-lo fazer o prelado ou conselho de qualquer lugar.

> Afonso X, o Sábio. *Las Siete Partidas*. (II, t.XXXI, l. I), op. cit., p.114.

167 CONDIÇÕES PARA SER MESTRE EM ARTES NA UNIVERSIDADE DE PARIS (1215)

Ninguém poderá ser leitor em Artes, em Paris, antes de ter 20 anos de idade; deverá ter ouvido leituras pelo menos durante seis anos antes de começar a lecionar e prometerá ler pelo menos durante dois anos, salvo por impedimento com causa razoável, a qual devera revelar publicamente ou perante examinadores. Não deverá estar manchado por nenhuma infâmia e quando estiver pronto a ler deverá ser examinado de acordo com a forma exarada na carta do senhor bispo de Paris, onde está contida a paz confirmada entre o chanceler e os escolares, pelos juízes delegados pelo papa [...] E lerão nos livros de Aristóteles, na antiga e nova Dialética, ordinariamente nas escolas e não *ad cursum*.[22] Lerão também em ambos os Priscianos,[23] ordinariamente, ou pelo menos em um deles. Não lerão nos dias santos, exceto nos filósofos e em Retórica e no Quadrivium e nos *Barbarismus*,[24] e nas Éticas se lhes agradar, e no quarto livro dos *Tópicos*. Não lerão nos livros de Aristóteles de *Metafísica* e *Filosofia Natural*[25] ou nos seus sumários ou no que respeita à doutrina de mestre David de Dinant ou do herético Amaury ou Mauritius de Espanha.[26]

> *Chartularium Universitatis Parisiensis*, I, 78. In: Lynn Thorndike. *University Records and Life in the Middle Ages*. New York: Columbia University Press, 1944. p.27-8. Apud Espinosa, op. cit., p.239.

168 CARTA DE D. DINIS PRIVILEGIANDO O ESTUDO GERAL DE LISBOA (1290)

[...] Ora, desejando Nós enriquecer nossos Reinos com este precioso tesouro, houvemos, por bem ordenar, na Real cidade de Lisboa [...] um Estudo Geral, que não só munimos com cópia de doutores em todas as artes, mas também corroboramos com muitos privilégios. Mas, porque das informações de algumas pessoas en-

---

22 As leituras *ad cursum* eram feitas à tarde, enquanto de manhã realizavam-se as leituras pelos mestres de maior categoria.
23 Prisciano, gramático do s. IV. Sua obra estava dividida em duas partes: *Priscianus Maior* (livros 1-16) e *Priscianus Minor* (17 e 18).
24 O 3º livro da *Ars Maior* de Donato, s. IV.
25 Obras consideradas suspeitas pelas traduções e comentários dos filósofos árabes.
26 Teólogos que ensinavam em Paris, condenados pela Santa Sé (1212 e 1207, respectivamente) por adotarem ideias inspiradas nos comentadores árabes.

tendemos que alguns virão de várias partes ao nosso dito Estudo, se gozarem de segurança de corpos e bens, Nós, querendo desenvolvê-lo em boas condições, prometemos, com a presente carta, plena segurança a todos os que nele estudam ou queiram de futuro estudar, e não permitiremos que lhes seja cometida ofensa por algum ou alguns de maior dignidade que sejam, antes, com a permissão de Deus, curaremos de os defender de injúrias e violências. Além disso, quantos a ele vierem nos acharão em suas necessidades de tal modo generosos que podem e devem fundamentalmente confiar nos múltiplos favores da Alteza Real [...]

> Moreira de Sá, A. *Chartularium Universitatis Portugalensis* (1288-1537), v. I, Lisboa, 1966. p.11-2.
> Apud Espinosa, op. cit., p.238.

169 A ORGANIZAÇÃO CORPORATIVA DAS UNIVERSIDADES (S. XIII)

Como os mestres escolares podem fazer ajuntamento e irmandade entre si e escolher um que os castigue

[...] Temos por direito que os mestres e os escolares podem fazer associação, em Estudo Geral [...] Onde convém que se reúnam todos, segundo a lei, quando seja mister para os assuntos que forem em proveito dos seus estudos e proteção de si mesmos e do que lhes pertence.

Outrossim, podem estabelecer por si mesmos um principal sobre todos a quem chamam em latim *rector* que quer dizer regedor do estudo, ao qual obedeçam nas coisas que forem convenientes e aguisadas e direitas. E o reitor deve castigar e premiar os escolares que não levantem bandos nem pelejas com os homens dos lugares, onde fizerem os estudos nem entre si mesmos. E que se guardem em todas as circunstâncias de não fazer desonra nem dano a ninguém; e vigiar-lhes para que não andem de noite, mas que fiquem sossegados nas suas pousadas e procurem estudar, aprender e fazer vida honesta e boa: porque os estudos para isso foram estabelecidos e não para andar de noite ou de dia armados, metendo-se em pelejas ou fazendo outras loucuras ou maldades com prejuízo de si e distúrbios dos lugares onde vivem; e se contra isso vierem, então o nosso juiz os deve castigar e endireitar de maneira que se afastem do mal e façam o bem.

> Afonso X, o Sábio. *Las Siete Partidas*. (II, t.XXXI, l. VI), op. cit., p.115.

170 UMA UNIVERSIDADE DE TIPO ESTUDANTIL: BOLONHA (1317-1347)

Para o cargo de reitor deverá ser escolhido um estudante da nossa Universidade, de qualidades distinguidas e de rigorosa e honesta conduta e moralidade, que possa ser recomendado pela sua prudência, retitude, justiça e utilidade para a Universidade. Deverá ter atingido o seu vigésimo quinto ano e, no que diz respeito à idade, se existe qualquer dúvida pela parte do seu reitor e do *Consiliarii*, deverá corroborar o depoimento por um juramento pessoal [...]

Além disto, o candidato deverá ser um clérigo,[27] não casado, e usar as vestes clericais, embora não deva ser membro de uma ordem monástica [...]

Decretamos que a eleição do reitor dos Ultramontanos[28] tenha lugar no primeiro ano, no primeiro de maio e de entre uma das quatro nações,[29] que são os Franceses, os Espanhóis, os Provençais e os Ingleses. No ano seguinte e no segundo dia de Maio, o reitor deverá ser escolhido dentre uma das oito nações que são: Picardos, Burgúndios, Poitevinos, Gascões, Turonianos[30] Cenomanianos,[31] Catalães e Polacos. No terceiro ano será escolhido entre os Germanos [...]

> Denifle, H. Die Statuten der Juristen – Universität Bologna. *Archiv für Literatur-und Kirchengeschichte des Mittelalters*, v.III, p.256 e 259, 1887. Apud Espinosa, op. cit., p.241-2.

---

27 Tanto os estudantes como os professores eram ou pertenciam, na sua maioria, ao estamento clerical, embora não fossem sacerdotes.
28 Os estudantes estrangeiros, por oposição aos italianos, denominados "Citramontanos". Cada um desses grupos tinha o seu reitor.
29 Cada nação agrupava os estudantes e os professores vindos de um mesmo país.
30 Da Touraine.
31 Do Maine.

171 PRIVILÉGIOS CONCEDIDOS AOS ESTUDANTES PELA COMUNA DE BOLONHA (1274)

Ordenamos que os doutores de lei civil e os doutores de decretais não possam ser chamados a servir no exército ou a participar em qualquer campanha militar a favor da Comuna de Bolonha, nem devem ser empregados na guarda do Castelo [...]

Ordenamos que as perdas sofridas pelos escolares em discórdias e contendas sejam totalmente cobertas pela Comuna de Bolonha [...]

Também deverá haver uma avaliação anual das hospedarias, feita pela Comuna de Bolonha, por meio de dois homens bons eleitos pela cidade de Bolonha e dois escolhidos pela Universidade [...]

Também a Universidade dos escolares terá os mesmos privilégios que as outras guildas do povo de Bolonha no que respeita à obtenção de trigo e outras mercadorias de uso comum [...]

Também os escolares serão cidadãos, tratados como tal, considerados cidadãos e a sua propriedade protegida como a dos cidadãos [...]

> Gaudenzi, A. Gli antichi statuti del Comune di Bologna intorno allo Studio. *Bulletino dell'Istituto Storico Italiano*, n.6, p.130, 1888. Apud Espinosa, op. cit., p.241.

172 O PAPEL DOS LIVREIROS NA UNIVERSIDADE (S. XIII)

A) De como os estudos gerais devem ter livreiros que tenham lojas de livros para exemplares

É mister que haja em cada Estudo Geral livreiros[32] para ser completo, que tenham nas suas lojas livros bons, legíveis e verdadeiros, de texto e de glosa, que aluguem aos escolares para exemplares, a fim de fazerem por eles livros de novo ou para emendarem os

---

32 Chamados estacionários (*Stationarii*), por não serem vendedores ambulantes e terem uma loja fixa, com aprovação do reitor, numa determinada cidade ou universidade. Tinham livros arquetípicos que vendiam ou alugavam para serem copiados.

que estiverem escritos [...] Outrossim, deve o reitor apreciar com o conselho dos do estudo quanto deve o livreiro receber por cada caderno que emprestar aos escolares para escreverem ou emendarem os seus livros: e deve, outrossim, receber dele bons fiadores, em como guardará bem e lealmente todos os livros que lhe forem dados para vender e não fará engano.

> Afonso X, o Sábio. *Las Siete Partidas* (II, t.XXXI, l. XI), op. cit., p.116.

B) Dos estatutos da cidade de Bolonha (C. 1274)
Para vantagem comum dos escolares e do estudo, ordenamos aos livreiros que nunca vendam exemplares de livros de texto e de comentários, nem em caso algum os cedam aos estudos de outras cidades [...] sob pena de 100 libras bolonhesas [...]

Além do mais ordenamos aos livreiros que tenham os seus exemplares bem corrigidos e emendados e que façam cópias destes textos emendados quando os estudantes lho pedirem. Para cópia debitarão o que têm por costume debitar até aqui e não mais.

> Gaudenzi, A. Gli antichi statuti del Comune di Bologna intorno allo Studio. *Buletino dell'Istituto Storico Italiano*, n.6, p.123-4, 1888. Apud Espinosa, op. cit., p.243-4.

173 REGULAMENTOS SOBRE A UTILIZAÇÃO DA BIBLIOTECA NA UNIVERSIDADE DE OXFORD (S. XIV)

Visto que no decorrer dos tempos o grande e importuno número de estudantes (na biblioteca) é de muitas maneiras prejudicial e visto que o são propósito daqueles que desejam aproveitar é prejudicado pela demasiada concorrência de pessoas barulhentas, a Universidade estabeleceu e decretou que ninguém, salvo os graduados e os religiosos depois de oito anos de estudo da filosofia, poderá estudar na biblioteca da Universidade [...]

Também para uma melhor proteção dos livros, a Universidade estabeleceu e decretou que todos os nela agora graduados e os outros que por concessão dos Estatutos possam entrar na Biblioteca [...] prestem um juramento corpóreo perante os comissários delegados para esse fim pelo chanceler, antes da festa da Natividade do Senhor; (jurarão) em como, quando entrarem, na biblioteca comum da Universidade com o objetivo de estudar, pegarão nos livros que consultarem honestamente, não lhes infligindo qualquer dano ou prejuízo com rasuras e estragos nos cadernos ou fólios [...]

> *Munumenta Academica or Documents Illustrative of Academical Life and Studies at Oxford*, part I, *"Libri Cancellarii et Procuratorum"*. Anstey, H. (Ed.). London, 1868. p.263-4. Apud Espinosa, op. cit., p.245.

174 AS VANTAGENS DA CIÊNCIA EXPERIMENTAL (S. XIII)

Desejo agora esclarecer os princípios da ciência experimental, visto que sem experiência nada pode ser suficientemente conhecido. Porque há duas maneiras de adquirir conhecimento, nomeadamente, pelo raciocínio e pela experiência. O raciocínio arrasta consigo uma conclusão e faz-nos aceitar a conclusão, mas não torna a conclusão certa, nem afasta a dúvida de maneira a que o espírito possa descansar na intuição da verdade, enquanto o mesmo espírito a não descobrir pelo caminho da experiência; como tal, muitos têm argumentos dizendo respeito ao que pode ser conhecido, mas porque têm falta de experiência, desprezam os argumentos e nunca cvitam o que é prejudicial, nem seguem o que é bom. Porque, se um homem que nunca tivesse visto fogo quisesse provar por raciocínios adequados que o fogo queima, injuria e destrói as coisas, o seu espírito não se daria por satisfeito desta maneira, nem ele evitaria o fogo até que nele colocasse a mão ou qualquer substância combustível, de forma a provar pela experiência o que o raciocínio tinha ensinado. Mas quando tivesse feito a presente experiência da combustão, o seu espírito adquiriria uma certeza e descansaria na plena luz da verdade. Por esta razão, o raciocínio não é suficiente, mas é-o a experiência.

> Rogério Bacon. Opus Maius. In: Bruce Ross, J., Martin McLaughlin, M. *The Portable Medieval Reader*. 8.ed. New York, 1958. p.626. Apud Espinosa, op. cit., p.267.

175 A VIDA UNIVERSITÁRIA PARISIENSE NA METADE DO SÉCULO XV

(*Processo verbal da Nação de França.*) Na terça-feira, 24 de março (1551) a Faculdade de Artes, minha mãe, foi convocada a São Juliano, o Pobre, pelo senhor reitor para se tratar sobre dois pontos. O primeiro, referente à eleição de um novo reitor, o segundo, sobre questões comuns, súplicas e injúrias. Quanto ao primeiro ponto, estando as Nações reunidas à parte, como de costume, por deliberação e consenso de minha mãe, a Nação de França, a ilustre província de Touraine, minha mãe, escolheu como eleitor notável homem mestre Charles Bouteville desta mesma província de Touraine, o qual, com os outros eleitores das três outras Nações, quer dizer da Picardia, Normandia e Alemanha, prestou os juramentos habituais ao reitor e à citada faculdade. Após o que, os quatro entraram juntos em conclave, como é o costume; eles ali passaram uma hora e meia mais ou menos; e, enfim, por unanimidade, por obra do Espírito Santo, elegeram o notável, probo e instruído mestre Jacques de Gauda, da nação da Alemanha [...]

Na quarta-feira seguinte que foi o nono dia do mês citado (maio 1453), a Universidade foi convocada para tomar as medidas referentes a numerosas e violentas sevícias feitas pelo tenente criminal do Châtelet contra os estudantes: ele tinha conduzido à prisão todos os estudantes, indiferentemente os bons e os maus, a ponto de já estarem lá quarenta. Foi decidido por cada uma das Nações e por toda a Universidade que o senhor reitor iria encontrar-se com o senhor preboste de Paris para obter a libertação dos estudantes [...] Por fim, o senhor preboste aquiesceu à súplica da Universidade e deu ordem a mestre Nicholas para soltar todos os inocentes sem despesas e os culpados sob fiança, segundo nosso estatuto; e assim, após haver agradecido, o senhor reitor juntamente com os que o assistiam, que eram cerca de oitocentos, retirou-se da casa do preboste, alegremente; mas sua alegria não foi, coitado, de longa duração, pois quando estava em frente à insígnia do Urso, na rua Saint-Antoine, um comissário e seus sargentos, cerca de oito ou nove, aproximaram-se e, passando perto do grupo de estudantes, puseram-se a provocá-los; e sem que ninguém do grupo dos estudantes lhes tivesse dirigido uma palavra nem posto a mão sobre nenhum deles, os sargentos lançaram-se em perseguição do grupo, esquecendo a ordem que haviam recebido anteriormente, e mataram um homem muito leal, de boa fé [...] bacharel em Direito, feriram mortalmente dois padres e feriram quinze ou dezesseis outros jovens notáveis; e após a morte deste venerável mestre, chamado Mauregart, um sargento, chamado Charpentier, avançou sobre o reitor e o teria matado, não fosse a intervenção de um respeitável burguês. Um arqueiro teria também trespassado o reitor com uma flecha, não fosse novamente a ajuda do dito burguês; as correntes foram estendidas, gritou-se às armas e numerosos habitantes da cidade insurgiram-se contra os estudantes; muitos outros fatos tiveram lugar e são apresentados no decorrer do processo.

No dia seguinte, quinta-feira, que foi o décimo do mês citado, conhecidos a miséria e os lúgubres acontecimentos do dia anterior, conhecida a morte de mestre Raymond de Mauregart, mestre de Artes e bacharel em Direito, conhecidos também os ferimentos graves de muitos mestres notáveis, conhecida igualmente a prisão de vários estudantes e a perda de numerosos bens, a Universidade foi reunida solenemente e juramentada em São Bernardo e, após longa deliberação foi decidido, por cada uma das Nações e também por toda a Universidade, a interrupção de todas as aulas e lições tanto públicas quanto privadas, tanto deste lado das pontes como do outro, até que fosse obtida uma satisfação condigna com a vocação da dita Universidade [...]

No domingo, segundo dia de setembro (1453), as sessões do processo tiveram lugar em Santo Agostinho para honrosa sorte de nosso senhor o rei em Bordelais [...]

> *Auctarium chartularii Universitatis parisiensis*, V. *Liber procuratorum Nationis Galicanae* (1443-1456). Samaran e Van Moé (Ed.). Paris, 1942. Apud Calmette, op. cit., p.299-300.

BIBLIOGRAFIA

ANTONETTI, G. *A economia medieval*. São Paulo: Atlas, 1977.
BARRACLOUGH, G. *Os papas na Idade Média*. Lisboa: Verbo, 1972.

BEAUJOUAN, G. A Ciência no Ocidente Medieval Cristão. In: *História Geral das Ciências*. São Paulo: Difel, 1959, v.3.
BOLTON, B. *A Reforma na Idade Média*. Lisboa: Edições 70, 1986.
CARDINI, F. *Magia, brujería y superstición en el Occidente Medieval*. Barcelona: Península, 1982.
CHAUNU, P. *Expansão europeia do século XIII ao XV.* São Paulo: Pioneira, 1978.
CHELINI, J. *Histoire religieuse de l'Occident médiévale*. Paris: Armand Colin, 1970.
CIPOLLA, C. M. *História econômica da Europa pré-industrial*. Lisboa: Edições 70, 1988.
DOLLINGER, P. *La Hanse (XIIe – XVIIe siècles)*. Paris: Aubier, 1964.
DUBY, G. *O tempo das Catedrais*. Lisboa: Estampa, 1979.
_____. *São Bernardo e a Arte Cisterciense*. São Paulo: Martins Fontes, 1990.
FALBEL, N. *Heresias medievais*. São Paulo: Perspectiva, 1977.
FLICHE, A., MARTIN, V. *Histoire de l'Église*. Paris: Bloud et Gay, 1939-1964.
FOCILLON, H. *Arte do Ocidente. A Idade Média Românica e Gótica*. Lisboa: Estampa, 1980.
FOSSIER, R. *Histoire sociale de l'Óccident médiéval*.Paris: Armand Colin, 1970.
FOURQUIN, G. *História econômica do Ocidente Medieval*. Lisboa: Edições 70, 1981.
GALLEGO BLANCO, E. *Relaciones entre la Iglesia y el Estado en la Edad Media*. Madrid: Revista de Occidente, 1973
GRAF, A. *Miti, leggende e superstizione del Medio Evo*. Milano: Mondadori, 1987.
GUENICOT, L. *Europa en el siglo XIII*. Barcelona: Labor, 1970.
GURIEVICH, A. *Las categorías de la cultura medieval*. Madrid: Taurus, 1983.
HEERS, J. *O Ocidente nos séculos XIV e XV*. São Paulo: Pioneira / Edusp, 1981.
HENDERSON, G. *Arte medieval*. São Paulo: Cultrix, 1978.
KNOWLES, D., OBOLENSKY, D. *Nova história da Igreja: Idade Média*. Petrópolis: Vozes, 1974.
LABAL, P. *Los cátaros: herejía y crisis social*. Barcelona: Grijalbo, 1988.
LABARGE, M. *Viajeros medievales. Los ricos y los insatisfechos*. Madrid: Nerea, 1992.
LADERO QUESADA, M. A. *El mundo de los viajeros medievales*. Madrid: Anaya, 1992.

LAMBERT, M. D. *La herejía Medieval*. Madrid: Taurus, 1986.
LE GOFF, J. *Os intelectuais na Idade Média*. Lisboa: Gradiva, 1984.
_____. (Org.) *Herejías y sociedades en Europa preindustrial*. Madrid: Siglo. XXI, 1987.
_____. *Mercaderes y banqueros de la Edad Media*. Buenos Aires: Universitaria, 1984.
_____. *O maravilhoso e o quotidiano no Ocidente Medieval*. Lisboa: Edições 70, 1985.
_____. *O apogeu da cidade medieval*. São Paulo: Martins Fontes, 1992.
LIBERA, A. *Penser au Moyen Âge*. Paris, 1991.
LOPEZ, R. *A revolução comercial na Idade Média, 950-1350*. Lisboa: Presença, 1986.
_____. *A cidade medieval*. Lisboa: Presença, 1988.
MIETHKE, J. *Las ideas políticas de la Edad Media*. Buenos Aires: Biblos, 1993.
MOLLAT, M., WOLFF, P. *Uñas azules, Jacques y Ciompi*. Madrid: Siglo XXI, 1989.
MULLET, M. *La cultura popular en la Baja Edad Media*. Barcelona: Crítica, 1990.
OAKLEY, F. *Los siglos decisivos*. Madrid: Alianza, 1981.
ORLANDIS, J. *La Iglesia Antigua y Medieval*. Madrid: Palabra, 1986.
PACAUT, M. *Les ordres monastiques et religieux au Moyen Âge*. Paris: F. Nathan, 1970.
_____. *La Théocratie. L'Église et le pouvoir au Moyen Âge*. Paris: Desclée, 1989.
ROMERO, J. L. *La revolución burguesa en el mundo feudal*. Madrid: Siglo XXI, 1979.
ROSSIAUD, J. O citadino e a vida na cidade. In: LE GOFF, J. (Dir.) *O homem medieval*. Lisboa: Presença, 1990. p.99-122.
SCHMITT, J. C. *Religione, folklore e società nell' Occidente Medievale*. Roma-Bari: Laterza, 1988.
SOUZA, J. A. de C. R. (Org.) *O reino e o sacerdócio*. Porto Alegre: EDIPUCRS, 1995.
SOUTHERN, R. W. *A Igreja Medieval*. Lisboa: Ulisseia, s. d.
VAUCHEZ, A. *La espiritualidad del Occidente medieval*. Madrid: Cátedra, 1985.
VERGER, J. *As universidades na Idade Média*. São Paulo: Editora UNESP, 1990.
WALEY, D. *Las Ciudades-Repúblicas Italianas*. Madrid: Guadarrama, 1969.

4 A GÊNESE MEDIEVAL DO ESTADO MODERNO

AS CRISES DA BAIXA IDADE MÉDIA (PESTE, FOME, GUERRA)

176 A FOME EM FLANDRES (1316)

Naquele mesmo ano houve uma penúria tal de vinho em França que não se bebia em Tournai mais do que vinhos de Saint Jean. Este ano também, depois da desaparição do rei Luís (X), devido às grandes chuvas torrenciais e ao fato de que os bens da terra foram coletados em más condições e destruídos em muitos lugares, produziu-se uma escassez de trigo e de sal tão grande que a *rasaria* de sal vendia-se a 6 libras e a carestia aumentava dia a dia. No ano 1316, no mês de maio, a penúria e a carestia tinham aumentado e houve em nossas regiões intempéries e desordens atmosféricas: a *rasaria* de trigo vendia-se a 60 soldos e a aveia, a 27 soldos, a de ervilhas a 45 soldos e assim mesmo apenas podia-se obter com dinheiro. E o povo começou em muitos lugares a comer pouco pão, porque não o havia e muitos misturavam, como podiam, as favas, cevadas, arvelas e todos os outros grãos que conseguiam, e faziam com tudo um pão que logo comiam. Por causa das intempéries e da fome tão atroz, os corpos começavam a debilitar-se e as doenças a se desenvolverem e resultou disso uma mortandade tão grande como nenhum ser vivo tinha visto jamais ou tinha ouvido falar de coisa semelhante.

Eu certifico que em Tournai morriam cada dia tantas pessoas, homens e mulheres, pertencentes às classes dirigentes, médias e pobres que o ar estava por assim dizer totalmente corrompido e que os sacerdotes das paróquias não sabiam frequentemente a que lugar dirigir-se. Pobres mendigos morriam em grande número nas ruas, sobre as esterqueiras e em todos os lugares, eram tantos que os conselheiros da cidade deram a ordem e encarregaram a certas pessoas o trabalho de levar os corpos para enterrá-los a este lado do Escalda, no vale de Vigne, e no outro lado do Escalda, no lugar chamado Folais, e para cada pessoa enterrada entregavam-lhes uma quantia determinada.

Chronique et annales de Gilles le Muisit, abbé de Saint-Martin de Tournai (1272-1352). Lemaître, H. (Ed.) Paris: Société de l'Histoire de France, 1906. Apud Falcon et al., op. cit., p.165.

177 A GRANDE PESTE (1348)

No ano do Senhor, 1348, aconteceu sobre quase toda a superfície do globo uma tal mortandade que raramente se tinha conhecido semelhante. Os vivos, de fato, quase não conseguiam enterrar os mortos, ou os evitavam com horror. Um terror tão grande tinha-se apoderado de quase todo o mundo, de tal maneira que no momento que aparecia em alguém uma úlcera ou um inchaço, geralmente embaixo da virilha ou da axila, a vítima ficava privada de toda assistência, e mesmo abandonada por seus parentes. O pai deixava o filho em seu leito, e o filho fazia o mesmo com o pai. Não é surpreendente, pois, que quando numa casa alguém tinha sido tocado por este mal e tinha morrido, acontecesse muito frequentemente, todos os outros moradores terem sido contaminados e mortos da mesma maneira súbita; e ainda mais, coisa horrorosa de ouvir, os cachorros, os gatos, os galos, as galinhas e todos os outros animais domésticos tiveram o mesmo destino. Aqueles que estavam sãos fugiram apavorados de medo. E assim, muitos morreram por descuido, os quais talvez teriam escapado de outro modo. Muitos ainda, que pegaram esta doença e dos quais se acreditava que morreriam com certeza imediatamente sobre o chão, foram transportados, sem a mínima discriminação até a fossa de inumação. E assim, um grande número foi enterrado vivo. E a este mal acrescentou-se outro: corria o boato de que certos criminosos, particularmente os judeus, jogavam venenos nos rios e nas fontes, o que fazia aumentar tanto a peste acima mencionada. É a razão pela qual tanto cristãos como judeus inocentes e pessoas irrepreensíveis foram queimadas e assassinadas e outras vezes maltratadas em suas pessoas, mesmo que tudo isso procedesse da constelação ou da vingança divina. E esta peste se prolongou além do ano anteriormente dito, durante dois anos seguidos, espalhando-se pelas regiões onde, primeiramente, não tinha acontecido.

Vitae Paparum Avenionensium Clementis VI. Primavita. Mollat. M. (Ed.). Paris, 1915-1922, p.252. Apud Calmette, op. cit., p.236-7.

178 PESTILÊNCIAS E FOMES (1437)

Item, neste ano de 1437, tornaram-se os trigos e os cereais tão caros por todas as partes do reino de França e outros diversos lugares e países da Cristandade que aquilo que alguma vez se tinha dado por quatro soldos, moeda de França, vendia-se por 40, ou mais. Por ocasião da qual carestia houve uma tão grande fome universal que grande multidão de pobres morreu por indigência. E era coisa muito dolorosa e triste vê-los morrer de fome nas boas cidades e jazer sobre as estrumeiras em grandes bandos. Havia algumas cidades que os expulsavam da sua senhoria; e houve também outras que os receberam e administraram por bastante tempo, de acordo com as suas possibilidades, cumprindo as obras de misericórdia. Entre aquelas que os receberam e administraram estava a cidade de Cambrai. E durou esta pestilência até ao ano de 39. E foram feitos por esta causa vários editos pelos senhores, tanto príncipes como outros, e também pelos das boas cidades, proibindo sob pesadas penas que nenhum trigo ou outro cereal fosse levado para fora. Da mesma maneira foi determinado na cidade de Gand que se abstivessem de fabricar cervejas ou outras bebidas semelhantes, que todas as gentes pobres matassem os seus cães e que ninguém mantivesse nem alimentasse cadela, se ela não estivesse castrada. Tais e semelhantes ordenanças foram feitas em muitos países, a fim de prover à comum pobreza do povo miúdo e dos mendigos.

La chronique d'Enguerran de Monstrelet, Liv.II, cap. CCXXIII, Douët D'Arcq. L. (Ed.). Paris: Société de l'Histoire de France, 1861. t.V. p.319-20. Apud Espinosa, op. cit., p.336.

179 A PESTE NEGRA NA INGLATERRA (S. XIV)

Então a gravosa praga penetrou pela costa marítima a partir de Southampton e chegou a Bristol; aí quase que toda a força da cidade morreu, atingida pela morte súbita, porque houve poucos que estivessem de cama mais do que três dias, ou dois dias, ou meio dia. E depois disto a cruel morte propagou-se por toda a parte com o curso do Sol. Morreram em Leicester na pequena paróquia de S. Leonardo mais de 380, na paróquia de Santa Cruz mais de 400; na paróquia de Santa Margarida de Leicester mais de 700; e assim um grande número em cada paróquia. Então o bispo de Lincoln enviou uma mensagem através de todo o bispado e deu poder geral a todos e a cada um dos padres, tanto regulares como seculares, para ouvir confissões e absolver com total e completa autoridade episcopal, exceto em matéria de dívidas; neste caso o moribundo, se o pudesse, deveria pagar a dívida enquanto fosse vivo ou outros cumpririam certamente esse dever, dos seus bens, depois da sua morte. Da mesma maneira, o papa concedeu completa remissão de todos os pecados a quem quer que fosse absolvido em perigo de morte e permitiu que esse poder permanecesse até à próxima Páscoa e cada um pudesse escolher um confessor à sua vontade.

No mesmo ano houve uma grande praga entre os carneiros em toda a parte do reino, de forma que num lugar morreram numa pastagem mais de 5.000 e tão pútridos que nem besta nem pássaro lhes teriam tocado. E eram os preços baixos para todas as coisas devido ao temor da morte. Porque havia muito poucos que se preocupassem com riquezas ou qualquer outra coisa. Um homem poderia ter um cavalo, que anteriormente era avaliado em 40 soldos, por 6 soldos e 8 dinheiros, um boi gordo por 4 soldos, uma vaca por 12 dinheiros, uma bezerra por 6 dinheiros, um gordo carneiro capado por 4 dinheiros, um carneiro por 3 dinheiros, um cordeiro por 2 dinheiros, um porco grande por 5 dinheiros, uma *pedra* (6,3 kg) de lã por 9 dinheiros. Os carneiros e o gado andavam vagueando pelos campos através das searas e não havia ninguém para ir com eles, os conduzir ou juntar, de forma que não pôde ser determinado o número dos que morreram pelas valas em cada distrito, por falta de pastores; porque havia uma tal falta de servidores que ninguém sabia que fazer [...] Ao mesmo tempo os padres estavam em tal pobreza por toda a parte que havia muitas igrejas sem padre e com falta de ofícios divinos, missas, matinas, vésperas, sacramentos e outros rituais. Uma pessoa dificilmente poderia conseguir um capelão por menos de 10 libras ou 10 marcos para oficiar numa igreja. E quando uma pessoa podia obter um capelão por 5 ou 4 marcos ou mesmo por 2 marcos com a sua alimentação, quando havia abundância de padres antes da pestilência, dificilmente haveria alguém agora que desejasse aceitar um vicariato por 20 libras ou 20 marcos; mas dentro de um curto espaço de tempo um grande número daqueles cujas mulheres tinham morrido na pestilência acorreram às ordens. No entanto, muitos eram iletrados e pouco menos que leigos, salvo na medida em que sabiam ler, embora não pudessem compreender.

Entretanto, o rei enviou uma proclamação para todos os condados em como os ceifeiros e outros trabalhadores não poderiam cobrar mais do que aquilo que tinham por costume cobrar, sob a penalidade indicada pelo estatuto. Mas os trabalhadores estavam tão soberbos e obstinados que não quiseram ouvir as ordens do rei, mas, se alguém desejasse tê-los, era obrigado a dar-lhes o que eles queriam, perdendo os seus frutos e searas ou satisfazendo-lhes os soberbos e ambiciosos desejos [...]

Depois da acima dita pestilência, muitos edifícios, grandes e pequenos, caíram em ruínas nas cidades, vilas e aldeias, por falta de habitantes, de maneira que muitas aldeias e lugarejos se tornaram desertos, sem uma casa ter sido abandonada neles, mas tendo morrido todos os que aí viviam; e é provável que muitas dessas aldeias nunca mais fossem habitadas [...]

Nobres e senhores do reino que tinham foreiros faziam abatimentos da renda, a fim de que os foreiros se não fossem embora, devido à falta de servidores e geral carestia, uns de metade da renda, outros mais, outros menos, alguns por dois anos, alguns por três, alguns por um ano, segundo o que combinassem com eles. Desta maneira aqueles que recebiam dos seus foreiros um dia de trabalho ao longo do ano, como é costume com os vilões, tinham de lhes dar mais lazeres e perdoar tais trabalhos, e outros libertá-los por completo ou dar-lhes um foro mais fácil por uma renda menor, para que as casas se não arruinassem irremediavelmente e a terra não permanecesse inteiramente por cultivar em toda a parte.

> Kimball-Kendall, E. *Source-book of English History*. 4.ed. New York, 1908. p.102-6. Apud Espinosa, op. cit., p.328-30.

180 DESESPERO POPULAR E EPIDEMIA DE SUICÍDIOS (S. XIV)

O homem pobre não terá pão para comer, a não ser por acaso um pouco de pão de centeio ou de cevada. Sua pobre mulher dará à luz e terão quatro ou seis pequenas crianças no lar, ou no fogo, que por acaso será quente e eles pedirão pão e gritarão com raiva de fome. A pobre mãe não terá o que levar à boca a não ser um pouco de pão com sal. Ora, deverão suportar esta miséria: pois virão os saqueadores que levarão tudo. Tudo será pego e apanhado. E desejarão que pague [...]

Mas a preocupação constante, a dúvida angustiante e contínua de ser roubados por príncipes ou gentes de armas deixa-os muito tristes, impacientes e dolorosamente atormentados: tanto que em nosso tempo, muitos são os que caíram em desespero, e se mataram. Deus, que horror! Eles se suicidaram, um enforcado, o outro afogado, um outro enfiando-se uma faca no coração.

> João Gerson. *Ad Deum vadit*. Carnahan (Ed.). Univ. of Illinois studies in language and litterature, 1917. p.13. Apud Calmette, op. cit., p.239.

181 OS FLAGELANTES (1349)

Pouco a pouco, no início das epidemias de peste na Alemanha, as populações começaram a se espalhar pelas estradas flagelando-se, vieram 700 da Suábia até Estrasburgo, no ano de 1349, na metade de junho. Haviam designado um chefe e dois outros mestres, e executavam todas as suas ordens. Ao amanhecer, eles atravessaram o Reno e reunida a multidão, fizeram um grande círculo. No meio deste – tirando as suas roupas de cima e seus sapatos e tendo como calça uma espécie de pano das coxas até o calcanhar – começaram a formar uma roda: e um depois do outro se jogava no chão com os braços em cruz. Eles passavam um em cima do outro saltando, começando a golpear com correias aqueles que já estavam prosternados; os últimos da fila que tinham se abaixado os primeiros levantavam-se para flagelar-se com correias guarnecidas de nós, com quatro pontas de ferro e passavam cantando uma canção vulgar, invocando o Senhor. Três deles colocavam-se no meio do círculo e começavam a cantar um canto extremamente estridente apropriado para excitá-los à flagelação, depois outros também começavam a cantar e continuavam assim até que ao sinal preciso de um certo canto, todos caíam de joelhos, com os braços em cruz e o rosto contra a terra, orando e chorando.

> Matias de Neuenburg. Chroniques. In: M. G. H. *Scriptores, Nova Series*, IV, II, 1936. Apud Calmette, op. cit., p.237.

182 DESPOVOAMENTO DAS ALDEIAS E EMIGRAÇÃO (1403)

Carlos pela graça de Deus rei de Navarra, Conde de Évreux, aos nossos amados e fiéis Garcia Periz de Lyçuayn, nosso tesoureiro e a Abraham Enxoep, nosso recebedor de Estella, saúde. Como [...] fomos notificados que pela grande miséria e pobreza dos ditos (habitantes da vila) de Lerin e pelas grandes pestilências e perseguição de mortandades, esterilidade dos campos e *fortuna* de pedra que têm sofrido de alguns anos até agora, eles de maneira nenhuma podem pagar suas peitas integralmente, por este presente ano, sem fazer vil e miserável venda dos seus bens, os quais têm-nos pedido, como mercê, que sobre isto queiramos tomar providências e ter piedade e misericórdia deles, e Nós, inclinados à sua súplica, querendo relevá-los enquanto boamente pudermos, para que não abandonem nem deixem o dito lugar, tiramos e remimos aos habitantes de Lerin, como graça especial, da dita peita que devem [...] E vos mandamos que deixeis e consintais aos ditos de Lerin, gozar e aproveitar da nossa graça pacificamente e sem nenhum empecilho e pela graça que nós os temos feito, não sejam constrangidos nem perturbados de qualquer maneira que seja. Dada em Olit sob o selo da nossa Chancelaria, o dia 29 de setembro do ano do nascimento de Nosso Senhor 1403.

> Cámara de Comptos. Archivo General de Navarra, caj. 89, n.60, I. In: Pedrero-Sánchez, M. G. *Contribuição ao estudo dos judeus em Navarra*. II, São Paulo, 1981, p.128-9. Tese (Doutoramento) – USP. (Mimeogr.).

183 O SOFRIMENTO DO POVO CAUSADO PELAS "GENTES DE ARMAS" (1390-1453)

[...] "Gentes de armas" começaram a aparecer na França por todas as partes, a saber, de parte do rei da França e daqueles que em seu nome tinham o governo do reino. E o mesmo, por meio do fisco e da violência sobre os seus, fez o duque de Borgonha. Por causa disso o pobre povo, nesse tempo, em diversas partes do reino foi muito minguado e oprimido, e não tinha quem o defendesse, e não sabiam o que fazer nem tinham outro recurso senão pedir ajuda a Deus, suplicando que pela sua graça providenciasse o remédio.

> *La chronique d'Enguerran de Monstrelet*. Douët D'Arcq. L. (Ed.). Paris: Société de l'Histoire de France, 1859. t.III. p.142. Apud Calmette, op. cit., p.238.

184 A BATALHA DE AZINCOURT (1415)

Lançando horríveis clamores, começaram a tesar os arcos com todas as suas forças, e a lançar setas sobre o inimigo em tal quantidade, e tão contínuas, que era como se uma grande nuvem tivesse escurecido o céu; e as setas eram tão numerosas que se podia dizer que uma repentina colheita brotava do solo. Depois avançavam atirando no inimigo, e feriram-lhes tantos cavalos e homens, matando tão grande número que, sem esperar o encontro direto, os franceses voltaram às costas, empurrando-se uns aos outros na sua fuga. Depois com pouco trabalho e nenhuma fadiga, a vitória ficou para os ingleses.

Era um espetáculo lamentável ver como, quebrada a ordem de batalha num instante, chegou a confusão ao exército francês e como a maior parte procurava a salvação na fuga; dez ingleses perseguiam a cem franceses e um a dez, e quando eram aprisionados pelos ingleses sem resistência nenhuma, eram conduzidos cativos como rebanho de ovelhas.

[...] Foi aquele um dia nefasto para a nobreza e o reino da França; perdeu-se uma grande parte daqueles que podiam defender o país contra os seus inimigos e foi causa de grande ruína [...]

Foi efetivamente, esta infeliz batalha, perto da fortaleza de Hesdin, no campo situado entre as vilas chamadas de Azincourt e Rouseauville, no ano do Senhor de 1415, dias dos Santos Mártires Crispín e Crispiniano, um ano após os franceses terem saqueado a cidade de Soissons, como antes dissemos, e, entre outros atos sacrílegos, terem despojado o seu venerável mosteiro, dedicado aos beatos mártires.

Acredita-se que esta vingança divina foi infringida aos franceses por causa da impiedade e crueldade que cometeram em outras ocasiões, e sobretudo pela destruição e pilhagem desta cidade. Cada qual pode pensar o que quiser; nós, evidentemente, oferecemos a narração verídica destes fatos, deixando a outros discutir sobre os desígnios divinos.

Basin, T. *Histoire de Charles VII*. v.I, livro I, cap. IX. Samaran, C. (Ed.). Paris, 1964. Apud Falcon et al., op. cit., p.184.

185 JOANA D'ARC, O CONDE D'ARMAGNAC E O CISMA

Do Conde d'Armagnac:
Minha querida dama, eu me encomendo humildemente a vós e vos suplico pelo amor de Deus que, tendo em conta a divisão que

no presente existe na santa Igreja universal, sobre o fato dos papas, pois há três contendentes, no papado: um o de Roma que se faz chamar de Martinho V, ao qual todos os reis cristãos obedecem; outro que mora em Peñiscola, no reino de Valença, o qual se faz chamar de Clemente VII; o terceiro, não sei onde mora, somente que é o cardeal de São Etienne e poucas pessoas estão com ele, o qual se faz chamar papa Bento XIIII; o primeiro que se diz papa Martinho V, foi eleito em Constança com o consentimento de todas as nações dos cristãos; o que se faz chamar Clemente foi eleito em Peñiscola, após a morte de Bento XIV, por três dos seus cardeais; o terceiro, que se nomeia Bento XIIII, em Peñiscola foi eleito secretamente, mesmo pelo cardeal de Saint Etienne; queira suplicar a Nosso Senhor Jesus Cristo que, pela sua misericórdia infinita, queira-nos, por vós, declarar quem dos três sobreditos papas é o verdadeiro, e a qual deles se deve obedecer d'agora em diante, ao que se chama Martinho, ao que se diz Clemente ou ao que se diz Bento XIV; e em qual deles devemos acreditar já seja secretamente ou por alguma simulação ou pública manifestação; pois nós estamos prontos para seguir o desejo e a vontade do Nosso Senhor Jesus Cristo.[1]

De Joana d'Arc:

Jesus, Maria. Conde d'Armagnac, meu querido e bom amigo, Joana a donzela vos faz saber que a vossa mensagem chegou até mim, a qual me dissestes ter enviado para saber de mim em qual dos três papas deves acreditar. Sobre isso, boamente, no presente, não posso fazer-vos saber a verdade, até que esteja em Paris ou em outra parte, para perguntar, pois no momento estou muito empenhada nos assuntos da guerra; mas quando souberdes que esteja em Paris, enviai-me uma mensagem e eu vos farei saber toda a verdade sobre quem deveis acreditar, e o saberei pelo conselho do meu mestre e soberano Senhor, o Rei de todo o mundo, no qual se

---

[1] A carta do Conde d'Armagnac é um exemplo da confusão criada na Cristandade pelo Cisma. Os três (ou quatro) papas aos que se refere o autor são: Bento XIII, sucessor de Clemente VII em Avinhão, eleito em 1394 e deposto pelo Concílio de Pisa (1409) e de Constança (1417), não renunciou ao papado refugiando-se em Peñiscola até a sua morte. O segundo é Gregócio XII, eleito em Roma (1406), deposto pelo Concílio de Pisa (1409), o qual renunciou em 1415. O terceiro, Martinho V, foi eleito em Constança (1417), pondo fim ao Cisma, após a deposição de João XXIII, que tinha sido eleito em Pisa (1410).

assenta todo o meu poder. Encomendo-vos a Deus; Deus vos guarde. Escrito em Compiegne, o dia XXII de Agosto,

> *Procès de condamnation de Jeanne d'Arc.* Quicherat (Ed.). Paris. 1841. p.245. Apud Calmette, op. cit., p.257-8.

AS REVOLTAS POPULARES

186 A JACQUERIE (1358)

Neste tempo revoltaram-se os Jacques em Beauvoisin, e começaram a ir em direcção de Saint-Leu d'Esserent e de Clermont no Beauvoisin. Entre eles estava um homem muito sabedor e bem-falante, de bela figura e forma. Este tinha por nome Guilherme Carlos. Os Jacques fizeram-no seu chefe. Mas ele viu bem que eram gente miúda, pelo que se recusou a governá-los. Mas de fato os Jacques tomaram-no e fizeram dele seu chefe, com um homem que era hospitalário, que tinha visto guerras. Também as tinha visto Guilherme Carlos, que lhes dizia que se mantivessem unidos. E quando os Jacques se viram em grande número, perseguiram os homens nobres, mataram vários e ainda fizeram pior, como gente tresloucada, fora de si e de baixa condição. Na realidade, mataram muitas mulheres e crianças nobres, pelo que Guilherme Carlos lhes disse muitas vezes que se excediam demasiadamente; mas nem por isso deixaram de o fazer.

Então Guilherme Carlos viu bem que as coisas não podiam ficar assim; porque, se eles se separassem, os gentis-homens cair-lhes-iam em cima. Portanto, enviou os mais prudentes e os mais notáveis perante o preboste dos mercadores de Paris e escreveu-lhe que estava pronto a ajudá-lo e que ele também o ajudasse e socorresse, se necessário fosse. Por isso ficaram contentes os generais dos três Estados e escreveram a Guilherme Carlos que estavam prontos a prestar-lhe socorro. Estes Jacques vieram até Gaillefontaine, a condessa de Valois, que aí estava, desconfiou deles, fez-lhes boa cara e mandou dar-lhes víveres. Porque eles estavam acostumados a que, pelas cidades e lugares por onde passavam, as pessoas, mulheres ou homens, pusessem as mesas nas ruas; aí comiam os Jacques e depois passavam adiante, incendiando as casas dos gentis-homens [...]

> *Chronique des quatre premiers Valois (1327-1393).* Simeon Luce, M. (Ed.). Paris: Société de l'Histoire de France 1862. p.71. Apud Espinosa, op. cit., p.332-3.

187 A SUBLEVAÇÃO DE 1381 NA INGLATERRA

Havia nesta época, na mencionada torre, seiscentos homens de guerra acostumados com as armas, homens robustos e muito experientes, e seiscentos arqueiros que, é surpreendente, estavam tão intimidados que pareciam mais mortos do que vivos [...] Toda audácia militar se apagou neles quando viram os camponeses. De fato, quem teria acreditado que um dia não somente os camponeses, mas os piores elementos dentre eles [...] ousariam se introduzir no quarto particular do rei e da sua mãe com paus grosseiros, afastar, por meio de ameaças, os cavaleiros de serviço, puxar as barbas dos mais nobres cavaleiros com suas mãos calejadas e sujas, trocar opiniões e conversar familiarmente com estes últimos sobre o regime social ou sobre a fé que deve ser guardada contra os desavergonhados? [...] E de sentar-se, deitar-se, e permitir-se mil chacotas na própria cama do rei, e pior ainda, de enviar beijos à sua mãe; e, o que surpreende mais ainda, vários cavaleiros e homens de armas tiveram sua parte de responsabilidade em tais inconveniências.

> Thomas Walsinghan. *História anglicana.* Riley (Ed.). Rolls Series, 1864, II, p.91. Apud Calmette J, op. cit., p. 214.

188 A REVOLTA DOS CAMPONESES EM 1391: JOHN BALL

Os desventurados destas comarcas citadas (sudoeste da Inglaterra) começaram a se sublevar dizendo que se lhes mantinha numa servidão excessiva e que no começo do mundo não havia servos e ninguém podia tornar-se servo se não era culpado de traição contra o seu senhor, como Lúcifer com respeito a Deus; mas não eram dessa natureza, pois não eram nem anjos nem espíritos, somente homens semelhantes aos seus senhores. E tratavam-nos como animais, coisa que não podiam seguir suportando: queriam ser todos iguais, e se cultivavam ou faziam algum trabalho para os seus senhores, queriam receber o seu salário.

No tempo passado tinham sido induzidos e lançados nessas loucuras por um exaltado sacerdote da Inglaterra, oriundo do condado de Kent, chamado John Ball, o qual, pelas suas loucas palavras, tinha estado várias vezes nas prisões do arcebispo de Cantuária. Porque esse John Ball tinha por costume, aos domingos, após a missa, quando todo o mundo saía da Igreja, pregar na praça reunindo todo o povo à sua volta e dizendo: Boa gente, as coisas não podem ir e não vão bem na Inglaterra até que os bens sejam comuns, até que não exista nem vilão nem gentil-homem e até que todos sejamos iguais. Esses, aos quais chamamos senhores, em que são maiores do que nós? Por que o têm merecido? Por que nos mantêm em servidão? E se todos procedemos de um pai e de uma mãe, de Adão e de Eva, como podem dizer e demonstrar que são mais senhores do que nós, a não ser porque nos obrigam a ganhar e a trabalhar para conseguir o que eles gastam? Vão vestidos de veludo e de seda e de *petrigis*, enquanto nós andamos vestidos de maus tecidos. Eles têm vinho, espécies e bom pão, enquanto nós somente temos centeio, palha e bebemos água. Eles descansam em formosas mansões enquanto nós temos o sofrimento, o trabalho, a chuva e o vento nos nossos campos; e é através de nós e do nosso trabalho que recebem as suas benesses. Chamam-nos de servos e castigam-nos se não realizamos rapidamente o serviço que nos pedem, e não temos nenhum soberano ao qual apresentar as nossas queixas e que queira escutar e defender os nossos direitos. Vamos procurar o rei que é jovem (Ricardo III). Mostremos a ele a nossa servidão e digamos-lhe que queremos que as coisas sejam de outra maneira ou, caso contrário, nós buscaremos o remédio [...]

Chroniques de Jean Froissart. Raynaud, G. (Ed.). Paris, 1897. Apud Carpentier, J., Lebrun, F. *Breve Historia de Europa*. Madrid: Alianza, 1992. p. 246-7.

189 A REVOLTA DOS CIOMPI EM FLORENÇA (1378-1382)

Em 1378, depois de ter sido feita a paz com o Papa Gregório XI, irromperam distúrbios entre a população florentina. Os trabalhadores ignorantes queimaram e saquearam uma quantidade de casas, expulsaram os priores[2] do palácio comunal e com eles Luigi Guicciardini, que era gonfaloneiro da Justiça[3] nessa altura. Então manobraram para agarrar o poder e nomear um ganfaloneiro de sua própria escolha, um certo Michele di Lando, o qual, todavia, mais ou menos um dia depois, fez causa comum com artífices, os Gibelinos,[4] os homens afastados dos cargos, e desviou todo o poder do povo.

Como membro da milícia alistado sob o estandarte de Nicchio,[5] eu estava em serviço na praça quando os artífices e os seus aliados vinham de volta, depois da expulsão do povo. Quando já todos os outros tinham sossegado, um canteiro, que estava claramente com intenções assassinas, continuou gritando: "Enforquem-nos! Enforquem-nos!". Dirigi-me para ele e disse-lhe que refreasse a língua, depois do que ele me deu uma estocada no peito com a ponta da espada. Rapidamente dei-lhe com a lança e fazendo-a atravessar a sua túnica de couro, matei-o ali mesmo. Várias testemunhas que o tinham visto iniciar a questão declararam que eu havia agido em defesa própria e que ele merecia sua sorte. Nada mais se disse a esse respeito por essa época.

Fui para casa e, vendo que muitos cidadãos Guelfos, incluindo alguns dos melhores, estavam a ser proscritos e banidos, resolvi deixar a cidade.

> Diário de Buonaccorso Pitti. In: Brucker, G. (Ed.) *Two Memoirs of Renaissance Florence*. New York: Evanston and London, 1967. p.28-9.

---

2   Refere-se aos dirigentes das corporações conhecidas por Artes Maiores (em número de 7, agrupando o *popolo grasso*) e Artes Menores (em número de 14, representando o *popolo magro*). Só os Priores das Artes Maiores entravam no governo.
3   Tinha a seu cargo a defesa do governo comunal, que estava nas mãos da burguesia rica, o *popolo grasso*.
4   Partido que apoiava o imperador contra os guelfos, que apoiavam o papado.
5   Subdivisão do bairro do Espírito Santo, em Florença.

190 AS REVOLTAS DE GAND (1381) E DE PARIS (1382)

Em 1381 o povo de Gand revoltou-se contra o seu senhor, o conde de Flandres, que era o pai da duquesa de Borgonha.[6] Marcharam em grande número para Bruges, tomaram a cidade, depuseram o conde, roubaram e mataram todos os seus oficiais e procederam da mesma maneira em relação a todas as outras cidades flamengas que caíram nas suas mãos. O seu chefe era esse Filipe Van Artevelde[7] que acima mencionei. Como crescesse o número de flamengos em rebelião contra os seus senhores, enviaram embaixadas secretas à população de Paris e Rouen incitando-as a fazer o mesmo aos seus próprios senhores e prometendo-lhes ajuda e socorro neste empreendimento. Em consequência, estas duas cidades revoltaram-se contra o rei da França. A primeira insurreição foi a do povo de Paris, provocada por um vendedor de frutas que, quando um oficial tentava cobrar uma taxa sobre a fruta e os vegetais que estava vendendo, começou a gritar: "Abaixo a gabela!".[8] A este grito toda a população se ergueu, correu para as casas dos cobradores de impostos, roubou-os e assassinou-os. Então, na medida em que o povo não estava armado, um de entre eles conduziu-os ao Châtelet onde Bertrand du Guesclin,[9] um antigo Grande Condestável, tinha guardado 3.000 machados em preparação para uma batalha que devia ter sido dada aos Ingleses. A populaça serviu-se de machados para abrir caminho até a torre onde estes machados (em francês, *maillets*) estavam guardados. Armando-se a si próprios, os homens precipitaram-se em todas as direções para roubar as casas dos representantes do rei e em muitos casos matá-los. O *popolo grasso*, ou homens de haveres que em francês são chamados *bourgeois*, temendo que os populares (que foram mais tarde chamados *maillotins* e eram da mesma raça dos *ciompi* em Florença) os pudessem roubar, pegou em armas e procurou submetê-los. (O *popolo grasso*) manobrou então para tomar

---

6   Margarida de Flandres, casada com Filipe, o Ousado, duque de Borgonha, em 1369.
7   Líder das revoltas em Flandres. Morto em 1382.
8   Imposto sobre o sal e, por extensão, todo tipo de imposto.
9   Condestável do rei Carlos V e chefe das Grandes Companhias, que, como mercenários, atuavam na Guerra dos Cem Anos.

o governo nas suas próprias mãos e, juntamente com os *maillotins*, continuaram a guerra contra os seus reais senhores.

> Diário de Buonaccorso Pitti. In: Brucker, G. *Two Memoirs*... op. cit., p.39-40.

191 INJÚRIAS CONTRA O REI (1385)

Carlos (VI), [...] fazemos saber a todos os presentes e vindouros: Foi-nos exposto de parte de Guilherme, o juponeiro, habitante de Orleans, pobre homem faminto e com quatro filhos, que na quinta-feira, após o Natal ultimamente passado, ou cerca desse dia, estando ele no hostal de Jean Caltel, onde bebia com outros companheiros, depois de ter bebido muito, a ponto de ficar bêbado, ele diz, entre muitas outras palavras, as que se seguem e outras de semelhante teor, segundo os presentes contaram e o que eu me lembro. São, a saber: "O que tem feito o duque de Anjou lá onde ele foi? Ele tem pilhado, roubado e levado as riquezas para a Itália, conquistando outra terra; ele está morto e danado e o rei São Luís, também como os outros". E que nós e os outros senhores temos maldosamente e fraudulentamente o que temos. E outros ditos como: "Abandonemos, abandonemos o rei e os reis; nós não temos outro rei que Deus. Pensam que eles têm legalmente o que têm? Eles nos talham e retalham as posses que nos pertencem e não podem ter. O que o rei pode tirar do que ganho com a minha diligência? Eu almejaria que o rei e todos os reis morressem antes que ver meu filho doente ou passar pelo menor sofrimento". Por ter dito estas palavras ele foi colocado na prisão e ainda está nela [...]

Pelo Rei, ao encargo de Monsenhor de Berry.

> *Choix de pièces inédites relatives au règne de Charles VI*. Paris: Société de l'Histoire de France, 1843. p.58-9. Apud Calmette, op. cit., p.211.

192 A REVOLTA CONTRA O PATRICIADO URBANO EM BARCELONA (1285)

Naquele tempo, havia em Barcelona um homem de má índole chamado Berenguer Oller, que fizera sofrer a muitos de seus contemporâneos na mencionada cidade. Ele obrigava quase toda a plebe de Barcelona a seguir sua vontade. Simulando o bem, fizera grande mal naquele lugar, em prejuízo do senhor rei e dos homens probos da cidade. Passava por justiceiro, e fora ele quem por sua própria autoridade tinha conseguido despojar a Igreja de seus bens, o bispo de suas coletas e a grande multidão dos burgueses de Barcelona de suas rendas. Não dava ouvido aos avisos e mensagens que o rei e seus oficiais lhe enviavam, e todo aquele que, certa ou erradamente, se lhe opusesse em algo, era por ele atacado com apoio de todo o povo, do qual se fizera capitão e governador. Dessa forma, levou muitas vezes a referida cidade às portas da perdição.

Dentre os muitos males que concebera e fizera, pretendia, por ocasião da próxima festa da Páscoa (com a ajuda da plebe e às escondidas), expulsar os clérigos e matar todos os judeus e pessoas ricas da cidade que não estivessem do seu lado, saqueando em seu proveito tudo o que havia dentro das casas, e entregando a cidade ao rei da França, a fim de que o rei de Aragão jamais pudesse vingar-se. O rei, ao sabê-lo, desgostou-se e irou-se muito com o fato de um homem tão vil ter perturbado uma cidade tão nobre como é Barcelona. Por isso, partiu de Lleida, como se disse mais acima e, de jornada em jornada, chegou até um lugarejo situado a quatro léguas de Barcelona, chamado Martorell. Lá passou a Sexta-Feira Santa da Páscoa. Quando os principais de Barcelona tomaram conhecimento deste ato de coragem do rei, prepararam-se para encontrá-lo com grande honra a meio caminho, e suplicar-lhe que, com eles, decidisse o que fazer com Berenguer Oller.

Entretanto, o referido Berenguer Oller, ao saber do ocorrido, resolveu, juntamente com os principais de seu conselho, sair ao encontro do rei. Iria acompanhado de tanta gente e tão bem apetrechada que o rei não se lhe pudesse escapar, mesmo que o quisesse. Este, porém, um dos mais verdadeiros e sábios cavaleiros do mundo, soube de tudo, e, na noite da referida Sexta-Feira Santa, tendo os cavalos comido a aveia em Martorell e descansado ele um pouco, fez selar um dos cavalos e partiu com poucos homens, cavalgando tão regiamente que, antes do alvorecer, chegou a seu palácio em Barcelona.

No sábado pela manhã, Berenguer Oller com os seus, por um lado, e os principais de Barcelona, por outro, enquanto se preparavam para encontrar o rei na estrada, vieram a saber que este já tinha chegado e se encontrava em seu palácio. Maravilharam-se todos. Os principais experimentaram uma grande alegria e Berenguer Oller, uma grande dor: via todas as suas artes fracassadas e já se considerava por isso um homem morto. Chegado, pois, aquele dia, Berenguer Oller aproximou-se do rei, que cavalgava pela vila, e quis beijar-lhe a mão. O rei perguntou-lhe quem era, pois não o conhecia, mas suspeitava que fosse o tal. Respondeu Berenguer Oller que assim era. E o rei, tendo-o ouvido, não lhe deixou beijar a mão, dizendo-lhe não ser costume nem uso de reis beijar um a mão do outro. Berenguer Oller, ouvindo-o, não se satisfez com aquilo, pois compreendeu que o rei estava irritado com ele; mas como sabia falar muito bem com intrepidez, respondeu assim:

– Senhor, não sou rei, nem filho de rei, nem me tenho por tal; mas sou vosso homem e vosso vassalo, e gostaria de falar convosco acerca de coisas que serão do vosso proveito.

– E eu – disse o rei – teria igualmente necessidade de falar convosco e ouvir-vos com muito gosto, mas aqui não é lugar nem é o momento oportuno de fazê-lo. Ide na frente e entraremos em nosso palácio.

Dizendo isso, o rei pôs a sua mão sobre a cabeça de Berenguer Oller, mantendo-o próximo, sem que pudesse escapar. E assim, cavalgando o rei e ao seu lado Berenguer Oller, a pé, chegaram ao palácio e lá entraram. E o rei ordenou aos porteiros que não permitissem a entrada de mais ninguém, somente daqueles que acompanhavam Berenguer Oller, se assim quisessem fazê-lo. E os porteiros fecharam a porta. Depois, naquela noite, o rei dirigiu-se a seus cavaleiros e cidadãos de Barcelona, dizendo-lhes que pela manhã, isto é, no dia da Páscoa, após muitas coisas que dentro e fora dissera e fizera, amarraria o referido Berenguer Oller e, com grande honra, o retiraria do palácio, arrastando-o pelo rabo de uma mula, em companhia de mais sete, atados pelo pescoço. Dessa maneira seriam arrastados pelas ruas da cidade e depois todos eles seriam enforcados numa oliveira, colocando Berenguer Oller acima de todos eles.

O rei retornou a seu palácio e, uma vez celebradas as missas, sentou-se à mesa e teve uma boa e honesta festa, em paz e alegria. E todos aqueles de Barcelona que tinham sido coniventes com as tentativas de Bereguer Oller entraram em grande pânico e fugiram da cidade. Foram-se embora, aquele dia, seiscentos. E o rei fez prender outros duzentos.

E não vos maravilhe que dentre os atos bons e nobres do rei Pedro (III, o Grande) de Aragão e de Sicília se conte este de Berenguer Oller, pois foi ação maior e maior conquista do que tomar quatro ou cinco castelos a seus inimigos. Como diz o famoso provérbio antigo, "não existe inimigo tão forte como aquele que é nosso familiar"; assim foi porque, sendo estes da sua terra, agiram pior que os estranhos. Assim o rei pôde prendê-los, conforme a lei, tendo em vista os males que já haviam praticado, os empreendimentos que levaram a termo e o poder de que se haviam investido.

> Bernat Desclot. *Llibre del rei En Pere.* In: Tuñón de Lara, op. cit., p.386-8.

A RECONSTRUÇÃO DO PODER REAL

A teoria do poder real

193 DIVERSIDADE E RACIONALIDADE DA LEI, O BEM COMUM E O ABSOLUTISMO EM TOMÁS DE AQUINO (1225-1274)

A) Se a lei é algo de racional

A lei é uma regra e medida dos atos, pelo qual somos levados à ação ou dela impedidos, pois lei vem de *liga*, porque obriga a agir. Ora, a regra e a medida dos atos humanos é a razão, pois é deles o princípio primeiro, como do sobredito resulta. Porque é próprio da razão ordenar para o fim, princípio primeiro do agir, segundo o Filósofo.[10] Ora, o que, em cada gênero, constitui o princípio é a medida e a regra desse gênero. Tal a unidade, no gênero dos números, é o primeiro movimento, no dos movimentos, donde se conclui que a lei é algo de pertencente à razão.

---

10 Aristóteles.

Se há uma lei humana
[...] Como já dissemos, a lei é um ditame da razão prática. Ora, dá-se que o modo de proceder da razão prática é semelhante ao da especulativa, pois ambas procedem de certos princípios para certas conclusões [...] assim também, dos preceitos da lei natural, como de princípios gerais e indemonstráveis, necessariamente a razão humana há-de proceder a certas disposições mais particulares, descobertas pela razão humana, observadas as outras condições pertencentes à essência da lei, chamam-se leis humanas [...] A razão prática versa sobre os atos, que são particulares e contingentes; não porém, sobre o que é necessário, como a razão especulativa. Por onde, as leis humanas não podem ter aquela infalibilidade que têm as conclusões demonstrativas das ciências. Nem é necessário seja toda a medida absolutamente infalível e certa, mas deve sê-lo enquanto isso lhe é genericamente possível.

Suma Teológica. Costa, R., De Boni, L. A. (Org.). Porto Alegre: Universidade de Caxias do Sul, 1980. v.IV. p.1737 e 1740.

B) Da natureza política do homem
Tem todo homem, dada naturalmente, a luz da razão, pela qual é dirigido ao fim, nos seus atos. E se conviesse ao homem viver separadamente, como muitos animais, não precisaria de quem o dirigisse para o fim, senão que cada qual seria rei para si mesmo sob o supremo rei, Deus, uma vez que, pelo lume da razão, a ele dado divinamente, a si mesmo dirigiria nos seus atos.

É, todavia, o homem, por natureza, animal social e político, vivendo em multidão, ainda mais que todos os outros animais, o que se evidencia pela natural necessidade [...] Por isso, é necessário ao homem viver em sociedade, para que um seja ajudado por outro e pesquisem nas diversas matérias, a saber uns na medicina, outro nisto, aquele outro noutra coisa. Isto se patenteia com muita evidência no ser próprio do homem usar da linguagem, pela qual pode exprimir totalmente a outrem o seu conceito [...]

De Regimine Principum, l. I, cap.1. In: Veiga dos Santos, A. *Filosofia Política de Santo Tomás de Aquino*. Bushatsky, J. (Ed.). s. l.: Livros Jurídicos, s. d. p.27-8.

C) O bem comum

Aquele que procura o bem comum da multidão, procura também, por conseguinte, o seu próprio bem, e isto por dois motivos. Em primeiro lugar, porque o bem próprio não pode existir sem o bem comum, ou da família, ou da cidade, ou do reino [...] Em segundo lugar, porque como o homem é parte da casa e da cidade, é conveniente que deduza qual é o bem para si mesmo entre o que é prudente, segundo o bem da multidão: a boa disposição da parte depende da sua adequação ao todo. O bem comum é mais forte que o bem particular se são do mesmo gênero.

Suma Teológica, II. II, q. 47 a 10, e q. 152, a 4. Apud Artola, op. cit., p.158.

E, logo se é natural ao homem o viver em sociedade de muitos, cumpre haja, entre os homens, alguém por quem seja governada a multidão. Que, se houvesse muitos homens e tratasse cada um do que lhe conviesse, dispersar-se-ia a multidão em diversidade, caso não houvesse alguém cuidando do que pertence a ela, assim como se corromperia o corpo do homem e de qualquer animal, se não existisse alguma potência regedora comum, visando ao bem comum de todos os membros [...] E, por certo é racionável, pois não são idênticos o próprio e o comum. O que é próprio divide, e o comum une. Aos diversos correspondem coisas diversas. Assim, importa existir, além do que move ao bem particular de cada um, o que mova ao bem comum de muitos.

De Regimine Principum. I. I, cap. V. In: Veiga dos Santos, op. cit., p.28.

D) Do absolutismo político

A respeito da boa constituição dos chefes de uma cidade ou nação, duas coisas devemos considerar. Uma, que todos tenham parte no governo; assim se conserva a paz do povo e todos amam e guardam um tal governo, como diz Aristóteles. A outra é relativa à espécie do regime ou à constituição dos governos e tendo estes diversas espécies, como diz o Filósofo, as principais são as seguintes: A monarquia, onde o chefe único governa, segundo o exige a virtude;

a aristocracia é o governo dos melhores, na qual alguns poucos governam, segundo o exige também a virtude. Ora, o governo mais bem constituído, de qualquer cidade ou reino, é aquele onde há um só chefe, que governa segundo a exigência da virtude e é superior de todos. E, dependentes dele, há outros que governam, também conforme a mesma exigência. Contudo esse governo pertence a todos, quer por poderem os chefes serem escolhidos entre todos, quer também por serem eleitos por todos. Por onde essa forma de governo é a melhor, quando combinada: monarquia, por ser só um chefe; aristocracia, por muitos governarem, conforme o exige a virtude; democracia é governo do povo, por, deste, poderem ser eleitos os chefes e ao mesmo pertencer à eleição deles.

Suma Teológica, II. II, q. 105, 1. Costa & De Boni, op. cit., p.1902.

[...] Além disso, não menos, senão muito mais frequente é transformar-se em tirania o governo de muitos que o de um só. Em verdade, nascida a dissensão pela governança múltipla, amiúde sucede superar um aos mais e usurpar consigo somente o domínio do povo, o que claramente se pode ver nas coisas acontecidas no andar do tempo. Pois há terminado em tirania quase todo regime de muitos, como se patenteia na república romana, a qual, como tivesse sido longo tempo administrada por muitos magistrados, despertando muitos ódios, dissensões e guerras civis, veio a cair sob tiranos os mais cruéis. E, se a gente considerar diligentemente, em todo o mundo, os fatos passados e os que ora se dão, há-de achar ter havido mais tiranos nos países governados por muitos, do que nos de um só.

Donde se conclui que, se parece ser a realeza, a qual é o melhor governo, muitíssimo de evitar por causa da tirania; e, se a tirania sói dar-se não menos, porém mais, no governo de muitos que no de um só, resta simplesmente ser de mais conveniência viver sob um rei, do que sob o regimento de muitos.

De Regimine Principum. I. I, cap.V, 26. In: Veiga dos Santos, op. cit., p.62.

[...] Uma vez que deve ser preferido, como é o melhor, o governo de um só, e acontece de tornar-se em tirania, que é o pior governo, como se colhe do que foi dito, deve-se trabalhar com solicitude diligente para ser tal o rei provido pela multidão, que não vá dar com um tirano. Mas, em primeiro lugar, é necessário seja elevado a rei, por aqueles a quem tal função compete, um homem de condição tal que não seja provável inclinar-se para a tirania [...] Além de que, há de estabelecer-se de tal forma o governo do reino, que, uma vez instituído o rei, se lhe subtraia a ocasião de tirania. A um tempo, outrossim, tempere-se-lhe de tal maneira o poder, que não possa facilmente declinar em tirania. Como isso se fará, considerá-lo-emos adiante. E finalmente, deve-se cuidar do como se poderia ir de encontro ao desvio do rei para ela.

De Regimine Principum. I. VI, 26. In: Veiga dos Santos, op. cit., p.67-8.

194 SOBRE O VALOR DAS LEIS (S. XIII)

Das leis. Nós dissemos anteriormente que fizemos leis em proveito das nossas terras e dos nossos reinos e mostraremos as muitas razões sobre a conveniência de fazê-las, entre outras a conveniência de que as gentes entendam quais sejam estas leis, como devem ser e quem pode fazê-las, como devem ser feitas e qual é a vantagem das mesmas e por que se chamam leis e como se devem entender e obedecer e guardar.

Lei Primeira: Quais são estas leis. Estas leis são proposições e estabelecimentos e forais para que os homens saibam como guardar a fé de Nosso Senhor Jesus Cristo completamente, assim como ela é, e, outrossim, para que vivam uns com os outros em direito e justiça.

Lei II: Como devem ser as leis. Completas, e cuidadosamente elaboradas e acatadas para que sejam corretas e proveitosas para todos, e devem ser simples e claras para que toda pessoa as possa compreender e aproveitar-se delas segundo o seu direito e devem ser sem ambiguidades e sem aspectos sobre os quais possam surgir disputas ou confrontos.

Lei III: Quem pode fazer as leis. Ninguém pode fazer leis a não ser o imperador ou o rei ou por mandado destes; e se outros as fazem sem o seu mandamento não devem ter o nome de leis, nem devem ser obedecidas nem observadas como leis, nem devem ter valor em momento nenhum.

Lei IIII: Como deve ser o autor das leis. O autor das leis deve amar, temer e ter Deus diante dos seus olhos, para que as leis que venha a fazer sejam justas e boas. E deve amar a justiça e a verdade e não ser cobiçoso para atender a seu proveito. E deve saber entender os direitos de quem erra, e esclarecido para responder com razão aos que lhe demandem. E deve ser forte diante dos cruéis e soberbos, e piedoso para perdoar ao culpados e mesquinhos quando for conveniente. E deve ser humilde para não ser soberbo e duro com os seus povos pela sua força ou razão, e razoável para que saiba demonstrar como se devem entender e guardar as leis. E deve ter paciência para ouvir bem o que lhe disserem, e moderado, para não se arrebatar, nem pelas palavras nem pelos fatos.

Lei V: Vantagens das leis. As leis dão paz e bem-estar e contribuem para fazer os homens de boa vida e bons costumes e os fazem ricos, pois cada um terá gosto pelo seu e não pelo alheio, e castigam o mal e dão o prêmio ao bem, e acrescentam (o poder) do senhor, e apaziguam as gentes, e mostram o caminho para que os homens possam chegar ao amor de Deus.

Lei VI: O que têm de bom as leis. Muito grande é o benefício e as maravilhas que trazem as leis aos homens, porque elas lhes mostram como conhecer Deus, e conhecendo-o saberão de que maneira o podem amar e temer. Outrossim, mostram como conhecer o senhor natural e de que maneira o devem obedecer e ser leais para com ele. Outrossim, mostram como os homens devem se amar uns aos outros, respeitando cada um o direito do outro e não fazendo o que não querem que lhes façam. E observando bem estas coisas, todas as gentes terão abundância e paz, e aproveitando-se cada um do próprio, multiplicar-se-á o do povo, e acrescentar-se-ão o senhorio e as riquezas.

Lei IX: Como devem ser obedecidas as leis. Todos os homens devem obedecer às leis e em primeiro lugar aos reis por estas razões: a primeira porque são honrados e protegidos pelas leis; a segunda porque elas os ajudam a praticar a justiça e o direito, o qual devem fazer; a terceira porque sendo eles os que as fazem, devem ser os primeiros a obedecê-las. Outrossim, o povo as deve obedecer por estas razões: a primeira porque são mandamentos do senhor; a segunda porque são boas e evitam danos; a terceira porque lhes trazem vantagens.

> Afonso X, o Sábio. *El Espéculo*. Martínez Díaz (Ed.) Ávila: Fundación Sánchez Albornoz, 1988. p.102-5.

195 O QUE É REI E COMO É COLOCADO NO LUGAR DE DEUS (XIII)

Vigários de Deus são os reis cada um no seu reino situados sobre as gentes para mantê-las em justiça e em verdade no temporal, assim como o imperador no seu império. E isto demonstra-se amplamente de duas maneiras: a primeira delas é espiritual segundo o mostraram os profetas e os santos, aos quais deu nosso Senhor a graça de conhecer as coisas com certeza e de fazê-las entender; a outra é, segundo a natureza, assim como demonstraram os homens sábios que foram conhecedores das coisas naturalmente. E os santos disseram que o rei é senhor colocado na terra no lugar de Deus para cumprir a justiça e dar a cada um o seu direito, e além disso o chamaram coração e alma do povo, pois assim como a alma repousa no coração do homem, e por ela vive o corpo e se mantém, assim no rei repousa a justiça que é vida e mantimento do povo do seu senhorio. E, outrossim, como o coração é um, e por ele recebem todos os outros membros a unidade para serem um corpo, assim todos os do reino, embora sejam muitos, pois o rei é e deve ser um, por isso devem também ser todos um com ele para servi-lo e ajudá-lo nas coisas que ele deve fazer. E na ordem natural disseram os sábios que o rei é cabeça do reino, porque assim como da cabeça nascem os sentidos que comandam todos os membros do corpo, assim pelo mandado do rei, que é o senhor e a cabeça de todos os do reino, devem-se dirigir, e guiar e estar de acordo com ele para o obedecer e auxiliar e proteger e manter o reino no qual ele é alma e cabeça, e eles são os membros.

> Afonso X, o Sábio. *Las Siete Partidas* (P. II, t.I, V), op. cit., p.5.

196 AS FUNÇÕES DO REI (986-997)

Qual seja a função do rei, ele próprio o revela pelo nome de seu ofício e o ensina pelo cuidado que tem com todo o reino; e nenhum preceito incita melhor a alma de um rei a agir bem do que a clemência de diversos príncipes o qual se propõe como exemplo, porque a mansidão do imperador Constantino é louvada entre os bispos dissidentes e a pura fé de Marciano entre os heréticos e os ortodoxos. Mas por que falar de estranhos e nisto insistir, quando a piedade e a prudência de Carlos e de seu filho fizeram tanto para a administração da coisa pública e para a utilidade das igrejas? Certamente, um e outro sabiam, considerando as circunstâncias e a razão, proteger seus súditos e dominar os soberbos [...]

A justiça, para o rei, consiste em não oprimir ninguém pelo abuso de poder; em julgar, sem acepção de pessoas, entre qualquer homem e seu vizinho; ser o defensor dos estrangeiros, dos órfãos e das viúvas, reprimir os roubos, castigar os adúlteros, não exaltar os maus, não alentar cômicos e impudicos, exterminar os ímpios, punir pela morte os parricidas e os perjuros, defender as igrejas, alimentar os pobres por meio de esmolas, instituir os homens justos para regulamentar os assuntos do reino, ter conselheiros de idade, sábios e sóbrios, não dar atenção às superstições dos magos, adivinhos ou pitonisas, evitar a cólera, e defender a pátria com coragem e justiça contra seus inimigos; (o rei deve) viver em Deus para tudo, não ter orgulho da prosperidade, suportar pacientemente a adversidade, ter a fé católica em Deus, não deixar seus filhos agirem com impiedade, aplicar-se à prece em certas horas, não se alimentar fora das horas convenientes. Desgraçado é, com efeito, o país cujo rei é uma criança e no qual seus príncipes se entregam à orgia até à manhã (Ecle. X,16). Tais são as regras que fazem a prosperidade do reino no presente e conduzem o rei para o reino celestial melhor [...] *Da fidelidade devida ao rei.* – Como o ministério do rei é o de discutir os assuntos de todo o reino, para que nele nada se esconda de injusto, como ele poderia prover a tão grandes tarefas, sem a ajuda dos bispos e dos grandes do reino? E já o Apóstolo diz: "Temei a Deus e honrai o rei" (I Pedro, II, 17), como ele preencheria o ofício de seu ministério contra a perfídia dos rebeldes, se os grandes não lhe testemunharem ajuda e conselho, a honra e o respeito que lhe são devidos. Ele próprio, com efeito, não basta para cuidar de todas as necessidades do reino. É por isso que delegando uma parte de sua carga em outros que considera dignos desta honra, ele próprio deve ser honrado com um devotamento sincero de maneira que ninguém o contradiga, de qualquer modo que seja, pois quem resiste a seu poder, resiste à ordem divina (Rom. XIII, 12). Se, em verdade, é melhor não fazer voto do que não observá-lo depois, pela mesma razão é melhor não subscrever a escolha do príncipe do que menosprezar ou proscrever o eleito após tê-lo aceito: a primeira atitude testemunha um louvável amor pela liberdade, enquanto a segunda somente revela um espírito de revolta digna de um escravo. Nós conhecemos, com efeito, três eleições gerais: a de um rei ou de um imperador, a de um pontífice e a de um abade. A primeira se faz pelo acordo de todo o reino; a segunda, pela unanimidade dos cidadãos e do clero; a terceira, pelo conselho mais correto da assembleia monástica. E cada uma é decidida não pela consideração de uma amizade temporal ou do dinheiro, mas pela consideração da aptidão para o exercício de uma profissão ou do mérito da sua vida. Mas o rei designado exige, pelo juramento de todos os seus súditos, a fidelidade para com ele, a fim de que a discórdia não se levante em nenhuma parte do seu reino.

> Abbon de Fleury. *Canones...* c.IV. In: Migne, P.L. f, CXXXIX. Apud Imbert, J., Soutel, G. *Histoire des Institutions et des faits sociaux*. Paris: Presses Universitaires de France, 1956. p.6-7.

197 QUEM PODE SER REI (S. XIV)

Rei que obtém um reino por sucessão não pode ter nenhum outro poder em razão da sua coroação. E, portanto, nós devemos saber, considerando que existem várias maneiras de senhorios reais, como diz Aristóteles em *Política*, que embora nenhum senhorio real se assemelha ao reino ou ao senhorio natural, todo senhorio real é introduzido na ordenança divina ou humana. E isto aparece claro *in libro regum*, no qual nós encontramos que Deus ordenou o senhorio real por Samuel, e mostrou qual deve ser o direito de um rei. Sobre a ordem humana aparece tanto no Novo quanto no Velho Testamento, assim como em várias histórias, nas quais aparece como muitos reis foram feitos pela vontade dos homens. E quem quiser saber qual é o poder que tem um rei sobre a temporalidade, e quanto ele abrange, deve considerar primeiramente e inquerir, se é possível, como este reino foi desde o início ordenado e instituído; e se tal ordem ou instituição primeira puder ser encontrada, ela deve ser mantida; se ela não puder ser encontrada e não há memória sobre como este reino foi inicialmente estabelecido, neste caso dever-se-á observar o costume que foi guardado por tanto tempo sem ter memória do contrário e aquele costume deve ser guardado, mas que ele seja razoável e que não seja contra a lei divina. Se por desventura não se sabe qual foi o costume aí guardado: ou o primeiro rei morreu antes que esta constituição ou ordem fosse feita; então o rei que viria por sucessão deveria guardar o que fosse mais razoável e mais proveitoso ao bem comum e à coisa pública.

E podemos dizer que não é coisa necessária que um rei que chega por sucessão tome algum poder sobre o temporal em razão da sua coroação, seja ele coroado por uma pessoa da santa Igreja ou por outro, pois de três maneiras um rei é ordenado e instituído.

Primeiramente, pela vontade e ordenança do povo, pois cada povo que não é submisso ao rei ou ao imperador pode pelo direito de gentes eleger e fazer um rei, como aparece no Decreto *nonagesima tertia distinctionne, capitulo legimus.*

Em segundo lugar, pode um rei ser ordenado e estabelecido pelo imperador ou pelo rei que tem vários e diversos povos sob ele: pois o imperador pode fazer novo rei; e pode um rei que não reconhece nenhum soberano e tem diversas províncias sob ele fazer reis, duques, condes e barões.

Em terceiro lugar, pode ser feito rei por título de adquisição ou por justa guerra, pois se algum poder compra um reino daquele que tinha poder de vendê-lo, ou se por justa guerra ele conquista um reino, certamente ele deve ter e assumir o nome de rei .

Le songe du verger. In: Brunet, J. L., Dupuy, P. (Ed.). *Traitez des droits et libertés de l'Église gallicane...*, t.II, s.1, 1731. p.78-82. Apud Imbert, op. cit., p.73-4.

198 O PODER REAL E A NOBREZA (S. XIII)

Para isto vos falamos, em vários lugares deste livro, do soberano e do que ele pode e deve fazer; alguém poderia não compreender o que nós denominamos conde ou duque, que foram feitos pelo rei; mas em todos os lugares, onde o rei não foi nomeado, nós escutamos daqueles que se apegam ao baronato que cada barão é soberano em seu baronato. Visto que o rei é soberano acima de todos e tem o direito à guarda geral do seu reino, por isso ele pode fazer todas as normas (leis), como lhe aprouver, para o proveito comum, e o que ele estabelece deve ser observado. E assim não há ninguém tão grande abaixo dele, que não possa estabelecer-se na sua corte por falta de direito ou por falso julgamento em tudo o que diz respeito ao rei. E, porque ele é soberano acima de todos, nós o reconhecemos quando falamos de alguma soberania que lhe pertence.

Ninguém pode fazer novas leis, nem deve estabelecer por direito, nem novos mercados, nem novas imposições, fora do rei no reino da França, com ou sem necessidade, pois cada barão, tendo necessidade, pode colocar as mercadorias de seus súditos como nós dissemos acima; mas ele não pode fazer novos mercados, nem novas imposições sem o consentimento do rei. Mas o rei pode bem fazê-lo quando ele o quiser e quando ele vir que é para o bem comum [...]

Deve-se saber que se o rei faz alguma norma nova (lei) para o bem comum, ele não prejudica as coisas que foram feitas no passado nem as coisas do momento presente, enquanto a norma estabelecida seja obrigada a se manter. Mas uma vez estabelecida, deve-se manter firmemente da maneira que foi estabelecida, durante todos os dias até ser derrogada. E, se alguém for contra a norma receberá uma multa, segundo o estabelecido pelo rei ou por seu conselho; pois quando ele faz as leis, também determina a multa para aqueles que possam ir contra o estabelecido e taxado pelo rei. E cada um dos barões ou outro qualquer que tem jurisdição em suas terras e cobram as multas de seus súditos, que infringem as leis, segundo a taxação que o rei fez; devem entender que mantêm em suas terras o estabelecido pelo rei, e se eles são rebeldes ou negligentes, o rei, por causa das suas faltas, pode interferir e cobrar as multas que corresponder.

> Beaumanoir. *Costumes de Beauvaisis...* Salmon, A. (Ed.). Paris, 1900, t.II. p.23-4. Apud Imbert, op. cit., p.81-2.

A prática do poder real

199 GUILHERME I ORDENA UMA INQUIRIÇÃO GERAL SOBRE OS BENS DOS SEUS SÚDITOS (1085)

Ano 1085 [...] Em meados do inverno o rei estava em Gloucester com o seu conselho e manteve aí a corte durante cinco dias [...]

Depois disso o rei reuniu uma grande assembleia e falou muito seriamente com o seu conselho a respeito do país, da maneira como era mantido e quem eram os seus detentores. Enviou então os seus homens através da Inglaterra, a todos os condados, dizendo-lhes que averiguassem quantas centenas de jugos[11] possuía, que terras tinha o rei, que gado havia nos vários condados e que rendimentos deveria receber anualmente de cada um. Disse-lhes também que registrassem quantas terras pertenciam aos seus arcebispos, bispos, abades, condes e, para ser breve, os bens possuídos pelos habitantes de toda a Inglaterra em terras ou em gado e a quantia em que estavam avaliados.

Ordenou que a inspeção fosse feita tão apertadamente que não houve um único jugo ou astil[12] de terra, nem – chega a ser uma vergonha dizer o que ele no entanto não teve vergonha de fazer – houve um boi, uma vaca ou porco omitidos e não assentes nos registros; e então todos estes escritos lhe foram trazidos.

> Anglo Saxon Chronicle for Years 1085-1086. In: Carleton, G. *Source-book of English History.* p.119-20. Apud Espinosa, op. cit., p.320-1.

---

11 Medida de superfície que correspondia à terra lavrada por uma junta de bois no espaço de um ano.
12 Medida de superfície que correspondia aproximadamente a 14.400 pés quadrados (1.296 m²).

200 AVALIAÇÃO DE UM MANSO SEGUNDO O *DOMESDAY BOOK* (1086)

Peter de Valence detém em domínio Hecham, que Haldane, um homem livre, detinha no tempo do rei Eduardo, como um manso e ainda 5 jugos. Houve sempre dois arados no senhorio, e 4 arados dos homens. Nessa época, havia 8 vilões, agora 10; então havia 2 foreiros, agora 3; em ambas as épocas, 4 servos, bosques para 300 suínos, 18 acres de prados. Então havia dois viveiros e meio de peixes, agora não há nenhum. Nessa época havia 1 boi, agora há 15 cabeças de gado bovino, 1 pequeno cavalo, 18 suínos e 2 cortiços de abelhas. Nessa época, estava avaliado em 69 soldos, agora em 4 libras e 10 soldos. Quando recebeu este manso encontrou apenas 1 boi e 1 acre cultivado. Daqueles 5 jugos acima falados, um foi possuído no tempo do rei Eduardo por dois homens livres e foi acrescentado a este manso no tempo do rei Guilherme. Estava avaliado no tempo do rei Eduardo em 10 soldos, agora em 22 soldos, e Guilherme entregou-o a Peter de Valence.

Domesday Book, II, 78 b. In: Carleton, *Source-book...* p.121. Apud Espinosa, op. cit., p.321-2.

201 CARTA DE HENRIQUE I (1100)

Henrique pela graça de Deus rei da Inglaterra, para Hugo de Boclande, justiciário de Inglaterra, e todos os seus fiéis súditos, tanto franceses como ingleses, em Hertforshire, saudações. Saibam que eu, pela graça de Deus, fui coroado rei pelo comum consentimento dos barões de reino de Inglaterra; e porque o reino foi oprimido por exações injustas, eu, pelo respeito a Deus e o amor que sinto em relação a vós, em primeiro lugar estabeleço que a Santa Igreja de Deus seja uma Igreja livre, de maneira que eu não possa vender, nem arrendar; nem possa, por morte de qualquer arcebispo, bispo ou abade, tirar qualquer coisa ao domínio da igreja ou do seu povo, até que o seu sucessor o substitua.

E eu, a partir daqui, suprimo todas as práticas erradas pelas quais o reino de Inglaterra está agora injustamente oprimido e estas más práticas menciono-as aqui em parte: Se qualquer barão, conde, ou outro súdito meu, que de mim tenha possessões, morrer, o seu herdeiro não terá de remir a terra, como era costume no tempo de meu pai, mas pagará pela mesma uma justa e legal *lutuosa*;[13] e também da mesma maneira os dependentes dos meus barões pagarão igual *lutuosa* pela terra, aos seus senhores. E se qualquer barão ou outro dos meus súditos desejar dar em casamento a sua filha, irmã, sobrinha, ou outra parente, que peça o meu consentimento para o assunto; mas não lhe tirarei nada da sua propriedade para conceder a minha licença, nem lhe proibirei que a dê em casamento, exceto se a desejar dar a um dos meus inimigos. Além disto, o *monetágio*[14] comum feito pelas cidades e condados, o qual não era usado no tempo do rei Eduardo (o Confessor), é por esta proibido; e se alguém, quer seja um moedeiro ou qualquer outra pessoa for apanhado com moeda falsa, que lhe seja feita justiça estrita por isso. Esqueço todos os pleitos e todas as dívidas que eram devidos ao rei meu irmão [...] Esqueço todos os assassinatos cometidos anteriormente ao dia em que fui coroado rei; mas aqueles que foram cometidos desde então serão justamente punidos, segundo a lei do rei Eduardo. Por comum conselho dos meus barões, retive em minha posse as florestas como as tinha o meu pai. Além disso, todos os cavaleiros que detêm as suas terras devido ao serviço são por esta autorizados a ter os seus domínios livres de todas as peitas, e de todos os serviços particulares, os quais, como são assim eximidos de um grande encargo, guarnecer-se-ão devidamente com cavalos e armas, para que possam estar aptos e prontos para o meu serviço e para a defesa do meu reino. Dou por confirmada a paz em todo o meu reino e ordeno que ela seja preservada daqui para o futuro [...]

> Roger de Wendover. History of England, II. In: Kinball-Kendall, E. *Source-book of English History*. 4.ed. New York, 1908. p.49-51. Apud Espinosa, op. cit., p.322-3.

---

13 Imposto sucessório pago ao senhor feudal.
14 Imposto pelo qual os povos "compravam" a moeda ao rei.

202 O CONTROLE REAL DAS CIDADES (1325)

Cartas patentes de Carlos VII para a cidade de Soissons, 4 nov. 1325

Carlos, pela graça de Deus, Rei da França e de Navarra, fazemos saber a todos os presentes e vindouros que Nós, tendo recebido da Comuna de Soissons súplicas dos burgueses e habitantes de Illec, por certas causas, relativas ao fato deles serem doravante governados perpetuamente em regime de *prebostade*, segundo a nossa ordenança, por um preboste[15] que Nós estabeleceremos lá doravante, sem que eles tenham prefeito nem juízes na Comuna, que o dito preboste deve governá-los, segundo os seus usos e costumes, com as liberdades e franquias que eles tinham no tempo que eles eram governados pela Comuna e que a cidade seja a sede do preboste de Soisson, no bailio de Vermandois, sem vincular-se ao preboste de Laon: Nós, atendendo à súplica dos mencionados habitantes, à Comuna, com as jurisdições, direitos e emolumentos, exceto a casa de Câmbio, pela qual os moradores são tributários do condado de Soissons em trinta libras *torneses*, nós os recebemos e receberemos doravante, pelo teor destas presentes Cartas e os governaremos doravante, em nosso nome, por um preboste que Nós designaremos: e queremos que o preboste colocado por nós como deputado, na dita vila, para governá-la em nosso nome e aquele que possa ser designado no futuro, governará como preboste os habitantes, segundo as suas leis e os seus costumes, com as liberdades e franquias que eles tinham no tempo que eles eram governados pela Comuna, exceto que doravante não poderão nomear nem estabelecer prefeitos, nem juízes. E para que isto permaneça firme e estável para sempre, Nós fizemos colocar o nosso selo nestas presentes Cartas: salvo nosso direito em outras coisas que afete o direito de outrem. Dado em Sainct-Christophe-en-Hallate, o quarto dia de novembro de 1325.

Lettres patentes de Charles VII pour la ville de Soissons. Ordenances. t.XI. p.500-1. Apud Imbert, op. cit., p.105-6.

---

15 Cargo judicial dependente do rei, como o era o bailio.

203 O ESTATUTO DOS TRABALHADORES NA INGLATERRA (1351)

Eduardo (III) pela graça de Deus [...] ao Reverendo Padre em Cristo, Guilherme, pela mesma graça arcebispo de Cantuária, primaz de toda a Inglaterra, saudações. Dado que uma grande parte do povo, e especialmente dos trabalhadores e servidores, morreu ultimamente da peste e muitos, vendo as necessidades dos senhores e a grande escassez de serviçais, não querem servir sem ter recebido salários excessivos, preferindo outros mendigar no ócio a ganhar a sua vida pelo trabalho; Nós, considerando os graves incômodos que podem sobrevir especialmente da falta de lavradores e de tais trabalhadores, depois de ter deliberado e tratado com os prelados e os nobres e os homens doutos que nos assistem, com o seu conselho unânime, ordenamos:

Que cada homem e mulher do nosso reino de Inglaterra, de qualquer condição que seja, livre ou servo, apto de corpo e com menos de sessenta anos, que não viva do comércio nem exerça qualquer ofício, nem possua de próprio com que possa viver, nem terra própria em cujo cultivo se possa ocupar, nem sirva a qualquer outro, se for convocado para trabalhar num serviço que lhe seja adequado, considerada a sua condição, será obrigado a servir àquele que assim o convoca; e levará apenas o soldo, pagamento, remuneração ou salário que era costume serem dados nos locais onde era obrigado a servir no vigésimo ano (1347) do nosso reinado em Inglaterra, ou nos cinco dos seis anos comuns anteriores [...] e se qualquer homem ou mulher sendo assim convocado para servir, não o fizer, e isto for provado por dois homens bons perante os *sherifes*[16] ou os bailios[17] do nosso senhor soberano o rei, ou os *constables*[18] da cidade onde o caso se tiver dado, será imediatamente preso por eles ou por qualquer deles e enviado para o cárcere próximo, permanecendo aí debaixo de estreita vigilância, até que dê a garantia de servir na forma acima dita.

---

16 Magistrados supremos de um condado, com poderes judiciais e executivos.
17 Oficiais dependentes dos *sherifes* e encarregados de fazer prisões e cobrar multas.
18 Oficiais encarregados de executar as decisões dos magistrados da Justiça, policiais.

Se qualquer segador, ceifeiro ou outro trabalhador ou servidor de qualquer estado ou condição que seja, retido no servido de qualquer homem, abandonar o dito serviço, sem causa razoável ou licença, antes da data combinada, sofrerá pena de prisão; e ninguém, sob a mesma pena, ousará receber ou reter esse tal a seu serviço [...] Também os seleiros, os peleiros, os curtidores, os sapateiros, os alfaiates, os ferreiros, os carpinteiros, os pedreiros, os oleiros, os calafates, os carroceiros e todos os outros artífices e trabalhadores não levarão pelo seu trabalho e artesanato mais do que o mesmo que era costume ser pago a tais pessoas no dito vigésimo ano, e nos outros anos comuns anteriores, como antes foi dito, no lugar onde lhes couber trabalhar; e se algum homem levar mais, será entregue ao cárcere próximo, da maneira como anteriormente foi dito.

Também os carniceiros, os peixeiros, os estalajadeiros, os cervejeiros, os padeiros, os galinheiros e os outros vendedores de toda a espécie de vitualhas serão obrigados a vender as mesmas vitualhas por um preço razoável, considerando o preço pelo qual tais vitualhas eram vendidas nos lugares vizinhos, de maneira que os mesmos vendedores tenham ganhos moderados e não excessivos, razoáveis para serem pedidos, de acordo com a distância do lugar donde as citadas vitualhas foram trazidas [...]

E como, por causa disto, muitos robustos pedintes, enquanto podem viver pedindo, se recusam a trabalhar, entregando-se ao ócio e ao vício, e por vezes ao roubo e a outras abominações; ninguém, sob a mesma pena de prisão, poderá sob a cor da piedade ou da esmola, dar o que quer que seja àqueles que podem trabalhar ou tentar auxiliá-los no seu ócio, a fim de que, desta forma, sejam compelidos a trabalhar para o que lhes é necessário à vida.

> In: Carleton, L. G. *Source-book of English History*. 2.ed. New York, 1906. p.206-8. Apud Espinosa, op. cit., p.330-1.

204 A REORGANIZAÇÃO DOS SERVIÇOS PÚBLICOS (1406)

Juramento que realizavam os que formavam parte do Conselho Real

Nós juramos que seremos leais ao rei e o aconselharemos lealmente, quando ele nos pedir conselho e guardaremos os seus segredos e o seu conselho em boa fé, e nas causas que nós tivermos diante dele, ou sem ele por sua autoridade, nós guardar-lhe-emos seu direito e autoridade em boa fé; não o enganaremos por amor, nem por ódio, nem por graça, nem por outro motivo qualquer; e que nós não tomaremos nenhum dom, nem para nós, nem para outros, dos *bailios* ou *prebostes*, nem de qualquer outro que tenha feito juramento ao rei semelhante ao que fazem os *bailios*, enquanto eles estiverem no seu ofício, nem de nenhuma outra pessoa que tenha causa apresentada na corte do rei, ou que deva ser levada diante dele, enquanto conhecida por nós, para terminá-la, se não é vinho fora do tonel, ou cães ou pássaros, ou carne, salvo a de boi ou de porco ou de outra coisa que prejudique à convivência.

> Fórmula de juramento dos membros do Conselho Real. In: Valois, N. (Ed.) *Inv. des arrêts du Cons. d'État...*, t.I. Paris, 1886. p.VII. Apud Imbert, op. cit., p.106.

Gestos, ritos e símbolos da realeza

205 A UNÇÃO REAL

[Cap. LXXX]... O que quer que seja dito dos outros reis, parece que ninguém deve duvidar que o rei da França possui graça especial do Santo Espírito pela santa unção; pois uma vez que ele é especialmente ungido de forma mais maravilhosa que qualquer outro rei, da mesma maneira, antes de qualquer outro, ele recebe a graça do santo Espírito por unção especial, pois ele é ungido da Santa Ampola, a qual foi enviada pelo anjo do céu. É por isso que os reis da França não são somente ungidos pela ordem humana: mas são ungidos, consagrados e coroados pela ordem do Pai, do Filho e do Espírito Santo.

> Le songe du Verger. In: Brunet, J. L., Dupuy, P. (Ed.) *Traitez des droits et libertés de l'Église galicane*. t.II. p.78-80. Apud Imbert, op. cit., p.74.

206 A SAGRAÇÃO DO REI DA FRANÇA (S. XIII)

Ordenança para ungir e coroar o rei
Primeiramente, deve-se preparar um palco alto, unindo a parte central da Igreja e o exterior, colocado no meio entre um e outro corpo (da Igreja), ao qual subir-se-á através de degraus, e no qual possam estar com o rei, os pares do reino da França e outros se for necessário.

No dia da coroação do rei, ele deve ser recebido por uma procissão dos cônegos da Igreja principal e das autoridades e outras igrejas conventuais. O sábado anterior ao domingo no qual o rei deve ser consagrado e coroado, após o canto das Completas, a Igreja deve ser entregue à proteção dos guardas que serão estabelecidos para isto pelo rei, e com os próprios guardas da Igreja. E, à noite, bem cedo, o rei deve ir à mencionada Igreja para fazer oração e velar lá em oração por algum tempo se ele quiser.

Quando toquem a Matinas, os guardas do rei devem estar preparados para guardar a entrada da Igreja e devem colocar-se honoravelmente e com diligência entre os outros, os cônegos, e os clérigos da igreja, no lugar apropriado e durante todo o dia, quando for necessário. Após o canto de Prima, o rei deve ir à igreja, e com ele os arcebispos, os bispos e os barões que ele quiser introduzir. E deve ir após da bênção da água. E os assentos devem ser colocados ao redor do altar, onde os arcebispos e bispos devem sentar-se honoravelmente. E os bispos que são pares do reino um pouco detrás, perto do altar, não longe do rei, e não deve haver muitas pessoas entre eles de modo inconveniente.

Entre a Prima e a Tércia devem vir os monges de São Remis em procissão com cruzes e círios. E com eles, a Santa Ampola que o abade deve levar com reverência muito grande, sob um baldaquino de seda com varas, carregado por 4 monges vestidos de alba. E quando chegarem à Igreja de Reims, ou, se for mais conveniente, por causa do público se for grande demais, até a porta principal da Igreja, o arcebispo deve ir ao seu encontro, e com ele os outros arcebispos, bispos e os cônegos se for possível. E caso não seja possível por causa da grande massa que estiver fora, deve levar com ele alguns dos bispos e dos barões. Então, o arcebispo deve tomar a Ampola da mão do abade. E deve prometer-lhe de boa fé que a devolverá. E dessa maneira, o arcebispo deve levar esta Ampola até o altar com grande reverência do povo. E o abade deve acompanhá-lo com alguns dos seus monges. E os outros devem esperar até que tudo esteja completo. Então a Santa Ampola será conduzida para a Igreja de São Remis ou para a capela de São Nicolau.

Feitas estas coisas, o arcebispo prepara-se para a missa vestido das mais nobres roupagens e do pálio com os diáconos e subdiáconos. E deve, vestido dessa maneira, vir em procissão até o altar, como é de costume. E o rei deve levantar-se com reverência e permanecer ali de pé. E quando o arcebispo chegar ao altar, ou ele ou algum dos bispos representantes de todos e das igrejas que lhes são sujeitas, deve pedir ao rei que ele prometa e confirme por meio do seu juramento guardar e fazer guardar os direitos dos bispos e das igrejas, assim como o rei o faz com seu reino, e as outras coisas como se costuma fazer. Entre elas três coisas lhe são propostas para serem prometidas e juradas, além do juramento da nova constituição do Concílio de Latrão, ou seja, expulsar os heréticos fora do seu reino.

E prometidas essas coisas e seladas pelo seu juramento sobre os Santos Evangelhos, todos juntos cantam *"Te Deum laudamus"*. Entretanto deve-se ter preparado e colocado sobre o altar a coroa real, a espada dentro da sua bainha, suas esporas de ouro, seu cetro de ouro e sua vara do tamanho de um côvado ou mais, com empunhadura de marfim. Os sapatos de seda de cor violeta, bordados ou tecidos com flores-de-lis em ouro. E a cota desta cor e daquele mesmo feitio em forma de túnica, semelhante a dos subdiáconos vestidos para a missa. E com isso a sobrecota que deve ser inteiramente da mesma cor e daquele mesmo feitio. E feito o manto de seda sem capuz. Todas essas coisas sobreditas, o abade de São Denis da França deve trazê-las do seu mosteiro de Reims e deve ficar junto do altar e guardá-las. O rei ficará de pé junto do altar e despojar-se-á da sua roupa, com exceção de sua cota de seda e sua camisa que serão abertas bem abaixo na frente e atrás, a saber no peito e nas costas. E as aberturas da cota serão ao mesmo tempo fechadas e unidas com fechos de prata. E então, primeiramente, o grande chanceler da França calçará nesse mesmo lugar o rei, com o calçado que o abade de São Denis lhe entregará. E em seguida, o duque de Borgonha colocar-lhe-á as esporas nos pés, que o abade de São Denis lhe entregará e logo lhe serão retiradas. Após, o arcebispo sozinho cingirá o rei com a sua espada na bainha, e, uma vez cingida, o próprio arcebispo a tirará fora da bainha e esta será colocada sobre o altar. E o arcebispo colocará a espada na mão do rei. E o rei deve oferecê-la humildemente ao altar. E então ele a retomará da mão do arcebispo. E a entregará ao mesmo tempo ao Senescal da França para levá-la diante dele na Igreja, até o fim da missa e após a missa, quando for ao palácio.

Feitas estas coisas e o crisma colocado no altar sobre uma pátena consagrada, o arcebispo deve preparar a Santa Ampola sobre o altar e deve extrair com uma agulha de ouro um pouco do óleo enviado dos céus e misturá-lo com grande diligência com o crisma que está preparado para ungir o rei, o qual rei é o único que resplandece diante de todos os outros reis do mundo, com esse glorioso privilégio: pelo qual ele é singularmente ungido com o óleo enviado dos céus. Então, ele abre os mencionados fechos da abertura da frente e de detrás. Após o rei coloca-se de joelhos no chão. E então, ele deve ser ungido. Primeiramente, na parte superior da cabeça com o dito óleo. A segunda vez no peito. A terceira vez nas costas. A quarta vez nos ombros. A quinta, na junção dos braços. E enquanto ele é ungido, aqueles que estão a seu redor devem cantar a antífona *Innuncerunt regem Salomonem*. Após devem-se fechar os broches das aberturas feitas para a unção.

Então o chanceler da França deve vestir-lhe a dita cota do feitio e cor antes descritos. E o abade de São Denis deve entregá-la ao mesmo chanceler. E também, o chanceler deve vesti-lo por cima com o mencionado manto de tal maneira que ele fique com a mão direita livre para a abertura do manto. E na mão esquerda deve estar levantado o manto tanto quanto a dalmática de um padre. E após, o arcebispo coloca-lhe o cetro na mão direita, e a vara na mão esquerda. E por último são chamados os pares da França, que se sentam ao redor dele, e o arcebispo toma a coroa real e, somente ele, a coloca na cabeça do rei. E colocada a coroa, todos os pares, clérigos e leigos devem colocar as mãos e sustê-la de um lado e de outro. Depois o arcebispo com os pares que seguram a coroa conduzem o rei assim paramentado ao trono que está já preparado e adornado com panos de seda, e ali o colocam no trono que deve estar tão alto como para que todos possam vê-lo.

E deve o arcebispo por reverência beijar o rei assim sentado no seu trono. E o mesmo fazem depois os bispos e o pares leigos que seguram a coroa e cingem-no com a espada como foi dito anteriormente. E depois que o arcebispo o ungiu, entregou-lhe o cetro e a vara e colocou-lhe a coroa, uma vez sentado no trono, ele diz as orações que foram prescritas no Ordinário. E deste modo, sentado o rei em seu trono, os pares do reino e bispos que seguravam a coroa e o arcebispo retornam ao altar [...]

> *Livre du sacre des rois de France*. Leroy, G. (Ed.). *Bull. His. et Phil. du Comité des Trav. Hist.*, 1896. p.616-9. Apud Imbert, op. cit., p.77-8.

207 EXALTAÇÃO DO PODER REAL (1445)

Muito alto e muito elevado príncipe e muito esclarecido rei e senhor, os vossos humildes servidores, os procuradores das cidades e vilas de vossos reinos, com devida reverência beijam os vossos pés e as vossas mãos, e muito humildemente se encomendam à Vossa Mercê. É bem sabido como, pelos pecados do povo, Deus permitiu, nos tempos passados, algumas revoltas e levantes e escândalos em vossos reinos, os quais foram promovidos por alguns dos vossos súditos e naturais, esquecida a lei natural, segundo a qual até as abelhas têm um príncipe e as gralhas seguem um chcfc ao qual acatam e obedecem; e assim mesmo acontece com a lei divina, a qual manda expressamente e define que ninguém ouse tocar no seu rei e príncipe como aquele que é ungido de Deus, nem desobedecê-lo nem falar mal dele e ainda nem pensar mal no seu espírito, mas que aquele seja tido como vigário de Deus e honrado como excelente e que ninguém ouse enfrentá-lo, porque os que resistem ao rei são como os que resistem às ordens de Deus, às quais são todos obrigados e submetidos, não só pelo temor do castigo que disso pode se seguir, mas ainda pela salvaguarda das suas consciências; e os que fazem o contrário, não obedecendo a seus príncipes e reis são culpados por isso e réus de morte; menosprezando outrossim os sagrados cânones e as leis imperiais e reais, as quais com grande eficácia mandam guardar e acatar sobre todas as coisas do mundo, o rei e o seu senhorio e obediência e preeminências, e servi-lo e honrá-lo; esquecendo tudo isso, os tais perseveraram e têm perseverado na sua pertinácia, dizendo e fingindo que o faziam e fazem em vosso serviço e segundo algumas leis dos vossos reinos, que estão na segunda Partida, no título 13: "Como deve o povo conhecer e amar e temer e honrar e proteger o rei".

Cortes de los antiguos reinos de León y Castilla. 1966, 458. Apud Tuñón de Lara, op. cit., p.309-10.

AS LIMITAÇÕES DO PODER REAL: ASSEMBLEIAS E PARLAMENTOS

208 REVOLTA DOS BARÕES INGLESES CONTRA JOÃO SEM TERRA (1214-1215)

Por esta época os condes e barões de Inglaterra reuniram-se em Santo Edmundo como para uma obrigação religiosa, embora fosse por outra razão; depois de terem discutido uns com os outros em segredo durante algum tempo, foi colocada perante eles a carta do rei Henrique I, que tinham recebido, como já foi mencionado, de Estêvão, arcebispo de Cantuária, na cidade de Londres. Esta carta continha certas liberdades e leis concedidas à Santa Igreja, assim como aos nobres do reino, além de algumas liberdades que o rei acrescentou de seu próprio moto. Por isto, reunidos todos na Igreja de Santo Edmundo, rei e mártir, e começando pelos de mais elevada hierarquia, juraram no altar-mor que, se o rei recusasse conceder-lhes aquelas liberdades e leis, desligar-se-iam da obediência que lhe deviam e far-lhe-iam guerra até que lhes tivesse confirmado, por meio de uma carta com o seu próprio selo, todas as coisas que pediam; e finalmente convencionaram por unanimidade que, depois do Natal, iriam todos ao rei e pediriam a confirmação das citadas liberdades e que entretanto se preveniriam com cavalos e armas, porque, se o rei tentasse desligar-se do seu juramento, poderiam, tomando os seus castelos, compeli-lo a satisfazer estes pedidos; e, tendo combinado isto, cada homem voltou para sua casa [...]

De acordo com a data e o lugar previamente combinados (15-6-1215), o rei e os nobres foram para a conferência marcada e, quando ambos os grupos estacionaram separados um do outro, iniciaram uma longa discussão acerca dos termos da paz e das ditas liberdades. Por fim, depois de terem sido discutidos vários pontos de ambos os lados, o rei João, vendo que era inferior em força aos barões, sem levantar nenhuma dificuldade, concedeu aos abaixo mencionados leis e liberdades, confirmando-as pela sua carta, como segue [...]

> Roger de Wendover. Chronica Maiora, II. In: Kimball-Kendall, E. *Source-book of English History*. 4.ed. New York, 1908. p.72-7. Apud Espinosa, op. cit., p.324-5.

209 A CARTA MAGNA (1215)

João, pela graça de Deus, rei da Inglaterra, senhor da Irlanda, duque da Normandia e da Aquitânia, conde de Anjou, aos arcebispos, bispos, abades, condes, barões, justiças, monteiros, viscondes, prebostes, servidores e a todos os ofícios e fiéis, saúde.

1 – Em primeiro lugar, concedemos a Deus e confirmamos pela presente carta, por nós e pelos nossos herdeiros, perpetuamente, que a Igreja da Inglaterra seja livre e conserve integralmente os seus direitos e intangíveis as suas liberdades [...]

2 – Se um conde, barão ou outra pessoa que detém terras diretamente da Coroa, para serviço militar, vier a morrer e à sua morte o herdeiro for de maioridade e dever a *lutuosa*, o herdeiro terá a sua herança pagando pela antiga escala das lutuosas [...]

3 – Mas se o herdeiro de tal pessoa for menor e tutelado, quando atingir a maioridade terá a sua herança sem lutuosa ou imposto.

4 – Quem tiver a custódia da terra de algum herdeiro menor de idade, não tomará a terra desse herdeiro a não ser uma renda razoável, o uso e os serviços razoáveis, sem causar mal aos homens e aos bens [...]

7 – Uma viúva receberá imediatamente após a morte do seu marido, e sem empecilho algum, o seu dote *propter nuptiais* e sua herdade, sem que seja obrigada a pagar nada pela sua condição de viúva, o seu dote e a sua herdade, assim como pela herdade que o seu marido e ela possuíam no dia da morte do marido [...]

8 – Nenhuma viúva será obrigada a casar-se enquanto desejar permanecer sem marido. Mas deverá dar segurança de que não se casará sem o consentimento real, se detém as suas terras da Coroa, ou sem o consentimento de qualquer outro senhor de quem as detenha.

9 – Nem nós, nem os nossos bailios embargaremos por dívidas uma terra ou uma renda enquanto os bens móveis do devedor sejam suficientes para poder reembolsar a dita dívida [...]

12 – Nenhum imposto ou pedido será estabelecido no nosso reino sem o consenso geral, exceto para resgatar a nossa pessoa, para armar cavaleiro o nosso filho mais velho e para casar, pela primeira vez, a nossa filha mais velha e, neste caso, que a contribuição seja razoável. Que tudo se passe da mesma maneira no que respeita às contribuições da cidade de Londres.

13 – A cidade de Londres conservará as suas antigas liberdades e todos os seus costumes livres, tanto na terra como na água. Além disso, queremos e concedemos que as outras cidades, burgos e portos, sem exceção, gozem das suas liberdades e de seus costumes livres.

14 – Para obter o consenso geral a fim de lançar um pedido ou imposto fora dos três casos sobreditos, mandaremos convocar individualmente os arcebispos, bispos, abades, condes e grandes barões por meio de cartas, e além disto mandaremos convocar de uma maneira geral, por intermédio dos nossos viscondes e outros magistrados, todos os nossos vassalos diretos para um dia determinado, a saber, com antecedência de pelo menos quarenta dias, num local determinado, e em todas as nossas cartas indicaremos o motivo da convocação [...]

15 – Não concederemos, a qualquer que seja, a permissão de arrecadar uma ajuda entre os seus homens livres, a não ser em caso de resgate da sua pessoa, para fazer cavaleiro ao seu filho primogênito, ou para o casamento de sua filha primogênita, por uma só vez, e sendo em todos os casos uma ajuda razoável.

16 – Ninguém será forçado a realizar mais serviços do que aqueles aos que esteja obrigado em razão do seu feudo de cavaleiro ou de outra livre tenência.

17 – A Corte de causas comuns não seguirá de agora em diante à nossa Corte, mas manter-se-á num lugar determinado. [...]

20 – A um homem livre somente lhe será imputada uma multa por um delito pequeno, segundo a importância do delito; e por

um delito grande, segundo a magnitude do delito, salvo o seu *contenement*; e da mesma maneira para um mercador, salvo a sua *marchandise*, e para um vilão salvo a sua *wainage*.

21 – Aos condes e aos barões somente lhes poderá ser imposta uma multa pelos seus pares e segundo a importância do delito [...]

23 – Nenhuma cidade e nenhum homem será forçado a construir pontes sobre os rios com exceção dos que devem, segundo o costume e o direito.

24 – Nenhum *sherife*, condestável, coronel ou outro dos nossos bailios, dirigirá as causas de nossa coroa

25 – Todos os condados, centenas, *wapentacks* e dezenas permanecerão com as antigas rendas sem aumento, salvo as terras do nosso domínio. [...]

30 – Nenhum *sherife*, bailio ou qualquer outra pessoa tomará cavalos ou carretas de um homem livre para fazer o seu acarretamento, a não ser com o consentimento do dito homem.

31 – Nem nós, nem os nossos bailios tomarão o bosque de outros para o uso dos nossos castelos ou para outro uso, sem contar com a vontade daquele a quem pertence esse bosque. [...]

35 – Não haverá mais do que uma medida, no nosso reino, para o vinho, e uma medida para a cerveja, e uma para o trigo, a saber o *quarter* de Londres, e uma medida para os panos tingidos, e para as *roussets* e as *halbergets* [...] com os pesos será como com as medidas.

36 – Não se dará nem se colherá nada, de agora em diante, para fazer uma investigação sobre a vida ou os membros, mas será acordado de graça e não será recusado. [...]

38 – No futuro, nenhum oficial poderá incriminar um homem baseado nas suas próprias declarações, sem da verdade delas apresentar testemunhas fidedignas.

39 – Nenhum homem livre será detido, aprisionado, ou despojado dos seus direitos ou bens, ou colocado fora da lei, ou exilado, ou destituído da sua condição de qualquer maneira que seja. Não procederemos contra ele pela força, nem enviaremos outros que o façam, salvo em virtude de um julgamento legal dos seus pares, ou de acordo com a lei da região.

40 – A ninguém poderemos vender, negar ou protelar direito ou justiça.

41 – Todos os mercadores poderão livre e seguramente sair da Inglaterra, nela entrar, permanecer e passar, quer por terra, quer por

água, para comprar e vender, sem receio de extorsões ilegais de acordo com o antigo costume, exceto em tempo de guerra e se pertencerem ao país beligerante. Se estes se encontrarem no nosso domínio no princípio da guerra, serão detidos, sem prejuízo para sua pessoa e bens, até que nós ou nosso chanceler saibamos de que maneira os mercadores deste país, encontrados em terra inimiga, foram tratados; se estes se encontrarem a salvo, aqueles também o estarão.

42 – Estará permitido no sucessivo, a todas as pessoas, sair do nosso reino, e voltar a ele livremente e em segurança, por terra e por mar, salvada a nossa fidelidade, exceto em tempo de guerra, por pouco tempo, pelo bem comum do reino. [...]

44 – Os homens que moram fora do nosso bosque não comparecerão de agora em diante perante os nossos juízes de bosque para as causas gerais, salvo se estejam interessados no processo ou sejam fiadores das pessoas ou coisas que fazem referência ao bosque. [...]

46 – Todos os barões que têm fundado abadias e possuem cartas dos reis da Inglaterra ou têm uma grande propriedade terão a custódia dessas abadias, quando ficarem vacantes, como devem tê-la. [...]

60 – Todos os costumes sobredito e as liberdades que temos acordado para ser observadas no nosso reino, como a nós corresponde para com todos os nossos homens, tanto clérigos como laicos, serão observadas como corresponde a cada um.

61 – [...] Instituímos e concedemos aos nossos barões a seguinte garantia: elegerão vinte e cinco barões do reino, os quais deverão com todo o seu poder observar, manter e fazer cumprir a paz e as liberdades que nós concedemos [...] e se nós não corrigirmos um abuso [...] dentro do prazo de quarenta dias a partir do momento em que ele nos tiver sido assinalado [...] quatro dos barões sobreditos levarão este assunto até ao conhecimento dos outros barões e todos [...] com o apoio dos comuns do país, se apoderão dos nossos castelos, terras, bens e outras quaisquer coisas, à exceção apenas da nossa pessoa e das da rainha e dos nossos filhos [...]

Dada pela nossa mão, no prado que é chamado Runnymede, entre Windsor e Staines, a 15 de junho do décimo sétimo ano do nosso reinado.

Select and illustrations of English Constitutional History. Stubbs, W. (Ed.). Oxford, 1913. p.292-302. Apud Falcon et al., op. cit., p.140-4.

210 REIVINDICAÇÕES DO TERCEIRO ESTADO NO PARLAMENTO (1357)

Na sexta-feira, terceiro dia do corrente mês de março, reuniram-se no Salão do Parlamento do Palácio Real, e na presença do senhor Duque da Normandia, do Conde de Anjou e do Conde de Poitiers, dos seus irmãos e vários outros nobres, gentes de igreja, gentes das boas vilas, em número tal que o sobredito salão estava cheio, falou maese Robert le Coq, bispo de Laon, e disse que o Rei e o reino tinham sido, em outro tempo, mal governados, pois muitos jovens nobres tinham abusado não só do reino mas também dos seus habitantes, tanto adulterando a moeda, por meio dos impostos, e também por administrar e governar mal os dinheiros que o rei havia obtido do povo, visto que grandes quantidades tinham sido doadas, em repetidas ocasiões, a muitos que as tinham malgasto.

E tudo isto tinha-se feito, se é verdade o que dizia o bispo, pelo conselho do sobredito chanceler e de alguns outros que tinham subjugado o rei no passado. Disse ainda o citado bispo, que o povo não podia suportar estas coisas e, por isso, tinham decidido todos juntos que os anteditos cargos e outros que então nomearam – até 22 – [...] seriam privados de todos os cargos reais perpetuamente. Item, requereu ainda o mencionado bispo que todos os que ostentavam cargos no reino da França fossem suspensos e que fossem realizadas algumas reformas, as quais seriam fixadas pelo Terceiro Estado, que teria conhecimento de tudo e interrogaria aos ditos oficiais, contra os quais poderia opinar e propor.

Requereu ainda o dito bispo que corresse boa moeda, tal como o dito Terceiro Estado tinha ordenado, e fez outras várias demandas mais. E um cavaleiro chamado João de Piquigny, em nome dos nobres, ratificou ao citado bispo, e um advogado de Abbeville, chamado Colart le Caucheteur, ratificou-o em nome das boas vilas; e também Estêvão Marcel, preboste dos mercadores de Paris. E ofereceram ao dito senhor Duque, em nome dos três Estados mencionados, trinta mil homens de armas, aos quais pagariam pelas suas mãos e pelos que eles indicassem. E, para que isto funcionasse, tinham ordenado certo subsídio, a saber: que os eclesiásticos pagassem os 15 por cento dos seus ingressos, os nobres também os 15 por cento, quer dizer, de 100 libras de terras, quinze. E os habitantes das boas vilas pagariam a cada cem fogos um homem de armas, quer dizer meio escudo por dia. Mas como não sabiam ainda quanto poderia custar o dito financiamento, nem se seria suficiente para pagar os trinta mil homens armados antes ditos, requereram o que pudesse ser recolhido até o dia XV da Páscoa seguinte [...]

> Delachenal, R. (Ed.) *Chronique des règnes de Jean II et de Charles V.* Paris: Société de l'Histoire de France, 1910. t.I, p.101. Apud Falcon et al., op. cit., p.172-3.

211 FORAL DE NAVARRA: "PRIVILEGIO DE LA UNIÓN"

Cap. XXVII: *como o rei deve convocar os três Estados do seu reino, para fazer* Fuero[19] *e Ordenanças, segundo esta União, e deste privilégio, e como (o rei) deve jurá-lo.*

Outrossim, para que a dita *Unión* fique firme, estável e tenha valor perpétuo, e o dito povo da nossa muito nobre Cidade permaneça unida sempre na paz e na concórdia, temos determinado no nosso Grande Conselho convocar por esta causa os três Estados de nosso reino e com o consentimento, deliberação e conselho deles, fazer *Fuero*, no qual constará efetivamente que jamais Nós, nem eles, nem os nossos sucessores, reis de Navarra que após de nós venham a ser, não consentiremos, nem consentirão jamais que a dita *Unión* seja desfeita nem dissolvida em tempo algum, de maneira nenhuma, e cada vez que os Reis de Navarra, nossos sucessores, recebam a herança do dito Reino, prestem juramento e jurem solenemente no momento da sua coroação, ao povo da dita nobre cidade de Pamplona este nosso presente Privilégio e todas as coisas contidas nele, segundo a forma e maneira que juraram manter aos três Estados do nosso reino, *os seus fueros, usos e costumes*, e que não irão contra eles, nem consentirão que o façam os seus oficiais nem súditos, assim em todo como em parte do mesmo.

---

19 *Fuero* particular de Pamplona, outorgado em Navarra, pelo qual os pamploneses, por meio dos seus representantes, deviam ser convocados antes de qualquer alteração das normas e ordenanças contidas nele.

E Nós, rei sobredito (Carlos III), prometemos por palavra de Rei e igualmente juramos, colocando as nossas mãos sobre a Cruz e os Santos Evangelhos, que em momento algum iremos contra a dita *Unión*, nem contra o contido neste presente Privilégio, antes pelo contrário preservaremos e guardaremos, e faremos observar e guardar com todo o nosso poder a dita *Unión* e todas as ditas coisas contidas neste nosso Privilégio.

> Foral de Pamplona (Privilegio de la Unión). In: *Ordenanzas del Consejo de Navarra*. Libro 4º, tit.10, 6. Apud Tuñón de Lara, op. cit., p.439-40.

212 AS CORTES DE MONZÓN (1363)[20]

Aprouve a Deus nosso senhor que nós sejamos o vosso rei e vosso príncipe; e ainda que não sejamos dignos, todavia Ele assim o fez, pela sua graça e virtude. A este respeito Deus prestou-nos dois favores: que embora não fosse nosso pai, o senhor rei, a nascer primeiro, senão o infante Jaime, este renunciou ao reino e entrou na ordem de Montesa e nela morreu, vindo assim a primogenitura e o reino às mãos do senhor nosso pai. Também nós não nascemos em primeiro lugar, senão o infante Afonso que morreu, pelo qual a primogenitura e o reino coube a nós. E, embora Deus não nos tenha feito forte na nossa pessoa, temos, como nenhum outro cavaleiro do mundo, a vontade e o coração tão grandes e tão preparados para vivermos ou morrermos defendendo nossa coroa e nosso reino, como nossos predecessores fizeram com ajuda dos vossos; e nós, seguindo com a vossa ajuda os seus passos, trabalhamos para conquistá-lo e merecê-lo.

Agora aconteceu-nos a grande desventura e o desastre de perder em quinze dias aquilo que nos esforçamos por possuir durante quinhentos anos. E com pleno conhecimento dizemos quinze dias, e não mais, pois de acordo com as notícias que hoje mesmo recebemos,

---

20 Pedro IV, o Cerimonioso, irritado pela demora e discussões internas dos parlamentários, dirige um patético discurso aos parlamentários reunidos em Cortes Gerais. Acusa-os da demora para conceder a ajuda necessária para conter as tropas castelhanas de Pedro I que tinham invadido seus reinos, aproximando-se perigosamente de Saragoça.

as quais já vos declaramos antes de comer, o rei de Castela aproxima-se destes lados com grande poderio, e entendemos que poderá chegar a Saragoça. Como é possível todos nós estarmos aqui, e em Saragoça haver tão pouca defesa e tão poucos recursos, como bem sabeis! Se nós perdemos Saragoça, não pensemos que será possível impedi-lo de chegar até o mar, ou até Barcelona. E Barcelona não é cidade que possa suportar um longo assédio, pois não se encontra em lugar onde haja, ou possa haver, muitos alimentos, e perder-se-ia por falta deles num cerco demorado.

Isto, porém, não sucedeu por nossa culpa, nem tampouco pela vossa. Não que carecêsseis de força e vontade para bem servir, pois em todas as épocas vossos predecessores bem serviram os nossos, e também vós fizestes assim conosco. Tudo isso veio a acontecer por causa desta desventura de pendências e debates que ocorrem entre vós; pois cada um quer seu próprio bem e preservar seus privilégios e liberdades. Os clérigos dizem, e também os cavaleiros, que não devem pagar tanto quanto nossos homens, e nossos homens dizem que sim. E neste debate temos permanecido desde o outono até a primavera, com exceção dos catalães, que são gente conciliadora, e, a bem da verdade, fizeram-no melhor que os outros, apesar de que ainda não nos concederam o subsídio (para a guerra). E por essas discussões, nós e vós nos perdemos.

Se a nossa gente e aqueles que vós representais aqui soubessem que isto iria suceder por vossa culpa, que sois os negociadores, acreditem que gritariam todos, de Taraçona até Salces, e de Salces até Guardamar: "Morram todos e pereçam esses negociadores! Morram, quem assim quer matar-nos a todos!".

Porque, se tivermos de morrer, que tenham por certo que não morreremos aqui; mas queremos que todos vós, prelados, clérigos, cavaleiros e homens da cidade e dos povoados, nos sigais até Saragoça, a cavalo ou a pé, ou de qualquer outro modo, e que lá estejais dispostos a dar a vida, para reunir-vos em Cortes ou para o que for necessário. E é isso o que vos solicitamos e o que vos dizemos de todo coração, e com a grande dor que carregamos pela nossa e pela vossa perdição.

> Discurso do rei Pedro IV, o Cerimonioso, nas Cortes de Monzón. In: *Parlaments a les cors catalanes*, 1928, p.24-6. Apud Tuñón de Lara, op. cit., p.395-6.

213 O PRIVADO E O PÚBLICO (1585)

Para a solução do artigo primeiro, eu adianto as seguintes conclusões: algumas coisas são possuídas patrimonialmente, como as casas, os campos e os outros bens particulares: outras não são de modo algum possuídas patrimonialmente, como as coisas públicas [...] – Segunda conclusão: Nas coisas passíveis de sucessão, quanto ao nosso propósito, existe uma dupla sucessão: uma é patrimonial, os textos de direito canônico a qualificam também como hereditária [...] A outra é simples, de modo algum patrimonial nem hereditária, mas se produz pelo abandono por alguém de uma coisa ou lugar [...] – Décima conclusão: os reis da França jamais puderam e o princípe atual não pode fazer do reino objeto de testamento nem em favor de seu filho mais velho nem de uma outra pessoa [...] Décima quarta conclusão: a sucessão do reino da França não é nem hereditária, nem simplesmente eletiva, visto que ninguém elege e que a eleição é um ato de vontade, segundo o Filósofo [...] Mas é uma sucessão simples, instituída pela única força do costume deferindo-a a certas pessoas, colocando em evidência uma forma ou uma nova espécie, criada pela tradição, como aparece nas questões ditas anteriormente, e como se evidencia, ela não é nem eletiva nem hereditária: portanto, ela é de uma outra espécie instituída pelo direito, isto é, pelo costume do reino [...] O rei da França não pode dar uma ordem ou fazer uma lei pela qual a sucessão do reino tornar-se-ia patrimonial ou hereditária (o que somente poderia ser realizado pelo costume). A conclusão provém de que o costume que está em vigor neste ponto foi introduzido pelo consentimento dos três Estados e de todo o corpo civil ou místico do reino a quem pertenceria segundo o direito comum a instituição e a eleição do rei [...] As dignidades reais pertencem a todo o corpo social civil ou místico do reino, como as dignidades eclesiásticas pertencem às igrejas [...] O reino e a escolha dos príncipes, como foi dito, pertencem ao povo [...] Com efeito, não é permitido ao rei mudar o que foi ordenado quanto à instituição do reino.

Jean de Terre Rouge. Tractatus... In: Hotman, F. (Ed.) *Disputatio de controversia sucessionis regiae*, I, 1. Paris. 1585. I, 1. Apud Imbert, op. cit., p.76.

O CAMINHO DAS INSTITUIÇÕES PERMANENTES

Administração, finanças, fisco

214 SOBRE A MOEDA (1263)

Que ninguém possa fazer moeda semelhante àquela do rei, que não tenha uma dessemelhança evidente, que tenha de um lado a cruz e do outro a *pile*.[21] Que tais moedas deixem de existir doravante.

Que nenhuma moeda seja aceita no reino, a partir da festa de São João, lá onde não há moeda própria, fora da moeda do rei, e que ninguém venda, compre e faça negócios senão com esta moeda. E a moeda do rei pode e deve correr no seu reino inteiro, sem oposição de outras moedas particulares que possam existir.

Que os *parisinos* e os *torneses*[22] não sejam rejeitados, nem mesmo quando desgastados, desde que se reconheçam, pela cruz e pelo cunho, que são realmente *parisinos* e *torneses*. E que ninguém possa danificar a moeda do rei, sob pena física e multa.

> *Ordennances des rois de France de la troisième race.* Paris, 1723-1848. v. I, p.93-4. Apud Favier, J. *Finance et fiscalité au Bas Moyen Âge.* Paris: S. E. D. E. S., 1971. p.34 (Regards sur L'Histoire).

215 OS IMPOSTOS (1377)

Os nobres senhores e os representantes das comunas, reunidos neste Parlamento, pedem humildemente ao seu senhor rei e aos outros senhores do Parlamento que, tanto para estes dinheiros concedidos pelos barões e pelas comunas quanto para os impostos dos dízimos, que forem outorgados pelo clero da Inglaterra e também para os impostos que provêm dos subsídios sobre as lãs, sejam designadas

---

21 *Pile, piliers*, pilares que uniam duas torres de castelo impressas nas moedas: aí estaria a origem da locução "cruix et pile", verso e reverso das moedas.
22 Nome de moedas reais: parisinos, torneses, soldos.

pelo rei certas pessoas aptas para serem tesoureiros ou guardiães, de modo que estes impostos sejam inteiramente aplicados para os gastos da guerra e, de modo algum, em outros assuntos sejam quais forem. O rei acede a este requerimento reservando-se inteiramente seu antigo *coutume*[23] de meio marco devido pelos habitantes do reino e de dez *soldos,* devidos pelos estrangeiros para cada saco de lã exportada do reino. E sobre isto, nosso senhor, o rei, designa William Walworth e Jean Philippot, mercadores de Londres, para serem guardiães das ditas somas para o fim já mencionado e fazer um registro leal de suas receitas e despesas da maneira mais razoável conforme a ordenança do nosso senhor o rei e seu grande conselho.

Os comuns pedem que os tesoureiros que receberam os subsídios das lãs concedidos no antepenúltimo Parlamento e os proveitos das terras alienadas e as taxas por contribuinte, e as outras rendas para a guerra, possam agora declarar suas receitas e seus gastos aos pares e aos barões do reino que estão agora no Parlamento, e também que o direito e conhecimento verdadeiro possam ser conhecidos pelos senhores e pelo povo por causa das suspeitas que tinham surgido, a fim de dar condições e vontade aos comuns para poder ajudar aos gastos das guerras. Foi respondido que certos prelados e outros são designados para ver e examinar as receitas e despesas dos ditos subsídios e taxas, para fazê-los extrair dos pagamentos da *receita* e colocado por escrito, a fim de que isto seja apresentado aos senhores do conselho permanente.

Le Gran Conseil, émanation du Parlament. Crimes, J. C., Brown, A. L. (Org.) *Select Documents of English Constitutional History.* London, 1961. p.116 Apud Favier, op. cit., p.105-6.

216 CONTRA AS FRAUDES (1322-1324)

Acontecem numerosas fraudes, em prejuízo da cidade e de seus habitantes, pois, entre outras causas, várias pessoas da cidade têm

---

23 Imposto sobre o comércio exterior.

a audácia de transferir seus bens para seus filhos clérigos a fim de escapar às responsabilidades dos encargos públicos [...] Para atender às suplicas do *maire*[24] e dos cônsules da cidade de Périgueux, que declaram que diversos clérigos da cidade, negociantes e mercadores e casados recusam pagar a *tailha* e outras imposições sobre os bens móveis e hereditários que têm e possuem no território dos ditos *maire* e cônsules, embora eles sejam tributáveis, como outros habitantes da cidade, para pagar os encargos da cidade e que seus predecessores tivessem o costume de pagar pelos ditos bens; e eles querem ser indevidamente declarados quites deste pagamento em razão de seu estado de clérigos. Nós vos ordenamos obrigar todos os clérigos, negociantes, mercadores e casados da dita cidade a contribuir em razão de seus bens na *tailha*, coletas e outras imposições estabelecidas e por estabelecer, para pagar os encargos da cidade sobre os habitantes da cidade em razão dos bens móveis e hereditários que eles mantêm e possuem no território do *maire* e cônsules da cidade, assim como os seus predecessores tiveram por costume contribuir sobre os ditos bens, a semelhantes *tailhas*, coletas e costumes.

> Higounet-Nadal, A. (Ed.) *Les comptes de la taille et les sources de l'histoire démographique de Périgueux au XIVe siècle*. Paris, 1965. p.53-4. Apud Favier, op. cit., p.146.

217 IMPOSTOS SOBRE OS BENS MÓVEIS (1207)

Pelo comum conselho e assentimento de nosso Conselho reunido em Oxford, foi provido para a defesa do nosso reino e para a recuperação do nosso direito, e concedido que cada um dos leigos de toda Inglaterra, de qualquer feudo que seja, que tem na Inglaterra rendas e bens móveis, nos outorguem como ajuda 12 *dinheiros* por *marco*[25] de renda anual e 12 *dinheiros* por *marco* de qualquer tipo que seja sobre os bens móveis que possuem, na oitava da Purificação, quer dizer, na data do Conselho [...]

---

24 Prefeito.
25 O marco de prata valia 13 soldos: a quota do imposto é então de 1/3.

Todos os senescais e bailios, condes e barões jurarão na frente dos nossos *justiças* o valor das rendas e móveis dos seus senhorios e da mesma maneira o valor dos seus próprios bens; cada homem, com exeção dos condes e barões, jurará pelas suas próprias rendas e móveis, da maneira que parecer mais conveniente aos *justiças* que nós enviaremos para isto. Se alguém é acusado de ter sonegado fraudulentamente seus móveis para causar-nos dano, ou de tê-los escondido em qualquer lugar, ou de tê-los confiado ao poder de terceiros, ou de tê-los estimado abaixo do seu valor, terá todos os seus móveis confiscados em nosso proveito e sua pessoa será colocada na prisão até a nossa decisão. A imposição será feita por centenas no vosso condado e por paróquias em cada centena para que nossos *justiças* possam responder por cada cidade. Quando os nossos *justiças* fizerem o levantamento desta ajuda em cada centena, cidade ou vila, farão escrever imediatamente nos seus livros todos os levantamentos particulares da ajuda e os entregarão ao visconde, que fará o levantamento de quinzena em quinzena, o mais rápido possível, e os nossos *justiças* guardarão com eles os seus livros até que nos possam apresentá-los.

É igualmente estabelecido que todos os nossos clérigos e todos os nossos *justiças* e seus clérigos, e todos aqueles que se ocupam deste assunto jurarão conduzi-lo bem, de maneira fiel, com todo seu poder, como foi ordenado e não o esquecerão por nenhuma razão.

Prescrevemos também, sob pena de morte e mutilação, de receber qualquer moeda boa e de peso legal, mesmo que ela não esteja nova, tanto para nossa conta quanto para a das outras pessoas do nosso reino.

> In: Stubbs, W. *Select charters and other illustrations of English constitutional history*. London, 1921. (ed. corrig.) p.275-6. Apud Favier, op. cit., p.178.

218 ORGANIZAÇÃO DAS FINANÇAS REAIS (1460)

Já que, por causa das mortandades e outros acidentes, podem acontecer com frequência diminuições ou acréscimos da população e dos habitantes em muitos lugares onde as *tailhas* serão impostas, e por tal motivo os encarregados ou comissionados não conseguiriam de maneira justa fazer o levantamento dos impostos se não tivessem o conhecimento, a cada ano, do número de mortos e a capacidade e posses dos habitantes, particularmente em algumas paróquias, nós queremos e ordenamos que, doravante, quando os coletores ou comissários encarregados de fazer o levantamento particular em cada paróquia dos habitantes da mencionada paróquia, deverão fazer o levantamento particular da *tailha* ou do imposto que então será estabelecido, e quando o tenham estabelecido e colocado em ordem no livro de registro que deverão ter feito, estes coletores ou aquele que tenha o encargo de cobrá-lo deverão, sob pena de mudança arbitrária, levar o livro de registro, feito sobre o dito imposto, no prazo de quinze dias após ter sido feito, ao encarregado ou comissário sob cuja responsabilidade estão, com uma cópia.

O dito livro ou papel de registro e sua cópia serão guardados (arquivados), para que não haja variações, e assinados pelo encarregado ou comissário. Um dos livros de registro será entregue aos coletores ou comissários da cobrança do imposto, para que façam a sua receita, segundo o livro, assim assinado, e o outro ficará retido em poder do encarregado.

Depois que os encarregados ou comissários tiverem consigo os livros ou papéis de cada registro particular que tenha sido feito durante a sua eleição e após terem conhecimento do aumento ou da diminuição dos habitantes de cada paróquia, nós queremos e ordenamos que eles façam, nos anos seguintes, os ditos registros de impostos, segundo o que ocorra sobre o aumento ou a diminuição, considerando os livros precedentes, tudo da maneira mais justa e equitativa possível [...]

Quando todos os livros e registros particulares tiverem sido entregues aos encarregados, cada um durante o seu mandato, assinados como foi prescrito, nós queremos que os encarregados façam escrever uma cópia em ordem, palavra por palavra, em um papel ou caderno, no qual estarão contidos todos os nomes das pessoas taxadas e a soma a elas atribuída, e que este papel, aprovado e assinado pela mão dos encarregados ou duma parte deles e dos seus escrivãos, seja enviado por eles, no mês de abril ou de maio no mais tardar, aos responsáveis das nossas finanças, cada um na sua circunscrição,[26] para que os oficiais possam constatar, assim, o número de mortos e a capacidade e posses de cada coleta e nos informar, assim como ao nosso Conselho, a fim de que seja posteriormente distribuída e repartida de maneira justa e equitativa em cada país e etapa a parte que deverá ser paga de *tailha* ou do imposto, de maneira que um não seja mais sobrecarregado do que outro.

Ordonnances..., XIV. p.484-6. Apud Favier, op. cit., p.289-90.

219 A ORGANIZAÇÃO DA "CÂMARA DE COMPTOS" (1319)

Esta ordenança nós (Filipe V) fizemos para a nossa *Câmara de Comptos*,[27] no ano de 1319, em Vivier-en-Brie.

Primeiramente. Pela grande quantidade de *Comptos* de tempos passados que devem ser corrigidos e emendado na dita Câmara, pelo qual sofremos muitos prejuízos, e várias pessoas estão em entredito, até que sejam multadas e de bom grado nada se pode fazer, sem ter maior número de Mestres Clérigos; queremos e ordenamos que haja na dita Câmara quatro Mestres Clérigos, ou seja, os três que agora estão presentes e Mestre Jehan Mignon que nós designamos como novo mestre. E nós ordenamos que dos ditos Mestres Clérigos, dois permanecerão continuamente na Câmara para *ouvir* os *Comptos*, os outros dois permanecerão embaixo, para corrigir os *Comptos*, dos quais um estará encarregado de corrigir os *Comptos* antigos até o tempo do nosso caro irmão o Rei Luís (X), e o outro corrigirá os do reinado do dito nosso irmão e do nosso. E a partir de agora serão inventariados todos os *Comptos* que devem ser

---

26 Circunscrição conhecida por "generalidade". Após a segunda metade do século XV, o nome que designa esses oficiais é o de "généraux". Antes dessa data exerciam coletivamente as suas funções.
27 *Comptos* são os livros de registro dedicados a conter a contabilidade do Reino: aí se registravam as diferentes partidas: entradas e despesas. A Câmara de *Comptos* é a instituição que cuida das finanças e onde se arquivam os livros. Os ouvidores de *Comptos* são os principais responsáveis segundo a reforma realizada durante o reinado de Filipe V. Entre outros oficiais da Câmara encontram-se os recebedores e os genericamente designados como mestres-clérigos.

corrigidos, e depois serão entregues àqueles que serão estabelecidos para corrigi-los. E queremos que sejam nomeados por nosso amado e fiel bispo de Noyon e pelo Senhor de Sully os que devem *ouvir* os *Comptos* e os que devem corrigi-los.

(2) Item. Ordenamos e queremos que na Câmara, lá onde os *Comptos* serão ouvidos, haja dois Clérigos para fazer os *Comptos*.

(3) Item. Um terceiro para manter um livro que se chamará Diário, o qual nós queremos ter desde agora na dita Câmara, para registrar todas as coisas que sejam feitas na dita Câmara, no qual se registrarão todas as coisas que sejam feitas diariamente e, por tais livros, se possa saber todas as coisas que aí se fizerem, das quais é conveniente ter memória e este terceiro clérigo ajudará a fazer os *Comptos* quando for necessário, e outros assuntos que seja conveniente realizar.

(4) Item. Ordenamos que, com os três Clérigos, acima mencionados, haja oito Clérigos que trabalhem continuamente de manhã, e de tarde (após o jantar), em dias determinados para corrigir os escritos, de dois em dois, dos quais, quatro se dedicarão aos escritos até a morte de nosso caríssimo pai, e os outros quatro aos escritos do dito tempo até hoje. [...]

(13) Item. Nós queremos e ordenamos que nos *Comptos* dos Senescais, Bailios e Recebedores, não se contabilize nada, exceto a despesa comum e necessária. E se eles tiverem feito algum pagamento por obrigação que seja apresentado ao Tesoureiro e pelo Tesoureiro rendido no fim de seus *Comptos,* para que se possa conhecer melhor qual é o nosso montante e mais rapidamente corrigir os escritos e conhecer a nossa situação.

(14) Item. Que ninguém, nem Bailio, nem Senescal, nem outro Oficial do Rei receba nada além do estabelecido pelos Recebedores.

(15) Item. Como várias Cartas de Senescais, Bailios e Recebedores ou de outros chegam à dita Câmara, convém respondê-las rapidamente, pois poderia haver dano ou prejuízo de prazo. Nós queremos e ordenamos que cada dia no decorrer dos serviços da Câmara, quando o meio-dia chegar, se verifique se há alguma resposta a ser feita, e que sem falta se faça e delibere antes de ser despachada. E se houver algum assunto sobre o qual convenha ter a nossa deliberação, que nesse mesmo dia se nos comunique e faça saber. [...]

(19) Item. Nós queremos e ordenamos que seja mandado a todos os Senescais e Bailios que enviem por escrito à dita Câmara todas as indenizações, grandes multas, quintos de dinheiros, resgates, homicídios e emprendimentos e também os grandes casos e fatos que aconteçam em seus bailios e senescalias, de todo o tempo passado, até o momento. E se aqueles a quem foi mandado não o fizeram, que sejam punidos, de tal maneira que os outros tomem-nos como exemplo nisto.

(20) Item. Nós queremos que os ditos Senescais e Bailios enviem à dita Câmara, por escrito, todas as coisas acima mencionadas, uma vez por ano, na Festa da Candelária (2 de fevereiro) e aquele que não cumprir a ordem seja privado de seu ofício ou de outro modo severamente punido.

(21) Item. Para nosso proveito. Nós temos ordenado e ordenamos que não concederemos multas, indenizações, quintos de dinheiros, nem poder de resgate a ninguém, seja quem for, para se autocompensar, nem por outra causa, mas, se algumas pessoas devem usufruir as tais coisas ou alguém de sua linhagem próxima nos tivessem feito algum serviço pelo qual nós lhes devêssemos compensação, a tais pessoas concederíamos graças sob essas coisas, de acordo com o que lhes for devido e a soma correspondente. E assim todas as indenizações, amortizações e coisas parecidas serão vendidas e exploradas pelos Senescais, Bailios e Recebedores, e todo o emolumento colocado em sua receita ordinária, e outro tanto será feito das multas, quintos de dinheiros ou recompras. E o que nós concedermos pela maneira susodita será pago pelas mãos de nossos Recebedores, e registrado em seus *Comptos*, nas despesas do Tesoureiro, segundo for determinado. E todas as doações que fizermos a outras pessoas, quaisquer que sejam, serão pagas pelo nosso Tesoureiro.

(22) Item. Nós queremos e ordenamos que todos os Senescais, Bailios, Recebedores e Comissários, após serem nomeados e estabelecidos nos seus ofícios por nós, venham à Câmara de nossos *Comptos*, anteriormente mencionada, para nos fazer *in loco* o seu juramento. E queremos que nosso Chanceler envie as Cartas de nomeação de seus Ofícios à dita Câmara, onde lhes serão entregues e delibrados, feitos os juramentos acima mencionados, a fim de que o pessoal de nossos *Comptos* esteja melhor informado para

convocá-los às contas e lhes escrever e mandar o que for necessário, e saber os seus nomes, e conhecê-los. E queremos que os melhores e mais sábios e as pessoas mais fiéis que se possa encontrar sejam investidas nesses ofícios, e que não haja nenhum Recebedor fora do Reino.

(23) Item. Nós queremos e ordenamos que no caso de que alguém apresente querela diante de nós sobre alguma pena ou sentença que tenha sido dada contra ele, na dita Câmara, não se outorgue comissão nem se faça em outra comissária senão na dita Câmara, mas queremos e nos agrada que se tomem duas, três ou quatro pessoas de nosso parlamento, sábias e capacitadas de acordo com o que os casos requeiram, que possam acompanhar as pessoas de nossa dita Câmara, sempre que for necessário. E se aí se encontrar alguma coisa para ser corrigida ou multada, que seja feito em presença deles; porque as coisas da Câmara é conveniente mantê-las em secreto, para evitar o mal que poderia acontecer de outro modo, pois muitos inconvenientes já aconteceram, às vezes, pelo contrário.

Ordonnance du Vivier-en-Brie, 1320. In: *Ordonnances...*, I. p.703-6. Apud Imbert, op. cit., p.115-7.

220 O LUGAR DA GUERRA NAS DESPESAS DO REINO (1403)

Isto é o que está ordenado para a guerra no caso de que o rei queira fazê-la.

Primeiramente, lembrar-se-á de que é necessário que o rei tenha, para atravessar com segurança o mar, trinta galeras pelo menos, das quais o rei de Castela – pelas alianças que existe entre eles – deve providenciar, a expensas do rei, dez galeras, que orçam por cinco meses: 75.000 francos.

Item. É necessário para o rei poder financiar outras vinte galeras, suponhamos por cinco meses: 150.000 francos.

Item. Para provisioná-las durante os cinco ditos meses, a 500 francos por galera: 75.000 francos.

Item. Para as trinta galeras acima indicadas, ele necessita ter para a guerra 600 homens de armas, cujo pagamento ao longo dos cinco meses é de 70.000 francos.

Item. Ele necessita ter muitos outros instrumentos para a armada, como naves, barcas, baleeiros e outros, que serão tomados em Picardia, Normandia, Bretanha, Poitou e arredores, sobre os quais deve haver 1.000 homens de armas, para cujos *gages*[28] e para as vitualhas dos seus navios são necessários 20.000 francos por mês, que somam por cinco meses: 100.000 francos.

Soma pelas galeras e pelas "gentes de armas" do mar: 470.000 francos.

Item. Será necessário que aquele que quiser ocupar o país de Picardia deverá ter 3.000 homens de armas, o qual somam por cinco meses, pelos seus *gages* e seus estados: 300.000 francos.

Item. Ele necessitará de 1.000 arqueiros que serão a 12 francos por homem, durante os cinco ditos meses: 60.000 francos.

Item. Será necessário igualmente, para a Guyena, 3.000 homens de armas e 1.000 arqueiros: 360.000 francos.

Soma pelas "gentes de armas" em terra: 720.000 francos.

Soma pelas galeras e "gentes de armas" e arqueiros: 360.000 francos.

Item. É necessário ter na Normandia, na Picardia e nas fronteiras dos ditos países 300 combatentes, que custarão, pelos ditos cinco meses: 22.500 francos.

Soma tudo: 1.212.500 francos.

Rey, M. *Les finances royales sous Charles VI*. Paris, 1965. p.623-4. Apud Favier, op. cit., p.306-8.

221 RECEITA DA "CASA" DA RAINHA (1401)

Entradas:

Dos Tesoureiros da França pela mão de Jean Chaux, cambista do Tesouro do rei nosso senhor, sobre os gastos da "Casa" da Rainha, pela carta de Jean Le Perdrier, mestre da Câmara dos dinheiros da dita dama, feita no dia 18 de fevereiro, contando pelos recebedores de Mantes 160 libras parisinas e de Vitry 293

---

28 Misteres, ocupações, trabalhos.

libras, 6 soldos e 8 dinheiros parisinos pelo termo da Candelária ultimamente passada: 353 libras, 6 soldos, 8 dinheiros parisinos.[29]

Gastos:

Mestre Girard de la Combe, físico da rainha, pelas suas *gagens* de 181 dias passados na corte, por cédula do rei rendida em um dos *Comptos* precedentes, 8 soldos parisinos por dia. Custa: 72 libras, 8 soldos parisinos.

O clérigo da paróquia de Saint-Pol de Paris, o qual tem levado água benta à rainha na "Casa" de Saint-Pol, onde ela esteve durante cinco domingos neste presente mês de janeiro, a saber os dias 2, 9, 16, 23 e 30 do dito mês de janeiro: 20 soldos parisinos.

Mestre Pierre Floriot, clérigo do rei e responsável pela Câmara dos dinheiros da rainha, pelo seu agasalho de Pentecostes: 100 soldos.

Guilherme Testart, especieiro, por 18 libras de cera colocadas em 12 círios para a festa do Santíssimo Sacramento, comprados dele, a 2 soldos, 9 dinheiros a libra, a quinta-feira 2 de junho, estando a rainha em Saint-Pol. Custa: 49 soldos, 6 dinheiros parisinos.

Jean Le Charron, enviado para levar cartas da rainha ao Recebedor de Crecy e para se informar se nas vilas dos arredores havia mortandade, por isso e pelo seu retorno à corte no primeiro dia de janeiro, estando a rainha em Saint-Pol. Custa: 18 soldos parisinos.

Colin Marc, por 12 *aunes* de pano grosso, com o qual se fizeram toalhas para servir o pão na sala e três sacos para sal, comprados dele pelos mestres da Casa e os padeiros, a 2 soldos, 8 dinheiros aferidos esse dia. Custaram: 32 libras, 4 soldos, 3 dinheiros parisinos.

Guillaume Testart, por 68 libras 1 quarteirão de muitas espécies e iguarias, tomadas e compradas dele, tomados em diversos momentos para a rainha. A saber anis e noz, confeitos, açúcar rosado, *manucristi, madrien,* patê de rei, *pingnolat, dragé perlée, coriande* e canela *perlada,* no mês de janeiro, compreendendo 30 dias [...] Custa: 32 libras, 4 soldos, 3 dinheiros parisinos.

---

[29] Esses ingressos são feitos sobre as entradas das finanças ordinárias. Mas as "casas reais" estavam igualmente provisionadas por dinheiro procedente das finanças extraordinárias, contra o qual protestavam regularmente os "Estados". A Câmara dos dinheiros era o organismo encarregado de gerir as finanças das Casas reais francesas. Os gastos que se seguem são um extrato de um *Compto* de Isabel de Baviera.

Drouin Mainart, morador de Paris, por um cavalo cinza *pommelé* comprado dele pela rainha e seus empregados, por Robert de Pont-Audemer, seu primeiro escudeiro da escuderia, para o mestre a cargo das meninas ou de um deles, entregue à Casa do Salgueiral para que possa ser usado e aproveitado por elas. Por isto 40 libras parisinas.

> Douët D'Arcq. L. (Ed.) *Comptes de l'hotel des rois de France aux XIVe et XVe siècles*. Paris, 1865. p.128-69.
> Apud Favier, op. cit., p.73-5.

222 OFICIAIS REAIS E SUAS FUNÇÕES (S. XIV)

a) *Recibo de pagamento*

Eduardo, pela graça de Deus, rei da Inglaterra, senhor da Irlanda e duque da Aquitânia, aos seus tesoureiros e chanceleres, salve. Paguem do nosso tesouro ao nosso amado e fiel Robert d'Ufford, guarda das nossas florestas [...] cinquenta libras no termo da Páscoa passada pelo seu feudo anual de 100 libras que nós lhe concedemos pelo exercício do dito ofício. Testemunho eu mesmo, em Ramsey, 20 de abril, o oitavo ano do nosso reinado.

> Crimes & Brown, *Select Documents...* op. cit., p.371.
> Apud Favier, op. cit. p.75.

b) *Sobre o juramento dos bailios*

Primeiramente, que eles farão e respeitarão o direito de todas as pessoas, grandes e pequenas, privadas ou estrangeiras, sem privilegiar ninguém; e guardarão os usos e costumes locais.– Item. Que eles guardarão os direitos reais e os direitos do rei inteiramente e não diminuirão o direito dos outros. – Item. Que por eles ou por outro, não tomarão os bens de qualquer pessoa, seja em ouro, em dinheiro, em móveis, em herança, em benefícios ou em outra coisa, exceto as coisas ordenadas para beber e comer [...]– Item. Que alguns de seus oficiais de justiça ou outros que levem alguma causa diante deles, não receberão diretamente nem por meio de outros, nenhum outro empréstimo que a soma de cinquenta libras tornesas, as quais eles devolverão, dois meses após terem-nas recebido, e supondo que o credor lhes conceda mais, não poderão receber nenhum outro empréstimo, enquanto aquele não for pago. – [...]– Item. Que eles não encobrirão os prebostes em seus erros, nem aos outros oficias que sejam descobertos praticando extorsão, exações ou suspeitos de usura, ou que levem vida desonesta, antes corrigirão seus excessos em boa justiça [...] Item. Eles não colocarão, nem manterão ninguém preso por dívida, a não ser por débito ao rei e se as pessoas não forem condenadas à prisão.

> D'Ableiges, J. *Le grand coutumier de France*. Laboulaye, R., Dataste, R. (Ed.). Apud Imbert, op. cit., p.120-1.

223 RECIBOS DE PAGAMENTOS POR SERVIÇOS PRESTADOS (S. XIV-XV)

a) *Recibo do conselheiro e argenteiro do rei*

Eu, Jacques Coeur, conselheiro e tesoureiro do rei nosso senhor e inspetor-geral das *gabelas* do sal de Langue d'Oc, confesso ter havido e recebido de Mestre Étienne Petit, cobrador geral do mencionado país de Langue d'Oc, a soma de 600 libras *tornesas*, a qual soma, o rei nosso dito senhor ordenou-me e concedeu-me sobre o registro das tributações de pagamento feitas sobre a renda dos celeiros deste país de Langue d'Oc, e ordenou-me e designou-me tomar pelos "gages" deste oficio de inspetor deste ano, e assim, para que possa constar no mencionado registro, daquela soma de 600 libras *tornesas*, estou contente e quite diante do cobrador geral mencionado e de qualquer outro. Em testemunho do qual coloco aqui a minha assinatura manual, o 12º dia de julho, ano, 1450.

> Original assinado. Biblioteca Nacional de França nº 6308, In: Favier, op. cit., p.76.

b) – *Recibo de pagamento*

Saibam todos que eu, Jean Le Mercier, conselheiro do rei nosso senhor, confesso ter havido e recebido de François Chanteprime, cobrador geral das ajudas ordenadas para a guerra, a soma de

70 francos que me eram devidos, por causa dos 5 francos que o rei me ordenou tomar e ter por dia, quando tenho que cavalgar fora, por causa dos seus negócios; pelas despesas que tive indo de Paris a Rouen na companhia do rei para mostrar-lhe o seu navio, e também, pelas guarnições e outras coisas necessárias para o seu exército, na qual viagem, indo de Paris a Rouen, onde permaneci e voltei por Creil antes do rei, e de lá até Paris, passei 14 dias, ou seja, do dia 7 até o 20 de maio, o qual sendo 5 francos por dia, somam 70 francos, da qual soma tenho-me por bem pago e quite do mencionado senhor, dito François e de qualquer outro. Dado a [...]

> Moranvillé, H. (Ed.) *Étude sur la vie de Jean Le Mercier.* Paris, 1888. Apud Favier, op. cit., p.77.

224 INSTRUÇÃO REAL DADA PELOS REIS CATÓLICOS (S. XV)

É notório que os reis que deixaram boa memória, cada um no seu tempo, buscaram a maneira de acrescentar as suas rendas e fazendas, sem dano e prejuízo dos seus súditos, para sustentar o seu Estado real e a boa governança dos seus reinos e guarda e conservação deles e para a conquista e guerras que aconteceram e ordenassem; e o Rei e a Rainha, nossos senhores, têm ordenado leis e disposições que chamam de "caderno" e outras leis e ordenanças pragmáticas e declarações pelas quais se regem e julgam os assuntos das rendas, tributos, direitos e serviços reais e por estar muito dispersas e algumas em estado de confusão e ainda esquecidas quanto à sua origem, suscitam-se dúvidas e imprecisões, seguindo-se grandes pleitos e debates, e por isso as rendas de suas altezas valem menos e os povos sofrem fadiga, e para a sua reforma e emenda recolheram-se todas as leis encontradas em um livro que a Rainha, nossa senhora, mandou fazer e que está na sua Câmara escrito em pergaminho e, considerando que o livro das relações foi estabelecido como memorial para que haja conta e razão breve e condensada de todas as coisas da fazenda para poder tomar providências clara e sumariamente, sem recorrer a processos ou pleitos e para saber como e onde se possam cumprir melhor os gastos e expensas ordinárias e as outras necessidades que surgem e, assim mesmo, para que nas contas se tenha norma fixa e conhecimento das ditas rendas e impostos e direitos e serviços reais da forma que são implantados, convém ter memória dos princípios seguintes:

1 – Dos direitos sobre as casas de moeda e das mudanças dos preços e como se devem realizar as contas em *maravedis* [...]

2 – As diferenças que existem entre as medidas, nos *cahises* e na *fanega* e as relações entre a medida menor à maior ou à correta [...]

3 – De como foram aplicadas à coroa real as rendas das salinas e *alfolies* e da maneira que tem acontecido [...]

4 – Cadernos das salinas de Atiença com as do bispado de Siguença [...]

5 – Salinas *Despartynas* e os seus aderentes com o almoxarifado e peso de Toledo [...] (Seguem-se os itens dedicados a diversas salinas do Reino)

[...]

16 – Dízimos do mar de Castela [...]

17 – Da proibição sobre coisas vedadas e da saca do pão [...]

18 – Dízimos e alfândegas relativos às mercadorias que não são vedadas de entrar e sair destes Reinos [...]

19 – Serviços e pedágios sobre o gado que passa e atravessa de umas partes a outras [...]

20 – Dízimos do azeite de Sevilha [...]

21 – Rendas, impostos e direitos dos mouros [...]

22 – Rendas e impostos e direitos dos judeus [...]

[...]

25 – Almoxarifados [...]

29 – Das moedas em que não contribuem os fidalgos e os isentos [...]

31 – Das demandas dos contribuintes da Andaluzia pelas fazendas que possuem os cavaleiros e fidalgos fora de Castela e como se organizam as irmandades [...]

34 – Das *alcabalas* [...]

38 – Dos subsídios e cruzadas [...]

39 – Da administração dos *maestradgos* das ordens de Santiago, Calatrava e Alcântara [...]

Archivo General de Simancas. *Diversos de Castela*, livro 3, fólio 85. In: Tuñón de Lara, op. cit., p.535-52.

225 PRAGMATISMO E PRIVILÉGIOS (S. XV)

Senhor, segundo o que vos agradou dizer-nos, na segunda-feira de manhã, nós vos enviamos o relatório de todos os encargos feitos com relação às suas finanças no ano passado, àquelas que foram estabelecidas neste ano e o que deveria ser acrescentado, além do valor das suas mencionadas finanças deste ano, se desejardes que tudo seja pago, abatido o que vos possa reverter em razão das partidas que existiram no ano passado e que não existirão neste ano e, também, algumas deliberações que foram feitas sobre cortes orçamentários, os quais vos suplicamos se digne considerar, pois de outra maneira não ousaríamos mexer neles, pois têm-se feito cortes orçamentários sobre grandes personagens e não sabemos se isto vai ser aprovado por vós.

O assunto é muito urgente, e tememos que vos traga grande prejuízo, pois o aumento do pagamento dos soldados foi deferido até que se saiba qual é o valor da soma que pretende acrescentar, pois haveria grande revolta se o aumento se fizesse por meio de outro imposto, e poderia se dizer que seriam dois impostos em um ano. Se não puder apreciá-lo pessoalmente, veja a conveniência de designar certos homens bons para resolvê-lo, que possam ajudá-lo, junto conosco, a suportar o clamor dos gritos que poderia resultar disso.

Senhor, a nossa sugestão é que quanto menos carregue com impostos o seu povo será melhor, pois quando vós quiserdes que todas as despesas ordenadas sejam inteiramente pagas, será necessário aumentar a taxa, pois o pagamento das "gentes de armas" ultrapassa o total das *ajudas* e do equivalente de todo vosso reino já conseguidas – exceto o equivalente ao Languedoc – o que não pode acontecer sem grande revolta.

> Jacqueton, G. *Documens relatifs à l'administration financière en France de Charles VII à François I*. Paris, 1891. p.100-1. Apud Favier, op. cit., p.310.

Diplomacia e relações internacionais

226 TRATADO DE BRÉTIGNY (1360)

Eduardo, filho primogênito do nobre rei da França e da Inglaterra, príncipe de Gales, duque de Cornualha e conde de Lancaster,[30] a todos os que verão as presentes cartas, saúde. Fazemo-vos saber que sobre todos os debates e discórdias ocorridos e provocados entre o nosso muito temido senhor e pai, o rei da França e da Inglaterra, por uma parte, e os nossos primos: o rei, o seu primogênito e regente da França, e todos os que correspondam, por outra; para o bem da paz tem sido acordado (um tratado), no oitavo dia de maio do ano de graça de 1360, em Brétigny, perto de Chartres, da forma que se segue: [...]

XII. Item. É acordado que o rei da França e o seu primogênito renunciarão expressamente à jurisdição e soberania e a todos os direitos que têm ou possam ter em todas as coisas que, segundo o presente tratado, devem pertencer ao rei da Inglaterra; e igualmente, o rei da Inglaterra e o seu filho renunciarão expressamente a todas as coisas que, segundo o presente tratado, não devem ser possuídas nem pertencer ao dito rei da Inglaterra, e a todas as demandas que faziam ao rei da França, e em especial ao nome e ao direito à Coroa e ao Reino da França; à homenagem, soberania e domínio do ducado da Normandia, do ducado de Turena, dos condados de Anjou e de Maine, à soberania e homenagem do ducado da Bretanha, à soberania e homenagem do condado e país de Flandres, e a qualquer outra petição que o rei da Inglaterra fizer ou possa fazer ao rei da França; por qualquer razão que for, excetuando o que por este tratado deve pertencer ou ser concedido ao dito rei da Inglaterra e aos seus herdeiros; e além disso, acatarão a perpetuidade, todos os direitos que cada um deles tem ou possa ter em todas as coisas, que por este tratado devem pertencer ou serem dadas a cada um deles; e com relação ao tempo e lugar, onde e quando, as mencionadas renúncias serão feitas, acordadas e ordenadas, serão determinados conjuntamente pelos dois reis em Calais.

XIII. Item. Foi acordado, a fim de que o presente tratado possa cumprir-se mais rapidamente, que o rei da Inglaterra fará vir o rei da França até Calais, no prazo de três semanas depois do dia de São João Batista próximo, sem empecilho algum, e a expensas do rei de Inglaterra, salvo os gastos de hospedagem do rei da França.

---

30 Trata-se do Príncipe Negro, filho de Eduardo III, que em 1340 tinha assumido o título de rei da França. O Tratado de Brétigny foi um dos mais importantes da Guerra dos Cem Anos, embora marcasse apenas uma paz relativa.

XIV. Item. Foi acordado que o rei da França pagará ao rei da Inglaterra três milhões de escudos de ouro, dos quais dois valem um *nobre* da moeda da Inglaterra e serão pagos ao rei da Inglaterra ou aos seus deputados 600.000 escudos em Calais, dentro de um prazo de quatro meses, a contar de quando o rei da França tenha chegado a Calais; e, ao longo do ano próximo, pagar-se-ão 400.000 escudos na cidade de Londres, na Inglaterra, e desde então a cada ano, 400.000 escudos iguais que os anteriores, na dita cidade, até que os três milhões sejam satisfeitos. [...]

XXVII. Item. Acordou-se que o rei da França dará ao rei da Inglaterra, logo que for possível, aquilo que de bom grado possa e deva, tendo como data limite a festa de São Miguel próxima, e um ano após da sua saída de Calais, todas as cidades, vilas, terras e outros lugares antes mencionados que, por este tratado, devem ser entregues ao rei da Inglaterra.

In: Delachenal, R. *Chronique des règnes de Jean II et de Charles V.* t.I Paris: Société de l'Histoire de France, 1910. p.267-300. Apud Falcon, op. cit., p.180-9.

227 TRATADO DE PAZ E TRÉGUAS ENTRE O REI DE ARAGÃO E O DE TÚNIS (1328)

Esta é a paz estabelecida entre o muito alto senhor D. Jaime II pela graça de Deus, Rei de Aragão, de Valência, de Cerdanha, de Córsega e Conde de Barcelona e da Santa Igreja de Roma, Gonfaloneiro, Almirante e Capitão Geral, e o muito nobre Miralmomenin Abubaca, filho de Mir Abuzegri, Rei de Túnis e de Bugia.

I – Primeiramente. Haverá paz entre o dito Senhor Rei de Aragão e o dito Rei de Túnis e de Bugia por quatro anos: os quais começarão depois que a referida paz seja assinada por ambos os reis, e apregoada e publicada nos reinos e terras de cada um. De maneira que toda pessoa, seja qual for a sua condição, da terra e do senhorio do dito senhor Rei de Aragão, poderá ir, estar e sair salvo e seguro por mar e por terra, nas terras e domínios do dito Rei de Túnis e de Bugia, com todas as suas mercadorias e com todos os seus bens e pertenças; e nelas, não será embargado nem impedido por motivo nenhum, sempre que paguem os direitos que devam pagar pelos seus efeitos e mercadorias. E da mesma maneira, todo sarraceno, seja qual for a sua condição, da terra e senhorio do dito Rei de Túnis e de Bugia [...]

VI – O senhor Rei de Aragão terá Cônsules em Túnis e em Bugia, e as *Lonjas*[31] que os seus súditos acostumam ter; e também aquelas franquias que gozaram anteriormente. E se houvesse melhores, como as dos genoveses, ou de outra nação, daquelas poderão desfrutar [...]

VII – As *Lonjas* estarão sob a jurisdição de ditos Cônsules, e nelas não poderá entrar nenhum sarraceno da alfândega ou a *gabela* para fazer algum registro a não ser pela vontade do Cônsul. Cada um destes Cônsules deverá administrar a justiça sobre todo mercador ou outra pessoa que seja da terra do dito senhor Rei de Aragão, a sarracenos e a cristãos. E nenhum sarraceno poderá demandar algum cristão por qualquer motivo, a não ser diante do dito Cônsul, e não estando aberto o processo por outro juiz. [...]

XI – Se dentro do dito tempo (de quatro anos) a Paz ou Trégua não se renovar ou prorrogar por mais tempo entre os ditos Rei de Aragão e o de Túnis e de Bugia; os mercadores e outras pessoas terão em cada uma das terras e senhorios o espaço de seis meses para evacuar aqueles domínios, podendo sair deles, salvos e seguros, sem empecilho nenhum, com todas as suas mercadorias e coisas; os quais seis meses começarão depois de passados os quatro anos da Paz.

XII – Nenhum corsário ou inimigo do senhor Rei de Aragão, que tenha causado dano com galeras ou outras embarcações armadas a súditos do referido Rei, poderá fazer comércio, em algum domínio do Rei de Túnis, com as pessoas e bens que sejam do Rei de Aragão. E se o fizerem [...] o Rei de Túnis e de Bugia estará obrigado a (pagar) todo o dano causado [...] O mesmo deverá praticar nas suas terras e domínios o Rei de Aragão [...]

XV – Os Cônsules do Rei de Aragão e os seus lugar-tenentes, residentes nos domínios do Rei de Túnis e de Bugia, não poderão ser detidos nem arrestados na alfândega, ou em outra paragem, por motivo nenhum, demonstrando eles que estão com direito.

---

31 Centros comerciais nos reinos da Coroa de Aragão.

XVI – Nenhum cristão ou cristãos dos domínios do Rei de Aragão, por dívida ou outro caso civil ou criminal, não poderá ser retirado das *Lonjas* do Rei, pois o Cônsul deve retê-los, segundo o direito e responder por eles totalmente. E, faltando o Cônsul, o realizara o *Alcaide* da alfândega, segundo tem-se acostumado. [...]

XVIII – Se algum cristão ou cristã, por alguma ocorrência civil ou criminal, tivesse que ser remetido ao Rei de Aragão, não se colocará nenhum empecilho pelos ministros do Rei de Túnis e de Bugia. [...]

XXII – Nenhuma bagagem ou cofres de mercadores, súditos do Rei de Aragão, serão revistados nem abertos à sua saída. [...]

XXXIV – Se o Rei de Túnis e de Bugia necessitasse de galeras da terra do Rei de Aragão, de uma até vinte, poderá tê-las, pagando por cada uma delas a cada quatro meses, três mil *doblas* de ouro. E se as necessitasse por mais tempo, as poderá ter pelo preço sobredito com a condição de que não as utilize contra cristãos.

[...] Em testemunho das coisas acima referidas, realizaram-se escrituras iguais, partidas pelas letras, das quais cada uma das partes contratantes deve ter uma.

[...] e devem ser seladas [...] E isto foi feito e outorgado pelo dito senhor Rei de Aragão, na cidade de Barcelona, no seu palácio, no primeiro dia de maio do ano de Nosso Senhor, mil e trezentos e vinte e três.

> In: Capmany, A. *Antiguos tratados de paces y alianzas*
> Madrid, 1786. ed. Facsímil. Valencia: Anubar, 1974.
> p.78-95.

228 O PRÍNCIPE MODERNO SEGUNDO MAQUIAVEL

Resta examinar agora como deve um príncipe comportar-se com os seus súditos e seus amigos. Como sei que muita gente já escreveu a respeito desta matéria, duvido que não seja considerado presunçoso propondo-me examiná-la também, tanto mais quanto, ao tratar deste assunto, não me afastarei grandemente dos princípios estabelecidos pelos outros. Todavia, como é meu intento escrever coisa útil para os que se interessarem, pareceu-me mais conveniente procurar a verdade pelo efeito das coisas, do que pelo que delas se possa imaginar. E muita gente imaginou repúblicas e principados que nunca se viram nem jamais foram reconhecidos como verdadeiros. Vai tanta diferença entre o como se vive e o modo por que se deveria viver, que quem se preocupar com o que se deveria fazer em vez do que se faz, aprende antes a ruína própria, do que o modo de se preservar; e um homem que quiser fazer profissão de bondade, é natural que se arruíne entre tantos que são maus.

Assim, é necessário a um príncipe, para se manter, que aprenda a poder ser mau e que se valha ou deixe de valer-se disso, segundo a necessidade.

Deixando de parte, pois, as coisas ignoradas relativamente aos príncipes e falando a respeito das que são reais, digo que todos os homens, máxime os príncipes, por estarem mais no alto, se fazem notar através das qualidades que lhes acarretam reprovação ou louvor. Isto é, alguns são tidos como liberais, outros como miseráveis (usando o termo toscano *mísero*, porque *avaro*, em nossa língua, é ainda aquele que deseja possuir pela rapinagem, e *miseri* chamamos aos que se abstêm muito de usar o que possuem); alguns são tidos como pródigos, outros como rapaces; alguns são cruéis e outros piedosos; perjuros ou leais; efeminados e pusilânimes ou truculentos e animosos; humanitários ou soberbos; lascivos ou castos; estúpidos ou astutos; enérgicos ou indecisos; graves ou levianos; religiosos ou incrédulos, e assim por diante. E eu sei que cada qual reconhecerá que seria muito de louvar que um príncipe possuísse, entre todas as qualidades referidas, as que são tidas como boas; mas a condição humana é tal, que não consente a posse completa de todas elas, nem ao menos a sua prática consistente; é necessário que o príncipe seja tão prudente que saiba evitar os defeitos que lhe arrebatariam o governo e praticar as qualidades próprias para lhe assegurar a posse deste, se lhe é possível; mas, não podendo, com menor preocupação, pode-se deixar que as coisas sigam seu curso natural. E ainda não lhe importe incorrer na fama de ter certos defeitos, defeitos estes sem os quais dificilmente poderia salvar o governo, pois que, se se considerar bem tudo, encontrar-se-ão coisas que parecem virtudes e que, se fossem praticadas, lhe acarretariam a ruína e outras que poderão parecer vícios e que, sendo seguidas, trazem a segurança e o bem-estar do governante [...] Nada faz estimar tanto um príncipe como os grandes empreendimentos e o dar de si raros exemplos. Temos, nos nossos tempos, Fernando de Aragão, atualmente rei de Espanha. A este príncipe pode-se chamar quase que de novo, porque de um rei fraco se tornou, pela fama e pela glória, o primeiro rei cristão; e se considerardes as suas ações, vereis que são todas altíssimas, havendo algumas extraordinárias. No começo de seu reinado, assaltou Granada e esse empreendimento constituiu a base de seu Estado. Primeiro, agiu despreocupadamente e com a certeza de que não seria impedido: os barões de Castela, com a atenção presa na guerra referida, não cogitavam de fazer inovações. Fernando conquistava, então, naquele meio, reputação e autoridade sobre eles, que disso não se apercebiam. Com dinheiro da Igreja e do povo pôde manter exércitos e, por uma longa guerra, assentar as bases do seu próprio renome como militar. Além disso, para poder lançar-se em maiores empresas, servindo-se sempre da religião, dedicou-se a uma piedosa crueldade expulsando e livrando seu reino dos "marranos", exemplo que não pode ser mais miserável nem mais estranho. Sob essa mesma capa de religião, assaltou a África; levou a efeito a expedição da Itália; mais tarde, assaltou a França, e assim sempre fez e urdiu grandes coisas, que mantiveram sempre em suspenso e cheios de admiração os ânimos de seus súditos, empolgados pela espera do sucesso final desses feitos. E nasceram estas suas ações de tal modo que, entre uma e outra, nunca deu tempo aos homens de poder agir contra ele.

Maquiavel, N. *O príncipe*. Rio de Janeiro: Ediouro, 1980. p.90-1 e 121.

BIBLIOGRAFIA

ALLMAND, C. *La Guerra de los Cien Años*. Barcelona: Crítica, 1989.
BAQUERO MORENO, H. *Exilados, marginais e contestatários na sociedade portuguesa medieval*. Lisboa: Presença, 1989.
BAYARD, J. P. *Sacres et couronnements royaux*. Paris: s. n., 1984.
BLOCH, M. *Os reis taumaturgos*. São Paulo: Cia. das Letras, 1993.
BURKE, P. *A fabricação do rei*. Rio de Janeiro: Zahar, 1994.
CAMPBELL, J. *O poder do mito*. São Paulo: Palas Athenas, 1990.

CIPOLLA, C. M. *Historia económica de Europa*. Barcelona: Ariel, 1979.
CONTAMINE, P. *La Guerre de Cent Ans*. Paris: PUF, 1972.
CHARTIER, R. *A história cultural entre práticas e representações*. Rio de Janeiro: Difel, 1990.
CHAUNU, P. *Expansão europeia do século XIII ao XV*. São Paulo: Pioneira, 1978.
ELIAS, N. *O processo civilizador*. Rio de Janeiro: Zahar, 1990. v.II.
FEDOU, R. *L'État au Moyen Âge*. Paris: PUF, 1971.
FOSSIER, R. *Histoire sociale de l'Occident médieval*. Paris: Colin, 1970.
FOURQUIN, G. *Los levantamientos populares en la Edad Media*. Madrid: Edaf, 1976.
_____. *História económica do Ocidente medieval*. Lisboa: Edições 70, 1988.
GARCÍA PELAYO, M. *Los mitos políticos*. Madrid: Alianza, 1981.
GENET, J. P., VINCENT, B. *État et Église dans la Génèse de l'État Moderne*. Madrid: Casa de Velázquez. 1986. (Atas do Colóquio organizado pelo CNRS – 1984).
GUENÉE, B. *O Ocidente nos séculos XIV e XV*: Os Estados. São Paulo: Pioneira, 1981.
HEERS, J. *O Ocidente nos séculos XIV e XV*: Aspectos econômicos e sociais. São Paulo: Pioneira, 1981.
_____. *Los partidos políticos y la vida política en el Occidente Medieval*. Buenos Aires: Tekné, 1977.
HILTON, R. *Conflictos de clases y crisis del feudalismo*. Barcelona: Crítica, 1988.
HUIZINGA, J. *O declínio da Idade Média*. São Paulo: Verbo/Edusp, 1978.
KANTOROWICZ, E. H. *Los dos cuerpos del rey*. Un estudio de teología política medieval. Madrid: Alianza, 1985.
LE GOFF, J. (Org.) *Herejías y sociedades en la Europa preindustrial (XI-XVIII)*. Madrid: Siglo XXI, 1987.
_____. *São Luís*. São Paulo: Record, 1999.
MIETHKE, J. *Las ideas políticas de la Edad Media*. Buenos Aires: Biblos, 1993.
MOLLAT, M. *Los exploradores del siglo XIII al XIV*. Primeras miradas sobre nuevos mundos. México: Fondo de Cultura Económica, 1990.
MOLLAT, M., WOLFF, P. *Uñas azules, Jacques y Ciompi*. Las revoluciones populares en Europa en los siglos XIV y XV. Madrid: Siglo XXI, 1989.
NIETO SORIA, J. M. *Fundamentos ideológicos del poder real en Castilla: XIII-XIV*. Madrid: Eudema, 1988.
_____. *Ceremonias de la realeza*. Madrid. Nerea, 1993.
ROMERO, J. L. *Crisis y orden en el mundo feudoburgués*. Madrid: Siglo XXI, 1980.

RUCQUOI, A. (Org.) *Génesis medieval del Estado Moderno (1250-1370)*. Valladolid: Ámbito, 1987.

_____. (Org.) *Realidad e imágenes del poder*. España a fines de la Edad Media. Valladolid: Ámbito, 1988.

SEIBT, F. EBERHARD, W. (Ed.) *Europa 1400. La crisis de la Baja Edad Media*. Barcelona: Crítica, 1993.

SPUFFORD, P. *Dinero y moneda en la Europa medieval*. Barcelona: Crítica, 1991.

STRAYER, J. R. *As origens medievais do Estado Moderno*. Lisboa: Gradiva, s. d.

ULLMANN, W. *Principios de Gobierno y Política en la Edad Media*. Madrid: Rev. Occidente, 1971.

_____. *Historia del pensamiento político en la Edad Media*. Barcelona: Ariel, 1992.

VIGUEUR, J. C., PIETRI, C. (Org.) *Culture et idéologie dans la Génèse de l'État Moderne*. Roma: École Française de Rome, 1985. (Atas da Mesa Redonda organizada pelo CNRS – 1984).

WILENTZ, S. *Rites of Power. Simbolism, Ritual and Politics since the Middle Ages*. Philadelphia: s. n., 1985.

WOLFF, P. *Outono da Idade Média ou primavera dos novos tempos?* Lisboa: Edições 70, 1988.

GLOSSÁRIO DE AUTORES, PROTAGONISTAS E OBRAS

ABELARDO (1079-1142). Originário da pequena nobreza bretã. Formou-se em Paris com Guilherme de Champeaux e em Laon, onde estudou Teologia com Santo Anselmo. Rapidamente supera e eclipsa os seus mestres em saber e prestígio, criando sua própria escola em Corbeil, Melun e Paris (Sainte-Geneviève). Suas relações amorosas com Heloísa estão unidas à maior tragédia de sua vida. Por instigação de Fulbert, tio e tutor daquela, foi mutilado e obrigado a se refugiar no claustro de Sãos Denis (1118) como Heloísa em Argenteuil. A maledicência, a inveja dos seus inimigos e as ciladas dos monges perseguiram-no continuamente. Somente outra paixão, a intelectual, pôde curar Abelardo, que retomou o ensino e as tarefas de filósofo. É considerado "o primeiro intelectual do Medievo", encontrando também, nesse campo, a violenta inimizade de Guilherme de Saint-Thierry e de São Bernardo, por cuja intervenção são condenados os seus escritos no Concílio de Sens (1140), após o qual foi acolhido em Cluny por Pedro, o Venerável. A inquietude intelectual e as experiências, frequentemente dramáticas, de sua vida são conhecidas pela sua autobiografia, *Historia calamitatum mearum* [*História das minhas infelicidades*]. Autor, entre outras obras, de uma *Introdução à Teologia* (chamada assim pela vez primeira), de *Dialética*, de *Sic et non* (um verdadeiro Discurso do Método, na qual toma partido pelo nominalismo na querela dos universais), e do inacabado *Diálogo entre um filósofo, um judeu e um cristão*. Pedro Abelardo é sobretudo um lógico que pensa na necessidade de aplicar o método dialético ao estudo da Teologia.

Sua atitude "racionalista e crítica dos textos, incluídos os religiosos, inaugura uma nova etapa" (Verger) para a filosofia cristã medieval. Defensor da lógica, embora profundamente cristão, maltratado na sua vida, ganhou um posto merecido na posteridade.
Doc. 163, 164.

ABBON DE FLEURY (940/945-1004). Célebre monge, poeta e historiador francês, nascido na região de Orléans. Entra como oblato na abadia de Fleury. Realiza estudos em Paris e Reims. Dirige a escola da abadia de Ransay (905-987) na Inglaterra, retornando a Fleury como abade em 988. Assume papel importante na difusão da reforma monástica. Participa do movimento cluniacense e defende a liberdade das abadias do controle episcopal e secular. A afirmação constante da primazia romana o introduz nos conflitos políticos de seu tempo, lá onde a Igreja estiver implicada, fazendo-se o defensor das prerrogativas papais contra Hugo Capeto, Roberto, o Piedoso, e os bispos francos, embora apoiasse o poder capetíngio em defesa da monarquia. Considerado sábio e erudito, deixou uma obra considerável e variada: tratados, hagiografia, gramática, poesia, direito canônico. Foi um dos primeiros, junto a Gerberto de Aurillac, que conheceram Boécio. No seu *Apologeticus* defende a liberdade monástica dos bispos e denuncia os vícios dos clérigos. Dedica uma *Collectio canonum* aos reis Hugo e Roberto. Muitas das suas obras estão compiladas em *Acta Sanctorum ordinis S. Benedicti*.
Doc. 196.

ABU-ABDALLAH – Bem ou Ibn-Batuta (1304-1377?). Nasceu em Tânger. Seu nome está unido ao dos grandes viajantes. Seus périplos conduzem-no do Norte da África até a China, fazendo-o percorrer a maior parte do mundo muçulmano. O relato das suas viagens foi recolhido por um letrado – Ibn Djubayr – que, ao seu ditado, reconstruiu todo o resultado das suas observações e aventuras. O livro constitui um exemplo representativo da literatura de observação, descrevendo minuciosamente as tradições e os costumes dos povos que encontra nos diferentes países e regiões. Oferece dados precisos sobre a situação do império muçulmano no advento das dinastias turca e mongol, apesar de o escrivão intercalar algumas passagens extraordinárias – frequentemente plagiadas – segundo o gosto da época. Seu livro de viagens é um dos mais difundidos no Oriente e no Ocidente.
Doc. 41.

ADALBÉRON DE LAON (977-1030). Bispo e homem de confiança de Hugo Capeto. É o tipo ideal de prelado político da tradição carolíngia, guia da sociedade leiga e conselheiro real. No poema a Roberto, o Piedoso, descreve a sociedade tripartida, segundo uma hierarquia que durante o século XI acabará por se impor. Segundo esse esquema, o gênero humano se encontra desde a sua criação dividido em três ordens: a dos que oram, a dos que combatem e a dos que trabalham. Para ele, a legitimidade dessa repartição da sociedade fundamenta-se no fato de ela corresponder harmoniosamente à ordem que rege a sociedade celeste. Adalbéron dirige-se ao rei Roberto como a um igual, já que por meio de um rito e uma sagração semelhantes o bispo e o soberano receberam de Deus a sabedoria que lhes permite penetrar o véu das aparências. Ao realizar a defesa da monarquia, não poupa críticas a Cluny.

Doc. 71 e 72.

ADELARDO DE BATH (1090-1150). Monge, matemático e cientista inglês. Traduziu para o latim algumas das obras dos matemáticos islâmicos Al-Khwarismi e Abu Machar. Acredita-se que tenha sido o introdutor no mundo ocidental do conhecimento do astrolábio, um instrumento científico (herdado dos gregos através dos árabes) para informar a hora mediante a observação do sol, e para encontrar latitudes e calcular altitudes. Sua tradução de uma versão árabe de Euclides tornou-se um compêndio clássico de geometria no mundo ocidental.

Doc. 161.

AFONSO VI (1072-1109). Rei de Leão e Castela. O reinado desse monarca marca uma virada na Reconquista da península Ibérica e o começo da hegemonia dos reinos cristãos sobre Al-Andalus, representada pela conquista de Toledo, antiga capital dos godos. Reúne na sua pessoa a herança de Fernando I (Leão e Castela), após a morte trágica do seu irmão Sancho II de Castela, episódio recolhido no "Poema de Mío Cid", no qual o herói castelhano obriga o rei a prestar juramento de não ter participado da morte do seu irmão. A união dos dois reinos e a conquista de Toledo contribuem para dar uma certa estabilidade e força aos cristãos, manifestada igualmente pela política intervencionista de Afonso junto aos reinos Taifas (resultado da desagregação do Califado de Córdova) e a retomada do sistema de párias (compra da paz por parte dos pequenos reinos muçulmanos). Embora sofra alguns reveses como consequência de novas invasões africanas, almôadas e almorávidas, a recuperação econômica é evidente, o que permite a Afonso VI voltar-se para o norte da Cristandade, buscando sobretudo povoadores. Sob o reinado de Afonso os monges de Cluny se instalam na península Ibérica, recebendo generosas doações

de terras e privilégios, ocupando sedes importantes e exercendo uma política preponderante na corte. O matrimônio do rei com Constanza de Borgonha pela mediação de Hugo de Cluny e o casamento posterior das suas filhas (Urraca e Teresa) com dois borgonheses, Raimundo e Henrique de Borgonha, introduzem esta dinastia nos tronos de Castela e Portugal. Em Toledo, nó de relações entre cristãos, mouros e judeus, outro borgonhês, Raimundo de Salvetat, protegido de Afonso VI, dará impulso à conhecida Escola de Tradutores de Toledo, tornando-se um dos mais importantes centros culturais do Ocidente.
Doc. 159, 160.

AFONSO VII (1126-1157). Neto de Afonso VI e filho de Raimundo de Borgonha e Urraca de Castela. Durante a sua menoridade teve que enfrentar as pretensões do rei de Aragão e Navarra, Afonso I, o Batalhador, segundo esposo de Urraca. Ao mesmo tempo, Afonso Henriques de Portugal aproveitou as desavenças para converter em reino independente seus territórios. Afonso VII, tratando de reforçar a sua superioridade, passou a utilizar o título de imperador de todas as Espanhas.
Doc. 159.

AFONSO X, O SÁBIO (1221-1284). Rei de Castela e Leão. Iniciou-se nas tarefas de governo à sombra do grande prestígio do pai, Fernando III, ao qual representa em negociações e campanhas guerreiras num momento de afirmação do reino de Castela, recolhendo os frutos das Navas de Tolosa (1212), vitória que marcou o trunfo definitivo dos cristãos sobre os muçulmanos. Após sua coroação enfrentou problemas de repovoamento e assimilação das terras incorporadas à Coroa. Se teve alguns êxitos iniciais, o saldo político do seu reinado esteve marcado por grandes fracassos, tanto na política exterior, pela pretensão ao Império como filho de Beatriz de Suávia, como na interior, pelas tensões internas da nobreza, agravadas pela própria sucessão, que leva a uma autêntica guerra civil entre os partidários do seu segundo filho Sancho (IV) e os infantes de la Cerda, herdeiros do seu primogênito. Sua contribuição no campo da cultura imortaliza e consagra sua figura como rei sábio. Protetor e mecenas de sábios e eruditos, rodeou-se em Toledo de colaboradores árabes, cristãos e judeus, impulsionando um verdadeiro labor de equipe – Escola de Tradutores de Toledo – que permite considerá-lo autor de numerosas obras, direta ou indiretamente, produzidas sob a sua orientação. Entre elas, encontra-se uma formidável obra de caráter jurídico, centrada em três obras fundamentais: *El Espéculo*, *El Fuero Juzgo* e *Las Siete Partidas*; esta última o texto legal mais importante. Inspira-se em

fontes da cultura clássica, no direito e jurisprudência romanos, no direito canônico e feudal, em fontes literárias e na tradição popular, convertendo-se assim numa enciclopédia onde se regulam todos os aspectos da vida nacional nas suas vertentes civil e eclesiásticas. Não se limitou, porém, à compilação de textos jurídicos, mas impulsionou uma política cultural centralizadora e unificadora que se completa pela sua produção histórica. A *General História* e a *Primera Crónica General de España*, em que o protagonismo principal corresponde ao povo – Espanha – sendo inovadora neste sentido. Todas essas obras foram escritas em castelhano, com a clara intenção de atingir o maior número de pessoas. Entre as obras de caráter científico ou recreativo, encontram-se *Las Tablas Alfonsinas, El Lapidario, Os Livros do Xadrez, Dados e Tablas*; destacando-se ainda *Cantigas de Santa Maria*, na qual se apresentam mais de 400 poemas, muitos deles acompanhados de partitura musical, além das miniaturas que enriquecem a obra e constituem um documento iconográfico de valor inestimável. Impulsionou as traduções do hebráico e do árabe para o castelhano e o latim: o *Talmud*, a *Cabala*, o *Corão*, o *Romance dos sete sábios, Kalila e Dimna* etc. As empresas culturais de Afonso foram essenciais para a transmissão do saber a todo o Ocidente medieval. Esse rei castelhano foi verdadeiramente um sábio.
Doc. 76, 77, 80, 166, 169, 172 , 194, 195.

ALCUÍNO (730-804). Monge de origem anglo-saxônica (York). Foi conselheiro intelectual de Carlos Magno e, como tal, um dos promotores do renascimento carolíngio, inspirando e conduzindo a reforma da Escola Palatina. Abade de Saint-Martin de Tours, fez de sua abadia um dos mais ativos focos culturais do Ocidente. No *Scriptorium* da sua abadia a letra carolíngia se desenvolve e se aplica na cópia de textos de autores pagãos e cristãos da Antiguidade, residindo nessa empresa de transmissão um dos seus méritos principais. Sua correspondência com Carlos Magno – mais de 400 cartas dirigidas ao imperador e a todos os grandes que ele frequenta – configura-se o mais valioso da sua obra como escritor. Nessas cartas ele expressa suas ideias, transmitindo a Carlos Magno notícias sobre reino e respondendo a consultas específicas do imperador. Elas são o testemunho da época e do pensamento do imperador. Os historiadores são unânimes em perceber sua presença na redação das capitulares. Embora não seja considerado grande escritor, a preocupação com a restauração da herança clássica latina converteu Alcuíno no preceptor que lançou a semente da "renascença do século IX".
Doc. 51, 155, 156.

ALEXANDRE V (1409-1410). Foi eleito papa no Concílio de Pisa (1409) que procurava pôr fim ao Cisma do Ocidente, depondo os papas de Roma (Gregório XII) e de Avinhão (Bento XIII). Na prática, não se chegou a uma solução definitiva, pois nenhum dos pontífices depostos aceitou a decisão do Concílio, resultando a maior confusão na Cristandade que se viu dividida não entre dois, mas entre três obediências. Com o apoio do Imperador Segismundo, João XXIII o sucedeu como o "novo papa de Pisa" e convocou o Concílio de Constança (1414), esperando que esse concílio confirmasse a sua legitimidade. Nele, porém, contrariando a norma tradicional do voto individual dos eleitores, implantou-se um novo sistema de voto por "nações", as quais deliberavam por separado e emitiam voto único, rompendo com a história conciliar e dos conclaves. A fuga de João XXIII, temendo consequências diante do novo encaminhamento dado, levou ao trunfo das "doutrinas conciliaristas", plasmadas no decreto *Sacrosancta*. O Concílio de Constança terminou levantando um processo e destituindo João XXIII e Bento XIII; após a abdicação de Gregório XII, o Concílio elege Martinho V (1417), pondo fim ao Cisma do Ocidente.
Doc. 123.

AMIANO MARCELINO (330-391). Escritor romano, testemunha dos acontecimentos que narra. Transmite a impressão trágica que os bárbaros causam em um romano letrado, como ele, que acompanha o declínio da sua civilização, a romana, considerada única e superior. Para ele, os bárbaros são incultos, selvagens e de um primitivismo ameaçador. Porém, atribui à corrupção dos costumes uma parte da responsabilidade sobre a situação presente.
Doc. 4, 5.

ANASTÁCIO BIBLIOTECÁRIO (s. IX). Aparece como autor da história de *Vitis Romanorum Pontificum*, recolhida por Migne na *Patrologiae Corpus Completus. Series Latina*. Na sua narrativa o autor conta que Carlos Magno, tendo ido celebrar a Páscoa de 774 em Roma, a pedido do papa Adriano I (772-795), mandou redigir uma nova promessa: a doação de territórios à Santa Sé, confirmando a que fora atribuída a Pepino. A partir de então, o papado ficava com a soberania potencial de três quartas partes da Itália, indicando os lugares: Luma ou Luni ao sudeste de La Spezia, Suniarum ou Sarzana, Vercetum ou Berceto, Parma, Regium, Mântua, Mons Silicum ou Monselice, o Exarcado de Ravena, antes das conquistas de Liutprando, Ístria e os ducados de Spoleto e Benevento.
Doc. 49.

AVERRÓIS – Abu al-Walid Ibn Rushd (1126-1198). Filósofo árabe nascido em Córdova. Foi o maior pensador do Ocidente muçulmano. De conhecimentos muito vastos e heterogêneos, tratou tanto das ciências corânicas quanto das ciências positivas. Pertenceu a uma importante família de Al-Andalus. Seu pai era *Qadi* em Córdova. Esteve a serviço dos almôadas exercendo a função de médico de Abu Yusuf (1182) e outros cargos administrativos na corte cordovesa. Perseguido no fim de sua vida por suas ideias filosóficas, que se chocam com o rigorismo religioso almôada, morreu em Marrocos e foi enterrado em sua cidade natal. Sua obra é considerável. Por volta de 1169, escreveu um tratado de medicina, *Kulliyat (Livro das generalidades)*, mas sua celebridade surge a partir dos numerosos comentários às obras de Aristóteles – o *Organun*, a *Phisica* e *Metafisica, Republica* – dos quais se conservam algumas traduções latinas e hebraicas. Autor de numerosos tratados teológico-filosóficos, para ele importa restaurar o que considera a verdadeira filosofia – a de Aristóteles – tornando os comentários do fisósofo grego mais acessíveis e luminosos. Não se restringe a traduzir o grande filósofo, mas por meio de seus comentários cria um verdadeiro sistema filosófico. Isso explica seu grande sucesso entre os escolásticos latinos do século XIII, sendo as suas obras utilizadas nas universidades da Europa. A grande ênfase dada por Averróis à obra aristotélica e a sua oposição à influência da religião sobre a filosofia levaram à desconfiança por parte dos ortodoxos (árabes, judeus e cristãos), que condenaram os "averroístas" em 1270, em Paris. Averróis exerceu influência decisiva no pensamento medieval cristão e judaico. Esse filósofo hispano-árabe do século XII é, sem dúvida, um dos mais ilustres símbolos intelectuais da cooperação e do entendimento entre os países do Mediterrâneo.
Doc. 44.

AVICENA – Abu Ali al-Husayn Ibn Sinâ (980-1037). Ilustre filósofo e médico de origem persa, nascido perto de Bukhara, onde seu pai era funcionário dos samânidas, possibilitando-lhe uma educação aprimorada. Aluno extraordinariamente dotado, rapidamente supera seus mestres em Matemáticas, Física, Metafísica, Lógica e Teologia. Autodidata em ciências naturais. Foi protegido pelos príncipes samânidas que lhe permitem livre acesso à biblioteca do palácio. Com 22 anos de idade começa uma vida itinerante. Ensina para viver, exerce a medicina durante o dia e estuda e escreve à noite ou durante seus longos deslocamentos a cavalo. A medicina, a filosofia, a astronomia e as artes foram temas tratados por esse pensador excepcional. As obras de medicina mais conhecidas são *Kitab al shifa* (*Livro da geriatria*),

Qanun fil-tibb (*Cânon da medicina*), nas quais reúne todo o saber da medicina da época, além das suas próprias observações. Em filosofia, sua obra principal é o *Kitab al-Insaf* (*Livro da arbitragem justa*). Avicena foi um dos sábios mais conhecidos e respeitados na Idade Média, tanto no Oriente quanto no Ocidente. Foi um dos maiores nomes da ciência e da filosofia islâmicas. Sua influência se fez sentir em todo o Islã, penetrando na Europa através da Espanha muçulmana, Al-Andalus, onde perdurou durante séculos.
Doc. 43.

BAHAEDDIN IBN-CHADDAD (1145-1234). Secretário e cronista de Saladino. Foi, até a morte do sultão, seu confidente e conselheiro. Sua biografia de Saladino foi recentemente reproduzida em original e traduzida para o francês em Beirute e Paris (Mediterranée, 1981). Nessa obra, Bahaeddin apresenta uma imagem comovente e humana de Saladino: sensível e acolhedor, generoso e hospitaleiro para com os vencidos, fiel aos compromissos assumidos, até provocar críticas entre os próprios muçulmanos, perante a sua magnanimidade, que consideravam excessiva, já que restringia os lucros das suas vitórias.
Doc. 69.

BACON, Rogério (1210-1292). Sábio e erudito inglês formado em Oxford. Após uma passagem por Paris, onde se desencanta com os enfadonhos jogos da dialética, volta para Oxford. Lá, foi discípulo de Grosseteste, bispo de Lincoln. Entrou na ordem dos frades menores, despertando o receio dos seus superiores. Volta a Paris e, sob a proteção do papa Clemente IV, escreve sua obra mais importante, *Opus majus*, na qual estuda as causas da ignorância humana, a relação entre as ciências profanas com a teologia, a filosofia moral, a utilidade da gramática e da matemática, a natureza da perspectiva e da "ciência experimental", expressão usada por ele pela primeira vez. Na compreensão e no domínio prático das ciências naturais, química e física, esteve muito à frente do seu tempo. Recebeu o nome de "doutor admirabilis" pelo seu vasto saber e capacidade de invenção, mas também despertou suspeitas. No *Compendium Studii Philosophiae* apresenta uma síntese do saber do século XIII e critica o sistema educacional de sua época. Muitas das suas concepções astrológicas foram condenadas em 1277, chegando a ser preso pela sua obra *Speculum astronomiae*. Foi um espírito original na busca da síntese entre as opiniões gerais da tradição. Para ele, a teologia comandava todas as ciências e as tendências científicas modernas.
Doc. 174.

BALDUCCI PEGOLOTTI, Francesco (S. XIV). Mercador florentino, membro da Companhia dos Bardi de Florença e autor de *La pratica della mercatura*, que dá notícia das atividades mercantis da sua época. A partir do século XIV, o "caminho das feiras" fora abandonado. O transporte marítimo revelou-se mais rápido, mais econômico e lucrativo ao deslocar maiores cargas, além de oferecer maior segurança, em razão da Guerra dos Cem Anos. Balducci oferece também notícias sobre a fixação dos mercadores, a aparição de novas formas de transação comercial, as companhias e os seguros marítimos, além do desenvolvimento da construção naval.
Doc. 136, 138.

BEAUMANOIR, Filipe (?-1296). Poeta e jurista originário de uma família de Remi. Em 1256, aparece com o título de cavaleiro e senhor de Beaumanoir, atuando como árbitro em assuntos da condessa de Artois. Como bailio, preside numerosas assembleias em Beauvaisis, Senlis, Touraine, Clermont e outras. Para ele, o bailio, como o pretor romano, tinha o dever de aperfeiçoar o direito na sua jurisdição, reformando os costumes e criando jurisprudência. Deixou uma obra considerável, além das atas oficiais da sua administração. Em sua obra poética, recolhe as tradições do seu país natal, as lendas relacionadas às origens da casa de Dammartin e de Croy, bem como verdadeiras epopeias do conde de Clermont. Em *Costumes de Beauvaisis* (1280-1283), obra-prima da literatura jurídica medieval, expõe não somente o direito de Beauvaisis, mas os princípios fundamentais do direito privado do seu tempo. Apesar do título, trata-se de um livro de costumes consuetudinários em geral, porque nele se faz direito comparado; partindo de Beauvaisis, abrange toda a França. Jurista instruído e muito lúcido, serve-se do direito romano e canônico que conhece perfeitamente, porém com liberdade e inteligência. Entre as suas fontes estão: o *Digesta*, as tradições orais de Beauvaisis, os Estatutos de São Luís, as Ordenanças de Luís IX e de Filipe III.
Doc. 198.

BEDA, O VENERÁVEL (672/675-735). Monge anglo-saxão nascido em Northumbrie no momento em que o abade Benoît introduz o monaquismo beneditino, despertando na Inglaterra o interesse pelo legado cultural da Antiguidade trazido pelos monges. Recebe a sua formação na abadia de Wearmonth e Jarrow, onde se consagra exclusivamente ao seu triplo prazer: ensinar, aprender e escrever. Exerce influência decisiva na formação da Igreja northumbria, de onde saíram os principais atores da renascença carolíngia, como Alcuíno. À diferença

de Isidoro de Sevilha, do qual é tributário, não se limita somente à transmissão dos conhecimentos da Antiguidade, mas os seleciona e reelabora para favorecer uma melhor compreensão da mensagem evangélica. Foi o primeiro escritor verdadeiramente medieval; um mestre. A fama dos seus conhecimentos profanos e religiosos e os seus ensinamentos tiveram uma irradiação considerável em todo o Ocidente cristão. Esse saber enciclopédico valeu-lhe o nome de "Venerável", conferido pela Idade Média, que via nele um Padre da Igreja. Entre suas obras encontram-se: *De ratione temporum*, na qual, trata de estabelecer em bases científicas a medida do tempo; *De natura rerum*, na qual, partindo de Isidoro, faz uma exposição dos elementos fundamentais das ciências da Natureza. Sua obra de maior transcendência e prezada pelo historiador é *Historia Ecclesiastica Gentis Anglorum*, que pode ser considerada o primeiro esboço de história nacional feito por um povo romanizado. Essa obra foi traduzida para o inglês no século IX, sob o reinado de Alfredo. Em Beda, a preocupação religiosa é essencial, porém, nas suas obras históricas, manifesta uma real preocupação para com o método, destacando as diversas fontes que utiliza (anais, monásticas, arquivos) citando-as longamente para compor um escrito unitário e ordenado cronologicamente. Autor atento às realidades linguísticas do seu meio, dota a língua falada de um *status* cultural com o que passa a ser considerado o criador da literatura inglesa.
Doc. 6, 12.

BERNAT DESCLOT (s. XIV). Provável pseudônimo de Pedro Desclot ou Escrivá. Cronista e secretário real, cujo ponto de vista identifica-se com o dos grupos dirigentes. O fragmento aqui reproduzido pertence ao *Llibre del rei En Pere*, Crônica de Pedro III, o Grande, de Aragão (1276-1285), que integra o conjunto conhecido como *As quatro grandes crônicas*, mandadas compor por Pedro IV, o Cerimonioso.
Doc. 192.

BONIFÁCIO VIII (1294-1303) Papa. Benedito Gaetani, originário de Agnani, sobrinho de Alexandre IV e, pela mãe, da família dos Conti. Seguiu estudos na Universidade de Paris e foi considerado um dos melhores especialistas em direito canônico de seu tempo. Seus conhecimentos se apresentam no *Liber Sextus*. Viveu sempre na corte pontifícia onde participou de várias atividades jurídicas, políticas e econômicas. Foi notário apostólico, cônego em Lyon, cardeal em 1281 antes de ser bispo, legado pontifício na França e, finalmente, papa em 1291, sob o nome de Bonifácio VIII. Sucedeu Celestino V (piedoso eremita que

abdica do papado) e se fez coroar com grande pompa na basílica de São Pedro – pela primeira vez – como símbolo do seu conceito absoluto de poder. Entrou em conflito com os reis da França (Filipe, o Belo) e da Inglaterra (Eduardo I) por causa dos tributos do clero, interditando os príncipes de perceber as taxas desses tributos pela bula *Clericos laicos*. Nenhum dos reis se submeteu e ambos tomaram medidas que impediram a transferência dos fundos coletados pelos agentes pontifícios para a Sé apostólica. Em Roma e na Itália de um modo geral, tornou-se cada vez mais poderoso, derrotando seus rivais, a família Colonna, em 1298, e proclamando com pleno êxito o jubileu do primeiro "Ano Santo" em 1300. As relações com o monarca francês Filipe IV, o Belo, tornaram-se cada vez mais tempestuosas, sobretudo depois da prisão do bispo nomeado por Bonifácio para a Sé de Pamiers em 1301. Um excesso de confiança – êxito do jubileu e dos peregrinos em Roma – levou o papa a promulgar a bula *Unam Sanctam*, a mais completa das definições da teocracia pontifícia, quer nas questões espirituais quer nas temporais. Isso em 1302, resultando uma das maiores ironias da história medieval ao ser divulgada no momento em que as monarquias estavam construindo fortes sistemas centralizados que envolviam um rigoroso controle da temporalidade e de suas respectivas Igrejas. A reação francesa à divulgação da *Unam Sanctam* foi rápida e brutal: o papa foi capturado, maltratado em Agnani, vindo a falecer em 1303 em consequência do tratamento impiedoso que recebeu e da humilhação sofrida.
Doc. 119, 120.

BURCARDO DE WORMS (965?-1025). De origem aristocrática, foi educado em Saint-Florin de Coblença, sendo ordenado em 997 e tornado prior da colegiata de Saint-Victor. Otão III o chamou para formar parte da sua Capela palatina e o nomeou bispo de Worms no ano 1000. Considerado como reformador eclesiástico, na obra *Decretum* (1012) recolhe excertos do direito canônico – 1.785 artigos – divididos em vinte livros ordenados sistematicamente por assuntos: hierarquia eclesiástica, disciplina, sacramentos e penitência, o que representou um grande avanço em relação às coletâneas anteriores de direito canônico, as quais adotavam a abordagem cronológica. Sua obra sobre jurisdição eclesiástica foi considerada uma autoridade na matéria em todo o Ocidente, durante quase um século, e só começou a ser lentamente substituída pelo ressurgimento do direito romano, e os escritos de homens como Ivo de Chartres e, finalmente, Graciano.
Doc. 128.

BUONACCORSO PITTI (s. XIV). Membro de uma ilustre família florentina, foi comerciante e transitou pelas cortes da França, da Inglaterra e dos Países Baixos. Exerceu atividades diversas: mercador, prestamista, missões diplomáticas, como exemplo da projeção internacional dos grandes financistas italianos do século XIV. Contemporâneo dos eventos que descreveu no seu *Diário*, oferece, nos seus relatos, aspectos da vida quotidiana dos mercadores e dos conflitos sociais das cidades italianas e flamengas.
Doc. 139, 189, 190.

CALIXTO II (1119-1124). Foi o papa da "Concordata de Worms", acordo firmado com o imperador Henrique V, que tecnicamente pôs fim à questão das Investiduras. A concordata implicava uma carta imperial conferida a Deus e a São Pedro, pela qual cedia a escolha para os cargos espirituais à hierarquia eclesiástica, renunciando à investidura com o anel e o báculo. Em contrapartida, por meio de uma bula, o papa reconhecia ao imperador o direito de estar presente nas eleições e de investir os prelados alemães com as suas insígnias, pelo cetro, antes da consagração ao cargo espiritual, o que assegurava ao imperador o controle imperial dos tributos devidos à Coroa pelos bispos e abades que eram, também, poderosos barões feudais. Na prática, o imperador obteve uma vitória significativa ao ficar estabelecido o seu direito a investir no cargo temporal os bispos.
Doc. 112.

CARLOS MAGNO (742-814). Rei dos francos em 768 e imperador de Romanos em 800. É uma das grandes figuras tanto na lenda, elevado à condição de mito, quanto na história. O título real tinha sido outorgado ao seu pai, Pepino, em 751, sagrado rei pelos bispos francos, inaugurando a dinastia carolíngia. Carlos Magno foi associado desde a sua infância às tarefas do reino, aprendendo do pai os deveres de um rei sagrado. De posse do reino, dedica seus esforços ao engrandecimento da sua herança. A conquista territorial está claramente unida ao processo de conversão. Com ele, a *dilatatio regni* converte-se em *dilatatio christianitatis*. Submeteu os povos bárbaros circundantes mediante uma política de incentivo aos esforços missionários e de conquista militar não isenta de violência. A conversão compulsória imposta trouxe saxões e frísios para dentro do Império, derrotando os ávaros pelo leste. Pelo sul, criou a Marca Hispânica, apesar do desastre de Roncesvalles (778), que imortalizou a *Canção de Rolando*. Volta-se depois para a Itália, respondendo ao apelo do papa Adriano I, apoderando-se do reino lombardo. Essa expansão espectacular dos

francos foi confirmada pela sua coroação como imperador em 800 pelo novo papa Leão III, que vê em Carlos Magno o contrapeso eficaz do Império Bizantino no Ocidente. A administração de um Império tão vasto e complexo mostrou-se inoperável e só em parte eficaz, pois havia elementos de força centrífuga em seu seio. O precedente carolíngio serviu como modelo para muitos dos reinos cristãos que lhe sucederam no Ocidente. Carlos promulgou capitulares, dispositivos jurídicos de caráter geral destinados à aplicação em todo o Império. Apoiava-se maciçamente nos condes, que estavam investidos de poderes civis e militares no território confiado à sua guarda, e na Igreja, através dos bispos e abades. Do seu centro real, Aix-la-Chapelle, instituiu comissários – *missi dominici* – com autoridade para fiscalizar a atuação dos governos locais. A interpenetração das esferas eclesiástica e secular deu um certo sabor teocrático à realeza e ao Império. Eginhard apresenta uma descrição do imperador: presença imponente, desenvolvendo uma atividade incessante, manifestando uma curiosidade universal pela cultura, empenhado em cumprir os seus deveres de cristão, embora livre nos seus costumes, fiel às tradições do seu povo, mas dotado de uma grande capacidade de adaptação, capaz de mostrar-se magnânimo ou cruel. Em todo caso, apresenta-o como uma personalidade excepcional, assim recebido e lembrado na história. Instalado em Aix-la-Chapelle, fez do seu palácio o centro de renovação inteletual, ao qual contribuíram os sábios da Europa inteira (Alcuíno, Eginhardo, Teodulfo etc.), impulsionando o desenvolvimento de escolas episcopais e monásticas, criando a Escola Palatina, a reforma da escrita, a cópia e difusão de manuscritos, a cristalização do latim como língua de cultura, dando origem ao que os historiadores denominaram "renascença carolíngia".
Doc. 50 a 56, 155, 156.

CARLOS VI (1368-1422). Rei da França. Primogênito de Carlos V, foi sagrado na idade de doze anos. Seus tios, os duques da Borgonha, de Anjou, de Barry e de Orléans, disputaram entre si violentamente a efetiva tarefa de governar. A multiplicidade de impostos provocou numerosas revoltas sociais (Rouen, Paris, Laon, Reims, Orléans), seguidas de implacável repressão. Acrescentam-se as tentavivas de invasão por parte da Inglaterra, na segunda fase da Guerra dos Cem Anos. O Cisma da Igreja (1378) está também no centro das rivalidades e dos partidos organizados em volta dos duques rivais, no reino. A essa situação de instabilidade generalizada une-se a doença do soberano (loucura) que apenas lhe permite breves períodos de lucidez, dando origem às ambições dos dois campos rivais que defendem duas políticas. Uma, autoritária, dirigida pelo duque de Orléans, irmão do rei, que reforça o poder do Estado; outra, dirigida por Filipe de Borgonha, que defende as liberdades nobiliárias e burguesas contra o controle estatal. A ascensão de João sem Medo ao ducado de Borgonha, em 1404, precipita os acontecimentos: apoderou-se do Delfim, assassinou o duque de Orléans e desencadeou a vingança dos seus partidários, dando origem a uma verdadeira guerra civil entre os *armagnacs*, partidários do duque de Orléans, e os borguinhões, alternando-se ambas as facções no controle do rei, seguida de purgas violentas a cada mudança de partido no poder. Às derrotas de Azincourt (1415) e de Rouen (1419) pelas armas de Henrique IV da Inglaterra seguiu-se o vergonhoso Tratado de Troyes (1420), negociado pelo novo duque de Borgonha, Filipe, o Bom, e a rainha Isabel de Baviera, pelo qual Carlos VI deserda o seu filho em favor do monarca inglês casado com a filha do rei francês. Após 40 anos de reinado turbulento, Carlos VI morre em Paris deixando a monarquia francesa a uma criança de um ano, que também é rei da Inglaterra, e o reino imerso na guerra civil entre os *armagnacs* e os borguinhões. Doc. 184, 185, 191.

CARLOS VII (1403-1461). Rei da França. Sendo Delfim em 1417, embora deserdado pelo Tratado de Troyes em benefício do rei inglês Henrique V, Carlos VII toma naturalmente o título de rei após a morte do seu pai, apoiado pelos *armagnacs* contra os anglo-borguinhões, e utiliza-se das tropas da Gasconha e da Bretanha, graças à adesão do conde de Foix e do duque da Bretanha. A intervenção de Joana d'Arc e a energia de alguns dos seus capitães salvaram Carlos do perigo. A vitória de Orléans permitiu ao rei, acompanhado de Joana d'Arc, fazer uma entrada triunfal em Reims, onde foi sagrado rei em 1429, embora a guerra se prolongasse por mais vinte anos, após a morte de Joana d'Arc. A reconciliação com o duque de Borgonha, Filipe, o Bom, em 1435, abriram-lhe as portas de Paris. A última fase da guerra dos cem anos (1449-1453) permitira a conquista da Normandia (1450) e de Guyena (1453). Paralelamente, ajudado por uma equipe de homens que tinham o sentido de "Estado" (Jacques Coeur) procedeu à reorganização do reino. A instauração de um imposto permanente permitiu a regularização da armada e do exército, bem como controlar diversas tentativas de revoltas nobiliárias. Pela *Pragmática Sanção* de 1436, colocou a Igreja da França sob a dependência do rei, a caminho da centralização da monarquia. Doc. 184, 185, 202.

CARTA MAGNA (1215). A carta dos direitos senhoriais que a nobreza feudal inglesa impôs ao rei João sem Terra. É considerada o primeiro texto constitucional inglês, o que é um pouco exagerado, já que não afetava na realidade senão os nobres. Porém constituía uma limitação do poder real imposta ao monarca pelos súditos.
Doc. 209.

CLÓVIS (466-511). Rei dos francos sálios. Venceu o general romano Siágrio em 486, instalando-se em Soissons, e os alamanos e visigodos, apoderando-se, assim, de quase toda a Gália, com exceção da Provença, sob o controle de Teodorico. Seu "golpe de mestre" foi ter-se convertido ao catolicismo, surgindo assim como o campeão da ortodoxia perante os soberanos bárbaros seguidores de Ário, preparando a aliança dos seus sucessores com a Igreja.
Doc. 20, 23.

CLUNY (s. X-XI). Em 910, o duque de Aquitânia, Guilherme, o Piedoso, concedeu a vila de Cluny, no condado de Mâcon, ao abade reformador Bernon para fundar um mosteiro que restaurasse a regra beneditina na sua pureza primitiva. O movimento cluniacense nasceu da exigência de uma reforma total da Igreja. Foi o abade Odon (926-942) o verdadeiro fundador do prestígio de Cluny, obtendo do papa que a abadia fosse a sede da Ordem e vinculando-se diretamente à Santa Sé. As fundações cluniacenses proliferaram rapidamente, e seu poder e riqueza foram excepcionais. Para isso contribuíram a reforma da economia e da administração monástica implantadas e a dependência direta do papado, não do bispo nem dos senhores locais, bem como a implantação de uma estrita disciplina e o reforço da autoridade do abade. Entre os seus abades destacam-se: Odilon (994-1049), Hugo (1049-1109) e Pedro, o Venerável (1122-1156). De Cluny saíram papas reformadores como Gregório VII, Urbano II e Calixto II. Cluny foi, durante os séculos X e XI, uma das principais potências da Cristandade, admirada por uns, atacada por outros, como Adalbéron de Laon. Ao impor o modelo da Casa-Mãe e ao organizar as rotas de peregrinação a São Tiago de Compostela, semeando-a de igrejas, os monges cluniacenses propagaram a arte românica.
Doc. 61, 101.

CONCÍLIO DE CONSTANÇA (1414-1418). Décimo sexto concílio ecumênico. Foi aberto oficialmente por João XXIII, que esperava obter sua legitimidade perante os papas de Roma (Gregório XII) e de Avinhão (Bento XIII). O procedimento de votação implantado, diverso do tradicional por votação individual, acabou com as esperanças de

João XXIII, que fugiu da cidade. O sistema de votação por "nações" que deliberavam em separado até chegar a um voto único era novo na história conciliar, e mantendo certa semelhança com o que se vinha implantando nas assembleias políticas contemporâneas – Cortes, Parlamentos, Estados Gerais –, nas quais era frequente a divisão em braços ou estamentos. Esse momento crítico para a Igreja, com três papas e um concílio acéfalo, foi superado pela atitude decidida do imperador Segismundo visando acabar com o Cisma, assumindo a liderança, e pela postura de um grupo de cardeais e teólogos vinculados às universidades, que deu um passo transcendente ao adotar a doutrina eclesiológica fundamentada nas teorias conciliaristas. Pelo decreto *Sacrosancta* o Concílio declara-se representante da Igreja Católica, estando sob o poder desta todos os demais poderes, incluindo o do papa. Foi eleito Martinho V e depostos os papas anteriores. Doc. 125.

CONCORDATA DE WORMS (1122). Concordata entre o papado e o Império que pôs fim à questão das Investiduras, após meio século de violências, excomunhões e polêmicas doutrinárias. O acordo aconteceu no pontificado de Calixto II, que enviou seus legados à Alemanha para negociar com Henrique V. No acordo, garante-se a eleição canônica dos prelados na presença do imperador. Ao Metropolitano correspondia investir os bispos pela entrega do anel e do báculo, recebendo o cetro pela investidura laica. Essa solução salvava a liberdade eclesiástica, tão fundamental para a doutrina gregoriana, sendo referendada no I Concílio de Latrão. Na prática, os acordos não resultaram tão satisfatórios, os monarcas continuaram a influenciar poderosamente nas eleições, pois os integrantes dos cabidos, que eram os eleitores, tinham um marcado acento aristocrático.
Doc. 112.

CORÃO. Livro sagrado dos muçulmanos. A palavra corão deriva da raiz árabe *q r n*. que significa reunir. Assim, é o livro que contém reunida toda a revelação de Deus – Allah – ao profeta Maomé. A fixação definitiva do texto corânico foi obra de elaboração posterior, embora a tradição tenha conservado alguns nomes dos principais escribas de Maomé: Muad ben Chabel, Ubayy ben Kab, e outros. É a base do islamismo e está indissoluvelmente vinculado à vida e obra do profeta. Maomé (570 – 632) nasceu em Meca, no seio da tribo dos coreichitas. Teve uma infância difícil, como órfão, até passar depois ao serviço de uma viúva rica, Khadija, com a qual se casou. Entre os filhos, sobreviveu Fátima, da qual procedem todos os descendentes de

Maomé. Segundo conta a lenda, aos quarenta anos Maomé começou a ter visões e a receber as revelações do além, que o converteram no eleito de Deus para pregar e difundir a verdadeira religião. Passou a ter uma vida de contínua atividade entre os povos árabes e, antes de sua morte, todo o país, com exceção de cristãos e judeus, tinha se convertido à nova religião: o islã. Pelo uso combinado da perseguição e da força, o islã, que apregoava a "guerra santa", converteu-se numa religião guerreira, espalhando-se com incrível rapidez.
Doc. 35 a 40.

CRODEGANGO DE METZ (?-766). Bispo de Metz. Nasceu perto de Liège e foi educado na abadia de Saint-Trond. Foi sucessivamente secretário, chanceler e conselheiro de Carlos Martel. Após a morte deste, continuou servindo a seu filho Pepino, o Breve, que o nomeou bispo de Metz em 741, colocando-se à frente do episcopado franco como sucessor de Bonifácio. Introduziu a liturgia romana e redigiu uma regra inspirada no ideal monástico, regulamentando a vida dos cônegos e os compromissos comunitários. Essa regra tornou-se, na época, muito influente na regulamentação da vida de vários capítulos em catedrais alemãs e inglesas. Foram-lhe confiadas missões importantes nas negociações entre Pepino e o papado, as quais resultaram no reconhecimento de Pepino como rei dos francos pelo papa Estêvão III em 754, contribuindo para estabelecer o domínio franco na Itália, após a derrota dos lombardos. Sua cultura latina explica os progressos constantes dessa língua na chancelaria. Graças a ele, Metz tornou-se a primeira vila episcopal do reino, centro da reforma e renascimento cultural cuja influência lança as bases da reforma carolíngia. Sua *Regula Canonicarum* foi imposta em todo o Império em 816.
Doc. 127.

CRUZADAS (s. XI-XIII). No Concílio de Clermont-Ferrand (1095), o papa Urbano II fez um apelo público para libertar os cristãos do Oriente e Jerusalém dos muçulmanos. A ideia apresentou-se desde o começo como um movimento comunitário da Cristandade. Na sua origem, as Cruzadas foram uma empresa popular, passando, em seguida, a ser identificadas cada vez mais com a "cavalaria", grupo social seleto regido por regras sociais de fins elevados, que no momento carecia de ideal concreto, razão pela qual a oportunidade que se lhes brindava foi acolhida com entusiasmo. São, também, o resultado da expansão interna da Cristandade ocidental. Como consequência das Cruzadas, as cidades marítimas da Itália Setentrional e do sul da França experimentaram uma grande expansão econômica graças

ao comércio com o Oriente. Floresce a economia monetária e surge uma rica burguesia. O contato com árabes e bizantinos contribui para elevar o nível cultural do Ocidente. Porém, do ponto de vista religioso e político, foram um autêntico fracasso. A Primeira Cruzada (1096-1099) deu origem a um duplo movimento: o popular e o dos cavaleiros, chefiados por Godofredo de Bulhões. A Segunda (1147-1149), pelo imperador Conrado III e Luís VII da França. A Terceira (1189-1192) contou com a participação de Ricardo Coração de Leão, Filipe Augusto e o imperador Frederico I. A partir da Quarta Cruzada, desviada para Constantinopla (1203) a serviço dos interesses venezianos, as Cruzadas entraram em fase de decadência, apesar de o papado continuar a incentivá-las. Se a instituição permanece, o espírito e as motivações originais decaem e os apelos à participação passam a ter pouca ressonância a partir do século XIII.
Doc. 62 a 70.

DOAÇÃO DE CONSTANTINO (756-760). Conhece-se por esse nome um documento falso, provavelmente elaborado na chancelaria pontifical, que serviu de base para as negociações entre o papado e o rei dos francos, Pepino, com aliança favorável a ambas as partes. Em 754, o papa Estêvão II sagra Pepino e surge o "Estado Pontifício", com poder temporal que viria a desempenhar importante papel na história política e moral do Ocidente medieval. Nesse documento, o imperador Constantino renuncia a Roma, que entrega ao papa Silvestre (314-335), retirando-se para Constantinopla e outorgando-lhe o privilégio de usar o "diadema" e a "coroa", transformada em tiara no século XI e símbolo do poder papal.
Doc. 107.

DOMESDAY BOOK (s. XI). Livro de Registros de caráter fiscal que mandou realizar Guilherme I, o Conquistador, na Inglaterra, para ordenar a cobrança de impostos, mediante o conhecimento exato dos bens dos seus vassalos e dependentes. Apresenta-se aqui um exemplo da avaliação realizada no pequeno senhorio de Hecham, no condado de Essex.
Doc. 200.

DOM DINIS (1217-1320). Rei de Portugal, filho de Afonso III. Caracterizou-se esse reinado por um período de paz interna e externa, apaziguadas as guerras civis nobiliárias e a confirmação definitiva da independência de Portugal no reinado anterior. Com o clero D. Dinis assinara uma concordata em 1289 pondo fim a uma longa fase de disputas. Em 1289 fundara-se em Lisboa a primeira universidade.

O português tornou-se língua oficial do país. A corte régia era um centro de cultura, com o próprio monarca distinguindo-se pelos seus méritos de poeta. Portugal prosperava à mercê do desenvolvimento do comércio e do artesanato, sendo Lisboa o seu centro. D. Dinis desenvolveu também uma intensa atividade arquitetônica. Um dos seus maiores triunfos consistiu em conseguir que a enorme riqueza dos templários, extintos em 1312, beneficiasse a Coroa, obtendo do papado a criação de uma nova ordem: a Ordem de Cristo, que depressa se tornaria uma das melhores armas o serviço do poder real. Doc. 168.

ÉDITO DE MILÃO (313). O imperador Constantino tinha vencido Majêncio na famosa batalha de Ponte Mílvio, que decidiu a seu favor o destino de Roma e do Império. Essa vitória foi decisiva para a história pessoal e para a orientação política do vencedor no campo religioso. A partir disso, Constantino reconheceu o Deus dos cristãos e lhe rendeu adoração. Atribui-se a este momento a sua "conversão", embora ele só tenha recebido o batismo pouco antes de sua morte. O Édito de Milão seguiu esse acontecimento. Sob esse nome não se deve entender, porém, um édito concreto, dado em Milão, mas a regulamentação da política religiosa do Império como resultado das reuniões celebradas nessa cidade, pelos imperadores Constantino e Licínio. O princípio que foi acordado concedia a plena liberdade religiosa a todos os súditos, incluídos expressamente os cristãos, em vez da simples tolerância outorgada ao Cristianismo por Galério em 311. Autorizava-se-lhes seguir livremente a sua religião, adotando-se medidas com relação à Igreja que refletem a boa disposição e até a proteção especial concedida ao cristianismo.
Doc. 1.

ÉDITO DE TESSALÔNICA (380). A evolução religiosa chegou ao seu término com Teodósio, o último grande imperador que governou como único senhor toda a orbe romana. Teodósio proclamou o cristianismo católico como a religião oficial do Império. A famosa constituição *Cunctos Populus*, promulgada em Tessalônica, ordenava que todos os povos prestassem adesão à fé cristã, condenando os que desobedecessem a esse mandato. Nos anos seguintes, surgiram novas leis encaminhadas à eliminação do paganismo, proibindo o culto pagão, tanto público como privado.
Doc. 2.

EDUARDO I, O CONFESSOR (1042-1066). Rei da Inglaterra e último representante anglo-saxão da dinastia de Wessel. Filho de Etelred II e de sua esposa Ema, filha do duque da Normandia. Eduardo passou sua juventude em exílio na Normandia, mas foi chamado de volta à Inglaterra em 1041, sucedendo a seu meio-irmão Harthecnut no trono. Num período de grande turbulência política, Eduardo manteve seu reino em relativa paz, embora tivesse que confiar na capacidade militar do conde Goudwin de Wessel e de seus filhos, especialmente de Haroldo, que lhe sucedeu no trono em 1066. Eduardo cercou-se de cavaleiros normandos ao ser reconhecido como rei da Inglaterra e manteve-se em contato contínuo com esse ducado. Os apologistas normandos asseveraram que o duque Guilherme já estava por ele designado como seu sucessor desde 1051. A sua devoção valeu-lhe a fama de santidade e de taumaturgo, dedicando parte das suas energias à construção do mosteiro de Westminster. Canonizado em 1161, transformou-se no santo mais popular da Inglaterra meridional. Doc. 201.

EDUARDO III (1327-1377). Rei da Inglaterra, filho de Eduardo II e de Isabel (filha de Filipe IV da França). Casou com a filha do conde Hainault e com ela teve doze filhos, incluídos Eduardo, o Príncipe Negro, João de Gaunt, duque de Lancastre, e Edmundo de Langley, duque de York. Em 1327 pretendeu a coroa francesa, reclamando os direitos de sua mãe, dando início à guerra com a França conhecida como "Guerra dos Cem Anos". Aparentemente essa guerra originou-se como consequência do problema dinástico surgido na França com a morte do rei Filipe IV. Na realidade, a querela remonta aos plantagenetas e às suas posses no continente, ao chamado "império angevino": da Normandia até a Aquitânia através do Maine, Anjou, Turena e Poitou, pelas quais os monarcas ingleses deviam prestar homenagem ao rei da França. Esse quadro foi incrementado pelos interesses comerciais na Bretanha e em Flandres. Aliado com as cidades flamengas, derrotou os franceses na batalha naval de Sluys (1346) e, desembarcando posteriormente em Calais, conseguiu nova vitória em Crécy, com a participação dos famosos arqueiros. Em 1356, o Príncipe Negro desarticulou a brilhante cavalaria francesa em Poitiers (1356) fazendo prisioneiro João II, que teve de aceitar o Tratado de Brétigny (1360), o qual marcava a supremacia inglesa sobre a França, na que pode ser considerada a primeira etapa da Guerra dos Cem Anos. Eduardo III conseguiu numerosas vitórias sobre a França, mas, seus últimos anos foram toldados pela recuperação francesa e por sua própria falta de saúde. Socialmente, o reinado de Eduardo destacou-se pelo crescimento dos ideais da cavalaria; a ordem da

Jarreteira foi instituída em 1348, manifestando-se no refinamento dos conceitos de conduta cavalheiresca e no progresso da ciência heráldica. Dificuldades financeiras acumularam-se nos últimos anos de sua vida, provocadas em parte pela desarticulação socioeconômica subsequente à Peste Negra e repetidas epidemias e, em parte, também, pelos gastos de guerra com a França, a qual se renovara, com vantagem francesa, sob o comando de Carlos V (1365-1380) e Du Gesclin. O Parlamento ficou mais desenvolvido e poderoso; a divisão entre lordes e comuns tornou-se mais nítida, quando aumentaram as necessidades financeiras do rei. A morte do velho rei logo após à de seu primogênito, o Príncipe Negro, redundou num lamento geral do reino e deixou uma difícil herança a seu jovem neto Ricardo II. Doc. 203, 226.

EGINHARDO (770-840). Uma das figuras mais importantes da cultura carolíngia. Foi um mestre dos mais completos: político, teólogo, hagiógrafo, abade leigo e, sobretudo, biógrafo de Carlos Magno. Foi educado na escola de Fulda, ingressando na corte real em torno de 793 e alcançando uma importante posição na escola do palácio de Aix-la-Chapelle, estimulado por Alcuíno. Tornou-se amigo e conselheiro de Carlos Magno e acompanhou como secretário particular seu sucessor Luís, o Piedoso. Terminou os seus dias como abade leigo do Mosteiro de Selingnstadt, em sua terra natal. A sua *Vida de Carlos Magno*, panegírico do imperador e contrapeso da crítica velada do seu sucessor, é uma das obras mais importantes do período não só pelo seu conteúdo histórico, mas pelo seu valor literário. Doc. 56, 92.

ENGUERRAN DE MONSTRELET (1422-1444). Cronista francês, pertencente à nobreza. Foi capitão do castelo de Juvent e bailio do capítulo da igreja de Cambrai (1436-1440), preboste da mesma cidade e bailio de Walincout de 1444 até sua morte. Esteve vinculado ao serviço de João de Luxemburgo, ao qual dedica a sua *Crônica* dividida em duas partes. Sua narrativa abrange de 1400 a 1444, configurando-se importante obra, no que tange ao conhecimento da história da França, da Inglaterra e de Flandres, bem como fonte principal para a primeira metade do século XV, embora o autor apresente certa parcialidade em favor dos condes de Saint-Pol e dos duques da Borgonha. Doc. 123, 124, 178, 183.

FERNÃO LOPES (1380?-1459?). De origem não nobre. Escrivão ingressado no serviço público, foi nomeado "guardador das escrituras do Tombo". Tabelião real em 1437. Recebeu o encargo de escrever as crônicas dos reis de Portugal em 1434. Viveu durante os reinados de D. Duarte, João I e Afonso V. Redigiu as crônicas de D. Pedro e de D. Fernando, passando depois à de D. João I, não concluída. Em 1454, cedeu a Gomes Eanes de Zurara o ofício de "guardador" da Torre do Tombo, estando já "velho e fraco". Seu poder evocativo e descritivo, seu sentido do movimento, sobretudo quando individualiza as massas ou personaliza uma cidade como Lisboa, tornaram-no um dos maiores escritores do seu tempo e da língua portuguesa. Doc. 86.

FILIPE II AUGUSTO (1165-1223). Rei da França, filho de Luís VII e de Adélia de Champagne. Mereceu o cognome de Augusto porque ampliou verdadeiramente o reino capetíngio; primeiro, consolidando seu domínio nas fronteiras orientais com a Alemanha e, depois, ajudado pelas lutas entre Henrique II Plantageneta e seus filhos. Expandiu-se para o Oeste à custa do império angevino, tirando de João sem Terra o controle da Normandia em 1204, seguida de novas anexações. O apoio à Cruzada contra os albigenses e a derrota destes em Muret deixaram a casa dos capetos bem situada na França como a mais poderosa monarquia do Ocidente. A derrota do imperador Otão IV, aliado de João sem Terra e adversário de Frederico II Hohenstaufen na batalha de Bouvines (1214), provou ser decisiva. Político hábil, audacioso e sem escrúpulos, consegue estender e fortalecer o poder da Coroa, tomando como base a prestigiosa área geográfica central de Paris, de crucial importância econômica e estratégica. Abateu o poder feudal inaugurando o processo de centralização da monarquia, impondo a autoridade real sobre os grandes nobres feudais por meio de funcionários reais: bailios no Norte e senescais no Sul. Apoiando-se na Igreja, teve, em contrapartida, a limitação de seu poder. Favoreceu a expansão dos aspectos culturais e educativos, administrando e usando os recursos da nova universidade.
Doc. 66, 149.

FILIPE IV, O BELO (1285-1314). Rei da França. Foi um dos mais poderosos e enérgicos monarcas franceses, deixando uma reputação deveras contraditória. Utilizou-se de servidores capazes, treinados no direito romano, para incrementar uma política centralizadora. Sua oposição às pretensões papais de Bonifácio VIII de impor o controle sobre o poder temporal – *Unam Sanctam* – foi, em última instância, coroada de êxito, mas envolveu o brutal tratamento dado ao papa e sua consequente morte após a humilhação de Agnani (1303). Exerceu firme controle sobre a Igreja francesa e, após a eleição do bispo de

Bordéus para ocupar a Sé pontifícia com o nome de Clemente V e seu traslado a Avinhão, a influência da monarquia francesa sobre o papado tornou-se poderosa. O malévolo tratamento dado aos templários e a abolição da ordem (1314) por Filipe resultaram num ganho financeiro para a Coroa, mas indignaram a opinião pública responsável. Demorados conflitos com a Inglaterra sobre a Gasconha e com as cidades da Flandres acarretaram pesados gastos e uma desastrosa derrota nas mãos dos cidadãos flamengos de Courtrai (1302). Não conseguiu superar os sérios problemas econômicos da sua época: controle das atividades de mercadores e banqueiros, expulsão dos judeus e desvalorização da moeda. Não obstante, incentivou uma poderosa administração central em Paris, convocou os Estados Gerais, o que encorajou a unidade nacional da França às vésperas da Guerra dos Cem Anos. A tendência geral centralizadora e a administração levada a termo por Filipe IV representaram um ponto culminante no processo iniciado por seu avô, Luís IX, para afirmar a autoridade monárquica, mas, faltou a este soberano o prestígio moral e espiritual da era anterior. Os ambíguos processos, desenvolvidos para conseguir os seus fins, suscitaram a lenda de um rei rapaz, cínico, cruel e "maldito". Doc. 120, 137.

FILIPE V (1316-1322). Rei da França que sucedeu a seu irmão Luís X. Foi o responsável pela organização da Câmara de Comptos. Foi sucedido por outro irmão, Carlos IV (1323), que será o último da dinastia capetíngia. Seu sucessor, Filipe VI de Valois (1328-1350), foi eleito pelos Estados Gerais, que se pronunciaram a seu favor – pela lei sálica – em detrimento da filha de Luís, Isabel, casada com Eduardo II da Inglaterra, cujo filho, Eduardo III, invocaria os seus direitos à Coroa da França, abrindo hostilidades contra Filipe VI: Guerra dos Cem Anos.
Doc. 219.

FILIPE VAN ARTEVELDE (1340-1382). Filho de Jacques Van Artevelde, líder das primeiras revoltas de Flandres, morto num tumulto contra os franceses (1345) provocado pelas dissensões internas das elites artesanais. Filipe continua a liderar os levantamentos em Gante e outras cidades flamengas até sua morte na batalha de Roozebeke, quando o rei da França, Carlos VI, venceu os flamengos em 1382.
Doc. 190.

FOUCHER DE CHARTRES (1058-1126). Cronista e participante da Primeira Cruzada. Assistiu ao Concílio de Clermont e reproduziu de forma plausível o discurso de Urbano II, embora fosse reelaborado posteriormente. Partiu para o Oriente com seu senhor Estevão de Bois, passando posteriormente ao serviço de Balduíno I, ao qual seguiu na expedição a Edesa e Jerusalém, onde morreu. Sua *Gesta Francorum Iherusalem Peregrinatium* é muito importante para conhecer os acontecimentos da Primeira Cruzada e dos anos posteriores. Está dividida em três livros: o primeiro, até a morte de Godofredo de Bulhões (1100); o segundo, até a morte de Balduíno I (1118); e o terceiro termina em 1127. Esses relatos foram muito difundidos no Ocidente, sendo utilizados como fonte por escritores posteriores. Doc. 62.

FRANCISCO DE ASSIS, São (1181-1226). Filho de um abastado comerciante de Assis, foi criado entre os ideais da cavalaria e a abundância de filho de um rico comerciante. Após algumas aventuras guerreiras, troca radicalmente de vida, retirando-se para refletir e orar (1206). Despojando-se publicamente de suas vestes – gesto simbólico de contestação social – tornou-se um pedinte e andarilho em Assis e vizinhanças, criando com alguns companheiros uma fraternidade que deu origem à Ordem Franciscana para viver o ideal de pobreza. Restaurou a Igreja de São Damiano, centro de assistência a leprosos e mendigos, auxiliando o clero da região com a sua pregação. Numerosos discípulos começaram a se reunir à sua volta, levando-o a redigir uma regra – *Regra Primitiva* – que foi levada ao papa Inocêncio III (1210). Essa sua atitude deve ter recebido a influência da comunidade dos cátaros, instalada no vale de Espoleto; os cátaros acreditavam que o mundo material era totalmente perverso e maligno; a visão que tinham do mundo era sombria. Francisco opôs uma pregação diferente; para ele o mundo era criação de Deus e bom. No *Cântico do Irmão Sol*, de seus últimos anos, toda a criação se junta a ele para louvar o Criador. Contestou, assim, a doutrina cátara de um modo muito direto e positivo. Sua regra inspira-se na vida dos primeiros apóstolos e considera a pobreza necessária para o serviço de Deus. Seu sucesso foi espetacular. Em 1209, viajou a Roma e obteve de Inocêncio III autorização, com os seus companheiros, para pregar o evangelho, bem como a aprovação oral da sua regra. A Ordem Franciscana – Mendicante – cresceu vertiginosamente. Foi confirmada no IV Concílio de Latrão, quando o crescimento numérico dos seus seguidores, a necessidade de definir uma hierarquia e a organização e consequente institucionalização da ordem dos Frades Menores mitigaram os valores da pobreza inicial em favor das tarefas da pregação. Isso causou certa consternação em Francisco, defensor

de uma ascética de vida simples, longe das práticas ritualizadas. Ele aceita a organização imposta, porém defende incansavelmente os princípios da *Regra Primitiva*. Os últimos anos da vida de Francisco foram toldados pela doença, mas a eles pertencem muitas das histórias mais características de seu heroísmo e ensino, reunidas pelo irmão Leone e outros fiéis companheiros. O crescimento da sua Ordem foi considerado a apoteose de seus ideais.
Doc. 117.

FROISSART, Jean (1337-1410). Cronista e poeta. Nasceu em Valenciennes, no condado de Hainaut, recebendo o patrocínio de Filipa de Hainault, esposa de Eduardo III de Inglaterra, onde frequentou a corte e a nobreza inglesas. Viajou pela Itália e pela França, encontrando sucessivamente novos protetores. Sua produção literária foi abundante, empregando formas líricas da inspiração tradicional cortesã da época. Deve a glória sobretudo às suas *Crônicas*, muito populares e difundidas. Essas crônicas, de notável realização literária, estão profundamente interessadas no retrato da cavalaria aristocrática e recolheram, em francês, parte da história do Ocidente europeu, incluindo a guerra entre a Inglaterra e a França e os seus aliados na Alemanha, Itália e Espanha, bem como informações sobre o papado de Avinhão e os levantes em Flandres. São uma fonte indispensável para a história ocidental do século XIV, apesar da parcialidade que o autor manifesta ao compasso das suas mutáveis simpatias políticas. Pela sua vinculação à nobreza manifesta uma certa hostilidade para com os movimentos populares, porém sublinha frequentemente a dureza da condição dos servos, fazendo eco às reivindicações igualitárias que começavam a surgir.
Doc. 87, 188.

FULBERT DE CHARTRES (960-1028). Originário da Aquitânia. Discípulo de Gerberto de Aurillac em Reims e Chartres e, posteriormente, bispo de Chartres (1006-1028). Tornou-se célebre pela reconstrução de sua catedral incendiada em 1020 e, sobretudo, pela correspondência que manteve com a maior parte das personagens do seu tempo. Nomeado mestre da Escola de Chartres, estabeleceu a reputação desta como um dos mais notáveis centros do saber na Europa. Foi, também, conselheiro de Roberto II de França e exerceu o cargo de tesoureiro de Saint-Hilaire-le-Grand, em Poitiers, nomeado pelo duque Guilherme V da Aquitânia. Sua carta a Guilherme V oferece uma das definições mais destacadas das obrigações criadas pelo contrato vassalático.
Doc. 74.

GALBERTO BRUGENSE (s. XII). O autor de *Vita Karoli Comites Flandriae* apresenta nessa obra a descrição das cerimônias de homenagem, juramento de fidelidade e investidura, pelas quais alguns nobres flamengos prestaram vassalagem a um novo conde, Guilherme Clito. A homenagem é aí confirmada por um *osculum*, beijo, elemento não essencial, mas frequente, sobretudo em terras francesas.
Doc. 76.

GELÁSIO I (492-496) Papa. Numa carta escrita ao imperador bizantino Anastácio I, em 494, procurou definir as relações entre os poderes seculares e espirituais no governo temporal. Ao que parece, advogou um sistema de responsabilidade igual e conjunta – teoria das duas espadas – mas como sua terminologia se prestava a que a doutrina fosse interpretada de outros modos, tornou-se um dos ingredientes fundamentais das controvérsias posteriores sobre essa matéria, sendo citada em apoio tanto da superioridade papal quanto da autoridade real.
Doc. 104.

GEORGIOS PACHYMERES (1242-1310). Erudito bizantino nascido em Niceia. Transladou-se posteriormente para Constantinopla, onde morreu. Escreveu uma crônica dos acontecimentos contemporâneos, um resumo da filosofia de Aristóteles, um tratado sobre o *quadrivium* e diversas outras obras. Sem ter grande originalidade, aparece, porém, como o maior polígrafo bizantino da sua época. Ver Miguel VIII, Paleólogo.
Doc. 142.

GERBERTO DE AURILLAC (940-1003). Papa com o nome de Silvestre II (999). De origem humilde, foi enviado do mosteiro beneditino de Aurillac para Vich, na Catalunha, onde entrou em contato com a ciência árabe. Seu encontro em Roma com o imperador Otão I (970) foi decisivo, pois Gerberto iria passar grande parte de sua vida na órbita do Império Germânico. Por volta de 972 foi escolar em Reims, onde ficaria lecionando por muitos anos, ocupando a Sé como arcebispo em 989. Em 997 trocou a França pela corte de Otão III, que o acolheu como um velho partidário da família imperial e não tardou em conseguir sua nomeação para o arcebispado de Ravena. Posteriormente, foi eleito papa, sendo o primeiro francês a assumir o cargo. É considerado o mentor de Otão III para o projeto de uma Cristandade unida – Sacro Império Romano-Germânico. Além de eminente estadista, Gerberto foi um erudito e um sábio, prestigiando a Igreja perante a Europa oriental. Os métodos de ensino por ele utilizados foram extremamente originais, criando instrumentos e

figuras. Ampliou o âmbito do estudo da Lógica e levou a Matemática a uma nova posição entre as ciências da época. Seu espírito aberto e sua preocupação intelectual converteram-no em devoto colecionador de manuscritos antigos.
Doc. 157, 158.

GERSON, João (1363-1429). Filho primogênito de um piedoso camponês que teve doze filhos. Estudou como bolsista em Paris no colégio de Navarra. Mestre de Artes em 1381 e de Teologia em 1392, destacou-se pelos dotes da eloquência, vinculando-se muito cedo aos humanistas de Paris do círculo de Filipe de Mézier, com os quais manteve amizade. Como chanceler da universidade (1395-1418), viveu dificilmente a sua função entre tensões políticas ali surgidas. Conseguiu um decanado em Bruges em 1396, onde residiu até 1400. Nesse tempo, descobriu João de Ruysbroeck e a *Devotio moderna*. Desconfiando da teologia especulativa, começa a escrever suas primeiras obras de teologia mística e a preocupar-se com a catequização dos simples fiéis, pregando em língua vulgar e escrevendo tratados didáticos. Defendeu a solução conciliar para acabar com o cisma da Igreja e esteve presente no Concílio de Constança (1414-1418) onde teve um papel determinante na condenação dos hussitas. Seguidor do *agostinismo* político, desenvolve a teoria dos "dois corpos do rei" e insiste sobre o caráter sagrado da monarquia. Os seus escritos são um testemunho essencial do seu tempo.
Doc. 180.

GILLES LE MUISIT (1272-1352). Abade de Saint-Martin de Tournais, na França, em princípios do século XIV. Autor de uma *Crônica* e *Anais da Abadia de Saint-Martin de Tournais*. Neles, descreve as dificuldades da sociedade do seu tempo: a diminuição da renda feudal, as perturbações decorrentes da crescente e incontrolável presença da moeda nas prestações dos camponeses, os desastres das más colheitas e da Peste Negra, que levaram a uma brutal queda demográfica.
Doc. 176.

GIOVANNI VILLANI (s. XIV). Autor das *Croniche Fiorentini* (1348), exemplo das crônicas urbanas ou burguesas que começam a surgir a partir do século XIII. Essas crônicas respondem ao interesse pela sociedade civil, pelo governo e regência das cidades mercantis da Alemanha e da Itália fundamentalmente. Em sua obra, Villani narra não só a história de Florença, a sua cidade, mas a dos seus moradores: famílias dominantes, discórdias, negócios etc.
Doc. 147.

GREGÓRIO VII (1015-1085). Sendo diácono e monge, Hildebrando foi eleito papa pela vontade do povo em 1073, tomando o nome de Gregório. Empreende decididamente a reforma eclesiástica. Proclamou o celibato eclesiástico e a supressão da simonia implantando a proibição aos leigos de conceder investiduras de feudos eclesiásticos. Sua ideia de autoridade papal está baseada numa concepção monárquica centralista. No *Dictatus Papae* de 1075 ele expressa que unicamente o papa, como dirigente supremo da Igreja Universal, pode nomear e depor não só os bispos, mas também os reis; incluiu, ainda, decisões encaminhadas para libertar a Igreja de toda dependência laica. A rebelião de Henrique IV contra essas decisões provocou a "Querela das Investiduras", dando lugar a um dos momentos culminantes do confronto entre o poder espiritual e temporal da Idade Média, com vitória do papado. Chamado à ordem, Henrique IV depôs Gregório VII, o qual o excomungou e libertou os seus vassalos do juramento de vassalagem ao imperador.
Doc. 108 a 111.

GREGÓRIO DATI (s. XIV). Mercador florentino dedicado especialmente à produção e venda de sedas. Foi reproduzido aqui um trecho do "Livro de Registros". Todo homem de negócios possuía o seu *Diário*, onde registrava as transações comerciais, despesas e receitas. Esse registro tinha um caráter muito pessoal, apesar de tratar-se nele de assuntos econômicos, pelo que era designado, também, "livro secreto".
Doc. 140.

GREGÓRIO DE TOURS, São (538-595). Bispo de Tours, de origem senatorial galo-romana. Sua cultura, suas relações e a importância da sua Sé episcopal preparam-no para ser o primeiro historiador da França. Justifica sua obra *Historiae Eclesiasticae Francorum* pela ausência de qualquer outro autor apto a registrar os acontecimentos de sua época. Nos cinco primeiros livros dessa obra, remonta às origens dos francos, aos quais pretende enaltecer na figura de Clóvis (466-511). Por esse motivo, seus escritos têm sido alvo de muitas críticas, porém constituem a única fonte de conhecimento da história, dos costumes e da mentalidade da Gália merovíngia. Para Le Goff, os últimos cinco livros, que correspondem ao reinado dos netos de Clóvis (de 575 a 591), são de uma historicidade incontestável. Defensor dos direitos da Igreja, advoga pela reconciliação dos povos que partilham a Gália.
Doc. 7, 18, 20.

GUILHERME V DE AQUITÂNIA (995-1030). Duque de Aquitânia; eclipsou em poder os reis da França, Hugo Capeto e Roberto, o

Piedoso, seus contemporâneos, permanecendo, porém, seu vassalo. Embora abandonasse algumas praças ao conde de Anjou – Landun e Saintes – soube manter a paz e assegurar a homenagem de todos os seus feudatários, no vasto ducado, de Auvergne ao Atlântico. Pelo seu casamento com Brisce, filha do duque de Gasconha, Guilherme preparou a expansão da dinastia poitevina ao sul do Garona.
Doc. 74.

GUILHERME I, O CONQUISTADOR (1027?-1087). Duque da Normandia (1035) e rei da Inglaterra, após a vitória de Hastings (1066) contra o soberano anglo-saxão Haroldo II e a conquista da Inglaterra (1071). Guilherme apresenta-se como herdeiro de Eduardo, o Confessor, para restaurar a ordem. Seu governo manifesta o desejo de continuidade, procurando fundir as duas nobrezas, anglo-saxã e normanda, não sem tensões internas. Introduziu uma organização feudal homogênea nos dois lados do canal da Mancha, procurando reforçar sua autoridade pelos laços de fidelidade. Em 1086, ordenou o gigantesco inquérito que se concretizou no *Domesday Book*, registro cadastral, para conhecer os recursos, especialmente os fiscais, do reino. Preparou as bases para a organização do reino por Henrique I em 1106.
Doc. 199.

GUILHERME DE OCKHAM (1285-1340). Teólogo e filósofo franciscano originário da Inglaterra. Realizou estudos em Oxford num meio hostil ao tomismo sob a influência de Duns Scoto, que introduzira a ideia de que Deus era inatingível ao pensamento filosófico, pois a razão, além de sensível, não produz mais do que prováveis. Ockham, no *Comentário ao Livro das Sentenças de Pedro Lombardo* (1323), manifesta-se decididamente nominalista: o que existe no universo é apenas abstração; a seus olhos, a metafísica é uma ciência vã; a inteligência humana não pode conceber Deus, que é totalmente livre; somente o singular é real porque oferece a matéria para o conhecimento. Essas e outras teses foram denunciadas pelo chanceler da universidade de Oxford, e Guilherme foi chamado a Avinhão. Condenado em 1326, não se submete e toma o partido dos espirituais franciscanos contra o papa João XXII. Teve de fugir, refugiando-se na corte de Luís IV de Baviera que protegera, também, Marcílio de Pádua. Aí desenvolve e escreve diversos tratados de doutrina política denunciando a autoridade temporal do papado. Pensador vigoroso e influente, sem ter conseguido o título de doutor, mereceu na tradição escolástica a denominação de "Venerabilis Inceptor". Seus alunos multiplicaram-se e foi a Universidade de Paris a difusora do seu nominalismo. Apontou o caminho do progresso nas ciências naturais.
Doc. 122.

HANSA. O nome deriva do alemão, que quer dizer associação, companhia. Trata-se de uma associação de comerciantes para vigiar os interesses mercantis e proteger-se dos riscos do comércio marítimo nas cidades da Europa setentrional. As origens da Liga Hanseática ou Hansa Teutônica remontam aos comerciantes alemães que iniciaram a penetração nas cidades do litoral báltico em meados do século XII. A burguesia que estabeleceu a associação no século XIII procedia de Lübeck e Hamburgo, mas logo conseguiu a adesão de grande quantidade de cidades portuárias, que se uniram à Liga para garantir os privilégios marítimos e comerciais. Assim, a primitiva organização – Hansa de comerciantes – converteu-se em uma confederação de cidades mercantis, que agrupava no século XIV mais de noventa núcleos urbanos. O centro estabeleceu-se em Lübeck, onde se celebravam as assembleias. Os associados dispunham de bases de operações em Novgorod, Dantzig, Lübeck, Hamburgo, Bremen, Bruges e Londres. Dessa maneira, punham em contato produtos russos (peles, mel), alemães (trigo), escandinavos (madeira, pescado) com os das áreas comerciais atlânticas e mediterrâneas (lãs: Inglaterra, Flandres e Castela; sal, vinho: França; sedas e especiarias: Itália etc.). Teve o seu máximo apogeu ao longo do século XV. Depois começou a decair para desaparecer no século XVII. Entre outras cidades associadas encontram-se também Colônia, Dortmund, Brunswick, Magdeburgo e Riga.
Doc. 141, 154.

HELMOD DE BOSAU (1125-1177). Clérigo de Holstein. Escreveu a *Cronica Slavorum*, uma das principais fontes para a história dos suevos e da evangelização germânica no Leste sob o impulso de Henrique, o Leão, duque de Saxônia e de Baviera e verdadeiro fundador de Lübeck, continuada pelo conde Adolfo. Se o conhecimento do autor sobre as tradições antigas dos suevos pode ser contestado, a precisão do processo de colonização e expansão no século XII é de grande valor, como revela a descrição da fundação de Lübeck.
Doc. 131.

HELOÍSA (1091-1164). Foi discípula de Abelardo, o qual foi contratado como mestre pelo cônego Fulbert, tio de Heloísa, passando a residir na casa deste. Os dois jovens se enamoram, são descobertos e Abelardo é expulso. Heloísa, porém, espera um filho de Abelardo, que lhe propõe casarem-se em segredo, para preservar a sua imagem de mestre. Heloísa é então levada para o convento de Argenteuil e Fulbert, sentindo-se traído, trama vingança contra quem considera o ofensor.

O nome de Heloísa aparece sempre aliado ao de Abelardo. Faz-se necessária uma contextualização histórica para se entender, conhecer e compreender tal personagem. No século XII, precisamente quando se inicia a exaltação da mulher, o matrimônio é objeto de descrédito tanto nos meios nobres como nos escolares. O amor cortês, carnal ou espiritual, somente existe fora do matrimônio e se encarna em figuras como Tristão e Isolda, Lancelot e Guinevere. Elabora-se uma teoria do amor natural, recolhida no século seguinte no *Roman de la Rose* e apoiada pelo movimento dos goliardos. Contudo, a mulher começa a estar presente nos relatos e a aparição de Heloísa junto a Abelardo manifesta rotundamente um aspecto do novo rosto intelectual do século XII. Heloísa é um testemunho, uma mulher real – não de romance – que tem um nome próprio, embora continue associada a Abelardo ou, melhor ainda, ao drama de um homem que é um intelectual. O drama é o sinal de mudança. O amor por Heloísa e suas consequências deram origem ao problema. O casamento de ambos estará sempre referido à "imagem do mestre", não aos sentimentos nem à razão, tendo sido a própria Heloísa quem captou e aceitou a situação. Mas o casamento em segredo e a retirada estratégica de Heloísa para o convento de Argenteuil despertaram as suspicácias, a vingança de Fulbert e o desfecho do drama, que termina com a castração de Abelardo e o afastamento físico de ambos os amantes. Doc. 163, 164.

HENRIQUE I (1068-1135) Rei da Inglaterra. Iniciou seu reinado com a concessão da "Carta de liberdades", considerada o primeiro passo para a limitação do poder da Coroa. Restaurou a tradição anglo-saxônica, defendendo a investidura real das pressões eclesiásticas, confrontando Anselmo de Canterbury. A obra mais importante empreendida por Henrique foi o fortalecimento da administração. Buscou colaboradores entre o clero secular, como Roger, bispo de Salisbury, com o qual está relacionada a origem da *Exchequer*: instituição que desempenhava funções várias, mas que tinha como atribuição fundamental a responsabilidade de verificar as contas apresentadas pelos funcionários reais de todas as partes dos reinos. O *Exchequer*, uma espécie de Tesouraria, mantinha registros meticulosamente pormenorizados e seus funcionários possuíam um elevado nível profissional. Essa seção reunia-se duas vezes por ano com a presença do chanceler, o mariscal, o condestável, dois chamberlães e vários clérigos, um dos quais registrava as quantias arrecadadas que deram lugar ao *Pipe Roll*, nome dado aos grandes registros financeiros do Tesouro inglês que

constitui a maior série de documentos públicos existente na Inglaterra. No reinado de Henrique fortaleceu-se, também, a administração da justiça real. Roger de Salisbury desenvolveu, também, dentro da Cúria regia, uma seção de barões encarregada de ouvir os informes dos *sherifes* e as causas relativas às rendas reais.
Doc. 74, 201.

HENRIQUE II, Plantageneta (1154-1189). Rei da Inglaterra. Criador do chamado "Império Angevino" ao reunir os feudos da Coroa francesa, Normandia e Bretanha, herdados de sua mãe Matilde, e os de Maine e Turena, por parte de seu pai Godofredo de Anjou, assim como a Aquitânia, por parte da sua esposa Leonor. A importância fundamental de Henrique radica em que recebeu uma Inglaterra anárquica e legou ao país a ordem, reorganizou o sistema judicial e administrativo e estabeleceu o hábito da obediência à autoridade monárquica. Foi "o grande arquiteto do Estado inglês", "esse irascível, arguto e enérgico angevino desempenhou um papel destacado e, por vezes, dominante na política europeia" (F. Heer). A habilidade dos monarcas franceses, em especial de Filipe Augusto depois de 1180, e a turbulência dos seus próprios filhos – "do demônio vieram, para o demônio irão" – fizeram fracassar o mais ambicioso de seus planos continentais; mas mesmo assim deixou uma formidável herança para Ricardo Coração de Leão e, em última instância, para seu filho mais jovem e favorito, João. Na Inglaterra, realizou grandes e permanentes avanços nas áreas das finanças, justiça e administração. O país precisava de um período de paz e reconstrução, após a desordem reinante nos tempos do rei Estêvão, e Henrique era o homem para tal missão. Sua obra mais duradoura foi realizada na esfera legal: os tribunais régios tornaram-se mais eficientes; novos éditos, tratando dos direitos de posse, ajudaram a estabilizar a situação fundiária e as audiências regulares de juízes itinerantes nos tribunais dos condados tornaram eficaz a prática do direito consuetudinário na Inglaterra, vinculada à realeza. Na área financeira, os registros contínuos do Tesouro a partir de 1155 são testemunhos da natureza refinada das técnicas financeiras inglesas. Henrique conheceu êxitos e fracassos em seu relacionamento com a Igreja. A transferência do seu chanceler Tomás Becket para o arcebispado de Canterbury provou ser um desastre pessoal. Becket resistiu às reformas de Henrique, foi forçado ao exílio e, após uma reconciliação parcial em fins de 1170, foi assassinado em sua catedral de Canterbury, o que não contribuiu para dar uma boa imagem do rei, sobre o qual pesava a responsabilidade. Da pers-

pectiva britânica, Henrique Plantageneta situa-se entre os maiores governantes europeus medievais, conseguindo manter em relativa calma os lordes fronteiriços de Gales, Escócia e Irlanda.
Doc. 151.

HENRIQUE IV (1050-1106). Imperador da Germânia. Para conseguir o controle da coroa imperial manteve constantes lutas com a nobreza, que constituía seu eleitorado. Esses conflitos são agravados pelo confronto com o papa Gregório VII, que eliminou as investiduras laicas suprimindo o controle imperial sobre as dignidades eclesiásticas. Isso leva Henrique, no Sínodo de Worms (1076), a decretar a deposição do papa, cuja réplica é a excomunhão do imperador, obrigando-o a se humilhar em Canosa (1077), forçado pela pressão dos príncipes rebeldes. A rebelião do imperador contra o papa provoca a "Querela das Investiduras". Após a morte de Gregório VII (1085), Henrique IV sofreu a rebelião dos seus filhos Conrado e do futuro Henrique V.
Doc. 110, 111.

HENRIQUE V (1081-1125). Imperador da Alemanha. Firmou um acordo com o papa Calixto II – "Concordata de Worms" (1122 – que tecnicamente pôs fim à questão das Investiduras. A Concordata expressou-se por meio de uma carta imperial, conferida a Deus e a São Pedro, e de uma bula papal, conferida ao imperador. Henrique cedia a escolha para o cargo espiritual à hierarquia eclesiástica, prometendo seu apoio à eleição canônica para bispados e abadias, renunciando à investidura com o anel e o báculo. Em contrapartida, o papa concedia ao imperador o direito de estar presente nas eleições e de investir os prelados alemães com as suas insígnias, pelo cetro laico, antes da consagração ao cargo espiritual. Isso assegurou o controle dos tributos devidos à Coroa pelos bispos e abades, que eram, também, poderosos senhores feudais. Uma exceção foi feita no acordo, tendo por base a geografia e o senso comum, para os prelados italianos e borgonheses, que estavam autorizados a ser investidos pelo cetro e a pagar seus tributos no prazo de seis meses a contar da sua sagração. Na prática, o imperador manteve grande influência, equivalente, na maioria dos casos, ao controle da nomeação de seus prelados; mas a Igreja também obteve uma vitória significativa ao ficar estabelecido, sem a menor sombra de dúvida, o seu direito a investir no cargo espiritual.
Doc. 112.

HIDÁCIO – Idácio – (388-470). Eclesiástico e historiador hispano-romano. Nasceu em Lémica, Galiza, em fins do século IV. Testemunha da invasão

dos suevos, teve uma destacada ação política nos acontecimentos de sua época. Autor de um *Cronicon*, escrito em latim e concebido como uma continuação da obra de São Jerônimo, abrangendo do ano de 378, a partir do reinado do imperador Teodósio, até 469. Dedica considerável atenção aos acontecimentos hispânicos: as desgraças que ocasionaram as invasões e a divisão do território como consequência destas. Sua obra fidedigna, e nutrida em parte pelas próprias experiências, é uma fonte de suma importância para o conhecimento da história peninsular na época das invasões bárbaras. Na sua cronologia adota a era hispânica que teve grande permanência na península Ibérica.
Doc. 10.

HINCMAR DE REIMS (806-882). De origem nobre, Hincmar foi educado na famosa abadia beneditina de Saint-Denis. Do mosteiro passou à corte de Luís, o Piedoso. Seu talento pessoal o levou ao arcebispado de Reims, o qual ocupou não sem dificuldades ao substituir o deposto Ebbon. Nessa condição participa nos assuntos seculares ao lado de Carlos, o Calvo, num reinado convulsionado pelas lutas internas e partilhas da herança carolíngia, como a "partilha de Verdun"em 843. Como mediador, acatado entre os carolíngios, é nesse papel que se destacará como mentor espiritual até o final dos seus dias. Personalidade controvertida, intransigente e firme nos seus princípios, enfrentou numerosas batalhas e confrontos com o rei, o imperador Lotário, os papas e os seus pares no episcopado. Nos seus numerosos escritos desenvolveu o conceito de *populus christianus* como entidade acima de toda organização social e chamado à salvação. Recorre à teoria gelasiana dos dois poderes, espiritual e temporal, na medida em que ambas funções se mantenham em comunhão e cooperação. Apoia a centralização romana como via de unificação, porém ressalta a atuação dos arcebispos como hierarquia eclesiástica corresponsável da Igreja universal e gestores diretos das igrejas locais, daí originaram-se tensões com Roma. Quanto ao *ministerium* real, Hincmar o apresenta como uma delegação divina para os assuntos temporais que não confere nem direitos nem privilégios pessoais. O respeito à lei e o lugar que esta ocupa na vida social foram o fundamento básico do pensamento de Hincmar, no que concerne ao poder temporal, constituindo-se assim em defensor da instituição monárquica.
Doc. 105, 129.

HONÓRIO DE AUTUN (s. XII). Sabe-se pouco da personagem conhecida como Horius Augustodumensis. Sua obra, porém, teve um papel

considerável no ensino da filosofia e da teologia escolásticas. De origem irlandesa ou alemã(?), esteve em Canterbury, na Borgonha, depois em Ratisbona (1126), passando o resto da sua vida na Alemanha. É autor de numerosos tratados, coleções de sermões e libelos sobre a disciplina eclesiástica. Seu *Lucidario* é um catecismo que foi objeto de muitas traduções e fez grande sucesso entre o baixo clero. Autor também de uma *Summa Gloria* (1130), na qual distingue os dois poderes, o espiritual e o temporal, o segundo submetido ao primeiro. Introduz na teologia a argumentação racional que abre a via do humanismo chartrense: a razão humana confirma a revelação e permite compreendê-la. Contribuiu para a abertura do conhecimento a novos campos, como a mecânica e a economia. Algumas de suas narrativas lendárias inspiraram a arte romântica.
Doc. 161.

HONÓRIO III (1223-1227). Papa, natural de Roma, autor de *Liber censuum Romanae Ecclasiae* e preceptor do futuro Frederico II. Sucedeu a Inocêncio III, em cujo pontificado o papado adquiriu o auge do seu poder. De ânimo conciliador e pacífico, deu ao papado grande prestígio espiritual, que compensou o que estava perdendo no plano temporal em razão da política do imperador. Foi protetor das novas ordens mendicantes, dominicanos e franciscanos, aprovando a regra destes em 1223. No Concílio de Paris (1226), condenou a heresia albigense.
Doc. 117.

HUGO DE SÃO VICTOR (1096-1141). De origem germânica. Entra na colegiata de São Victor de Paris por volta de 1125, onde se transformará no mestre mais famoso da escola anexa a esta. Propõe aos seus discípulos estudar tanto as ciências sagradas quanto as profanas, pois para ele tudo é útil para o saber. Este será o princípio seguido por ele mesmo. Qualificado pelos seus contemporâneos como um "novo Agostinho", aparece sobretudo como um humanista. Seu *Tratado sobre os Sacramentos*, espécie de enciclopédia que recolhe o saber teológico, influenciará toda a teologia medieval. Escreveu uma *Crônica Universal*, na qual manifesta seu interesse pelas artes liberais, as ciências em geral e a filosofia. Em *Didascalicon*, obra pedagógica de grande importância para a docência medieval, procura introduzir seus alunos nos estudos tanto profanos como sagrados, ultrapassando as repartições tradicionais do saber.
Doc. 162.

HUGO ROTHOMAGENSIS (s. XII). Arcebispo de Rouen em 1145; dele é a carta que explica a construção da catedral de Rouen, iniciada

em 1037 e concluída em 1063. Trata-se de uma igreja românica diretamente influenciada pelas construções da região do Loire, com deambulatório e absídiolos, servindo de modelo a muitas catedrais inglesas. Segundo a carta do arcebispo Hugo ao bispo de Amiens, a construção foi o resultado de um esforço coletivo, para o qual todos os paroquianos colaboraram.
Doc. 95.

IBN-AL-ATHIR (1166-1234). De origem mesopotâmica. Um dos grandes historiadores do século XIII. Realizou uma vasta compilação na obra intitulada *Kamil fi al-Tari* como complemento da obra do historiador árabe do século IX, Al-Tabari. Nessa obra, o autor narra de forma analítica a história muçulmana até o ano 1231, aproveitando muitas crônicas particulares de países e cidades islâmicos, ocupando-se amplamente da história de Al-Andalus e, especialmente, dos omíadas cordoveses.
Doc. 68, 70.

IBN-AL-KHATIB de Granada (1313-1374). Médico, filósofo, poeta e historiador muçulmano. No texto apresentado, o autor oferece uma demonstração do avanço das ciências experimentais no mundo árabe. A Peste Negra proporcionou a alguns físicos muçulmanos a elaboração de teorias sobre o contágio, teorias estas verdadeiramente precursoras, na medida em que as epidemias ainda eram consideradas por quase todos como castigos divinos.
Doc. 46.

IBN-KHALDÛN (1332-1404). Nascido em Túnis, estuda com os melhores mestres da cidade, admirando especialmente Al-Razi, considerado o mais célebre médico muçulmano. Órfão como consequência da Peste Negra de 1348, à idade de 16 anos começa sua vida de nômade. Envolveu-se na política em diversas cortes: Fez, Granada, Tremecém, Túnis, Cairo, nas quais ocupa altos cargos e representações diplomáticas, que lhe valeram o favor ou o desfavor dos príncipes. É autor de *Kitab-al-Ibar* (*História universal*), dividida em três partes: *Mugaddimah* (*Prolegômenos*), *História dos árabes* e *História dos berberes*. Em *Mugaddimah,* coloca em destaque o que deve ser a História, concebida como um ciência que narra o passado e descreve as estruturas econômicas, sociais e culturais; definindo igualmente qual deve ser a profissão do historiador. Porém, definir Ibn-Khaldûn como historiador, sociólogo ou filósofo limita em parte a riqueza intelectual da personagem. É também autor de numerosas obras perdidas sobre filosofia, lógica, aritmética e medicina. Redescoberto na Europa no

século XIX, foi considerado o pai da sociologia e da antropologia. Sua figura tem categoria universal. É um dos grandes pensadores do Islã e considerado o primeiro filosofo da História.
Doc. 42, 45, 47.

IBN-HAWQUAL (943-977). Geógrafo árabe originário da Mesopotâmia. Viajou durante trinta anos ao longo do Império Muçulmano, ligando a descrição, os contrastes e as semelhanças das regiões que então constituíam o Islã. Toda a sua ciência foi baseada na observação direta. O *Kitab surat al-arad* (*Livro da configuração da terra*) é uma fonte inestimável sobre a economia, atividades e produtos dos países pelos quais viajou. Nele o autor reflete enorme veracidade e precisão até quando se debruça sobre o pitoresco.
Doc. 48.

IDRISI, Al- (1100-1166). Geógrafo muçulmano. Existem poucas notícias sobre ele, esquecido pelos biógrafos muçulmanos, talvez pela sua relação com as cortes cristãs. Esteve vinculado à corte normanda de Rogério II da Sicília, para o qual compôs uma das mais famosas obras da geografia medieval. Em sua *Geografia* apresenta uma compilação dos mais importantes conhecimentos geográficos legados pela Antiguidade e obtidos pelos seus contemporâneos. Fontes ocidentais afirmam ter ele nascido em Ceuta e estudado em Córdova; o próprio Idrisi declarou ter viajado muito pela Espanha e norte da África. É de sua autoria um dos mais conhecidos mapas do século XII que circularam durante toda a Idade Média.
Doc. 25.

INOCÊNCIO III (1198-1216). Papa. Decidido partidário da teocracia, baseando-se na superioridade da "espada espiritual" sobre a terreal, reclama para o *sacerdotium* a *plenitudo potestatis*. Fortaleceu as estruturas da Igreja, especialmente por meio do IV Concílio de Latrão (organização do ensino, obrigação da confissão anual, interdição das ordálias etc.). Impôs a autoridade pontifícia tanto aos soberanos como aos clérigos, intervindo com extraordinária habilidade nas disputas internas do Império, nos conflitos internos de João sem Terra e na Cruzada albigense, na França. Conseguiu que reconhecessem a sua soberania os reis da Inglaterra, de Portugal, Aragão, Castela, da Dinamarca, Suécia, Polônia, Hungria e Bulgária. Foi também durante seu governo que surgiram as ordens mendicantes – franciscanos e dominicanos – aproveitando as forças renovadoras destas para a reconstrução da Igreja.
Doc. 115, 116.

IRMINON (S. IX). Abade de Saint-Germain-des-Prés. Mandou fazer um inventário dos domínios da abadia e das rendas que lhe eram devidas pelos seus rendeiros, um políptico. Esse documento descreve vinte e quatro domínios fundiários (e não é tudo, visto que uma parte do políptico se perdeu), dos quais dezenove se situavam ao redor de Paris, entre Mantes e Château-Thierry. Essas terras correspondiam, cada, a uma das atuais comunas, mas a sua superfície era variável ("havia 398 hectares de terra cultivada na Villa de Palaseau, mas apenas 76 na de Nogent L'Artaud; também é verdade que nesta eram mantidos mil porcos e naquela apenas cinquenta". Le Goff, J. *A civilização do Ocidente Medieval*. Lisboa: Estampa, 1983. v.II, p.76.).
Doc. 90.

ISABEL DE BAVIERA (1371-1435). Rainha da França, casada com Carlos VI. Declarada a loucura do rei, foi colocada à frente do Conselho de Regência, do qual faziam parte Luís de Orléans, irmão do rei, e João sem Medo, duque de Borgonha. Partidária aberta do primeiro – seu amante? –, provoca a luta entre os borguinhões e os *armagnacs*, quando estes tentaram vingar o assassinato de Luís de Orléans, submergindo a França na guerra civil. Não desmentiu a tese da ilegitimidade de seu filho, o delfim Carlos VII, aliando-se a Filipe, o Bom, de Borgonha, e ao rei da Inglaterra no Tratado de Troyes, que deserdava o delfim da sucessão à coroa francesa em favor da sua filha Catarina, casada com Henrique V da Inglaterra. Após 1422, retira-se da política.
Doc. 221.

ISIDORO DE SEVILHA (570-636). Nascido numa das grandes famílias hispano-romanas, foi arcebispo de Sevilha e chefe espiritual da Igreja Católica da Espanha. Verdadeiro artífice do pensamento e organização política do reino visigodo. Participou do III Concílio de Toledo, no qual Recaredo oficializou a conversão dos godos ao catolicismo (589), e do IV, que inspirou e presidiu (633). Figura excepcional no contexto cultural de sua época, foi considerado pelos seus contemporâneos "o mais sábio de todos os homens neste século". Foi essencialmente um compilador e o primeiro a tentar reunir, numa *Summa*, o livro das *Etimologias*, a totalidade dos conhecimentos humanos. Nesse sentido, Isidoro pode ser considerado um dos "fundadores" da Idade Média; certamente foi o mais representativo dos sábios, citado e copiado posteriormente. Em *História dos godos*, inicia uma mudança decisiva na perspectiva histórica, apresentando o sentimento de um povo particular, o visigodo, herdeiro de Roma, porém liberado da tutela imperial. Nessa obra, a *Gotia* substitui a *Romania* como

objeto principal e quase único. As *Sentenças* é uma das obras mais difundidas de Isidoro, ao lado das *Etimologias*.
Doc. 11, 73.

JACQUERIE. Sob esse nome se entende uma série de revoltas camponesas ocorridas na França, ao longo do ano de 1358, paralelas à revolta de Étienne Marcel em Paris. São explosões de miséria, motivadas pelas crises de subsistência da época. Insurreições espontâneas, inicialmente manifestam-se em momentos diversos que coincidem com épocas de crise econômica, social ou política, agravadas pelo surto da Peste Negra. Constitui-se por grupos de camponeses que percorrem várias regiões da França, queimando colheitas, castelos, aldeias e tudo o que encontram à sua passagem. O termo se deve a um equívoco do cronista João le Bel, que chamou de Jacques Bonhomme o líder do movimento, Guilherme Cole. A partir daí, para os franceses, os camponeses sublevados seriam conhecidos como os "Jacques".
Doc. 186.

JAIME II (1291-1327). Rei de Aragão. Os assuntos do Mediterrâneo ocuparam o primeiro plano na política do reino de Aragão, durante o reinado desse monarca. Sua disputa com o papa e os Anjou levou à perda da Sicília, recebendo em compensação a Córsega e a Sardenha, o que provocou a rivalidade com Pisa e Gênova. No fim do século XIII, incrementou-se a presença catalano-aragonesa no norte da África, basicamente em Túnis. No âmbito da Península Ibérica, aspirou à conquista de Murcia. Nesse reinado, teve lugar a expedição ao Oriente da Companhia Catalã dos Almogávares, que terminou com a criação dos ducados de Atenas e Neopatria, vinculados à coroa de Aragão no reinado de Pedro IV.
Doc. 227.

JOANA D'ARC (1412-1431). Joana d'Arc é uma das figuras mais surpreendentes e enigmáticas de todos os tempos. Enviada de Deus, segundo alguns, e mensageira diabólica, para outros, foi condenada por um tribunal eclesiástico e canonizada posteriormente (1920). Joana tem sido sempre uma figura legendária. A recuperação de Carlos VII quando estava totalmente humilhado, e a recuperação do território francês, na fase decisiva da Guerra dos Cem Anos, estão indissoluvelmente unidos ao nome dessa popular heroína. A "donzela de Orléans", entretanto, pôde triunfar pela necessidade que sentiam os partidários de Carlos VII de um choque emocional, capaz de aglutinar suas forças dispersas; pelas esperanças das massas camponesas de que chegaria a paz e seriam expulsos os ingleses; pelo decidido apoio que os políticos prestaram à "donzela", esperando servir à causa de Carlos VII com o prestígio carismático que lhe faltava. Joana nasceu em Domrémy, no seio de uma família camponesa. Piedosa e mística, desde criança manifestou ter recebido vozes do céu, que lhe prometiam apoio divino para a missão que devia cumprir: ajudar o rei da França. Uma comissão de teólogos e canonistas aceitou a veracidade de suas afirmações e foi-lhe confiado o mando de um exército que socorreu e libertou Orléans do poder dos ingleses. O moral das tropas francesas restabeleceu-se. A glória correspondia a Joana, que insistiu em prosseguir até Reims, onde o monarca foi coroado (1429). No ano seguinte, Joana caiu prisioneira das tropas borgonhesas, que a entregaram – venderam – aos ingleses. Contra ela levantou-se um processo, presidido pelo bispo de Beauvais, acusando-a de heresia e bruxaria. Durante o processo, no mais puro estilo da Inquisição, a jovem deu mostras de coragem ante a astúcia dos acusadores. Em 31 de maio de 1431 morria na fogueira. Sua passagem foi rápida; o impacto de sua ação no balanço da Guerra dos Cem Anos, definitivo. Doc. 185.

JOÃO II (1350-1364). Rei da França. Durante seu reinado, viveram-se momentos cruciais da Guerra dos Cem Anos, os quais se refletiram fortemente na vida e na sociedade da França: depressão econômica, efeitos da Peste Negra, ataques renovados por parte da Inglaterra, conflitos internos entre a nobreza (Carlos, o Mau, rei de Navarra) e a burguesia (Étienne Marcel), sublevações camponesas (Jacquerie). Em 1356, o Príncipe Negro derrotou o exército francês fazendo prisioneiro o próprio rei, João II, em Poitiers, impondo-lhe o vergonhoso Tratado de Brétigny, pelo qual o rei da Inglaterra recebia com plena jurisdição um terço do território da França, além de uma forte indenização monetária como resgate do rei. As condições foram tão duras que o próprio João II, num gesto surpreendente, entregou-se à prisão em Londres, onde morreu.
Doc. 126, 184, 186, 210, 226.

JOÃO DE BICLARA – Biclarensis – (540-621). De origem lusitana, foi abade de Biclara, cujo mosteiro fundou em 586. Tinha permanecido durante dezoito anos no Oriente, assimilando a cultura do Império Bizantino. Foi contemporâneo de Leovigildo e Recaredo, reis visigodos, responsáveis pela unificação política e religiosa, respectivamente, da península Ibérica. Sofreu a perseguição de Leovigildo por manter-se fiel católico perante o arianismo oficial, sendo desterrado para Barcelona. No reinado de Recaredo foi nomeado bispo de Gerona (591).

Destacou-se pelo seu papel de cronista da época. Seu *Chronicon* abrange de 567 – ano da morte de Justiniano – até a coroação de Recaredo, abundando nos aspectos da transição dos godos do arianismo ao catolicismo. Nessa obra apresenta uma visão histórica que considera o reino visigodo da Espanha centro de interesse. É uma obra fundamental para o conhecimento do reino dos godos; a partir de Leovigildo, deixa de ser uma história universal para adquirir um certo caráter nacional.
Doc. 22.

JOÃO DE SALISBURY (1115-1180). Bispo de Chartres. Estudou em Paris e Chartres durante doze anos, depois passou breves períodos em serviço clerical em Celle, no Baixo Saxe, e na cúria papal, antes de ingressar na comitiva de Teobaldo, arcebispo de Canterbury, por volta de 1148, onde se especializou em assuntos papais. Apoiou o sucessor de Teobaldo, Tomás Becket, em sua disputa com Henrique II, e por isso passou os anos de 1163-1170 exilado em Reims. Embora não fosse testemunha ocular do evento, João estava nas dependências da catedral de Canterbury quando Becket foi assassinado (1170). Seis anos depois, era eleito bispo de Chartres sob o patrocínio do protetor de Becket, Luís VII, rei da França. João de Salisbury escreveu *Historia Pontificalis* (1163), uma realista e viva descrição de seus anos em Roma, e divulgou uma coleção da correspondência de Becket, após a morte deste. Representa uma notável contribuição, no campo filosófico, ao renascimento do século XII por ser a primeira figura de destaque a escrever à luz da obra aristotélica sobre a lógica. Os mais famosos exemplos de sua erudição e experiência política, ambos escritos em 1159, foram o *Polycraticus*, uma análise do Estado, e o *Metalogicon*, uma defesa do estudo da lógica e da metafísica. Sua correspondência com Pedro de Celle revela ser ele um eminente defensor do humanismo do século XII e um dos mais elegantes latinistas do seu tempo.
Doc. 161.

JOÃO SEM TERRA (1199-1216). Rei da Inglaterra. Durante a ausência do seu irmão Ricardo, na Terceira Cruzada, intentou usurpar o trono, que conseguiu após a morte do irmão. Entra em conflito com Inocêncio III, sendo excomungado em 1209, mas diante da ameaça de invasão da Inglaterra por Filipe Augusto da França, reconhece o candidato papal à Sé de Canterbury e se declara vassalo do papa. No conflito com o rei francês, após a batalha de Bouvines, perde todos os feudos continentais. Pressionado internamente pela nobreza, subscreve a *Carta Magna*, considerado o primeiro texto constitucional inglês, que, embora leve em conta principalmente os direitos dos nobres, supõe uma limitação do poder real imposta ao monarca pelos seus súditos.

Doc. 150, 208, 209.

JORDANES (?-552). Historiador cristão de origem goda vinculado ao Império do Oriente. Sua obra *De origini Getarum* ou *Getica* narra a história dos godos depois da sua migração legendária da Escandinávia. Trata-se, ao que parece, de uma compilação da *História gótica* de Cassiodoro, hoje perdida. Sua finalidade é exaltar a nação gótica por meio de uma obra literária, consagrada às origens e à história dos godos. Mas seu projeto não se volta contra Roma; pelo contrário, o ideal romano-gótico repousa sobre a ideia de uma colaboração, na qual os godos colocam a sua força a serviço da sobrevivência do Império. Esse ideal teve uma rápida acolhida e foi retomado por Isidoro de Sevilha num quadro não mais universal, mas nacional e hispânico. A *Getica* constitui uma das fontes essenciais para se conhecerem as origens dos godos.

Doc. 3, 8, 14, 16.

JUSTINIANO (527-565). Imperador de Bizâncio. Foi o verdadeiro organizador do Império Bizantino. Preocupado em reconquistar o esplendor do Império Romano, empreendeu a conquista do Mediterrâneo, contando com a colaboração de grandes estrategistas como Belisário e Nanses. Recompilou e organizou o Direito Romano com o auxílio de Triboniano, dando lugar ao *Corpus Iuris Civilis*, coletânea que compreende quatro obras: 1) o *Codex Justinianus*; 2) o *Digesta* ou *Pandectas* (533), reunindo o mais importante da jurisprudência romana; 3) as *Institutiones* (533), ordenação de leis para uso dos estudantes de Direito, extraídas de obras anteriores; 4) as *Novelae*, que reúnem os éditos do próprio Justiniano, posteriores ao aparecimento do *Codex*, iniciadas em 534 e continuadas após sua morte.

Doc. 27, 28.

KAMALEDDIN IBN AL-ADIM (1192-1262). Originário de Alepo. Escreveu a história de sua cidade. Ocupado com sua atividade política e diplomática e suas numerosas viagens pela Síria, Iraque e Egito, interrompeu sua crônica em 1323.

Doc. 67.

LACTÂNCIO (260-340). Escritor cristão de origem africana. São Jerônimo menciona grande número de suas obras que se perderam. Sua produção monumental é recolhida em *Divinarum Institutionum libri*, primeira obra latina na qual, de maneira sistemática, se expõe

a missão universal do cristianismo. Entre seus livros figura, ainda, *De mortibus persecutorum*, que se fez muito popular.
Doc. 1, 22.

LEÃO VI, O SÁBIO (866-912). Conhecido também como o filósofo. Imperador bizantino da dinastia macedônica, em 886, continuador da tarefa legislativa de Justiniano. Sob seu império foram organizados o *Procheiron* (Manual), a *Epanagogue* (Introdução), que exerceu grande influência no direito russo, e a *Basilica* (Leis imperiais), a maior coletânea de leis bizantinas, recolhidas em sessenta volumes, incluindo legislação civil e canônica. Todas essas obras foram escritas em grego, marcando a influência cada vez mais nítida do afastamento da tradição latina.
Doc. 30.

LELONG, Jean (s. XIII). Cronista de Saint-Bertin que narra como nasceu a cidade de Bruges. No mundo romano, as cidades eram centros políticos, administrativos, militares e, secundariamente, econômicos. A cidade medieval nasceu e se desenvolveu com base na sua função econômica; foi criada pela renovação das trocas e assuntos dos mercadores, instalando-se, geralmente, ao lado de núcleos antigos, nos arrebaldes, ao lado das fortalezas ou junto às vias de comunicação, portos e rios.
Doc. 130.

LIUTPRANDO de Cremona (922-972). De origem lombarda, proveniente de uma família de mercadores, é a figura principal da historiografia de seu tempo. Diácono em Pavia, serviu como chanceler ao rei Berengário I (888-923), na Itália, até cair em desgraça por volta de 956. Trocou então a Itália pela Alemanha, ingressando na corte de Otão I. O imperador nomeou-o para a Sé de Cremona em 961. Atuou como embaixador imperial desempenhando diversas missões na Itália e em Constantinopla, como a negociação do matrimônio de Otão II com a princesa bizantina Teófanes. Entre suas obras encontra-se *Historia Gestorum Regum et Imperatorum sive Antapodosis*, tratado sobre a gesta otoniana e fonte primordial para se conhecer a história de Ocidente do seu tempo. Sua obra mais famosa é a *Relatio de Legatione Constantinopolitana*, na qual relata sua embaixada em Constantinopla.
Doc. 26.

LUÍS IX, São (1214-1270). Rei da França, filho de Luís VIII. Seu reinado iniciou-se sob a regência de sua mãe, Branca de Castela, começando o governo pessoal em 1242. Quis realizar o ideal do príncipe cristão.

Editou uma série de medidas visando à moralidade pública – *Ordenanças de São Luís* –, regulamentando a atuação de senescais e bailios contra a blasfêmia, a usura, a prostituição, os judeus e o duelo judiciário. As medidas relativas ao exercício da justiça e à economia monetária acrescentaram consideravelmente o poder do monarca perante os grandes senhores feudais e a Igreja. Sua política exterior com os condes de Flandres e de Hainaut, com os reis de Aragão e da Inglaterra revela o ideal de paz cristã, mas também a prática de um grande realismo político, visando sempre ao aumento da soberania do Estado. Sua piedade, por vezes contraditória, manifestou-se pelo apego às tradições religiosas, o que o levou a retomar a ideia das Cruzadas, participando e organizando a Sétima, ao Egito (1248), que foi um verdadeiro desastre, tendo sido aprisionado, e a Oitava, dirigida contra Túnis, onde morreu de peste. A tradição forjou a lenda de um rei ideal e santo, que surgiu da conjugação de uma personalidade prestigiosa, com circunstâncias históricas favoráveis. Seu êxito esteve sustentado pela prosperidade econômica, pela irradiação da arte gótica, que teve como centro a Île de France, e pelo prestígio da Universidade de Paris. Foi canonizado em 1297 por Bonifácio VIII por solicitação de Filipe, o Belo, com o qual o papa procurava reconciliar-se.
Doc. 81.

LIVRO DO CONSULADO DO MAR (s. XIV). Compilação de normas jurídicas destinadas a regulamentar as questões mercantis e os usos e costumes marítimos. Constituído no século XIV, na Catalunha (Barcelona), com base no corpus jurídico *Costums de Mar*, ao qual Pedro III, o Grande, rei de Aragão, tinha outorgado caráter oficial em 1283. É o resultado do imperialismo catalão no Mediterrâneo, que levou a um interessante desenvolvimento de caráter jurídico e institucional das atividades marítimas. Trata-se de um código de costumes marítimos que foi-se enriquecendo com a prática e que se completa com as *Ordenanças* de Pedro IV, o Cerimonioso, sobre "Fatos e atos marítimos". Existia já o tribunal do *Consolat de Mar* para sentenciar as causas mercantis que surgiram em Barcelona e Valência, durante o reinado de Pedro III, o Grande, e que foram objeto de minuciosa regulamentação em 1347. Pedro IV dedicou cuidados especiais às atividades cartográficas e ordenou que todos os navios levassem a correspondente carta. O foco principal da cartografia e da náutica contou com a colaboração dos judeus maiorquinos, influenciados pela escola genovesa, e chegou ao seu máximo esplendor entre a segunda metade do século XIV e a primeira do XV, com nomes como Abraham e Jehuda Cresques.
Doc. 145.

MAOMÉ. *Ver Corão.*

MAQUIAVEL, Nicolau (1469-1527). Político e historiador florentino. É mais que um cronista, um homem de ação. Entrou muito novo no serviço da República e foi embaixador e conselheiro dos governantes de Florença, participando de todos os acontecimentos de sua época. Negociou com César Bórgia, Luís XII da França, Maximiliano da Alemanha e com o papa Júlio II. Após afastamento temporário, voltou a Florença junto aos Médici. O cardeal Júlio de Médici, depois Clemente VII, encarregou-o de escrever a *História florentina*, na qual apresenta a ascensão dos Médici. A obra que lhe mereceu maior fama foi *O príncipe*, dedicada a Lourenço de Médici; tinha como ideia básica expulsar todos os estrangeiros – espanhóis e franceses – da Itália. Para isso, todos os meios são bons, e o Príncipe pode abandonar a *moral*, desde que possua a *virtù* e a *fortuna* necessárias para atingir seus fins. Em *O príncipe*, Maquiavel traça o perfil do perfeito governante e dos métodos que deve seguir para se manter no poder. Filho da Renascença, para ele a causalidade providencial não existe, serão as instituições e o uso que delas fazem os homens o que determina os acontecimentos. Dotou a Política de uma autonomia até então desconhecida. A obra foi aqui citada por significar o encerramento de um processo e a inauguração de uma nova etapa.
Doc. 228.

MARCÍLIO DE PÁDUA (1275 -1343). Originário de uma família patrícia de Pádua. Fez estudos de direito e de medicina, simpatizando-se desde muito cedo com os gibelinos imperiais. Vai a Paris e, já como mestre de Artes, é eleito reitor da universidade em 1313. Lá encontra João de Jaldun e outros averroístas, dos quais recebe influência. Em colaboração com Jaldun, publicou em Paris o *Defensor Pacis*, manifesto a favor da laicização do poder político que acaba com a tese da bula *Unam Sanctam*. Na *Defensor Pacis* Marcílio define o Estado como um organismo natural destinado a assegurar os bens materiais dos homens na sociedade, sobre a qual o príncipe detém autoridade total e independente, que somente o povo poderia destruir. O papa não possui nenhuma soberania temporal nem particular sobre os crentes, pois a Igreja, associação dos fiéis de Cristo e dos clérigos, está submetida ao príncipe. Em 1327, Marcílio foi excomungado e suas teses, condenadas. Refugia-se na corte de Luís da Baviera, o qual torna as teses de Marcílio a base de sua argumentação junto ao papado, reunindo em sua corte os inimigos do papa João XXII. Lá encontraram apoio, igualmente, espirituais franciscanos como Guilherme de Ockham e Miguel de Casena. As teorias de Marcílio, conciliarismo e galicanismo, terão sua eclosão no século XV no resto do Ocidente. Entretanto, elas anunciam a Reforma ao afirmar que somente a Escritura é a fonte da fé.

Doc. 121.

MARTINHO V (1409-1431). Papa. O cardeal Odão Colonna foi eleito papa no Concílio de Constança (1417) com o nome de Martinho V, marcando o fim do Cisma do Ocidente. A autoridade de Roma tinha sido seriamente abalada pelo Cisma e a maior realização do novo papa foi restaurar o controle sobre o Estado pontifício por meio de habilidosa diplomacia, guerra e nepotismo. Opôs-se fortemente ao movimento conciliarista, o qual pretendia submeter o papado ao controle do Concílio, convocando o Concílio de Pavia-Siena (1423-1424). Martinho V esteve também envolvido nas Cruzadas contra os hussitas. Em 1431, após o fracasso das forças imperiais na Boêmia, foi forçado a convocar um novo Concílio em Basileia, falecendo antes da sua inauguração.

Doc. 124.

MIGUEL VIII, PALEÓLOGO (1259-1282). Imperador de Oriente, instaurador da última dinastia bizantina. Com a morte de Teodoro II Lascaris, usurpou o trono eliminando o herdeiro legítimo. Miguel teve de enfrentar grandes problemas, o primeiro dos quais tinha como objetivo restaurar a unidade do Império como existia anteriormente à tomada de Constantinopla pelos cruzados e à instauração do reino latino dos normandos da Sicília (1204). Utilizou as armas não sem sucesso, mas foi, sobretudo, um diplomata. Como negociador, tentou controlar a volta da ofensiva do Ocidente, estabelecendo relações com Gênova sem eliminar os privilégios concedidos a Veneza. Porém, seu principal jogo foi a embaixada enviada ao papa Gregório X, com o qual consegue assinar vários acordos visando à união das igrejas (Concílio de Lyon, 1274). Procurando neutralizar a ofensiva de Carlos de Anjou, rei da Sicília, apoia e subsidia a ofensiva de Pedro III de Aragão na Sicília, contribuindo, assim, com as "Vésperas Sicilianas" (1282), que deram fim ao domínio angevino na Sicília, instaurando-se a dinastia aragonesa. A política ocidentalista de Miguel, as extorsões de sua política fiscal, sua ditadura religiosa são menos imputáveis a uma falta de clarevidência que à lei das circunstâncias adversas. Durante seu difícil reinado, Bizâncio conheceu seus últimos anos de glória e prestígio internacionais. Com seus sucessores a decadência se fez incontrolável. O cronista Georgios Pachymeres narra as peripécias do seu reinado.

Doc. 142.

MORLEY, Daniel (s. XII). Clérigo inglês. Numa carta ao bispo de Norwich deixou um testemunho da renovação que impulsionou os intelectuais do século XII à busca de conhecimentos. A carta indica o itinerário percorrido nesse empenho, de Paris a Toledo, no que pôde satisfazer o seu desejo e conseguir numerosos livros.
Doc. 160.

OTTO DE FREISING (1110-1158). Bispo de Freising, tio de Frederico Barba-Ruiva. Inspirando-se no pensamento agostiniano, concebeu uma complexa teoria sobre a sucessão dos impérios, relacionada com os conceitos da cidade de Deus celeste e eterna e a cidade terrestre; esta última identifica-se com os grandes impérios que se tinham sucedido desde a criação do homem e tinham como missão preparar a Jerusalém celeste. A conversão de Constantino, no Quarto Império – o romano – havia assegurado o triunfo do cristianismo, dando lugar a uma *civitas mixta*. A questão das vestiduras iniciou, porém, um processo de dissolução desta, a caminho do fim do mundo, cuja conclusão era o conflito desatado entre Henrique IV e Gregório VII. Essa teoria foi plasmada na *Crônica Universal*. Na obra *Gesta Friderici Imperatoris*, Otto introduz um elemento de esperança, chamando a atenção para o processo de ascensão dos Staufen, iniciado em 1077, e destinado a conter o processo de decadência do Império e a restaurá-lo. Defende, portanto, uma continuidade do Império Romano, que, passando pela eleição, providencial, de Carlos Magno, desembocou no Sacro Império Romano-Germânico com Otão I. Frederico I aparece como o herdeiro dessa missão na Cristandade e, ao mesmo tempo, essa teoria servia para argumentar contra o papado, que se atribuía o papel central no processo de eleição do imperador, impondo uma autoridade superior ao próprio imperador. Nesse mesmo sentido Godofredo de Vitrevo, vinculado à chancelaria imperial, escreveu as suas obras: *Speculum regum* e *Memoria seculorum*.
Doc. 64, 133, 146.

PAULO DIÁCONO (720/730-799). Originário de uma família nobre de Frissul, na Lombardia, era diácono da Igreja em Aquileia quando os francos se apoderaram de Pavia (774), retirando-se para Montecassino. Em 782, encontrava-se na corte de Carlos Magno e, retido por ele, colaborou na renovação cultural carolíngia. Suas obras abrangem diversos gêneros. Era pedagogo e gramático, poeta e historiador. Homem de Igreja, compôs hinos sacros, comentários à Regra de São Bento e um *Homiliário* cujo uso foi imposto a todos os abades do Império por uma capitular de Carlos Magno. Como historiador,

escreveu uma *História romana*, as *Gesta episcoparum Mettensium*, história dos abades de Metz e, ao voltar a Montecassino (787), a *Historia Langobardorum*. Essa obra insere-se no tipo de história nacional, não isenta de parcialidade; o autor faz apelo às fontes de tradição oral. Embora lhe falte rigor cronológico, é uma fonte preciosa para se conhecer a sociedade e os costumes dos lombardos. Pedro Lombardo é o maior escritor italiano do século VIII.
Doc. 13, 156.

PAULO & PIECOLOMINI (s. XIII). Os mercadores italianos circulavam pelas feiras de Champagne, que eram ponto de encontro entre a indústria flamenga e os mercadores italianos. O fato de nelas se encontrarem mercadores de toda a Europa permitiu que se desenvolvessem as técnicas de crédito implementadas pelos italianos no Ocidente. Apresenta-se, aqui, uma carta dirigida de Troyes a messer Tolomeu, membro de uma das famílias mais importantes de Siena.
Doc. 135.

PAULO ORÓSIO (s. IV-V). Historiador de origem hispano-romana, discípulo de Santo Agostinho, com o qual se encontra em Hipona (411), sendo por ele enviado à Palestina para entrevistar-se com Jerônimo. Autor de *Historiarum adversus paganos*, obra que pode ser considerada a primeira História Geral Cristã. Contemporâneo dos acontecimentos que narra, apresenta uma visão providencialista da história. Advoga união dos povos bárbaros e romanos.
Doc. 9, 15.

PEDRO III, O GRANDE. (1239-1285). Rei de Aragão. Filho de Jaime I, ao qual sucedeu em 1276. Seu casamento com Constança, filha de Manfredo de Hohenstaufen, rei da Sicília, contribuiu para desviar suas atenções para o Mediterrâneo oriental. Manfredo tinha sido substituído como rei da Sicília pelo aliado papal, Carlos de Anjou, cujo governo provocou o descontentamento que levou os sicilianos a procurarem apoio em outra parte. Pedro, por intermédio da esposa, manifestou suas pretensões e interesses na Sicília e passou a apoiar os rebeldes em sua luta, cujo desfecho foram as "Vésperas Sicilianas" (1282). Os angevinos foram expulsos e Pedro, proclamado rei da Sicília, ignorando a vigorosa oposição papal. O papa Martinho IV (1281-1285) o excomungou e entregou o trono da Sicília ao filho do rei francês, encorajando ainda uma cruzada contra os aragoneses, comandada por Filipe III da França, que não teve sucesso. A Sicília permaneceu sob a dinastia aragonesa, assegurando a presença destes na Itália meridional ao longo da Idade Média. Com sua morte, o reino da Sicília foi passado a seu filho Jaime e a Coroa de Aragão, a Afonso III. Doc. 192.

PEDRO IV, O CERIMONIOSO (1336-1387). Rei de Aragão. O reinado desse monarca foi prolongado e de excepcional importância para a reorganização da Coroa de Aragão. Sua preocupação quanto ao protocolo e a atenção dedicada à reorganização das instituições centrais de governo valeram-lhe o cognome "Cerimonioso". É o representante da tendência absolutista e de centralização do poder, apoiado por conselheiros conhecedores do direito romano e canônico. Promulgou *Ordenanças* da casa real e do Arquivo do reino. Ao mesmo tempo, Pedro IV foi testemunha da profunda crise manifestada pelos estragos da Peste Negra, da catástrofe financeira dos financistas catalães e do começo das revoltas da *remensa* (revoltas camponesas). Um dos maiores conflitos que enfrentou veio da classe nobiliária, representada na sua respectiva *Unión* (associação de nobres, nos diferentes estados da Coroa, para defender seus privilégios de classe), sobretudo em Aragão e Valência. Pressionado pela ameaça de Pedro I de Castela, inicialmente teve que concordar com a manutenção do *Privilegio de la Unión*, derrogado somente em 1348, na batalha de Epila, que lhe possibilitou o controle da nobreza rebelde. Porém, o sistema *pactista* vigente na Coroa foi uma forma de limitar o poder real, que dependia financeiramente da decisão das Cortes, nas quais os diferentes Estados da Coroa (Aragão, Catalunha, Valência e Maiorca) deliberavam separadamente. O Cerimonioso, agindo como "bom rei" medieval, inspirado pelos conceitos escolásticos, acreditava que sua missão primordial era o reto governo dos seus domínios, aspirando a forjar uma espécie de conceito nacional em torno da monarquia. Não lhe faltou sutileza política, nem teve excessivos escrúpulos na escolha dos procedimentos.
Doc. 212.

PEDRO, O VENERÁVEL (1094-1156). Foi enviado pelo abade de Cluny, Hugo de Semur, como monge a Vezelay, onde estudou e tornou-se prior, cargo ocupado, posteriormente, em Domène. Foi eleito abade de Cluny em 1120. Com ele Cluny adquire a maior pujança da ordem. Pedro é o modelo acabado de monge cluniacense. É, antes de tudo, um intelectual, o que o leva a acolher sob sua proteção Abelardo, quando condenado pela Igreja e por São Bernardo. Suas controvérsias com Bernardo de Claraval permaneceram célebres, embora não fosse um grande teólogo. Entre seus méritos está o de ter adotado uma atitude racionalizadora para combater a heresia e o Islã: conhecer as obras dos adversários antes de combatê-los pelos seus escritos era seu lema. Para atingir essa empresa, viaja a Toledo, organiza a tradução do Corão e adquire numerosas obras de procedência árabe, originais ou traduzidas. Quando de sua morte, a biblioteca de Cluny contava com mais de cinco mil obras.

Doc. 159.

PEDRO DE BLOIS (1135-1200). Foi chanceler do arcebispo Richard, que sucedeu a Tomás Becket em Canterbury. Sua política parece ter sido diferente daquela do seu predecessor. Conselheiro de Henrique II da Inglaterra, não parece ter desaprovado a política eclesiástica do monarca, a qual era pouco favorável às liberdades do clero. Clérigo do círculo de Henrique II, Plantageneta, foi arcediago de Londres. Autor de numerosos sermões, deixou, ainda, uma vasta correspondência. Como teólogo, comentou e resumiu o *Livro sobre Job* de Gregório, o Grande. Como jurista, comenta o *Digesta*. Como moralista, analisa os costumes do seu tempo.

Doc. 161.

PEDRO DE SELLES (s. XII). Monge cisterciense que, como Guilherme de Saint-Thierry e Bernardo de Claraval, manifestou a sua oposição ao movimento cultural dos novos clérigos das cidades. Eles pregavam uma volta ao monaquismo primitivo místico-oriental em contraposição aos "novos intelectuais" urbanos, que se voltavam para a cultura greco-árabe como fermento do espírito e dos métodos de pensamento que caracterizarão o Ocidente.

Doc. 161.

PROCÓPIO DE CESAREIA (500?-565). Historiador bizantino na corte de Justiniano. Foi secretário do general Belisário, ao qual acompanhou em numerosas campanhas militares que deram origem a uma *História das guerras* (contra godos, vândalos e persas). Formou parte dos colaboradores de Justiniano, de quem foi uma espécie de propagandista como aparece em *De aedificiis*, onde descreveu as obras construídas ou reconstruídas pelo imperador. Porém, após a queda de Belisário, converteu-se em detrator do imperador Justiniano e da imperatriz Teodora. Em *História secreta*, publicada após sua morte, denuncia e descreve minuciosamente as fraquezas dos monarcas e a corrupção política da corte.

Doc. 24, 31, 32.

RAIMUNDO LÚLIO – Ramón Llull – (1232-1316). Senescal e mordomo de Jaime II de Maiorca. Filho de nobres catalães, foi instruído de acordo com os padrões de sua época. Em 1262, mudou totalmente o rumo de sua vida e, após alguns anos dedicados à reflexão e ao estudo, resolveu entregar-se à conversão dos infiéis. Aprendeu latim, árabe e filosofia com os dominicanos e um escravo árabe. Fundou, em 1276, o colégio de Miramar para o ensino da língua árabe e para a formação de missionários. Fez numerosas viagens à Ásia e à África. Foi também à Itália e à França, entrando em contato com o papa, com Filipe, o Belo, e com a Universidade de Paris. Em 1292 fez-se "terceiro franciscano". Autor de mais de duzentas obras científicas, literárias, teológicas e pedagógicas, escritas em latim, árabe e catalão. Estas manifestam influências árabes e judaicas e são uma original síntese de misticismo, erudição científica e filosofia de ação. Suas obras são o reflexo de sua vida. O *Livro da Ordem da Cavalaria* e *O Livro das bestas* são o resultado da experiência dos seus primeiros anos de vida palaciana. Em *Vida coletânea*, *Livro do gentil e dos três sábios* e *Blanquerna* encontram-se as motivações da sua ação. *Ars magna primitiva* ou *Arte maior* representa a síntese ordenada dos seus conhecimentos, concebidos como "arte", nas suas diversas formas, procurando sempre fazê-los inteligíveis, pois sua finalidade era a conversão pelo convencimento. Influenciou humanistas do século XV como Giordano Bruno e Pico della Mirandola e, no século XIX, Leibniz. Doc. 82 a 85.

RAUL GLABER (985-1050). Monge borgonhês, andarilho e curioso, passou a sua vida viajando pelos mosteiros cluniacenses da Borgonha, nos quais o seu talento literário lhe assegurou sempre uma boa acolhida. Frequentou Saint-Léger-de-Champange, Saint-Germain-de-Auxerre, Moutiers-Saint-Jean, Saint-Benigne-de-Dijon, de onde partiu para a Itália em 1031, voltou passando por Cluny e terminou sua vida em Auxerre, onde concluiu os seus *Cinco livros de História*, obra dedicada ao abade Odilon de Cluny. Na tradição da historiografia cristã, a obra apresenta-se na forma de uma crônica universal das origens do mundo até os tempos contemporâneos. Durante muito tempo, Raul não gozou de boa reputação. Os historiadores positivistas reduziram sua obra a uma coletânea de anedotas pitorescas ou ingênuas e não viram no autor mais do que um monge tagarela, mal informado, crédulo e narcisista. Em verdade, Raul apresenta uma visão parcial, excessivamente borgonhesa, sem prestar muita atenção à cronologia; a geografia é aproximativa e o diabo é um ator onipresente na história. Mas ele é um bom historiador cristão que descobriu nos acontecimentos as manifestações da providência divina. Mostrou-se

especialmente atento ao analisar os comportamentos, descrevendo as mentalidades do seu tempo. Sua obra abre uma porta à cultura popular, seu estilo é vivo e, sem dúvida, é um mestre na arte de narrar. Suas histórias são uma espécie de afresco da cultura medieval do ano mil. Não lhe falta o conhecimento de historiadores anteriores, mas escreve sob uma perspectiva teológica providencialista, tratando de explicar os acontecimentos na perpétua homologia fundante da ordem do mundo.
Doc. 57 a 60, 94, 101.

RECESVINTO (649-672). Rei godo da Espanha. Realizou, por volta de 654, uma codificação das leis dos monarcas que o precederam e outras suas, destinadas tanto aos hispano-romanos como aos visigodos, conhecida como *Código de Recesvinto*. O convívio das populações romanas e germanas num mesmo território como resultado das invasões bárbaras trouxe consigo numerosos problemas jurídicos. A solução imediata foi a personalização das leis, que permitiam aos romanos continuar regendo-se pelos seus códigos tradicionais e aos germanos, pelas suas práticas consuetudinárias. Porém, a influência do direito romano se impôs aos invasores, que sentiram a necessidade de codificar por escrito as próprias leis. O *Código de Eurico* (476), e O *Breviário de Alarico* (506) respondem também a esse intuito.
Doc. 21.

REGINALDO DE DURHAM (s. XI). Na obra *Libellus de Vita et Miraculis S. Godrici heremitae de Finchale*, Reginaldo narra a história de Godric de Finchale, um mercador que veio a ser santificado em fins do século XI. Godric havia nascido de pais lavradores em Lincolnshire. Essa narrativa mostra a aparição de novas funções na sociedade e o processo de dignificação do trabalho dos mercadores pela Igreja.
Doc. 134.

REIS CATÓLICOS (s. XV). Com esse epíteto, que responde ao título outorgado pelo papa Alexandre VI em 1494, são conhecidos os reis Fernando II de Aragão – V de Castela – (1452-1516) e Isabel I de Castela (1451-1504). Essa denominação foi rapidamente aceita porque permitia expressar em duas palavras uma complexa realidade. A Espanha no século XV não era mais do que uma expressão geográfica que compreendia cinco reinos: Castela, Aragão, Portugal, Navarra e Granada. Essa denominação não tinha um significado maior do que o aplicado ao rei da França de "rei cristianíssimo". O casamento de Isabel e Fernando representou a união de duas casas reais, de duas coroas cujos povos conservaram suas próprias instituições e

peculiaridades, embora no futuro viessem a ser governadas por um só monarca. Contudo, a dupla monarquia dos Reis Católicos vincula sócios desiguais. Entre uma Castela em expansão e uma Coroa de Aragão em fase de contração, a balança pendeu para a primeira. O que se estabeleceu sob os Reis Católicos foi o Estado espanhol moderno, e este era castelhano. Na economia, são os recursos fiscais de Castela, em grande parte, e os homens de Castela que fundam o poderio da Espanha. E foi, naturalmente, a língua castelhana a que se transformou em espanhol. As grandes empresas realizadas pelos reis, a conquista de Granada, a descoberta da América e a anexação de Navarra foram vinculadas a Castela.
Doc. 224.

RICARDO CORAÇÃO DE LEÃO (1189-1199). Sucessor de Henrique II, Plantageneta, Ricardo esteve ausente da Inglaterra durante a maior parte do seu reinado, participando da Terceira Cruzada. As dificuldades que enfrentou ao seu regresso: prisão em terras germânicas, revolta de seu irmão João sem Terra e numerosas vicissitudes políticas e pessoais, unidas à fama dos seus dotes como guerreiro, converteram-no em protótipo do cavaleiro medieval, herói quase mítico de muitas lendas. Essa fama valeu-lhe a alcunha "Coração de Leão".
Doc. 69.

RICHER (940-998). Monge de Saint-Remi de Reims, a cuja abadia permaneceu vinculado durante toda sua vida. Discípulo de Gerberto de Aurillac, segue fielmente os ensinamentos do mestre, o qual lhe proporá escrever a história do seu tempo. Ao mestre dedicará sua obra, além de consagrar-lhe 23 capítulos do livro III, nos quais descreveu a vida e os ensinamentos de Gerberto, oferecendo um vivo retrato do papa do Ano Mil. Trata-se de quatro livros de *Histórias* que abrangem o período de 888 a 995 e que se apresentam como continuação dos *Annales* de Hincmar. Os dois primeiros livros narram até a morte de Luís IV; o terceiro abrange o reinado de Lotário; e o quarto contém um relato detalhado dos últimos anos que se seguiram à morte desse rei. Seu trabalho não é homogêneo, às vezes limita-se a reproduzir o conteúdo de anais anteriores com pequenas ampliações. Em outros momentos, revela certa originalidade e, sobretudo, seu gosto pela retórica ao construir seu relato, o que o leva a colocar discursos fictícios na boca das personagens. Conhecedor de César, Salustio e Isidoro de Sevilha, aos quais imitou, utilizou como fontes os *Annales* de Flodoardo, ampliando-os com lendas e narrativas às vezes fantásticas. A qualidade de sua obra foi diversamente apreciada. Porém,

como testemunha dos acontecimentos narrados nos dois últimos livros, torna-se fonte imprescindível para se conhecer as origens da monarquia capetíngia. A obra de Richer não foi conhecida durante a Idade Média, conservando-se apenas um manuscrito, descoberto em 1833.
Doc. 158.

ROBERT LE COQ (s. XIV). Bispo de Laon, participou como líder do seu estamento nos Estados Gerais (1357), reunidos após a prisão de João II na batalha de Poitiers pelos ingleses. (Ver João II)
Doc. 210.

ROBERT DE CLARI (1170-1216). Cavaleiro picardo que participou da Quarta Cruzada. A ele deve-se uma das primeiras obras-primas da historiografia em prosa escrita em francês: *A conquista de Constantinopla*, que oferece o ponto de vista de um obscuro cavaleiro, estranho às preocupações políticas da expedição, mas observador curioso e maravilhado dos acontecimentos que o rodeiam. Descreve as riquezas de Constantinopla, sensível à anedota e ao detalhe pitoresco. Clari é um testemunho inestimável e um narrador de talento, precedente do que seria mais tarde a história cavalheiresca.
Doc. 33, 34.

ROBERT DE TORIGNY (?-1186). Monge em Bec-Hellouin em 1121, depois prior e abade de Mont-Saint-Michel em 1154. Cronista, autor de uma *História abreviada* sobre o monaquismo na Normandia, de uma compilação de *Listas episcopais* e da *História dos duques de Normandia* para o período de 1087-1137, obra que havia sido começada por Guilherme de Jumièges e Orderico Vital. Continua igualmente a *Crônica universal* de Sigeberto de Gembloux.
Doc. 96.

RODULFI GLABRI. *Ver* Raul Glaber.

ROGER DE WENDOVER (Rogério) (?-1236). Monge beneditino. Escreveu uma conhecida crônica *Flores historiarum* no priorado de Belvoir, dependência de São Albano, que governou como prior. Sua obra vai até 1235, começando em 447 com a história dos bretões. Foi editada em 1841 pela The Ingles Historical Society, por H. O. Coxe, em cinco volumes; reeditada em 1886-1889 por Hewlett. É de grande autoridade, sobretudo a partir de 1202.
Doc. 20.

RUI DE PINA (1440?-1522). Escrivão, notário público, diplomata e cronista dos reinados de D. João II e D. Manuel de Portugal. De origem aragonesa, nasceu em Guarda, Portugal, e foi escudeiro na casa de Afonso V. Mostrou desde cedo o gosto pelo estudo da história sagrada e profana. De grande capacidade de ação, mereceu a confiança de D. João II, que o encarregou de diversas missões diplomáticas. Em várias ocasiões foi enviado a Castela, a Roma, e participou do Tratado de Tordesilhas. Foi nomeado cronista oficial para escrever as crônicas do reino. São atribuídas a ele as crônicas de D. Sancho I, D. Afonso II, Sancho II, Afonso III, D. Dinis, Afonso VI, D. Duarte, Afonso V e João II. Para muitas delas, utilizou escritos de cronistas anteriores (Zurara, Fernão Lopes), segundo a opinião de alguns historiadores. Doc. 88.

SALADINO – Salâh al-Dîn (1138-1193). Após a reação muçulmana diante das Cruzadas, conduzida por Nur-al-Dîn em Damasco, que unificou a Síria sob sua autoridade, seguiu-se a conquista do Egito pelo seu general Chirkuh, de origem curda, que se proclamou vizir, cargo ocupado à época de sua morte por seu sobrinho Saladino, o qual tornou-se senhor único do Egito após a morte de Al-Adid, último califa fatímida (1171). Saladino, desde a sua base no Egito, soube explorar as rivalidades internas dos cristãos para conseguir seus objetivos: unificar o mundo islâmico, mobilizar os muçulmanos contra os cruzados, privilegiando a negociação sobre a guerra. Do Egito parte para a conquista da Síria – Damasco (1174) e Alepo (1183) –, recolhendo a herança de Nur-al-Dîn, ao qual considerava seu "mestre". Egito e Síria serão as bases para preparar a retomada de Jerusalém em 1187, deixando aos cruzados uma pequena faixa costeira onde se encontram as cidades de Acre, Tiro, Trípoli e Antioquia. A personalidade de Saladino exerceu um grande fascínio entre seus contemporâneos cristãos, além de se tornar o herói coletivo dos muçulmanos, vinculando seu nome à Cidade Santa. Frederico Barbarruiva e Ricardo Coração de Leão, que acodem à Terceira Cruzada, não escondem sua admiração e respeito. Bahaeddin, seu cronista e conselheiro, apresentou-o e descreveu-o como piedoso e fiel, humano e sensível, generoso e magnânimo, hábil político sem crueldade, conciliador e tolerante, "o justo e perfeito" que restabeleceu a confiança dos muçulmanos após a conquista de Jerusalém. "Sua morte foi chorada pela multidão dos crentes". (Bahaeddin) Doc. 69.

SALVIANO (390-484). Galo-romano, monge em Lerins, ordenado sacerdote em Marselha, onde morreu. Entre as obras que dele se conservam encontra-se *De Gubernatione Dei*, tratado no qual busca dar resposta

aos acontecimentos que perturbavam as mentes na época: o saque de Roma (410) e as invasões bárbaras. Sua obra resulta numa apologia da Providência e numa tentativa de explicação dos acontecimentos. Para ele, a causa da catástrofe que se abate sobre o Império é interna: os pecados dos romanos, incluídos os cristãos, em contraposição à ignorância dos bárbaros. Daí a tolerância que manifesta com estes últimos. Os desastres são consequência dos pecados dos homens, não da vontade de Deus. Defende a integração dos povos.
Doc. 19.

SÃO BENTO (480-543). Foi o fundador do monacato ocidental. Nasceu no seio de uma opulenta família de Núrsia, na Itália. Retirou-se muito jovem para viver como eremita, adquirindo fama de asceta e santo. Fundou o mosteiro de Monte Cassino, perto de Nápoles, e escreveu a *Regra Monacorum*, que se transformou na base do monaquismo ocidental posterior.
Doc. 106.

SÃO BERNARDO DE CLARAVAL (1090-1153). Nasceu em Fontaine, de uma família nobre da Borgonha, recebendo aprimorada educação clássica como cavaleiro. Com um grupo de companheiros, entra no mosteiro de Citeaux, fundado por Robert de Molesmes em 1112. O abade Étienne Harding encomendou-lhe a fundação de um novo mosteiro em Champagne, perto de Troyes, surgindo assim Claraval, que desempenhará um papel decisivo no desenvolvimento do Cister. Na organização proposta por Bernardo, cada mosteiro terá um abade com plenos poderes, o capítulo geral da ordem será uma assembleia entre iguais e o controle será feito pela inspeção da abadia mãe sobre as filiais. Em 1153, a Ordem do Cister contava com 350 abadias, das quais 150 filiais de Claraval. Em sua vida, Bernardo esteve dividido entre o desejo de praticar o ideal ascético de afastamento do mundo, que o leva a instalar seus mosteiros em paragens solitárias, e o seu caráter e educação, que o convertem em um homem de ação. A balança penderá para a segunda via. Ele acompanhou e esteve imiscuído em todos os assuntos da vida secular e espiritual de seu tempo. Interferiu em todos os assuntos religiosos com a convicção de ter sempre a razão. No papado, adquiriu influência decisiva em Roma quando Eugênio III (monge de Claraval) foi eleito papa. Converte-se em defensor da ortodoxia contra a heresia cátara. Perseguiu com intransigência tudo o que lhe parecia provir do orgulho humano, atacou os cluniacenses pela sua ostentação e riqueza, combatendo toda tentativa de desenvolvimento do espírito crítico. Abelardo foi a

principal vítima dessa intransigência, condenado pela sua mediação no Concílio de Sens (1140). Não poupou professores e estudantes das escolas urbanas que estavam surgindo. Pregou em Vezelay a Terceira Cruzada e fez o elogio das ordens militares. Bernardo foi uma das figuras mais prestigiosas pela sua autoridade na Cristandade. Mas não teve a percepção da evolução do pensamento inteletual e religioso: o sucesso dos cistercienses, na sua época, foi incomparável, mas seu projeto político estava destinado ao fracasso.
Doc. 97, 113. 114, 161.

SÃO GREGÓRIO DE TOURS. *Ver* Gregório de Tours.

SANTO AGOSTINHO (354-430). Bispo de Hipona. Um dos quatro grandes Padres da Igreja latina. Nascido em Tagaste de pai pagão e mãe cristã, Agostinho foi criado como cristão, mas não batizado. Estudando retórica na Universidade de Cartago e depois ensinando retórica na Itália, abandonou completamente sua origem cristã, seguindo primeiro as crenças neoplatônicas e, depois, as maniqueístas. Em 386, porém, converteu-se ao cristianismo por obra de Santo Ambrósio e foi batizado no ano seguinte. Voltando ao norte da África, foi ordenado padre e, finalmente, bispo de Hipona, em 395. Ativo em seu papel pastoral, contribuiu para a refutação das doutrinas de vários grupos heréticos, como os maniqueístas e os donatistas. É conhecido, sobretudo, como filósofo e teólogo. Entre suas obras estão as *Confissões*, onde relata a sua própria conversão, vários *Sermões* sobre os Evangelhos e *A cidade de Deus* (413-426). Nesta obra, Agostinho tentou responder às críticas daqueles que rejeitaram o cristianismo com o argumento de que Deus tinha consentido que Roma caísse, procurando mostrar-lhes a escala gigantesca do universo e o plano de Deus para o homem, no âmbito do qual a queda de Roma era apenas uma gota no oceano. Considera que todos os homens pertencem a uma das duas cidades: a cidade de Deus, composta por todos os fiéis, e a cidade dos descrentes. Foi o primeiro teólogo cristão a expressar, de forma sistemática, a doutrina da salvação do homem pela graça divina. Também escreveu uma série de diretrizes para a vida clerical, destinadas a um certo número de mosteiros locais, e que foram usadas no século XI como base da chamada *Regra de Santo Agostinho*. Sua atitude geral para com o governo político, que atribui à natureza pecaminosa, provou ser imensamente influente no pensamento eclesiástico medieval, e, no entanto, vê o Estado como um meio efetivo de canalização das consequências maléficas do pecado. Foi dos pensadores mais influentes na Idade Média e na filosofia cristã posterior.
Doc. 103.

SIDÔNIO APOLINÁRIO (s. V). Galo-romano. Apresenta uma visão tolerante e conciliadora entre romanos e bárbaros. Porém, em carta dirigida ao amigo Arbogasto (477), manifesta sua preocupação quanto à desaparição progressiva da cultura latina.
Doc. 17.

SILVESTRE II. *Ver* Gerberto de Aurillac.

SONGE DU VERGER (Le). Compilação de obras realizada sob o reinado de Carlos V (1364-1380), provavelmente por um grupo de clérigos, cujos textos foram escritos nos cem anos anteriores ao reinado. O resultado foi um volumoso compêndio que aborda todos os problemas da atualidade política e social. Carlos V "estava convencido da importância da propaganda" (Guenée) para reforçar sua legitimidade e reabilitar o prestígio de sua dinastia. Seu pai, João II, havia sido vencido e preso pelos ingleses em Poitiers, e seu avô, Filipe de Valois, subira ao trono em condições discutíveis, dando origem à Guerra dos Cem Anos. A obra foi constituída, assim, para prestigiar a monarquia, somando-se à série de traduções encomendadas pelo rei para a sua biblioteca. Junto às "epopeias" dos poetas do seu círculo, tais como Florent e Octavien, Hugo Capeto ou Teseo de Cologne, os súditos podiam encontrar nessa obra personagens que o rei gostaria de unir à sua dinastia: Hugo Capeto, Dagoberto ou São Dinis, entre outros.
Doc. 197, 205.

SUGER (1081-1151). Abade de São Denis. Destacou-se como administrador. Participou em vários concílios e em missões diplomáticas como conselheiro de Luís VI, apoiando a coroação de seu segundo filho, Luís VII. Escreveu uma biografia de Luís VI que é uma fonte essencial para a época, tendo iniciado a de Luís VII. Fez de sua abadia o centro de assembleias políticas e de recepção de embaixadas. Reconstruiu a Igreja de São Dinis – primeiras experiências do gótico – destacando-se também como mecenas das artes. Dele conservam-se numerosas cartas.
Doc. 98 a 100.

TEODORICO (455-526). Rei ostrogodo. De origem real, nasceu no momento em que seu povo avançava em direção às fronteiras do Império. Enviado como refém a Constantinopla, passou doze anos na corte imperial, impregnando-se da cultura romana. Foi enviado pelo imperador Zenão como *magister militum* para combater Odoacro na Itália, sendo proclamado rei dos ostrogodos depois de tê-lo derrotado e morto. Instaurou um sistema de governo fundado no respeito à identidade dos povos romano e godo, contando com a colaboração de romanos como Cassiodoro e Boécio. Reproduziu em Ravena, sua capital, a figura de um imperador do Ocidente. Por meio de uma política de alianças com outros reinos bárbaros, exerceu verdadeira hegemonia no Ocidente, esforçando-se por manter o equilíbrio político. O fim do cisma ariano em Bizâncio aproximou Roma do imperador e, no reino de Teodorico, que permanece ariano, sucedeu-se uma série de repressões, entre outras a condenação de Boécio. À época de sua morte, o fracasso de sua política era patente. Clóvis, o rei dos francos, tinha se convertido ao catolicismo, sendo reconhecido como protetor da ortodoxia cristã. Porém, entre a população romana permaneceu viva a aspiração, mais ou menos difusa, de um ideal de unidade, encarnado pelo Império Bizantino e representado na Itália por Teodorico.

Doc. 16.

TEODORA (500-548). Imperatriz de Bizâncio. Procedia de uma das camadas mais baixas da sociedade, do mundo do espetáculo circense; era filha de um domador de ursos e ela mesma atriz. A sua beleza e inteligência seduziram Justiniano, que a desposou. Elevada com seu marido ao trono imperial (527), soube adaptar-se perfeitamente à nova condição social. Sua influência na corte foi marcante em momentos decisivos como na revolta da Nika (532), impedindo Justiniano de fugir da capital e participando da escolha ou afastamento dos colaboradores do imperador, tais como Blisário e João de Capadócia. Simpatizante do monofisismo, a sua influência nas hesitações de Justiniano em condená-lo podem ser claramente sentidas. Foi, sem dúvida, uma mulher inteligente e de grandes dotes para o governo, embora os escritos maledicentes de Procópio em *História secreta* a critiquem duramente.

Doc. 24, 32.

TEODÓSIO (379-395) Imperador romano. Ver Édito de Tessalônica.

TOMÁS DE AQUINO, (1225-1274). Nasceu no castelo de Roccasecca, da família dos condes de Aquino, sendo, levado, com a idade de cinco anos, para a abadia de Monte Cassino. Foi enviado pelos beneditinos à Universidade de Nápoles para continuar seus estudos. Decidiu entrar para a Ordem dos Pregadores, com a oposição de seus parentes, que chegaram a sequestrá-lo. Os dominicanos enviaram-no a Paris para prosseguir seus estudos sob a orientação de Alberto Magno (1245-1248), ao qual acompanhou a Colônia. Voltou a Paris como mestre em 1257. Lá, contou com um público apaixonado, sobretudo na Faculdade de Artes, onde intenta, como seu mestre Alberto Magno, tornar Aristóteles inteligível para os latinos. Nomeado leitor em teologia na cúria pontifícia (1259-1268), foi obrigado a se deslocar continuamente. As frequentes viagens que realizou não interromperam seu trabalho de escritor. É na segunda fase como professor em Paris (1269-1272) que Tomás desenvolve a mais incrível das atividades, multiplicando as *questions* e *quodibes* com os seus discípulos e redigindo, ao mesmo tempo, a segunda parte da *Suma Teológica*, a mais genial de suas obras. Teve de suportar a crítica dos "frades menores", que, seguindo Boaventura, condenavam o aristotelismo em geral. Apesar de se opor a Siger de Brabante e ao averroísmo no seu tratado *A unidade do intelecto*, algumas de suas proposições foram condenadas pelo bispo de Paris, Étienne Tempier, sofrendo, por isso, uma intervenção pontifícia. Isolado da cúria e de uma parte dos dominicanos contrária a toda forma de aristotelismo, Tomás é enviado a Nápoles para lecionar Teologia. Nessa cidade redige a terceira parte da *Suma Teológica,* abandonada na questão 90. Morreu no mosteiro cisterciense de Fossa Nova quando estava a caminho do Concílio de Lyon. Em 1277, após de sua morte, o bispo Étienne, de Paris, condena suas teses, contidas nas proposições ensinadas por ele em Paris. A reabilitação de Tomás de Aquino se tornará oficial somente depois de 1325, em Paris e Oxford, dois anos após sua canonização. Doc. 118, 193.

TRIBONIANO (475-545). Questor do imperador Justiniano, função instituída pelo imperador Constantino. Cabia ao questor, que era uma espécie de chanceler, redigir as leis, fazer relatórios sobre as instâncias dirigidas ao imperador e referendar seus escritos. Justiniano encarregou Triboniano de rever todas as obras de direito clássico, selecionando o que ainda pudesse ter vigor e pondo de parte as leis ultrapassadas. Em três anos, a comissão chefiada por Triboniano realizou esse trabalho, tendo manuseado cerca de dois mil livros; o resultado foi o *Digesta*. Triboniano foi um eficiente colaborador em todas as obras jurídicas empreendidas pelo imperador Justiniano.
Doc. 27.

URBANO II (1088-1099). Papa. No Concílio de Clermont-Ferrand (1095), Urbano fez um chamamento público para ajudar os cristãos do Oriente e conquistar a "Terra Santa" dos infiéis. Esse apelo teve uma grande repercussão, dando origem à Primeira Cruzada. Apresentada como um movimento coletivo da Cristandade, a Cruzada teve na sua origem características populares e uma certa mística: a necessidade de purificação coletiva do pecado. A empresa guerreira organizou-se sob o comando de Godofredo de Bulhões, Balduíno de Flandres, Roberto II de Flandres e Roberto da Normandia, acompanhados de

um legado papal, o bispo de Puy. A surpresa entre os muçulmanos e as divisões internas por eles vividas contribuíram para que os cristãos conseguissem alguns êxitos, que culminaram com a conquista de Jerusalém, em 1099, e a fundação de uma série de Estados feudais, no Oriente. Foucher de Chartres acompanhou a expedição como cronista.
Doc. 62, 63.

USATGES DE BARCELONA. Coleção de fontes jurídicas de direito consuetudinário do Condado de Barcelona, principalmente do século XI, publicada por Ramon d'Abadal em 1913.
Doc. 78.

VILLEHARDOUIN, Geoffroy de (1150-1218). Cavaleiro francês de origem camponesa; foi marechal do conde de Champagne e enviado a negociar com os venezianos o transporte dos cruzados a ultramar. Participou da Quarta Cruzada, formando parte do conselho dos barões que decidiram o desvio da Cruzada para Constantinopla e a tomada da cidade em 1204. Em *A conquista de Constantinopla,* trata de justificar e explicar à Cristandade ocidental as razões dessa empresa contra um Estado cristão, em detrimento dos objetivos fundamentais da Cruzada. Obra redigida por volta de 1210 e escrita em francês, remonta à pregação da Primeira Cruzada, em 1096, e termina em 1207. Está escrita em um estilo claro e direto, rica de informações e observações pessoais; nela apresentam-se cavaleiros interesseiros e mercadores ávidos de riqueza, à diferença das narrativas precedentes sobre as Cruzadas, carregadas de ideais e motivos espirituais. Pode-se, por vezes, colocar em dúvida a sinceridade de Villehardouin, mas ele se absteve, em geral, de julgar, contentando-se em apresentar os fatos e propô-los. É a primeira grande obra historiográfica em prosa da França e que abre a via para um novo gênero literário.
Doc. 66.

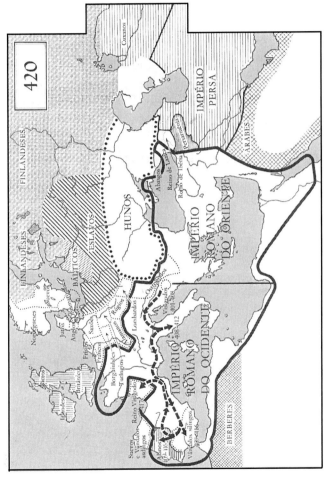

FIGURA 1 – Divisão do Império Romano: povos bárbaros e primeiras invasões.
(Os mapas reproduzem a versão de McEVEDY, C. *Atlas de História Medieval*. São Paulo: Verbo, 1990.)

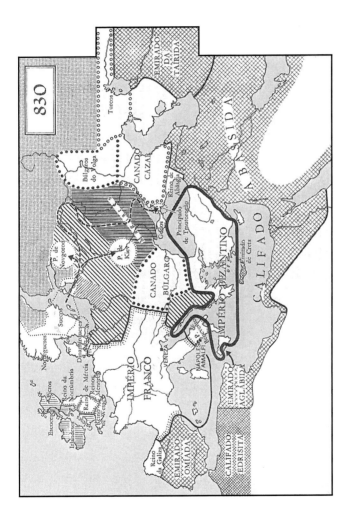

FIGURA 2 – O Ocidente carolíngio, bizantino e árabe no século IX.

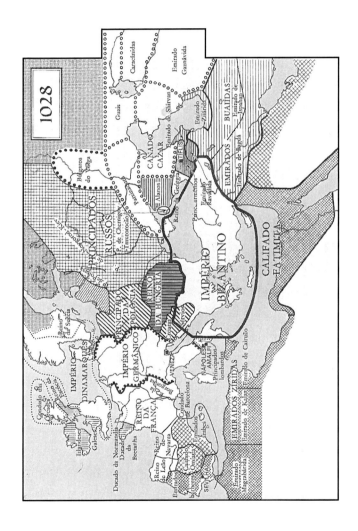

FIGURA 3 – O Ocidente após o ano mil.

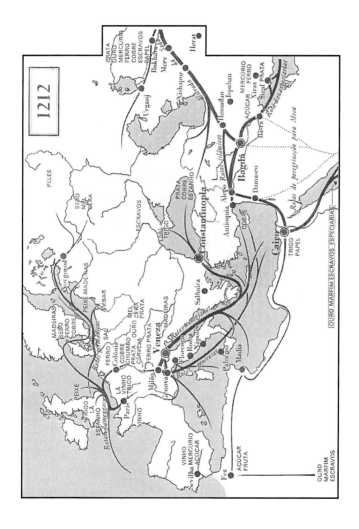

FIGURA 4 – Rotas e produtos comerciais no século XIII.

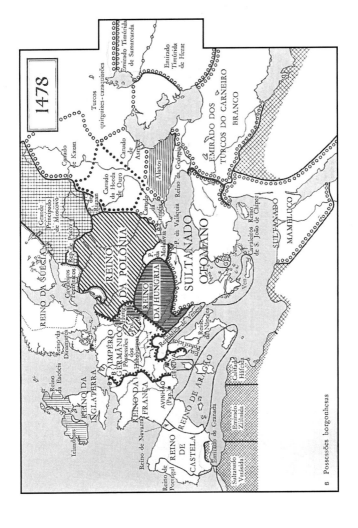

FIGURA 5 – A Europa no fim da Idade Média.

ÍNDICE DE DOCUMENTOS

I O MUNDO MEDITERRÂNEO NA IDADE MÉDIA 27

A herança romana 27
1 Édito de Milão (313) 27
2 Édito de Tessalônica (380) 28

As invasões bárbaras 29
3 Perfil de Átila (406-453) 29
4 O aspecto e os costumes dos hunos (330-391) 30
5 As características dos alanos (330-391) 31
6 Reis e chefes saxões (s. VII) 32
7 Sobre a origem dos francos (s. VI) 32
8 A instalação dos visigodos no Império (s. IV) 33
9 O saque de Roma por Alarico (410) e as incursões bárbaras na Gália e na Espanha 35
10 A invasão da Península Ibérica pelos vândalos, suevos e alanos (409-411) 36
11 Os vândalos na África (560-636) 37
12 A fixação dos anglos e dos saxões na Bretanha (s. V) 38
13 A invasão da Itália pelos lombardos (568) 39
14 A queda do Império Romano do Ocidente (476) 39
15 A política de Ataúlfo em relação a Roma (s. V) 40
16 Teodorico, rei dos ostrogodos, vence Odoacro e se estabelece na Itália (493) 41
17 Sobre a decadência da cultura romana (s. V) 42

18 O descalabro da civilização romana na Gália (s. VI) 43
19 Instabilidade do Império Romano (440) 44
20 A conversão de Clóvis (496, 498 ou 506) 44
21 A lei dos visigodos e a aproximação das raças (649-672) 45
22 A conversão dos visigodos (580-587) 45
23 Após o batismo de Clóvis (s. V) 46

O Império Bizantino 47
24 Constantinopla no século VI 47
25 Descrição de Constantinopla pelo geógrafo Idrisi (s. XII) 48
26 O fausto imperial em 949 48
27 O imperador Justiniano encarrega Triboniano de organizar o *Digesta* (530) 50
28 Proêmio das *Institutiones* de Justiniano 51
29 Extratos da Epanagoge (879) 53
30 Lei de Leão VI, o Sábio, limitando a autoridade do Senado (886-912) 54
31 Santa Sofia (527-565) 54
32 O palácio imperial (s. VI) 56
33 Santa Sofia vista por um ocidental (s. XIII) 57
34 As maravilhas de Constantinopla: os jogos do imperador (s. XIII). 57

O mundo islâmico 58
35 A existência de um só Deus, Allah 58
36 A oração 59
37 O jejum do Ramadã 59
38 A esmola 60
39 A peregrinação a Meca 60
40 A Guerra Santa ou *Jihad* 60
41 Os rituais religiosos em Meca (s. XIV) 61
42 O Corão e a instrução da criança muçulmana (1332-1404) 62
43 A educação de Avicena (980-1037) 64
44 Aristóteles visto por Averróis (1126-1198) 65
45 A finalidade da História (1332-1404) 65
46 Sobre a medicina: a existência do contágio (1313-1374) 66
47 Os sábios muçulmanos só por exceção foram árabes (1332-1404) 66
48 A extensão do Império Muçulmano no último terço do século X 68

A reorganização germânica	68
49 Carlos Magno confirma a doação de Pepino ao Papa (774)	68
50 Deveres de Carlos Magno e do Papa (796)	69
51 Sobre os "Três mais altos poderes do mundo"	70
52 A coroação de Carlos Magno (800)	70
53 A fundação das escolas monacais e catedralícias (789)	71
54 O rendimento de uma villa carolíngia (800)	71
55 Normativa carolíngia: capítulos referentes a todos em geral (801)	72
56 A catedral de Aachen (s. VIII-IX)	73

2 A CRISTANDADE MEDIEVAL — 77

O Ano Mil	77
57 O Ano Mil na visão do cronista Raul Glaber	77
58 A paz de Deus	78
59 A trégua de Deus	79
60 A peregrinação	80
61 A fundação de Cluny (s. X)	81
As Cruzadas	83
62 O Concílio de Clermont: Urbano II (1095)	83
63 O entusiasmo popular pela Primeira Cruzada (1096)	84
64 Privilégios pontifícios aos membros da Segunda Cruzada (1145)	85
65 Uma reação crítica à Segunda Cruzada (1147)	86
66 A pregação da Quarta Cruzada (1198)	86
67 As cruzadas vistas pelos árabes (1119)	87
68 A tomada de Jerusalém pelo cronista Ibn al-Athir (1187)	88
69 Relações entre Ricardo Coração de Leão e Saladino (s. XII)	89
70 Cruzados e venezianos em Constantinopla (1203-1204)	90
A sociedade estamental	91
71 As três ordens (s. XI)	91
72 A sociedade eclesiástica (s. XI)	92
73 Relação entre o poder espiritual e o temporal (s. VI-VII)	93
A organização feudal	94
74 Direitos e deveres feudais (s. XI)	94
75 Fórmula de encomendação (s. VIII)	95
76 Vassalagem e investidura (s. XII e XIII)	96

77 O feudo (s. XIII)	97
78 O direito de alienar o feudo (s. XI)	98
79 A hereditariedade do benefício: Capitular de Quiersy (877)	98

A Ordem da Cavalaria	99
80 Dos cavaleiros	99
81 A linhagem do cavaleiro (s. XIII)	100
82 A posição social do cavaleiro (s. XIII)	100
83 A função do cavaleiro (s. XIII)	101
84 A preparação do cavaleiro (s. XIII)	101
85 O ingresso na Ordem da Cavalaria (s. XIII)	102
86 Festejo em torno de um novo cavaleiro (s. XIV)	103
87 A concessão da cavalaria antes de uma batalha (s. XIV)	103
88 A concessão da cavalaria depois de um combate	104

Dos servos	105
89 Encomendação com perda de liberdade (s. X)	105
90 As obrigações dos colonos (x. IX)	105
91 Rendas e serviços (s. XIII)	106
92 Sobre a condição social do servo (s. IX)	107
93 Direitos senhoriais sobre os servos (1462)	108

3 A CATEDRAL, A CIDADE, A ESCOLA	113
A CATEDRAL	113
O renascimento arquitetônico: românico e gótico	113
94 O surto da construção religiosa no início do século XI	113
95 A população de Rouen colabora na construção da sua catedral (1145)	114
96 Entusiasmo na construção da catedral de Chartres (1145)	114
97 S. Bernardo de Claraval condena os excessos decorativos das igrejas (s. XII)	115
98 A reconstrução de São Dinis pelo abade Suger (1081-1151)	116
99 O fausto da ourivesaria religiosa (s. XII)	117
100 Um grande centro da arte do vitral: Abadia de São Dinis (1081-1151)	118
101 Apologia de Cluny por Raul Glaber (985-1050)	119
O conflito entre o poder temporal e o espiritual	120
102 A autoridade vem de Deus	120

103 A cidade de Deus (412-426)	121
104 A teoria das duas espadas (494)	121
105 A autoridade pontifícia sobre o poder temporal (881)	122
106 Regra de São Bento: sobre o trabalho manual (s. VI)	123
107 A doação de Constantino (s. VIII)	125
108 A eleição do papa Gregório VII (1073)	126
109 "Dictatus papae" (1075)	128
110 Carta de Henrique IV a Gregório VII recusando-se a reconhecê-lo como papa (1076)	129
111 Deposição de Henrique IV por Gregório VII (1076)	131
112 Concordata de Worms (1122)	132
A) "Privilegium Pontificis" (Calixto II)	132
B) "Privilegium Imperatoris" (Henrique V)	133
113 A primazia do papado em São Bernardo (1091-1153)	133
114 Epístola de S. Bernardo a Conrado, rei de Romanos (1146)	134
115 As relações entre o papado e o Império segundo Inocêncio III (1198)	135
116 Inocêncio III e as eleições imperiais (1202)	135
117 A Regra de São Francisco promulgada por Honório III (1223)	136
118 O poder secular e o espiritual em Santo Tomás de Aquino (1235-1255)	137
119 Bula *Unam Sanctam*. Bonifácio VIII (1302)	138
120 Relações entre Bonifácio VII e Filipe IV (1302)	139
As teorias conciliaristas e o Cisma	140
121 A negação do poder pontifício – Marcílio de Pádua (1324)	140
122 O declínio das ideias teocráticas. Guilherme de Ockham (1340)	142
123 O Concílio de Pisa: eleição de Alexandre V (1409)	142
124 Eleição de Martinho V e fim do Cisma do Ocidente (1417)	143
125 O Concílio de Constança (1414-1418)	144
Religiosidade popular e movimentos heréticos	145
126 O massacre dos judeus em Turíngia e os flagelantes (1349)	145
127 A presença do diabo (s. IX)	146
128 Costumes pagãos (s. XI)	147
129 Das práticas mágicas (s. IX)	148
A CIDADE	149
O surgimento das cidades	149
130 O aparecimento de um burgo novo: Bruges (s. XIII)	149

131 A fundação de Lübeck (s. XII) 150
132 A repovoação no Vale do Douro: Sahagun (s. XI) 151
133 A política expansionista de uma cidade lombarda:
Milão (s. XII) 152

As atividades comerciais 152
134 A formação de um mercador (s. XI) 152
135 Mercadores na feira de Champagne (s. XIII) 153
136 As feiras de Flandres (s. XIV) 155
137 Os mercadores de Lübeck nas feiras de Champagne (1294) 156
138 Uma rota marítima da Itália a Flandres (s. XIV) 156
139 A atividade de um mercador florentino (s. XIV) 157
140 Uma página do "livro secreto" de um mercador
florentino (1384) 157
141 O domínio dos mares do Norte pelos mercadores
hanseáticos (1294) 158
142 A rivalidade genovesa-veneziana no Oriente (1242-1310) 159
143 A formação de uma sociedade de – Comanda – em Gênova 159
144 O crédito: a letra de câmbio 160
145 O Livro do Consulado do Mar: usos e costumes
marítimos (s. XIV) 160
A) Das obrigações do patrão do barco com relação aos
mercadores e viajantes 160
B) Dos gêneros que os ratos deterioram por não haver gato
na nave 161
C) Do temor do mercador 161
D) Da manutenção dos marinheiros 162

As cidades se organizam: comunas e guildas 162
146 A coexistência de várias classes sociais nas cidades
italianas (s. XII) 162
147 As lutas sociais em Florença (1177) 163
148 Disposições da comuna de Rouen (1169-1180) 164
149 Extratos da carta comunal de Arras (1211) 166
150 Concessão de comuna aos cidadãos de Bayonne (1215) 166
151 Privilégios de Henrique II aos tecelões de
Londres (1154-1162) 167
152 Preceitos da guilda da Santíssima Trindade de Lynn (s. XIV) 168
153 A admissão de um novo mestre alfaiate (1430) 168
154 A Liga Hanseática (1469) 169

A ESCOLA	170
Das escolas carolíngias às catedralícias e citadinas	170
155 Necessidade do estudo das letras	170
156 A importância do trabalho dos copistas (s. VIII)	171
157 As inquietudes de um sábio: Gerberto de Aurillac (s. X)	172
158 O ensino das ciências no século X	173
159 A busca do saber: centros de tradutores (1141)	174
160 A Escola de tradutores de Toledo (s. XII)	175
161 "Antigos" e "Modernos": Chartres e Paris (s. XII)	176
162 Uma escola no século XII	178
163 As preocupações dos filósofos (De Heloísa a Abelardo) (s. XII)	179
164 Dialética, fé e ciência (s. XII)	180
As universidades	181
165 A Igreja e a *"Licentia docendi"* (III Latrão – 1179)	181
166 Sobre a natureza dos estudos (s. XIII)	182
167 Condições para ser mestre em Artes na Universidade de Paris (1215)	182
168 Carta de D. Dinis privilegiando o Estudo Geral de Lisboa (1290)	183
169 A organização corporativa das universidades (s. XIII)	184
170 Uma universidade de tipo estudantil: Bolonha (1317-1347)	185
171 Privilégios concedidos aos estudantes pela comuna de Bolonha (1274)	186
172 O papel dos livreiros na universidade (s. XIII)	186
173 Regulamento sobre a utilização da Biblioteca na Universidade de Oxford (s. XIV)	187
174 As vantagens da ciência experimental (s. XIII)	188
175 A vida universitária parisiense na metade do século XV	189
4 A GÊNESE MEDIEVAL DO ESTADO MODERNO	**193**
A crises da Baixa Idade Média (peste, fome, guerra)	193
176 A fome em Flandres (1316)	193
177 A grande peste (1348)	194
178 Pestilências e fomes (1437)	195
179 A Peste Negra na Inglaterra (s. XIV)	196
180 Desespero popular e epidemia de suicídios (s. XIV)	198
181 Os flagelantes (1349)	199

182 Despovoamento das aldeias e emigração (1403)   199
183 O sofrimento do povo causado pelas "gentes de armas" (1390-1453)   200
184 A batalha de Azincourt (1415)   200
185 Joana d'Arc, o conde d'Armagnac e o Cisma   201

As revoltas populares   203

186 A Jacquerie (1358)   203
187 A sublevação de 1381 na Inglaterra   204
188 A revolta dos camponeses em 1391: John Ball   204
189 A revolta dos Ciompi em Florença (1378-1382)   206
190 As revoltas de Gand (1381) e de Paris (1382)   207
191 Injúrias contra o rei (1385)   208
192 A revolta contra o patriciado urbano em Barcelona (1285)   208

A reconstrução do poder real   211

A teoria do poder real   211

193 Diversidade e racionalidade da lei, o bem comum e o absolutismo político em Tomás de Aquino (1225-1274)   211
   A) Se a lei é algo de racional   211
   B) Da natureza política do homem   212
   C) O bem comum   213
   D) Do absolutismo político   213
194 Sobre o valor das leis (s. XIII)   215
195 O que é rei e como é colocado no lugar de Deus (XIII)   217
196 As funções do rei (986-997)   218
197 Quem pode ser rei (s. XIV)   219
198 O poder real e a nobreza (s. XIII)   221

A prática do poder real   222

199 Guilherme I ordena uma inquirição geral sobre os bens dos seus súditos (1085)   222
200 Avaliação de um manso segundo o *Domesday Book* (1086)   223
201 Carta de Henrique I (1100)   223
202 O controle real das cidades (1325)   225
203 O estatuto dos trabalhadores na Inglaterra (1351)   226
204 A reorganização dos serviços públicos (1406)   227

Gestos, ritos e símbolos da realeza   228

205 A unção real   228
206 A sagração do rei da França (s. XIII)   229

HISTÓRIA DA IDADE MÉDIA

207 Exaltação do poder real (1445)	232
As limitações do poder real: assembleias e parlamentos	233
208 Revolta dos barões ingleses contra João sem Terra (1214-1215)	233
209 A Carta Magna (1215)	234
210 Reivindicações do Terceiro Estado no Parlamento (1357)	238
211 Foral de Navarra: "Privilegio de la Unión"	239
212 As cortes de Monzón (1363)	240
213 O privado e o público (1585)	242
O caminho das instituições permanentes	243
Administração, finanças, fisco	243
214 Sobre a moeda (1263)	243
215 Os impostos (1377)	243
216 Contra as fraudes (1322-1324)	244
217 Impostos sobre bens móveis (1207)	245
218 Organização das finanças reais (1460)	246
219 A organização da "Câmara de Comptos" (1319)	248
220 O lugar da guerra nas despesas do reino (1403)	251
221 Receita da "Casa" da Rainha (1401)	252
222 Oficiais reais e suas funções (s. XIV)	254
223 Recibos de pagamentos por serviços prestados (s. XIV-XV)	255
224 Instrução real dada pelos Reis Católicos (s. XV)	256
225 Pragmatismo e privilégios (s. XV)	258
Diplomacia e relações internacionais	258
226 Tratado de Brétigny (1360)	258
227 Tratado de paz e tréguas entre o rei de Aragão e o de Túnis (1328)	260
228 O príncipe moderno segundo Maquiavel	262

SOBRE O LIVRO

Formato: 14 x 21 cm
Mancha: 23 x 43 paicas
Tipografia: Classical Garamond 10/13
Papel: Offset 75 g/m² (miolo)
Cartão Supremo 250 g/m² (capa)
1ª edição: 2000

EQUIPE DE REALIZAÇÃO

Produção Gráfica
Edson Francisco dos Santos (Assistente)
Edição de Texto
Fábio Gonçalves (Assistente Editorial)
Nelson Luís Barbosa (Preparação de Original)
Francisco José Mendonça Couto e
Carlos Villarruel (Revisão)
Kalima Editores (Atualização ortográfica)

Editoração Eletrônica
Rosângela F. de Araújo (Diagramação e Edição de Imagens)

Impressão e acabamento